Schülerfeedback in der Grundschule –
Untersuchungen zur Validität

Waxmann Verlag GmbH
Steinfurter Straße 555, 48159 Münster
info@waxmann.com

Pädagogische Psychologie und Entwicklungspsychologie

herausgegeben von Detlef H. Rost

Editorial

Pädagogische Psychologie und Entwicklungspsychologie sind seit jeher zwei miteinander eng verzahnte Teildisziplinen der Psychologie. Beide haben einen festen Platz im Rahmen der Psychologenausbildung: Pädagogische Psychologie als wichtiges Anwendungsfach im zweiten Studienabschnitt, Entwicklungspsychologie als bedeutsames Grundlagenfach in der ersten und als Forschungsvertiefung in der zweiten Studienphase. Neue Zielsetzungen, neue thematische Schwerpunkte und Fragestellungen sowie umfassendere Forschungsansätze und ein erweitertes Methodenspektrum haben zu einer weiteren Annäherung beider Fächer geführt und sie nicht nur für Studierende, sondern auch für die wissenschaftliche Forschung zunehmend attraktiver werden lassen. „Pädagogische Psychologie und Entwicklungspsychologie" nimmt dies auf, fördert die Rezeption einschlägiger guter und interessanter Forschungsarbeiten, stimuliert die theoretische, empirische und methodische Entfaltung beider Fächer und gibt fruchtbare Impulse zu ihrer Weiterentwicklung einerseits und zu ihrer gegenseitigen Annäherung andererseits.

Der Beirat der Reihe „Pädagogische Psychologie und Entwicklungspsychologie" repräsentiert ein breites Spektrum entwicklungspsychologischen und pädagogisch-psychologischen Denkens und setzt Akzente, indem er auf Forschungsarbeiten aufmerksam macht, die den wissenschaftlichen Diskussionsprozess beleben können. Es ist selbstverständlich, dass zur Sicherung des Qualitätsstandards dieser Reihe jedes Manuskript – wie bei Begutachtungsverfahren in anerkannten wissenschaftlichen Zeitschriften – einem Auswahlverfahren unterzogen wird („peer review"). Nur qualitätsvolle Arbeiten werden der zunehmenden Bedeutung der Pädagogischen Psychologie und Entwicklungspsychologie für die Sozialisation und Lebensbewältigung von Individuen und Gruppen in einer immer komplexer werdenden Umwelt gerecht.

Gerlinde Lenske

Schülerfeedback in der Grundschule

Untersuchungen zur Validität

Waxmann 2016
Münster • New York

Diese Veröffentlichung wurde mit einem Publikationszuschuss durch das Förder-
programm für Nachwuchswissenschaftlerinnen (NaWi) des Interdisziplinären
Promotionszentrums (IPZ) der Universität Koblenz-Landau gefördert.

Bei dieser Arbeit handelt es sich um eine vom Promotionsausschuss des
Fachbereichs Psychologie der Universität Koblenz-Landau zur Verleihung des
akademischen Grades Doktor der Philosophie (Dr. phil.) genehmigte Dissertation.

Prüfungsvorsitz: Prof. Dr. Ingmar Hosenfeld
Erstgutachter: Prof. Dr. Andreas Helmke
Zweitgutachter: Dr. Friedrich-Wilhelm Schrader
Datum der Disputation: 02.09.2013

Bibliografische Informationen der Deutschen Nationalbibliothek
Die Deutsche Nationalbibliothek verzeichnet diese Publikation in
der Deutschen Nationalbibliografie; detaillierte bibliografische
Daten sind im Internet über http://dnb.d-nb.de abrufbar.

Pädagogische Psychologie und Entwicklungspsychologie; Bd. 92
herausgegeben von Prof. Dr. Detlef H. Rost
Philipps-Universität Marburg

Fon: 0 64 21 / 2 82 17 27
Fax: 0 64 21 / 2 82 39 10
E-Mail: rost@mailer.uni-marburg.de

ISSN 1430-2977
Print-ISBN   978-3-8309-3377-9
E-Book-ISBN   978-3-8309-8377-4

© Waxmann Verlag GmbH, 2016

www.waxmann.com
info@waxmann.com

Umschlaggestaltung: Pleßmann Design, Ascheberg
Satz: Stoddart Satz & Layout, Münster

Gedruckt auf alterungsbeständigem Papier,
säurefrei gemäß ISO 9706

Danksagung

Nach Abschluss meiner Dissertationsschrift möchte ich allen herzlich danken, die mich bei der Planung, Durchführung und Fertigstellung dieser Arbeit unterstützt haben:

Mein Dank gilt zunächst einmal Prof. Dr. Andreas Helmke und Dr. Friedrich-Wilhelm Schrader für die Betreuung meiner Doktorarbeit. Vielen Dank für den Freiraum bezüglich der methodischen Umsetzung der Arbeit, die Hinweise und Anregungen und dafür, dass sie zu *jeder* Zeit bei Fragen ansprechbar waren.

Für die Möglichkeit, im Rahmen des DFG-Graduiertenkollegs *Unterrichtsprozesse* zu promovieren, bin ich ebenfalls sehr dankbar – stellvertretend geht hier mein Dank an die Geschäftsführung, Dr. Heidrun Ludwig sowie den ehemaligen Leiter des Kollegs, Prof. Dr. Wolfgang Schnotz. Danken möchte ich in diesem Zusammenhang außerdem allen Professoren und Dozenten, die an den Forschungskolloquien, in denen wir Graduierte unsere Forschungsarbeiten präsentierten und Fragen an das Plenum richten konnten, teilgenommen haben.

Ein großes Dankeschön geht an Susanne Barth und Oliver Tepner, die mir viele wertvolle Rückmeldungen zur Verschriftlichung meiner Arbeit gegeben haben. Anna Praetorius möchte ich für die gemeinsame, schöne Zeit in unserem Büro sowie auf etlichen Tagungen danken und dafür, dass sie mir jederzeit hilfsbereit zur Seite stand!

Besonders erwähnen möchte ich auch das Engagement unserer Hilfskräfte, welche mich bei der Durchführung und Auswertung der Studien unermüdlich unterstützt haben.

Mein größter Dank gilt meinem Freund, meiner gesamten Familie und meinen Freunden, welche stets ein offenes Ohr für „Diss-Probleme" und vor allem großes Verständnis dafür hatten, dass ich teilweise nur sehr wenig Zeit für sie hatte. In diesem Zusammenhang gilt mein besonderer Dank Kevin Fickel, der mich zum Schreiben der Dissertation überhaupt erst ermutigt hat sowie meinem Freund, der stets bereit war, Aspekte meiner Arbeit mit mir zu diskutieren. Abschließend möchte ich meinen Eltern und meiner Schwester für ihr Vertrauen in mich danken und dafür, dass sie immer für mich da sind.

Danke!

Inhalt

Zusammenfassung

Schülerratings sind eine zentrale Methode zur Erfassung von Unterrichtsqualität. Sekundarstufenschüler gelten auf Basis des aktuellen Forschungsstands als kompetente Beurteiler von Unterrichtsqualität. Wie gut Grundschülerratings zur Messung von Unterrichtsqualität geeignet sind, wurde bislang nur in wenigen Arbeiten gezielt untersucht. Dennoch wird sowohl innerhalb von Forschungsprojekten als auch im Rahmen der internen und externen Schulevaluation auf Grundschülerratings rekurriert. Die vorliegende Arbeit befasst sich deshalb mit der grundlegenden Frage nach der Validität von Grundschülerratings über Unterrichtsqualität.

Unter Verwendung eines Mixed-Method-Ansatzes war es möglich, Resultate unterschiedlicher Validierungsmethoden einzubeziehen und zu vergleichen sowie verschiedene Aspekte der Validität zu untersuchen. Es wurden insgesamt drei Vorstudien, zwei Hauptstudien und eine abschließende Pilotierung des auf Basis der fünf Studien konzipierten Instruments durchgeführt. Die Gesamtstichprobe umfasst ca. 800 Dritt- und Viertklässler sowie 11 Experten. Endprodukt der Arbeit bildet ein umfangreich validiertes Instrumentarium, welches Lehrkräfte zur evidenzbasierten Unterrichtsdiagnostik im Rahmen der internen Evaluation einsetzen können.

Die zentralen Forschungsfragen[1] der Arbeit sind Folgende: ZFF I) Verstehen Grundschüler Items aus gängigen Feedbackinstrumenten im intendierten Sinn? ZFF II) Wie gut sagt eine (augenscheinliche) inhaltliche Validierung durch Experten die empirische inhaltliche Itemvalidität voraus? ZFF III) Sind Grundschülerratings zur Unterrichtsqualität strukturvalide? ZFF IV) Genügen faktorielle Validierungen, um Items zu identifizieren, die Schüler[2] nicht im intendierten Sinn beurteilen können? ZFF V) Lassen sich bei der Einschätzung von Unterrichtsqualität Probleme im Urteils- bzw. Antwortprozess identifizieren? ZFF VI) Sind Grundschülerratings über eine konkrete Unterrichtsstunde veridikal? ZFF VII) Können Grundschüler ausgewählte Merkmale von Unterrichtsqualität per Fragebogen hinreichend valide[3] einschätzen?

---

1 Im folgenden Text abgekürzt mit ZFF
2 Aus Gründen der Lesbarkeit werden in dieser Arbeit die maskulinen Berufs- und Statusbezeichnungen verwendet. Gemeint sind jedoch Lehrerin und Lehrer, Schülerin und Schüler, Teilnehmerin und Teilnehmer sowie Probandin und Proband gleichermaßen.
3 Da Ratings per Fragebogen in der Regel nicht verzerrungsfrei sind, wird die Formulierung *hinreichend valide* gewählt. Unter *hinreichend valide* sind Einschätzungen zu verstehen, welche zwar minimale Fehleranteile aufweisen, aber dennoch sowohl für die Forschung als auch die Praxis als aussagekräftige Datenbasis dienen können.

Items, welche in gängigen Feedbackbögen vorhanden sind, wurden zum Teil von Grundschülern nicht im intendierten Sinn verstanden und somit nicht im intendierten Sinn beurteilt (ZFFI). Die teilnehmenden Experten waren nicht in der Lage, die empirische inhaltliche Validität zuverlässig vorherzusagen. Ca. 50 % der von den Experten als inhaltlich valide kategorisierten Items wurde unter Verwendung kognitiver Interviews als nicht (ausreichend) empirisch, inhaltlich valide klassifiziert (ZFFII). In Anlehnung an die Basisdimensionen von Klieme und Kollegen (2001, 2006) erwiesen sich die Schülerratings unter Verwendung konfirmatorischer Faktorenanalysen als strukturvalide (ZFFIII). Allerdings zeigte sich, dass Items, welche von den Schülern nicht im intendierten Sinn verstanden wurden, im Rahmen der faktoriellen Validierung nicht zuverlässig identifiziert wurden (ZFFIV). Auf allen Stufen des Antwortprozesses nach Tourangeau (1984, 2000) wurden Fehler identifiziert, wobei das Fehlerausmaß pro Item stark variierte (ZFFV). Die Veridikalität von Grundschülerratings über die Qualität einer konkreten Unterrichtsstunde wurde durch einen Abgleich mit Videoratings überprüft. Dabei wurde deutlich, dass die Veridikalität der Grundschülerurteile insbesondere vom zu beurteilenden Aspekt abhängig war und verschiedene Aspekte von den teilnehmenden Grundschülern nicht veridikal beurteilt werden konnten (ZFFVI).

Die Studien verdeutlichen, dass Grundschüler der dritten und vierten Klassenstufe durchaus in der Lage sind, zu verschiedenen Aspekten der Unterrichtsqualität ein hinreichend valides Urteil abzugeben (ZFFVII). In der Bilanz der Resultate wird jedoch ebenso ersichtlich, dass Grundschülerratings über Unterrichtsqualität zum Teil erheblichen Einschränkungen unterliegen, indem der zu beurteilende Aspekt, die Itemstruktur[4], die Instruktion und die Konzeption einen Einfluss auf die Validität des Urteils nehmen. Die Güte der Daten steht und fällt mit einer sorgfältigen und umfassenden Validierung. Eine inhaltliche Validierung sowie eine faktorielle Validierung sind nicht ausreichend, um problematische Items zu identifizieren. Aufgrund der großen Bedeutung von Schülerratings sowohl für die Forschung als auch für die Praxis, sollten Ratingskalen für Grundschüler künftig unter Verwendung kognitiver sowie psychometrischer Methoden validiert werden. Demzufolge sollten Ratingskalen, welche Lehrkräften bislang ohne umfassende Validierung zum Zwecke der internen Evaluation angeboten werden, nachträglich validiert und überarbeitet werden.

---

4 *Itemstruktur* umfasst die Itemlänge, die Wortwahl, die Grammatik sowie den Satzbau.

1 Einleitung

Wissenschaft und Politik sind sich einig: Lehrkräfte benötigen Feedback, um das eigene Handeln zu professionalisieren und den eigenen Unterricht weiterzuentwickeln. Eine sehr ökonomische Variante, um sich Rückmeldung zum eigenen Unterricht einzuholen, stellt die Schülerbefragung dar. Schülerperzeptionen verdeutlichen, wie das unterrichtliche Angebot bei den Schülern ankommt. Aufgrund ihrer Langzeiterfahrung mit Schule und Unterricht gelten Schüler als kompetente Beurteiler von Unterrichtsqualität (Clausen, 2002; Gruehn, 2000; Hofer, 1981). Ihr Urteil basiert in der Regel auf einer großen Verhaltensstichprobe, die es den Schülern ermöglicht, Lehrkräfte sowohl interindividuell als auch intraindividuell zu vergleichen (Ditton, 2002a; Wagner, 2008). Das auf Klassenebene aggregierte Schülerurteil gilt als äußerst reliabel und weist eine vergleichsweise hohe prädiktive Validität auf (Lüdtke, Trautwein, Schnyder & Niggli, 2007; Marsh, 2007; Clausen, 2002).

Bisweilen finden interne Evaluationen im Schulbereich noch recht selten statt (Buhren, 2011; Kanders & Rösner, 2006; Steinert et al., 2006), obwohl in den Standards der KMK für die Lehreraus- und -weiterbildung evaluative Tätigkeiten explizit als Teil des Professionshandelns von Lehrkräften formuliert sind (Sekretariat der Ständigen Konferenz der Kultusminister der Länder in der Bundesrepublik Deutschland [KMK], 2004) und renommierte Wissenschaftler auf die Bedeutung diagnostischer und evaluativer Prozesse im Schulkontext explizit hinweisen (z. B. Hattie, 2012; Helmke, 2012; Borich & Martin, 2008).

The lack of use of student evaluations in elementary and high schools should be a major concern. The stakes are too high to depend on beliefs that quality is high, or that the students are too immature to have meaningful judgments about the effects of teachers on their learning. A key is not whether teachers are excellent, or even seen to be excellent by colleagues, but whether they are excellent as seen by students – the students sit in the classes; they know whether the teacher sees learning through their eyes, and they know the quality of relationship. The visibility of learning from the students' perspective needs to be known by teachers so that they can have a better understanding of what learning looks and feels like for the students. (Hattie, 2009, S. 116)

Im Zuge der externen Evaluation wird Schülerfeedback bereits in vielen Bundesländern als Standarderhebungsverfahren eingesetzt – sowohl in der Sekundarstufe als auch in der Primarstufe. In der Forschung wird ebenfalls auf Grundschülerratings zur Erfassung der Unterrichtsqualität zurückgegriffen (z. B. in den Projekten *PERLE* und *IGEL*). Desgleichen bieten mittlerweile zahlreiche Qualitätsagenturen Lehrkräften verschiedene Ratingskalen über das Internet an, um den Prozess der internen Evaluation voranzutreiben (z. B. SEIS-Deutschland[1]). Auf den ersten Blick ist diese Entwicklung sehr erfreulich, da der Forderung von Politik und Wissenschaft nach evaluativen Aktivitäten mehr und mehr Rechnung getragen wird und die Schüler – als die Adressaten des Unterrichts – in den Evaluationsprozess integriert werden. Ein zweiter Blick lässt jedoch Fragen und Zweifel hinsichtlich dieser Entwicklung aufkommen: Während Schülerfeedback in der Sekundarstufe als recht gut erforscht gilt, wissen wir über die Validität von Schülerratings in der Grundschule noch vergleichsweise wenig. Ob eine Verallgemeinerung der Befunde über Altersstufen hinweg möglich ist, steht noch zur Prüfung aus (Ditton, 2002a, S. 282). Aus entwicklungspsychologischer Sicht scheint ein Generalisieren der Ergebnisse äußert riskant, da sich Grundschüler und Sekundarstufenschüler in der Regel auf unterschiedlichen Entwicklungsstufen befinden und sich demnach hinsichtlich ihrer Urteilsfähigkeit unterscheiden können (Case & Okamoto, 1996; Goldhaber, 2000; Goswami, 2011; Piaget, 1982). Ein fragebogenbasiertes Urteil über Unterrichtsqualität stellt für Grundschüler durchaus eine große Herausforderung dar. Beispielsweise verfügen Grundschüler über eine geringere freie kognitive Kapazität, geringere Lesekompetenzen und einen geringeren Wortschatz (vgl. Jürgens, 2008; Günther, 2008; Eiser, 2000; Giest, 1995; Piaget, 1982). Auch das Argument der Langzeiterfahrung in Bezug auf Schule und Unterricht greift hier nicht.

Können Grundschüler tatsächlich ein valides, fragebogenbasiertes Urteil über Unterrichtsqualität fällen? Können sie unter Verwendung der dargebotenen Feedbackbögen ein valides Urteil fällen?
Diese Fragen stellen sich unweigerlich beim Sichten verschiedener Feedbackbögen, da sie teilweise nicht altersadäquat gestaltet sind und sehr komplexe Items beinhalten. Es scheint dringend notwendig, zu prüfen, inwieweit Grundschüler Unterrichtsqualität per Fragebogen valide einschätzen können. Schließlich wäre mittels invalider Daten weder eine evidenzbasierte Unterrichtsentwicklung noch die Interpretation von Forschungsergebnissen möglich.

---

1 Das Länderkonsortium SEIS Deutschland (Selbstevaluation in Schulen) besteht aus den Ländern Baden-Württemberg, Brandenburg, Bremen, Niedersachsen, Nordrhein-Westfalen, Rheinland-Pfalz, Sachsen-Anhalt und dem Bundesverwaltungsamt – Zentralstelle für das Auslandsschulwesen sowie der Deutschsprachigen Gemeinschaft in Belgien. Als Ansprechpartner wird auf der Homepage das Niedersächsische Landesinstitut für schulische Qualitätsentwicklung genannt.

Welche Methoden sollten angewandt werden, um die Validität von Feedback-bögen für junge Probanden zu prüfen? Reichen gängige Validierungsformen, wie die inhaltliche Validierung und die faktorielle Validierung, aus?

Dies sind weitere Fragen, die bislang nicht eindeutig geklärt sind. Studien im angloamerikanischen Raum verweisen auf die Notwendigkeit von *Cognitive Testing*[2] zur Validierung von Fragebögen, insbesondere wenn sie bei jungen Probanden eingesetzt werden sollen (Bowen, 2008; Woolley et al. 2004). Mittels kognitiver Methoden lässt sich im Vergleich zu psychometrischen Methoden gezielter auf den Antwortprozess fokussieren. Kognitive Methoden aus dem Bereich von CT sind jedoch bezüglich der Erhebung und der Auswertung sehr aufwendig und werden bislang gerade im Kinderbereich selten eingesetzt.

Zentrales Anliegen dieses Forschungsprojekts ist die Erforschung der Validität von fragebogenbasierten Grundschülerurteilen zur Unterrichtsqualität und, damit unmittelbar verbunden, die Erforschung der Urteilsfähigkeit von Grundschülern hinsichtlich verschiedener Aspekte der Unterrichtsqualität. Dadurch lässt sich die Arbeit zum Teil im Bereich der Grundlagenforschung verorten. Neben dieser grundlegenden Fragestellung zur Urteilsfähigkeit von Grundschülern über Unterrichtsqualität, soll außerdem die Effizienz verschiedener Validierungsmethoden verglichen werden, wodurch ein weiterer Schwerpunkt im methodischen Bereich liegt. Die Zielsetzung hierbei ist, zu erforschen, inwieweit die im Kontext von Ratinginstrumenten am häufigsten eigesetzten Validierungsmethoden tatsächlich ausreichend sind, um Validitätsprobleme zu identifizieren.

Auf Basis der Validierungsstudien soll für die Forschung ein Itempool generiert werden, welcher für Grundschüler verständliche und beurteilbare Items beinhaltet. Darüber hinaus soll ein altersadäquates und alltagstaugliches Feedbackinstrumentarium für den Einsatz in der Primarstufe entwickelt werden.

Aufbau der Arbeit

Im Theorieteil wird zunächst das Metakonstrukt Unterrichtsqualität konzeptualisiert, um schließlich zu einer Operationalisierung des Konstrukts auf der Makroebene im Sinne prozessualer Strukturierungsansätze zu gelangen (Kapitel 2). Dabei werden Erfolge und aktuelle Forschungsbefunde der ver-

---

2   Methoden des *Cognitive Testing (CT)* fokussieren auf den Urteils- bzw. den Antwortprozess. Dabei werden überwiegend qualitative Methoden, wie beispielsweise Lautes Denken oder kognitive Interviews, insbesondere Probing, eingesetzt. Für eine ausführliche Begriffsklärung siehe Kapitel 9.

schiedenen Forschungsrichtungen zu Unterrichtsqualität und Lehrerverhalten berücksichtigt. Kapitel 3 befasst sich mit Grundlagen evidenzbasierter Diagnose- und Evaluationsmethoden im schulischen Bereich, wobei auf die besondere Bedeutung von Schülerfeedback für die Unterrichtsentwicklung eingegangen wird. In Kapitel 4 wird sich vertieft der Schülerwahrnehmung gewidmet. Detailliert werden mögliche Vor- und Nachteile im Zusammenhang mit der Schülerperspektive diskutiert. Dabei wird auf Theorien und Modelle der interpersonalen Wahrnehmung und der kognitiv fundierten Survey-Forschung rekurriert, um mögliche Prozesse wahrnehmungsbasierter Urteile per Fragebogen zu rekapitulieren. Kapitel 5 greift den für das Forschungsanliegen zentralen Begriff der Validität auf. In Kapitel 6 werden offene Fragestellungen zu Schülerfeedback in der Grundschule expliziert und die grundlegenden Fragestellungen der Forschungsarbeit spezifiziert.

Der empirische Teil beginnt mit einer kurzen Beschreibung des Moduls EMU[3], in welches die Forschungsarbeit eingebettet ist. Es folgt eine grobe Skizzierung des gesamten Studiendesigns (Kapitel 7). Die für das zentrale Forschungsanliegen notwendigen Vorstudien werden in Kapitel 8 zusammengefasst. Im Anschluss erfolgt eine detaillierte Beschreibung der Hauptstudien nach klassischer Vorgehensweise: Nach der Spezifikation der Zielsetzung und Fragestellung, der Beschreibung der Methoden und der Ergebnisse erfolgt jeweils eine Diskussion (Kapitel 9 und 10). In Kapitel 11 wird die Pilotierung beschrieben, welche das Projekt EMU abrundet. Mit einer Gesamtdiskussion und einem Ausblick schließt die Forschungsarbeit (Kapitel 12).

---

3   EMU (Evidenzbasierte Methoden der Unterrichtsdiagnostik und -entwicklung) ist ein Modul des Projektes UDiKom (Aus- und Fortbildung der Lehrkräfte in Hinblick auf Verbesserung der Diagnosefähigkeit, Umgang mit Heterogenität, individuelle Förderung), welche von der KMK (Kultusministerkonferenz) beschlossen wurde. Das Projekt wird in Kooperation der vier Universitäten Bochum, Dortmund, Essen und Koblenz-Landau durchgeführt. Für das Modul EMU ist Herr Prof. Dr. Helmke federführend zuständig.

2 Unterrichtsqualität als Metakonstrukt

Da die vorliegende Arbeit sich im Kern mit der Validität von fragebogen-basierten Grundschülerurteilen zur *Prozessqualität des Unterrichts* befasst, erfolgt zunächst eine Konzeptualisierung des Metakonstrukts Unterrichts-qualität. Im Anschluss an eine Begriffsdefinition (Kapitel 2.1) und die Un-terscheidung zwischen Prozess- und Produktqualität (Kapitel 2.2) wird auf mögliche Einflussfaktoren der Unterrichtsqualität (Kapitel 2.3) eingegangen. Nachdem verschiedene unterrichtswissenschaftliche Forschungsrichtungen so-wie grundlegende Paradigmen skizziert worden sind (Kapitel 2.4), schließt das Kapitel mit der Darstellung variablenzentrierter Strukturierungsansätze prozessualer Unterrichtsqualitätskategorien (Kapitel 2.5). Die dortigen Aus-führungen dienen als Basis für die Operationalisierung von Prozessqualität innerhalb von Fragebögen und für die Fragebogenkonstruktion im Zuge der nachfolgend im empirischen Teil beschriebenen Studien.

2.1 Begriffsbestimmung: Unterrichtsqualität

Unterrichtsqualität wird auch immer durch die Perspektive der Beteiligten definiert, also darüber, wie der Unterricht bei unterschiedlichen Individu-en mit unterschiedlichen Voraussetzungen tatsächlich ankommt. Deshalb ist eine konkrete Begriffsbestimmung im Sinne einer Normierung eines techni-schen Produkts ausgeschlossen (Bessoth & Weibel, 2000). Demzufolge lässt sich Unterrichtsqualität mehr *abstrakt* als konkret definieren. Nach Einsiedler (1997) wird der Begriff Unterrichtsqualität erstmals 1964 von Caroll im Zuge der Konzeption seines Modells zu schulischem Lernen verwendet und ent-sprechend konzeptualisiert. Einsiedler selbst definiert Unterrichtsqualität als „Bündel von Unterrichtsmerkmalen, die sich als ‚Bedingungsseite' (oder Pro-zessqualität) auf Unterrichts- und Erziehungsziele (‚Kriterienseite' oder Pro-duktqualität) positiv auswirken, wobei die Kriterienseite überwiegend von normativen Festlegungen bestimmt ist und der Zusammenhang von Unter-richtsmerkmalen und Zielerreichung von empirischen Aussagen geleitet ist" (Einsiedler, 2002, S. 195). Die Trennung zwischen Prozess- und Produktsei-te wird auch in der Definition von Weinert, Schrader & Helmke (1989, im Deutschen zitiert nach Einsiedler, 2002, S. 194) deutlich, welche Unterrichts-qualität „als jedes stabile Muster von Instruktionsverhalten, das als Ganzes oder durch einzelne Komponenten die substanzielle Vorhersage und/oder Er-klärung von Schulleistungen erlaubt" beschreibt.

In einem nächsten Schritt wird zwischen Prozess- und Produktseite als ungleiche Sichtweisen unterschieden, wobei der in den Definitionen bereits erkennbare, bedeutsame Zusammenhang beider Sichtweisen herausgearbeitet wird.

2.2 Prozess- versus Produktqualität

Schulischer Unterricht soll in erster Linie individuelle Lernprozesse initiieren und dadurch die Entwicklung bzw. die Bildung der Schüler nachhaltig fördern. Dabei spielen sich die Lernprozesse nicht nur auf der kognitiven Ebene ab, sondern regen ebenso die soziale, affektiv-emotionale und motorische Reifung an. Resultierend aus dieser Zielsetzung lässt sich die Qualität von Unterricht an der Güte der *initiierten Lernprozesse* sowie an der Nachhaltigkeit der *Lern- bzw. Bildungserfolge* der Schüler messen. Daraus ergeben sich zwei *zunächst* voneinander unabhängige Perspektiven, um Unterrichtsqualität zu bewerten: Einerseits wird auf den *Prozess* fokussiert und andererseits auf das *Produkt* (Einsiedler, 2002, S. 195; Helmke, 2012, S. 21ff):

- Bei der *reinen* oder auch *normativen Prozessorientierung* werden die Unterrichtsprozesse nach ihrer Beschaffenheit beschrieben (z.B. Klarheit und Strukturiertheit) und anhand normativer Vorstellungen bewertet, ohne die Wirkungen des Unterrichts ins Urteil einzubeziehen.
- Bei der *reinen Produktorientierung* wird anhand der Produkte des Unterrichts (z.B. Leistung, Motivation, Interesse) im Sinne der Unterrichtswirksamkeit indirekt auf die Unterrichtsqualität geschlossen, ohne der Prozessbeschaffenheit Beachtung zu schenken.

Beide Perspektiven haben ihre Berechtigung, sind jedoch unter Ausschluss der jeweils anderen Perspektive nicht verlässlich in der Lage, Unterrichtsqualität umfassend und angemessen zu beurteilen (vgl. Tabelle 1).

Tabelle 1: *Vierfelderschema der prozess- vs. produktorientierten Sichtweise der Unterrichtsqualität in Anlehnung an Helmke (2012, S. 23)*

		Bewertung des Unterrichtsprodukts	
		negativ	positiv
Bewertung des Unterrichtsprozesses	negativ	schlechter und wirkungsloser Unterricht	schlechter, aber wirkungsvoller Unterricht
	positiv	guter, aber wirkungsloser Unterricht	**guter und wirkungsvoller Unterricht**

Das Problem der reinen Prozessorientierung liegt darin, dass einem Unterricht, welcher eine gute Prozessbeschaffenheit aufweist (z. B. ein Unterricht, der äußerst strukturiert, aktivierend, motivierend und unterstützend ist) gute Qualität zugesprochen wird, selbst wenn die Schüler nichts lernen oder ihnen gar etwas Falsches beigebracht wird. Eine weitere Unsicherheit resultiert aus einem normativ gesetzten Maßstab: Wird nicht empirisch geprüft, ob ein Prozessmerkmal lernwirksam ist, so ist fraglich, ob mit der Optimierung des entsprechenden Prozesskriteriums erhöhter Lernerfolg der Schüler einhergeht.

Eine Schwachstelle der reinen Produktorientierung, sofern der Leistungszuwachs als alleiniges Maß für die Güte angenommen wird, liegt in der Billigung der vom Lehrer eingesetzten Mittel – ganz nach der Devise „der Zweck heiligt die Mittel" (Helmke, 2012, S. 22). Angesichts des heutigen pädagogischen Verständnisses innerhalb unseres Kulturkreises sind jedoch übermäßiger Drill und Druck als Mittel zur Leistungssteigerung nicht mit *guter Unterrichtspraxis* vereinbar. Ditton spricht in diesem Zusammenhang von einem „Wertigkeitsdilemma", welches eintritt, sobald sich ein wenig wünschenswerter Unterricht als effizient oder sogar effizienter erweist (2002b, S. 199). Des Weiteren liefern Rückmeldungen über den Ertrag keine Informationen über mögliche Stellschrauben, an denen zu drehen ist, um die Unterrichtsqualität zu optimieren. Das heißt, Schulleistungsstudien und Lernstandserhebungen, welche seit der empirischen Wende verstärkt in Form von produktorientierten large-scale Untersuchungen auch in Deutschland durchgeführt wurden bzw. werden (z. B. PISA), können zwar wertvolle Informationen über die Stärken und Schwächen von Schulsystemen liefern, aber in der Regel keinen unmittelbaren Bezug zwischen der Schülerleistung und der konkreten Unterrichtsgestaltung herstellen (Hugener & Klieme, 2006). Gerade bei stichprobenbasierten Studien mit querschnittlichem, nicht experimentellem Design ist die kausale Aussagekraft beschränkt und geht somit nicht über ein System-Monitoring hinaus (Pekrun, 2002).

Unterricht ist demnach keineswegs ein lineares Geschehen, welches allein über die Güte seiner Produkte oder allein über die Güte seiner Prozesse beurteilt werden kann. Erst über das In-Beziehung-Setzen beider Sichtweisen lässt sich die Lernwirksamkeit von Prozesskriterien empirisch absichern und eine konkrete Rückmeldung zur Unterrichtsgestaltung formulieren. Im Sinne einer solchen *Prozess-Produkt-Orientierung* wird in zahlreichen Forschungsvorhaben seit einigen Jahren sowohl auf die Leistung als auch auf die Prozesse fokussiert, z. B. durch die TIMS- und TIMS-R-Videostudie, das deutsche Add-On zu PISA in Form der COACTIV-Studie, PERLE und VERA – Gute Unterrichtspraxis. Zur Erfassung der Prozesse wird in der Regel auf Schüler- oder auf Beobachtereinschätzungen der Unterrichtsqualität zurückgegriffen. Die empirisch ermittelten Dimensionen der Prozessqualität werden bei der Auswertung mit den jeweiligen Produkten in Beziehung gesetzt.

Die gezielte Gegenüberstellung dieser beiden Sichtweisen wurde während des sogenannten Prozess-Produkt-Paradigmas stark forciert. Bevor im Folgenden auf einzelne Forschungsrichtungen und -paradigmen eingegangen wird, erfolgt ein Überblick über mögliche Einflussfaktoren schulischen Lernens. Auf diese Weise lassen sich die Schwerpunkte der einzelnen Richtungen sowie deren Verortung im Gesamtgefüge besser nachvollziehen. Außerdem dient der Überblick über die Einflussfaktoren einem besseren Verständnis hinsichtlich der methodischen Probleme einzelner Forschungsrichtungen.

2.3 Einflussfaktoren schulischen Lernens

Ein Lernprozess existiert nicht *per se*, sondern rekurriert stets aus der Interaktion zwischen Lehrkraft und Schülern. Deshalb ist die Güte eines Lernprozesses immer an Kontextbedingungen gebunden (Helmke, 2012). Neben der professionellen Kompetenz, dem Wissen und dem Können von Lehrkräften, nehmen auch Lernvoraussetzungen der Schüler sowie Umweltvoraussetzungen Einfluss auf die Ergiebigkeit eines Lernprozesses. Räumliche, materielle und zeitliche Bedingungen sind als limitierende oder auch förderliche Faktoren nicht zu unterschätzen. Nicht zuletzt trägt auch das dem Lernprozess zugrunde liegende Curriculum zum (Miss-)Erfolg bei. Unterrichtsqualität muss demnach nicht nur aus *unterschiedlichen Perspektiven* betrachtet werden (Produkt- und Prozessperspektive, vgl. Kapitel 2.2), sondern auch in Abhängigkeit ihrer *kontextuellen Bedingungen*.

Die bedeutsamsten Einflussfaktoren aus theoretischer und empirischer Sichtweise sind in verschiedenen *Modellen zu schulischem Lernen* zusammengefasst und systematisch zueinander in Beziehung gesetzt. Die Genese und Weiterentwicklung der Modelle verdeutlicht die wechselseitige Beeinflussung von theoretischen Annahmen und Resultaten der empirischen unterrichtswissenschaftlichen Forschung, wobei der in den letzten Jahrzehnten gestiegene Einfluss der Empirie in den neueren Modellen deutlich zum Tragen kommt.

Von Carroll (1963) und Bloom (1976) stammen die wohl einflussreichsten Modelle, die für nachfolgende Arbeiten, wie beispielsweise die von Slavin (1994) und Creemers (1994a, 1994b), als eine Art Basismodell herangezogen und weiterentwickelt wurden. Der maßgebliche Vorteil der Weiterentwicklung bestand vor allem darin, dass zunehmend empirischen Forschungsbefunden Rechnung getragen wurde. Während beispielsweise Carroll und Bloom die Qualität des Unterrichts als eine von den Eingangsvoraussetzungen der einzelnen Schüler unabhängige Variable betrachten, wurde dieses empirisch nicht haltbare Postulat in den folgenden Modellen aufgegeben. In den Modellen von Slavin und Creemers bleibt die Berücksichtigung von Umweltmerkmalen allerdings noch außen vor, obwohl auch diese nachweislich die Unterrichtsqualität beeinflussen können (Weinert, 1989). Walberg (1981) bezieht neben Personenmerkmalen und Unterrichtsmerkmalen auch die Umweltmerkmale in seinem *Produktivitätsmodell* mit ein (siehe auch Wang et al., 1993). Ferner gelingt es ihm, empirische Befunde aus unterschiedlichen Forschungsrichtungen aufzugreifen und logisch in Beziehung zu setzen. Auch in seinem Modell finden sich Grundgedanken vorhergehender Modelle (die ersten fünf seiner neun postulierten Produktivitätsfaktoren lassen sich als Kernelemente bei Carroll und Bloom identifizieren). Konkrete Vergleiche sowie Beschreibungen der renommiertesten Modelle finden sich z. B. bei Gruehn (2000) und Piskol (2008). Im Rahmen der vorliegenden Forschungsarbeit wird sich auf ein in unserem Sprachraum etabliertes Modell bezogen – das *Angebots-Nutzungs-Modell* (vgl. Abbildung 1) von Helmke (2012, S. 71).

Die theoretischen Überlegungen von Fend (1981) sowie von Weinert und Helmke (1997) aufgreifend, betont es in stärkerem Maße als die bisher erwähnten Modelle die aktive Rolle der Schüler, indem der Unterricht als ein *Angebot* an die Schüler verstanden wird. Erst aus der *Nutzung* dieses Angebots durch die Schüler resultiert der Ertrag (z. B. Lernzuwachs). Der Lernaktivität des einzelnen Schülers kommt dabei Mediatorfunktion zu, da die aktive Nutzung der Schüler zwischen unterrichtlichem Angebot auf der einen Seite und unterrichtlichem Ertrag auf der anderen Seite mediiert. Die dabei ablaufenden vermittelnden Prozesse auf Schülerseite bestehen zum einen in *der Wahrnehmung und Interpretation* des unterrichtlichen Angebots und zum anderen in der *motivationalen, emotionalen und volitionalen Reaktion* auf das Angebot. Hierbei wird deutlich, dass sich der Zusammenhang zwischen Lehrerhandeln und den Wirkungen auf Schülerseite nicht durch eine simple Korrelation erklären lässt, sondern eine Einbettung in ein weitaus komplexeres Modell mit direkten sowie indirekten Pfaden notwendig ist. Mit anderen Worten: Die vom Lehrer intendierte Wirkung lässt sich nicht unmittelbar erzielen; sie ist unter anderem von der Lernaktivität der Schüler abhängig. Diese wiederum ist von familiären Bedingungen und dem individuellen Lernpotential des jeweiligen Schülers beeinflusst. Kontextbedingungen wie Klassenzusammensetzung und Schulklima spielen ebenso eine nicht zu unterschätzende Rolle (Helmke, 2012, S. 69ff).

Die in diesem Modell dem Lehr-Lern-Prozess zugrunde liegende konstruktivistische Sichtweise spricht den Schülern nicht nur bei der Nutzung des unterrichtlichen Angebots eine aktive Beteiligung zu, sondern ebenso bei der Genese des Angebots. Das heißt, das Unterrichtsangebot selbst wird bereits von den Schülern, teils von der Lehrkraft erwünscht und intendiert, beeinflusst bzw. mitbestimmt. Klieme spricht in diesem Zusammenhang von einer „Ko-Produktion" (2006, S. 765).

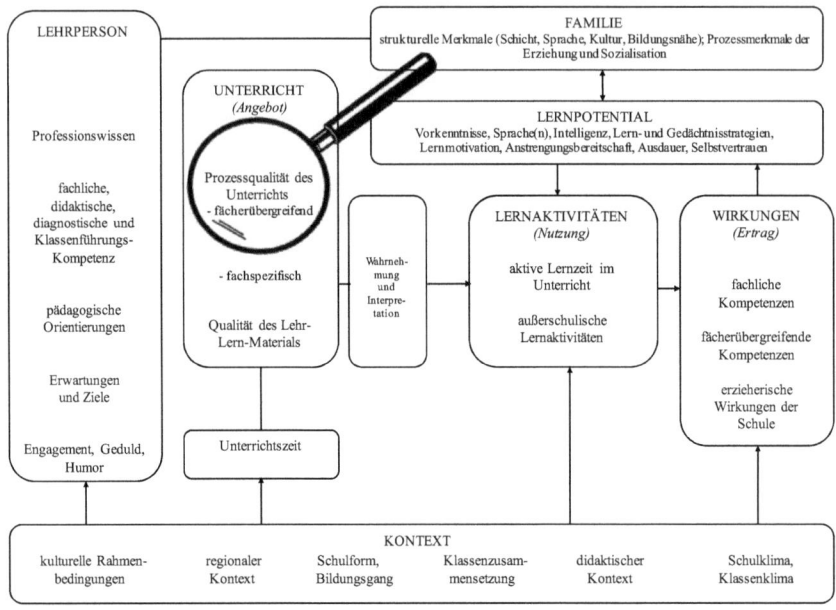

Abbildung 1: *Ein Angebots-Nutzungs-Modell der Wirkungsweise des Unterrichts (Helmke, 2012, S. 71)*

Wird in der unterrichtswissenschaftlichen Forschung beispielsweise auf die Lehrperson oder die Prozessqualität fokussiert, wird lediglich ein kleiner Ausschnitt in diesem komplexen Wirkungsgefüge näher in den Blick genommen (siehe Lupe, Abbildung 1). Die Herausforderung besteht darin, die anderen Einflussfaktoren nicht aus den Augen zu verlieren bzw. gegebenenfalls zu kontrollieren. Verschiedene Forschungsrichtungen und -paradigmen haben sich gezielt der Erforschung einzelner Ausschnitte angenommen. Bevor auf daraus resultierende Ergebnisse im Sinne von Strukturierungsansätzen zur Prozessqualität (Kapitel 2.5) eingegangen wird, werden allgemeine Zielsetzungen, ausgewählte Befunde und Probleme der einzelnen Forschungsrichtungen im folgenden Kapitel in Bezug auf das Thema der vorliegenden Arbeit kurz zusammengefasst.

2.4 Forschungsrichtungen und -paradigmen

Die Forschung im Bereich der Unterrichtsqualität lässt sich in unterschiedliche Richtungen sowie Paradigmen unterteilen. Zentrales Moment der Forschungsrichtungen zur Unterrichtsqualität ist die Beschreibung bzw. die Erklärung leistungswirksamer bzw. entwicklungsförderlicher Variablen auf der Mikro-, Meso- oder Makroebene. Solche Erklärungen oder Beschreibungen können aus empirischen Arbeiten resultieren sowie anhand von Reflexionen der intendierten oder der vorhandenen Praxis erfolgen. Da die vorliegende Arbeit im Bereich der empirischen Bildungsforschung angesiedelt ist, wird im Folgenden auf Forschungsrichtungen mit empirischem Bezug fokussiert. So bleiben traditionelle Unterrichtsmodelle der allgemeinen Didaktik aufgrund des stark normativ geprägten Ansatzes unberücksichtigt. Auf die Resultate der einzelnen Fachdidaktiken, welche seit einigen Jahren zunehmend Entwicklungsforschung betreiben und empirisch arbeiten (Einsiedler, 2011), wird an dieser Stelle ebenfalls weitestgehend verzichtet, da das Augenmerk der Arbeit auf *fächerübergreifenden Qualitätskriterien* liegt.

In Anlehnung an Ditton (2002b) werden im Folgenden drei Forschungsrichtungen unterschieden. Die Darstellung dient einem groben Überblick, um eine thematische Einordnung der vorliegenden Arbeit vornehmen zu können und wesentliche Befunde hinsichtlich lernwirksamer Prozessmerkmale und lernwirksamen Lehrerhandelns hervorzuheben. Forschungsarbeiten, welche nicht auf fächerübergreifende Merkmale guten Unterrichts oder auf lernwirksames Lehrhandeln fokussieren, werden aus Gründen der Übersichtlichkeit ausgeblendet. Der Überblick wird folglich nur einen kleinen Ausschnitt aus dem Gesamtspektrum unterrichtswissenschaftlicher Forschung repräsentieren.

2.4.1 Lehr-Lern-Forschung

Die Lehr-Lern-Forschung, auch Unterrichtsforschung oder Instruktionsforschung genannt, entwickelte sich in den 60er Jahren und etablierte sich Ende der 70er Jahre als eine Art Schnittmenge aus Erziehungswissenschaft und Psychologie (Gräsel & Mandel, 2005; Piskol, 2008). Ihr Schwerpunkt liegt auf der theoriegeleiteten Beschreibung, Erklärung und Optimierung von Lehr- und Lernprozessen unter den Bedingungen des institutionalisierten Unterrichts (Niegemann, 2001; Treiber & Weinert, 1982). Innerhalb der Lehr-Lern-Forschung lassen sich verschiedene Paradigmen mit unterschiedlichem Fokus unterscheiden (Kapitel 2.4.2), die allesamt zur Weiterentwicklung der Forschungsrichtung, gerade auch im methodischen Bereich, beitrugen.

Bevor auf aktuelle Entwicklungen sowie den Forschungsstand der Lehr-Lern-Forschung eingegangen wird, werden die grundlegenden Paradigmen hinsichtlich ihrer Schwerpunktsetzung und ihrer Erfolge kurz beschrieben. In der Literatur wird zwischen verschieden vielen Paradigmen unterschieden. Je nach Einteilung lassen sich insgesamt drei (Bromme, 1997), fünf (Gruehn, 2000; Shulman, 1986) und sechs Paradigmen (Kenny, 2004) voneinander trennen. Die folgende Darstellung erfolgt in Anlehnung an die Unterscheidung von Bromme (1997), ergänzt diese jedoch um ein weiteres, recht junges Paradigma (vgl. Gruehn, 2000). Die Anordnung entspricht der historischen Abfolge, wobei die Grenzen fließend sind und somit von zeitlichen Überlappungen auszugehen ist.

2.4.1.1 Das Paradigma der Lehrerpersönlichkeit

Während der 50er und 60er Jahre lag der Fokus der Lehr-Lern-Forschung auf Persönlichkeitseigenschaften von Lehrkräften. Es wurde davon ausgegangen, dass bestimmte Persönlichkeitsmerkmale, insbesondere Tugenden, Leistungsunterschiede zwischen Schülern bzw. Schulklassen erklären können (vgl. Bromme, 1997; Kenny, 2004). Zu Beginn wurde recht unsystematisch und erfolglos versucht, globale Persönlichkeitseigenschaften von Lehrkräften mit globalem Schülerverhalten in Beziehung zu setzen. In einem nächsten Schritt wurden auf der Grundlage umfangreicher, systematischer Beobachtungen Zusammenhänge zwischen weniger globalen Lehrer- und Schülereigenschaften untersucht. Insgesamt fand man nur wenige und darüber hinaus meist schwache sowie recht triviale Zusammenhänge (Helmke, 2012, S. 46). Als bedeutsame Arbeiten gelten die von Flanders (1970) sowie die von Tausch und Tausch (1965). Dort erwiesen sich Lehrereigenschaften wie Humor, Freundlichkeit und Flexibilität als lernwirksam. Die Lernwirksamkeit wurde dabei nicht direkt am Lernerfolg gemessen, sondern eher indirekt durch die Wachsamkeit der Schüler oder deren Bereitschaft zur Mitarbeit (Gruehn, 2000). Die Problematik des Ansatzes sieht Helmke in einer Missachtung der Komplexität des Unterrichtsgeschehens: „Zu groß ist die Heterogenität der Aufgaben von Lehrkräften, zu lang und zu indirekt ist der kausale Wirkungspfad von einem allgemeinen Persönlichkeitsmerkmal eines Lehrers bis hin zu Lernprozessen individueller Kinder" (Helmke, 2012, S. 46). Ferner ist zu bemängeln, dass auf die Erfassung der Schülerleistung gänzlich verzichtet wurde (vgl. Kapitel 2.2). Weil die Produktqualität in Form der Schülerleistung vernachlässigt wurde, wird bei Borich und Klinzing (1987) die Frühphase dieses Paradigmas als *anekdotisches Prozess-Paradigma* und die Weiterentwicklung als *systematisches Prozess-Paradigma* bezeichnet. Da jedoch ver-

24

stärkt Effekte von Lehrereigenschaften analysiert wurden und weniger der Prozess an sich, scheint die Bezeichnung *Paradigma der Lehrerpersönlichkeit* naheliegender bzw. eine Trennung in anekdotisches und systematisches Paradigma der Lehrerpersönlichkeit intuitiver.

2.4.1.2 Das Prozess-Produkt-Paradigma

Während des Prozess-Produkt-Paradigmas verschob man die Aufmerksamkeit von den Persönlichkeitseigenschaften der Lehrkräfte auf Unterrichtsmerkmale und setzte diese direkt mit dem Lernerfolg bzw. dem Leistungszuwachs in Beziehung. Dabei wurden auch Lehrerverhaltensweisen, wie unterstützendes, freundliches Agieren sowie die Klarheit der Artikulation, als Prozessmerkmale aufgefasst. Dieser Ansatz gilt als einer der bedeutsamsten bzw. als ein Ansatz, der die Lehr-Lern-Forschung maßgeblich geprägt hat (vgl. Ditton, 2002b; Gruehn, 2000; Shulman, 1986). Neben dem „großen Schatz empirisch begründeten Wissens über lern- und leistungsrelevante Merkmale des Unterrichts" (Helmke, 2012, S. 47) wurde ein weiterer, erheblicher Fortschritt in der Lehr-Lern-Forschung erzielt: Anhand der Analyse erfolgreicher Merkmale effektiven Lehrerhandelns gelang es, konkrete Vorgaben für die Lehrerbildung abzuleiten. Dieser Weg war im Vergleich zu einem Training von Persönlichkeitseigenschaften, welche sich aus dem ersten Paradigma – wenn auch nur sehr vage – ableiten ließen, wesentlich fruchtbarer. Zumal sich etliche Persönlichkeitseigenschaften als sehr stabil erweisen und daher durch Interventionen in Form eines Trainings schwer bis gar nicht zu verändern sind (Helmke, 2012, S. 46).

Trotz der breiten Fülle an Untersuchungen mit teils stabilen Ergebnissen wurde Kritik an diesem Ansatz geübt, insbesondere am recht induktiven Vorgehen bzw. an der theorielosen Suche nach korrelativen Zusammenhängen. Durch die „Addition" einzelner Effekte wurden Lehrmodelle entwickelt, die in ihrer Gesamtheit nie auf reale Existenz geprüft wurden (vgl. Gage & Needels, 1989). Auch die einseitige Sichtweise, dass Lehrverhalten zu einheitlichen Veränderungen auf der Schülerseite führe, was eine Vernachlässigung von nichtlinearen Effekten und Interaktionseffekten zur Folge hatte, wurde bemängelt (Krapp & Weidenmann, 2006; Snow & Swanson, 1992). Um die Kritik aufzuweichen und somit der Frage nach den Gründen für die Zusammenhänge nachzugehen, konzentrierte man sich auf Mediationsprozesse (vermittelnde und interpretative Prozesse), womit die Schülerkognitionen stärker in den Mittelpunkt traten. Außerdem wurden zuvor ausgeblendete Einflüsse berücksichtigt bzw. eine Einbettung in ein komplexeres Modell vorgenommen, was mit erheblichen Fortschritten in den Analyseverfahren einherging.

In dieser erweiterten Form ist das Paradigma noch heute aktuell. Den Informationsverarbeitungsprozessen und Lernprozessen der Schüler wird mittels einer „Prozess-*Prozess*-Produkt-Fokussierung" Rechnung getragen (vgl. Gruehn, 2000, zitiert nach Piskol, 2008).

2.4.1.3 Das Expertenparadigma

Während das vorherige Paradigma die Prozesse verstärkt in den Mittelpunkt rückte, steht im kognitionspsychologisch orientierten Experten-Paradigma wieder die Lehrkraft im Vordergrund. Ähnlich wie beim Persönlichkeitsparadigma wird erneut nach *guten* oder *erfolgreichen* Lehrpersonen gesucht, dieses Mal jedoch nicht aufgrund ihrer Persönlichkeitseigenschaften. Im Zentrum der Untersuchungen steht nun vielmehr bereichsspezifisches Professionswissen und -können, welches die Grundlage der Lehrexpertise bildet (vgl. Bromme, 1997, 2008; Helmke, 2012). Es geht um die Beurteilung von Problemen des Unterrichtsalltags hinsichtlich ihrer Struktur und ihrer lösungsrelevanten Aspekte, um die Verfügbarkeit von Routinen, um fachliches und fachdidaktisches Wissen sowie um subjektive und intuitive Theorien. Um Expertenwissen zu erfassen, wurde sich auf Experten-Novizen-Vergleiche konzentriert.

Aus den Vergleichen geht hervor, dass Experten über ein umfangreicheres sowie besser vernetztes Sachwissen verfügen und flexibler sowie situationsadäquater auf unvorhergesehene Reize reagieren. Ferner zeigen sich Unterschiede in den Erklärungen der jeweiligen Entscheidungen und Handlungen, wobei Experten mehrheitlich elaborierte Handlungsziele verfolgen (vgl. Gruehn, 2000; Krapp & Weidenmann, 2006). Außerdem achten Experten im Vergleich zu Novizen verstärkt auf die Einführung von Regeln, Ritualen und Routinen (vgl. Berliner, 1987). Helmke (2012, S. 47) sieht in diesem Ansatz eine bedeutsame Ergänzung des Prozess-Produkt-Paradigmas, da es dieses um eine ganzheitliche Sichtweise bereichert. Einige Befunde der beiden Paradigmen lassen sich trotz der unterschiedlichen Fokussierung als konform bezeichnen. Beispielsweise entspricht die im Expertenparadigma nachgewiesene Expertise von erfahrenen Lehrkräften im Bereich der Einführung klarer Regeln, Rituale und Routinen Aspekten eines guten Klassenmanagements, welches sich im Prozess-Produkt-Paradigma als wesentliche Voraussetzung für gute Unterrichtspraxis herausstellte. Ein grundlegender Unterschied besteht jedoch in der jeweiligen Sichtweise hinsichtlich des Erwerbs entsprechender Kenntnisse, Fertigkeiten und Fähigkeiten. Im Prozess-Produkt-Paradigma wird davon ausgegangen, durch Fortbildungen oder Trainings die Umsetzung von Prozessmerkmalen zu forcieren. Im Experten-Paradigma hingegen wird die Umsetzung als eine Anwendung von Expertenwissen verstanden, welches über langjährige Erfahrung bzw. eine langjährige Ausbildung erworben wird (vgl. Gruehn, 2000).

2.4.1.4 Das konstruktivistische Paradigma

Dieses Paradigma fokussiert primär auf Unterrichtsmerkmale im Sinne von erfolgreichen Lernarrangements. Insofern lässt sich dieses Paradigma auch als eine neue Bewegung unter das Prozess-Produkt-Paradigma subsummieren. Gleichzeitig rechtfertigen die Besonderheiten dieses Ansatzes aufgrund der zugrundeliegenden didaktischen Modelle die Entwicklung zu einem eigenständigen Paradigma (vgl. Gruehn, 2000).

Im Sinne des Konstruktivismus wird der Wissenserwerb als eine aktive Konstruktion des Lernenden gesehen, wobei der Lerner selbstgesteuert und selbstreflexiv agiert. Ferner wird postuliert, dass Unterricht von den Vorstellungen der Schüler ausgehen muss, wobei unter anderem auf die Theorie zum *conceptual change* Bezug genommen wird (Posner, Strike, Hewson & Gertzog, 1982; bzgl. Erweiterungen des klassischen Modells vgl. auch Murphy & Mason, 2006; Treagust & Duit, 2008). Die dem Ansatz zugrunde liegenden didaktischen Konzepte fordern zu Beginn der Unterrichtssequenz eine Problemstellung, welche die Schüler auffordert, ihre eigenen Konzepte in Form von Alltagsvorstellungen zu reflektieren, Hypothesen aufzustellen und zu prüfen. Um träges Wissen zu vermeiden, werden kooperative Lernformen einbezogen. Schüler- und problemorientierte Methoden stehen im Zentrum des Forschungsinteresses. Die Besonderheit dieses Paradigmas sieht Gruehn (2000) in der Verbindung zwischen der Unterrichtsforschung und der kognitiven Lernforschung. Da dieser Ansatz jedoch noch recht jung und vorwiegend auf den naturwissenschaftlichen Bereich ausgerichtet ist – womit er einer gewissen Fachspezifität unterliegt – lassen sich bisher nur wenige, für diese Arbeit relevante Ergebnisse berichten. Schließlich ist die Übertragbarkeit auf andere Fächer, wie beispielsweise Deutsch, noch fraglich. Den aktuellen Stand grob zusammenfassend, lässt sich zu diesem Paradigma sagen, dass sich zwar positive Effekte moderat konstruktivistischer Unterrichtsformen hinsichtlich Motivation sowie Fachleistung und Problemlösefähigkeit nachweisen ließen, aber im Allgemeinen noch nicht von einer stabilen Befundlage gesprochen werden kann. Eine Ausnahme bilden die Ergebnisse zu kooperativen Lernformen (z. B. Tepner, Roeder & Melle, 2009), die konform zu den Ergebnissen aus früheren Studien sind (Huber, 1999; Renkl, 1997; Slavin, 1995) und somit als recht stabil angesehen werden können. Insbesondere ließ sich die bisher lediglich postulierte höhere Aktivierung infolge kooperativer Aufgaben mittels Videoanalysen belegen: Ein Vergleich zwischen Video-studien mit frontalunterrichtlichem Arrangement und kooperativen Lernfor-men ergab selbst bei äußerst konservativer Berechnung eine zehnfach höhere Wortbeteiligung beim Einsatz kooperativer Lernformen (Sumfleth, Rumann & Nicolai, 2004, S. 292).

2.4.1.5 Aktuelle Entwicklungen und Forschungsstand

Die Paradigmen übergreifend, lässt sich die Lehr-Lern-Forschung als eine vom Prozess-Produkt-Paradigma dominierte Richtung beschreiben. Lange Zeit wurde sich deshalb um eine möglichst objektive Erfassung der Unter-richtskonstrukte und des Lehrverhaltens bemüht, primär durch die Beschrei-bungen bzw. die Urteile externer Beobachter – meist in Form von niedrig- bis hochinferenten Ratingverfahren (vgl. Ditton, 2002b; Gruehn, 2000). Im letz-ten Jahrzehnt wird neben der Beobachterperspektive vermehrt die Schüler-perspektive einbezogen. Einerseits weil Schüler mittlerweile als kompetente Beurteiler von Aspekten der Unterrichtsqualität, die weit über das Klima hi-nausgehen, gelten (z. B. Clausen, 2002; Ditton, 2002a; Gruehn, 2000; Lüdtke et al., 2007; Marsh, 2007). Andererseits weil die Schülerwahrnehmung als ein vermittelnder Prozess zwischen Angebot und schulischem Lernen konzeptua-lisiert wird (vgl. Angebots-Nutzungs-Modell, Kapitel 2.3).

Während zu Beginn vorwiegend die Schulleistung als zentrales Qualitäts-kriterium auf der Produkt-Seite operationalisiert wurde, ist seit geraumer Zeit eine Erweiterung zu erkennen. Die Schulleistung als einziges Kriterium wür-de zu einer Einschränkung des möglichen Zielspektrums schulischer Prozes-se und der Beschreibungsdimensionen von Prozessqualität führen (Terhart, 2000). Grundlegend werden seit dem letzten Jahrzehnt vor allem folgende Kriterien als Indikatoren für Produktqualität erachtet (vgl. Clausen, 2002; Gräsel & Mandel, 2005):

* Wissenserwerb in Form von vernetzten, reichhaltigen Wissensstrukturen (anstelle von trägem Wissen in Form von reinem Faktenwissen ohne An-wendungsbezug)
* Überfachliche Kompetenzen
* Lernmotivation
* Förderung des Selbstkonzepts
* Förderung sozialer Kompetenzen
* Divergenzminderung innerhalb der Klasse

Hinsichtlich der Befundlage lässt sich sagen, dass die Lehr-Lern-Forschung in Bezug auf Unterrichtsqualitätsindikatoren bis zum heutigen Zeitpunkt einige stabile und bedeutsame Befunde vorweisen kann, der Forschungsstand lange Zeit jedoch als recht unübersichtlich zu beschreiben war (vgl. Ditton, 2002b; Köller, 2012). Dies liegt zum einen am Forschungsgegenstand selbst: Das Unterrichtsgeschehen ist sehr komplex und zugleich von zahlreichen Bedingungen beeinflusst (vgl. Kapitel 2.3), sodass umfassende, widerspruchsfreie, mehrfach replizierte Befunde viel Zeit und eine gute Organisation bzw. Kooperation innerhalb der Forschungsgemeinschaft voraussetzen. In der Vergangenheit liefen zahlreiche Studien parallel nebeneinander her. Dabei blieben Kontextbedingungen sowie mögliche Mediatoren und Moderatoren häufig unberücksichtigt, woraus teils widersprüchliche Ergebnisse resultierten. Die Notwendigkeit, mögliche Einflussfaktoren stärker einzubeziehen, führte in den letzten Jahren zu einer besseren Vernetzung von Einzelstudien innerhalb von Kooperationsprojekten, wie beispielsweise dem DFG Schwerpunktprogramm BIQUA (Doll & Prenzel, 2004), und zu einer Erweiterung der Forschungsmethodik (Gräsel & Mandel, 2005). Die Forschungsrichtung ist somit längst „aus dem Stadium des explorierenden Sammelns von korrelativen Einzelbefunden herausgekommen" (Klieme, 2006, S. 769). Dies sollte künftig die Systematisierung der Ergebnisse erleichtern.

Als herausragende Leistung hinsichtlich der Systematisierung bisheriger Forschungsbefunde gilt die von Hattie (2009) publizierte Meta-Metaanalyse, mit welcher er die Lehr-Lern-Forschung sowie auch die Schulforschung auf ein breiteres empirisches Fundament stellt (vgl. Köller, 2012; Steffens & Höfer, 2011a, 2011b). Auf der Basis von 815 Metaanalysen (das heißt „einer" Stichprobe aus über 50.000 Studien und über 83 Millionen Schülern) gelingt es ihm, 138 Einflussfaktoren hinsichtlich ihrer Effektstärke auf schulische Leistung zu analysieren und sowohl wirkungsmächtige als auch unwirksame Faktoren zu identifizieren. Mit Fokus auf die Lehrperson und den Unterricht werden 59 Einflussfaktoren untersucht. Um zwischen wirksamen und weniger wirksamen Faktoren zu diskriminieren, folgt Hattie nicht den üblichen Konventionen. Er beschreibt Einflussfaktoren erst ab einem Wert von $d \geq 0.40$ als *wirkungsmächtig*, da ab diesem Schwellenwert mehr erreicht wird als der durchschnittliche Leistungszuwachs eines Schülers pro Lernjahr. Die für die vorliegende Arbeit relevanten Ergebnisse werden in der folgenden Zusammenfassung bisheriger Forschungsergebnisse entsprechend berücksichtigt. Es gilt jedoch hinsichtlich der Interpretation der Effektstärken zu registrieren, dass die Meta-Metaanalyse von Hattie lediglich die Schülerleistung als Erfolgskriterium einbezieht. Als weitere Limitationen sind zu beachten, dass Metaanalysen (1) zum Teil Studien vergleichen, deren Vergleichbarkeit eingeschränkt ist, (2) qualitative Forschungsbefunde bedingt durch das gewählte Analyseverfahren außen vor lassen und (3) einem Publikationsbias[4] unterliegen können.

Zunächst lässt sich festhalten, dass sich die anfänglich pessimistischen Befunde bezüglich der Unterrichtswirksamkeit im Coleman-Report (Coleman et al., 1966) sowie in der Veröffentlichung von Jencks und Kollegen (Jencks et al., 1972) auf methodische Mängel zurückführen ließen. Seither besteht Einigkeit über einen bedeutsamen signifikanten Einfluss der Unterrichtsqualität auf die Entwicklung der Schüler (vgl. Fraser, Walberg, Welch & Hattie, 1987; Gruehn, 1995; Hattie, 2009). Die Qualität des schulischen Unterrichts gilt mittlerweile als einer der wichtigsten Prädiktoren des Lernzuwachses bei Schülern (Lüdtke et al., 2007). Nach den Schätzungen von Hattie (2009) erweisen sich Unterrichts- und Lehrermerkmale, indem sie 30 % der Leistungsunterschiede auf Schülerseite erklären, wesentlich wirksamer als Schulmerkmale, die lediglich 5–10 % der Varianz aufklären. Bezüglich des Lehrhandels kommt Hattie deshalb zu folgendem Schluss: „The major message is simple – what teachers *do* matters" (Hattie, 2009, S. 22).

Es ist ihm wichtig, klarzustellen, dass es weniger der Lehrer an sich ist, sondern vielmehr sein *Handeln*, welches die Schülerleistung maßgeblich beeinflusst. Im Folgenden werden das Lehrhandeln und Aspekte prozessualer Unterrichtsqualität in den Blick genommen. Dabei werden grundlegende Unterrichtskonzeptionen und ausgewählte Lehr-/Lernformen hinsichtlich ihrer Effekte verglichen sowie empirisch fundierte Kriterien und Indikatoren guten Unterrichts abgeleitet.

Unterrichtskonzeptionen: offen vs. direkt

Als stabiler Befund gilt die hohe Wirksamkeit eines *lehrerkontrollierten bzw. lehrergeleiteten* Unterrichts (z. B. Brophy & Good T., 1986; Gruehn, 1995; Gruehn, 2000; Hattie, 2009), welcher sich durch das Konzept der *direkten Instruktion* beschreiben lässt (vgl. Adams & Engelmann, 1996; Rosenshine, 1979; Treiber & Weinert, 1982). Die Wirksamkeit von *individualisierten, offenen, konstruktivistischen oder reformpädagogischen* Ansätzen lässt sich durch die empirische Datenbasis eher nicht belegen. Die *Schülermitbestimmung* in Form von *wenig strukturierten, offenen Angeboten* wirkt sich gerade bei schwächeren Schülern negativ auf die Leistungsentwicklung aus (vgl. Gräsel, 1997; Snow & Swanson, 1992). Mögliche Ursachen werden in einer unzureichenden Vorstrukturierung und Anleitung, in einer gering ausgeprägten Fähigkeit zu selbstorganisiertem Lernen (Baumert & Köller, 2000a; Weinert, 1997), in fehlendem Erfahrungswissen (van Oudenhoven, 1993) und in

---

4   Der Publikationsbias stellt die statistisch verzerrte Datenlage in wissenschaftlichen Zeitschriften infolge einer bevorzugten Veröffentlichung mit signifikanten Ergebnissen dar.

ausbleibender Fehlerkontrolle (Sumfleth et al., 2004) gesehen. Die Wirkung von *Individualisierung* bleibt mit einem Effektwert von $d = 0.23$ hinter den Erwartungen vieler zurück (Hattie, 2009). Hinsichtlich des Nulleffekts ($d = 0.04$) von *Freiarbeit* argumentiert Hattie, dass zu viele Wahlmöglichkeiten zu einer Überforderung der Schüler führen (Hattie, 2009, S. 194). Bei der direkten Instruktion hingegen werden die Lernziele klar vorgegeben und es existiert ein roter Faden, der den Schülern hilft, nicht vom „richtigen Weg" abzukommen. Die durchschnittliche Effektstärke der *direkten Instruktion* von $d = 0.59$ demonstriert „the power of stating learning intentions and success criteria up to front, and then engaging students in moving towards these" (Hattie, 2012, S. 66). Ein gewisser Grad an *Struktur* und *Klarheit* (*Klarheit der Lehrperson: d = 0.75*) verhindert, dass sich Schüler in Details verlieren und unterstützt darin, Relevantes von Irrelevantem zu unterscheiden (Hattie, 2012, S. 88). Mit einem Effektwert von $d = 0.56$ erweisen sich *transparente, klare und zugleich herausfordernde Zielsetzungen* als bedeutsame Indikatoren für Klarheit. Auch die negativen Befunde zu *Sprunghaftigkeit* (Gruehn, 2000) unterstreichen den Wert einer klaren, verständlichen Instruktion. Der Klarheit und Verständlichkeit dienlich ist außerdem der Einsatz spezieller Methoden, die die Struktur des Lerngegenstands veranschaulichen oder die kognitive Belastung (*cognitive load*) der Schüler reduzieren, wie beispielsweise *Concept Mapping* ($d = 0.57$) oder die Verwendung von *Fallbeispielen* ($d = 0.57$). Des Weiteren gilt regelmäßiges Feedback als ein wichtiger Indikator effizienten Lehrens, da es den Schülern hilft, ihr Lernen zielgerichtet zu steuern (vgl. Willingham, 2009). Die Bedeutsamkeit von Feedback ($d = 0.73$) betont Hattie sowohl in seinem Buch *Visible Learning* (2009) als auch in *Visible Learning for Teachers* (2012) mehrfach. Er weist jedoch auf eine drastische Reduktion des Effekts durch die Vermischung von Lob und Feedback hin (Hattie, 2009, S. 174; 2012, S. 120). Feedback sollte möglichst sachlich sein und den Schülern als Wegweiser dienen, um die Lücke zwischen Ist-Stand und Soll-Stand zu schließen. Detailliertes, lernrelevantes Feedback kommt jedoch laut einer Studie von Carless (2006) nur bei ca. jedem zweiten Schüler an, während 70 % der Lehrkräfte überzeugt sind, ein solches Feedback zu formulieren. Enthält Feedback zu wenig lernrelevante Information, verfehlt es seinen Zweck. Negatives Feedback, gerade wenn es personenzentriert ist, kann als Bedrohung aufgefasst werden und sogar negative Effekte erzeugen (Kluger & DeNisi, 1996).

Während sich offene Unterrichtskonzeptionen aufgrund der geringeren Strukturierung, Klarheit und Transparenz hinsichtlich des Leistungszuwachses der Schüler als weniger effizient erweisen, fördern diese der Metaanalyse von Giaconia & Hedges (1982) zufolge in besonderem Maße die Kreativität. Ferner ist anzumerken, dass es gerade im Bereich der offenen Unterrichtskonzeptionen etliche Untersuchungen und auch Metaanalysen gibt, deren Ergebnisse durchaus widersprüchlich sind. Ältere und neuere Arbeiten bilanzierend und neben der Wirkung auf die Leistung auch die Wirkung auf motivationale Aspekte berücksichtigend, kommt Lipowsky (2007) zu dem Schluss, „dass Freiheitsgrade im Unterricht zwar direkte Effekte auf motivationale Variablen haben können, dass man im Hinblick auf kognitive Variablen aber möglicherweise eher von indirekten bzw. von Interaktionseffekten zwischen der Offenheit des Unterrichts und anderen Merkmalen des Unterrichts ausgehen muss" (Lipowsky, 2007, S. 46).

Obwohl die positive Wirkung von lehrergeleitetem Unterricht als stabiler Befund gilt, ist die Befundlage hinsichtlich differentieller Effekte lehrergeleiteten Unterrichts wiederum nicht eindeutig. Während einige Studien durchaus auch Gewinne für leistungsstärkere Schüler bzw. keine Wechselwirkungen zwischen Leistungsgruppen in Zusammenhang mit direktivem Unterricht aufzeigen (Baumert, Roeder & Sang, 1986; Treiber, Weinert & Groeben, 1982), weisen andere Studien auf ATI-Effekte[5] hin (z.B. Ebmeier & Good, 1979; Helmke, 1988). Nach Hattie (2009) erweist sich die direkte Instruktion für alle Altersstufen und Fähigkeitsniveaus förderlich. Die Annahme, offene Unterrichtsformen gingen im Vergleich zu traditionellen Formen mit einem höheren Selbstkonzept einher, konnte widerlegt werden. Vielmehr zeigte sich eine recht parallele Entwicklung von fachlichem Wissen und fachbezogenem Selbstkonzept sowie eine Vereinbarkeit multikriterialer Ziele (fachlicher und motivationaler Ziele) im Unterricht (z.B. Giacona & Hedges, 1982; Helmke & Schrader, 1990).

Als eine erste Zwischenbilanz lässt sich festhalten, dass eine strukturierte, klare und transparente Instruktion, in welcher herausfordernde Ziele gesetzt werden und regelmäßiges, aufgabenbezogenes Feedback den Lernprozess der Schüler begleitet, sich als lernförderlich erweist.

Lehr-/Lernmethoden sowie Lehr-/Lernstrategien

Obwohl offene Unterrichtskonzeptionen anhand der Datenlage als weniger effizient zu beschreiben sind, gibt es durchaus Anzeichnen für die positive Wirkung eines *gemäßigt* oder *moderat konstruktivistischen* Unterrichts, welcher klare Instruktion mit schülerorientierten Lernformen verbindet. *Gemäßigt* oder *moderat konstruktivistisch* beschreibt hier einen Unterricht, der Alltagsbezug aufweist und neben lehrergeleiteten Phasen auch kooperative

---

5 *Aptitude-Treatment-Interaction-Effekt*: In Abhängigkeit von den Ausgangsvoraussetzungen (Aptitude) der Schüler zeigen sich in unterschiedlichen Lernumgebungen (Treatments) unterschiedliche Lernerfolge.

Lernformen einbezieht, die das Erklären und Überprüfen eigener Vermutungen initiieren und schlussfolgerndes Denken fördern (vgl. Cobb et al., 1991). Aus dem deutschsprachigen Raum stammen die noch recht jungen Befunde hierzu maßgeblich aus dem *konstruktivistischen Paradigma* (z.B. Rakoczy, 2006; Sumfleth et al., 2004). Aufgrund der dortigen Dominanz naturwissenschaftlicher Fächer steht die Generalisierbarkeit der Befunde auf andere Fächer, beispielsweise sprachliche Fächer, noch aus (vgl. Klieme, 2006). Die Vereinbarkeit dieser Befunde bzw. der positiven Wirkung schülerorientierter Lernformen mit den oben genannten Befunden zu lehrergeleitetem Unterricht ist gegeben, da lehrergeleiteter Unterricht im Sinne der direkten Instruktion Schülerorientierung keineswegs ausschließt (vgl. Schöler, 1977). Im Gegenteil, gerade in der Kombination von *lehrerzentriertem Lehren* und *schülerzentriertem Lernen* sieht Hattie – seine Analyseergebnisse interpretierend – erfolgreiches Unterrichten und Lernen (Hattie, 2009, S. 26). Für Hattie ist Konstruktivismus lediglich eine Form des Lernens, nicht aber des Lehrens. Lehrer und Lerner sollen demnach beide aktiv ins Geschehen eingebunden sein. Genau dieser Forderung kommt der moderat konstruktivistische Unterricht nach: Durch aktive Instruktion schafft die Lehrkraft die Voraussetzung für aktives, zielgerichtetes und kooperatives Lernen der Schüler. Das optimale Verhältnis von Selbst- und Fremdsteuerung lässt sich dabei (noch) nicht exakt bestimmen (vgl. Sumfleth et al., 2004). Vermutlich spielen hier die Voraussetzungen der Schüler eine wesentliche Rolle (vgl. Baumert & Köller, 2000a; Snow & Swanson, 1992).

Von einer guten *Schüleraktivierung* spricht man, wenn *alle* Schüler auf einem *kognitiv anspruchsvollen* Niveau einbezogen und gefordert werden (Treinies & Einsiedler, 1996). Die Aktivität der Schüler allein ist demnach nicht entscheidend, sondern vielmehr die Qualität der Aktivierung, wie der Vergleich der beiden Effektstärken von *aktive Lernzeit* ($d = 0.38$) und von *Konzentration, Ausdauer und Engagement* ($d = 0.48$) verdeutlicht (Hattie, 2009). Die geringste Aktivierung der Schüler wurde während Lehrervorträgen bzw. Lehrermonologen oder stark lehrerdominierten Unterrichtsgesprächen gemessen (Yair, 2000) und auf die Passivität der Schüler – resultierend aus der zuhörenden „Tätigkeit" – zurückgeführt. Umso kritischer ist das Ergebnis zahlreicher Studien zu interpretieren, die eine sehr starke Dominanz der Lehrer hinsichtlich der Sprachanteile im Unterricht belegen (z.B. Hardmann, Smith & Wall, 2003; Helmke, Helmke, Schrader, Wagner & Schröder, 2008; Pitton, 1997; Yair, 2000). Zu einer höheren Gesprächsbeteiligung und somit zu einer höheren Aktivierung der Schüler führt *kooperatives Lernen* (Sumfleth et al., 2004). Dieses wirkt sich außerdem positiv auf Problemlösefähigkeiten und naturwissenschaftliche Kenntnisse aus (vgl. Huber, 1999; Renkl, 1997; Slavin, 1995) – insbesondere für Lernformen, die jedem Gruppenmitglied individuelle Verantwortlichkeit für das Gruppenergebnis übertragen. Mit einem Effektmaß von $d = 0.41$ bestärkt auch die Meta-Metaanalyse von Hattie den positiven Einfluss auf die Schülerleistung (Hattie, 2009, S. 212ff). Wie Unterrichtsbeobachtungen belegen, bedarf es zum Initiieren von kooperativem Lernen weit mehr als einer gruppenorientierten Sitzordnung (Galton & Patrick, 1990): Die Effizienz kooperativer Lernformen hängt davon ab, inwiefern die Schüler mit den Regeln und Besonderheiten kooperativer Lernformen vertraut sind und inwiefern es sich mit dem Unterrichtsgegenstand sowie dem Lernziel vereinen lässt. Insgesamt zeigen sich kooperative und kompetitive Lernformen gegenüber individualisierten Lernformen stark überlegen. Die Kraft von Peers, welche sich in kooperativen Lernformen niederschlägt, verdeutlichen die Effektmaße von *Peer-Tutoring* ($d = 0.55$) und von *Peer-Einflüsse* ($d = 0.53$). Hattie kommt deshalb zu folgendem Schluss: „When there is some structure to the peer learning [...] then the power of peers can be unleashed" (Hattie, 2009, S. 214).

Wie das kooperative Lernen sind sämtliche Lehr- und Lernformen von den Voraussetzungen der Schüler, dem Unterrichtsgegenstand, dem Lernziel sowie der didaktischen Umsetzung abhängig. Dennoch erweisen sich einige wirkungsmächtiger als andere. Auf die Effekte ausgewählter bekannter Lehr-/Lernformen sowie -strategien soll im Folgenden kurz eingegangen werden:

Problembasiertes Lernen schneidet in der Analyse von Hattie mit einem durchschnittliche Effektmaß von $d = 0.15$ wesentlich schlechter ab als *Problemlösen* ($d = 0.61$). Dieser Befund ist allerdings nicht gänzlich konform zu Befunden aus dem konstruktivistischen Paradigma, die auf einen größeren Einfluss schließen lassen (Gruehn, 2000). Eine mögliche Erklärung für die voneinander abweichenden Befunde könnte in der differentiellen Wirkung von problembasiertem Lernen hinsichtlich oberflächlicher und tiefgehender Wissensstrukturen liegen. Während sich positive Effekte in der Größe von $d = 0.40$ bis $d = 0.75$ bei Tiefenstrukturen zeigen, konnten zum Teil negative Effekte hinsichtlich oberflächlicher Wissensstrukturen ausfindig gemacht werden. Ist ein Wissen um Oberflächenmerkmale vorhanden, kann problembasiertes Lernen durchaus positive Effekte erzeugen (Hattie, 2009, S. 211). Problembasiertes Lernen ist demnach weder per se effektiv noch per se ineffektiv. Ausschlaggebend scheinen der Zeitpunkt des Einsatzes sowie die Zielsetzung. Lehrkräfte sollten diese Lernform nur dann einsetzen, wenn das entsprechende Wissen hinsichtlich der Sicht- bzw. Oberflächenmerkmale des Unterrichtsgegenstands bereits vorhanden ist und tiefergehendes Wissen und Verstehen beabsichtigt werden. Generell sollten Lehrkräfte zwischen diesen beiden Niveaustufen unterscheiden und bei der Unterrichtsplanung ein ausgewogenes, aufeinander abgestimmtes Verhältnis dieser Wissensstrukturen anstreben (Hattie, 2009).

Entdeckendes Lernen versteht sich als ein situationsgebundenes Lernen, wobei die Lehrkraft eine Situation schafft, die die Schüler herausfordert, Phänomene zu hinterfragen und zu untersuchen. Während die Effekte für Grundschüler größer sind als für ältere Schüler, lässt sich der durchschnittliche Effekt von $d = 0.31$ zwar als positives Gewicht, nicht aber als wirkungsmächtig beschreiben. Allerdings lässt sich ein signifikanter Einfluss auf die Entwicklung kritischen Denkens feststellen (Hattie, 2009). *Lernzielhierarchisierung* erweist sich ebenfalls für das Lernen in der Grundschule förderlicher: Während der Effekt in der Sekundarstufe gegen 0 geht ($d = 0.07$), lässt er sich in der Grundschule als wirkungsmächtig interpretieren ($d = 0.44$). Besonders günstig erweist es sich, wenn die Schüler den Stoff zeitlich verteilt und nicht massiert lernen (*Rhythmisiertes vs. geballtes Lernen: $d = 0.71$*). Gerade komplexe Sachverhalte erfordern eine solche *intervallartige Sequenzierung* (Hattie, 2009, S. 186). Als sehr effektiv und aktivierend, gerade bei älteren Schülern, gelten *metakognitive Lernstrategien* ($d = 0.69$), welche das bewusste Anwenden und Reflektieren von Lehr-/Lernstrategien provozieren bzw. implizieren. *Reziprokes Lernen*, welches metakognitive Lernstrategien quasi beinhaltet, kann mit einem Effektwert von $d = 0.74$ als sehr wirkungsmächtig bezeichnet werden. Obwohl metakognitive Strategien und Lernformen sehr erfolgreich sind, werden sie in der Schule recht sparsam eingesetzt. Das explizite Sprechen über Lernstrategien wurde bei Unterrichtsobservationen bisher nur selten beobachtet (Moseley et al., 2004; Ornstein, Coffman, McCall, Grammer & San Souci, 2010). Repetitives Üben hingegen findet recht häufig statt. Hierfür wurden negative Effekte gemessen (vgl. Gruehn, 2000), was auf das eher geringe Maß an Herausforderung und die Monotonie der Beschäftigung zurückgeführt werden kann.

Lehr-/Lernformen können durchaus einen Unterschied machen ($d = 0.60$). Der Erfolg scheint jedoch stets daran gebunden, inwiefern sie in einen Rahmen klarer Instruktion und Führung eingebunden sind und inwiefern eine adäquate Passung hinsichtlich des Lernstands der Schüler, des Lernziels der Stunde und des Unterrichtsgegenstands gegeben ist. Als eine Art Schlüsselvariable für erfolgreiches Lernen kann die zielgerichtete, kognitive Aktivierung der Schüler beschrieben werden (vgl. Klieme, 2002).

Als eine zweite Zwischenbilanz lässt sich festhalten, dass neben der aktiven Rolle der Lehrkraft die kognitive Aktivität der Schüler eine bedeutsame Rolle spielt. Kooperatives Lernen sowie metakognitive Strategien erweisen sich hierbei als besonders förderlich.

Klassenmanagement und Lernklima

Ein gewisses Maß an Führung sowie ein einladendes, schülerorientiertes Lernklima lassen sich als grundlegende Voraussetzung für aktives Lernen und gelingenden Unterricht im Allgemeinen bezeichnen (Hugener & Klieme, 2006; Pietsch, 2010). Hierbei spielt die *Klassenführung* mit einer durchschnittlichen Effektstärke von $d = 0.52$ eine ausschlaggebende Rolle (Hattie, 2009; vgl. auch Helmke 2012; Kounin, 2006; Lenske et al., 2015; Mayr, 2012). Wie in der Beschreibung des Experten-Paradigmas bereits erwähnt, weisen sich Experten durch entsprechende Führungskompetenzen aus. Auf die Bedeutung der Klassenführung machte bereits Kounin vor ca. 40 Jahren aufmerksam (Kounin 1976; 2006). Dies löste im angloamerikanischen Raum eine Welle an Studien zur Klassenführung aus. In der angloamerikanischen Forschungstradition war hinsichtlich der Operationalisierung von Klassenführung zu Beginn ein starker Fokus auf das Kontrollieren des Schülerverhaltens zu erkennen (reaktives Lehrerhandeln). Der Begriff lässt sich jedoch wesentlich weiter fassen, wenn sämtliche Aspekte, die Störungen reduzieren (präventives und proaktives Lehrerhandeln), aufgegriffen werden – wie beispielsweise *strukturierte, reibungslose Übergänge* (vgl. Helmke 2012; Kounin, 2006; Lenske & Mayr, 2015; Schneider, 2011). Zum Teil werden auch eine *gute Lehrer-Schüler-Beziehung* sowie das *Fördern von Schüler-Schüler-Beziehungen* als Konfliktprävention verstanden und somit der Klassenführung zugeordnet (z.B. Gordon, 2011; Mayr, 2002). Diese Aspekte werden allerdings häufig auch als Facetten des *Lernklimas* betrachtet (vgl. Helmke, 2012; Klieme, 2006; Pietsch, 2010). Ungeachtet der Zuordnung gilt die *Lehrer-Schüler-Beziehung* als wirkungsmächtiger Effekt ($d = 0.72$), da von ihr sehr stark abhängt, ob sich Schüler zum Lernen eingeladen fühlen oder nicht (Hattie, 2009, S. 118). Personenzentrierte Lehrer wirken sich positiv auf die Leistung aus, insbesondere auf kritisches und kreatives Denken (Cornelius-White, 2007). Freundliche, humorvolle sowie positiv verstärkende bzw. unterstützende Verhaltensweisen gelten ebenfalls als lernförderliche Merkmale (vgl. Paradigma der Lehrerpersönlichkeit Kapitel 2.4.1 sowie Einsiedler, 1997; Helmke, 2012; Tausch & Tausch, 1965). Als leistungsförderlich erweist sich außerdem, wenn die Lehrkraft an den Fortschritt ihrer Schüler glaubt und den Schülern mit herausfordernden und zugleich Vertrauen schenkenden *Lehrererwartungen* gegenübertritt (Levin, 2008). Für eine solche Erwartungshaltung von Lehrkräften wurde ein Effektwert von $d = 0.43$ hinsichtlich der Schülerleistung gemessen (Hattie, 2009), was sich durch den längst bekannten *Pygmalion-Effekt*[6] erklären lässt.

---

6 Dem Pygmalion-Effekt oder auch Rosenthal-Effekt nach wirken sich Erwartungen, Einstellungen, Überzeugungen sowie Stereotype der Lehrkraft auf die Schüler aus (selbsterfüllende Prophezeiung).

Ein einladendes Lernklima zeichnet sich außerdem durch motivationale Unterstützung (*Motivierung*) aus. Die *Motivation* der Schüler erweist sich nach den Konventionen von Hattie (2009) als wirkungsmächtiger Faktor (d = 0.48). Da die Motivation der Schüler keine Konstante darstellt, gilt es diese möglichst zu steigern oder zumindest zu erhalten (Winne & Hadwin, 2008). Demotivation beeinflusst bei vielen Schülern das Lernen bzw. die Leistung immens. Umso wichtiger ist es, eine *angenehme und angstfreie Atmosphäre* (*Angstreduktion:* d = 0.40) zu schaffen, in der Fehler als Lernchance willkommen sind und Lob sowie Feedback ihren festen Platz haben (Hattie, 2009). Neben einem einladenden Lernklima wirkt sich insbesondere das Setzen von herausfordernden und für die Schüler bedeutsamen Zielen (Zieltransparenz) auf die Motivation der Schüler aus (Dörnyei, 2001; Winne & Hadwin, 2008). Auch der Aufforderungscharakter des Arbeitsauftrages bzw. der Aufgaben sowie die Autonomie der Schüler spielen eine wichtige Rolle. Nicht zuletzt zeigen sich auch Effekte des Lehrerenthusiasmus auf die Lernleistung sowie die motivationale Entwicklung der Schüler (Kunter et al., 2011). Indikatoren der Motivierung sind vielfältig und weisen zahlreiche Überlappungen mit anderen prozessualen Unterrichtsmerkmalen auf, wie beispielsweise der Aktivierung, dem Lernklima oder der Schülerorientierung.

Den letzten Abschnitt sowie die Zwischenbilanzen schlussfolgernd lässt sich festhalten, dass eine gute *Klassenführung* und ein *einladendes Lernklima* erfolgreiches Lernen ermöglichen. Um letztendlich erfolgreiches Lernen zu bewirken, bedarf es zusätzlicher Kriterien: Eine *klare, strukturierte Instruktion* mit herausfordernden Zielen und regelmäßigem, individuellem Feedback spielt eine bedeutsame Rolle. Um wiederum zielgerichtetes Feedback geben zu können, muss die Lehrkraft zunächst eruieren, wo die einzelnen Schüler stehen (*Zielmonitoring*). Während Feedback den Lernfortschritt fördert, unterstützen Phasen der *Konsolidierung* die Stabilisierung eines Lernfortschrittes. Hierzu erweist sich intelligentes Üben als wesentlich effizienter als repetitives Üben. Schließlich ist der Grad an *kognitiver Aktivierung* ein entscheidender Faktor. Kooperative Lernformen sowie metakognitive Lernstrategien können zu einer Steigerung der kognitiven Aktivität beitragen. Die *Motivierung* der Schüler gilt ebenfalls als lernwirksames Prozessmerkmal. Um wiederum jeden Schüler adäquat zu aktivieren und zu motivieren, muss die Heterogenität der Schülerschaft bedacht werden (*Adaptivität*).

Prozessmerkmale

Wie die bisherige Beschreibung des Forschungsstands verdeutlicht, ist es schwierig, Unterrichtsqualität an einer konkreten Lehr- oder Lernmethode festzumachen. Lehr- und Lernmethoden sind an Rahmenbedingungen geknüpft (wie beispielsweise die Lerngruppe, die Güte der Klassenführung) und nicht per se (in)effizient. Viele Lernstrategien sind außerdem domänspezifisch (Seidel & Shavelson, 2007). Selbst wenn sich hinsichtlich allgemeiner Unterrichtskonzeptionen die direkte Instruktion als wirkungsmächtig erweist, steht auch hier die Allgemeingültigkeit in Frage. Schließlich darf der negative Effekt von Monotonie (hinsichtlich Motivierung und Aktivierung) nicht unterschätzt werden, welcher aus einem immer gleichen Lehrstil („Ausschließlichkeit") resultieren könnte (Steffens & Höfer, 2011b).

Die Schwierigkeit allgemeingültige, konkrete Handlungsrezepte aus der Forschung abzuleiten, resultiert insbesondere daraus, dass es *den* guten Unterricht im Sinne eines „Königsweges" für gelingendes Lehren und Lernen nicht gibt (vgl. Baumert & Köller, 2000b; Gräsel & Mandel, 2005; Heinze & Reiss, 2004; Mayr, 2006, 2012). Mayr (2009) konnte exemplarisch für das Merkmal Klassenführung zeigen, dass erfolgreiche Lehrer zwar allesamt ihre Klasse im Griff haben, sich jedoch anhand von Clusteranalysen verschiedene Führungsstile klar unterscheiden lassen. Daraus folgert er:

> Es gibt kein Idealbild der Klassenführung, das es zu erreichen gilt – wir haben es vielmehr mit einem breiten Spektrum an Handlungsoptionen zu tun. Erfolgreiche Lehrpersonen generieren aus diesen ein maßgeschneidertes Führungsverhalten, das ihren eigenen Kompetenzen und Handlungspräferenzen ebenso entspricht, wie der Klassensituation. (Mayr, 2009, S. 34)

Des Weiteren spielen gesellschaftliche sowie kulturspezifische Rahmenbedingungen eine Rolle. Eine uneinheitliche Befundlage zwischen älteren und neueren Befunden sowie zwischen Befunden verschiedener Länder kann somit aus unterschiedlichen gesellschaftlichen oder kulturspezifischen Rahmenbedingungen resultieren. Kritisches Feedback wirkt beispielsweise in kollektivistischen Kulturen positiver als in mehr individualistisch geprägten Gesellschaften (Hattie, 2012, S. 130).

So sind für die Beschreibung von Unterrichtsqualität Prozessmerkmale, da sie abstrakter und somit wesentlich flexibler sind, unabdingbar. Wie aus der Darstellung des Forschungsstands hervorgeht, spielen Merkmale wie *Klarheit, Verständlichkeit, Strukturiertheit, Klassenmanagement, Lernklima, Motivierung, Adaptivität, Konsolidierung, Zielmonitoring, Methodenvariation und Aktivierung* hierbei eine wesentliche Rolle (vgl. auch Einsiedler, 1997;

Helmke, 2012; Steffens & Höfer, 2011a, 2011b). Diese Auflistung lässt sich je nach Ausdifferenzierung kürzen oder verlängern. Meyer (2004) beispielsweise ordnet die *Schülerorientierung* als Subkategorie dem *Lernklima* unter, während Helmke (2012) *lernförderliches Klima* und *Schülerorientierung* als separate Merkmale aufführt. Die Hierarchieebenen sind bisher noch nicht hinreichend geklärt, sodass diese Debatte an dieser Stelle nicht weiter verfolgt wird.

Das Prozessmerkmal Klassenmanagement wurde bisher wohl am umfangreichsten erforscht und gilt als die Basis eines guten Unterrichts (z.B. Brophy & Good, 1986; Creemers, 1994; Helmke, 2012; Klieme, 2002; Kounin, 2006; Lenske & Mayr, 2015; Lenske et al., 2015; Mayr, 2009; Wang et al., 1993). Wichtig ist jedoch, dass hier zwischen Voraussetzung und Bedingung klar differenziert werden muss. Laut Nuthall (2005, S. 916) ist diese Differenzierung in der Praxis unzureichend: Lehrer setzen demnach guten Unterricht häufig mit guter Klassenführung gleich. Gutes Klassenmanagement ist aber lediglich eine Voraussetzung und keine Gewähr für guten Unterricht. Guter Unterricht bedarf der Erfüllung weiterer Qualitätsmerkmale.

Guter Unterricht setzt keine maximal hohe Ausprägung aller Merkmale voraus, sondern je nach Unterrichtsziel, Stoff und Klasse sollten adäquate Akzentuierungen erfolgen (vgl. Helmke, 2010, S. 170). Unterrichtsqualität wird über das Zusammenspiel der einzelnen Indikatoren geformt. Die professionelle Kompetenz einer Lehrkraft besteht demnach darin, „situations- und kontextspezifisch die angemessene Methode zu wählen, die das Lernen möglichst gut unterstützt" (Gräsel & Mandel, 2005, S. 246). Inwiefern einzelne Merkmale linear oder eher kurvilinear zu einer Steigerung bzw. einem Abfall der Unterrichtsqualität beitragen und welche Wechselwirkungen bestehen, ist noch nicht hinreichend geklärt. So lassen die empirischen Befunde konkrete Angaben hinsichtlich der optimalen Ausprägung einzelner Prozessmerkmale (noch) nicht zu, wobei fraglich ist, inwieweit eine Konkretisierung bei einem derart komplexen Gegenstand überhaupt geleistet werden kann. Eine einheitliche Klassifizierung lernwirksamer Prozessmerkmale sollte wiederum möglich sein, steht allerdings ebenfalls noch aus. Im Hinblick auf die Systematisierung künftiger Forschungsergebnisse wäre eine einheitliche Klassifizierung und Operationalisierung sehr hilfreich (Klieme, 2006).

Ausgewählte Strukturierungsansätze, welche auf den Befunden der Lehr-Lern-Forschung sowie anderer Forschungsrichtungen (z.B. der Schulqualitätsforschung) basieren, werden in Kapitel 2.5 vorgestellt und verglichen.

Neben der inhaltlichen Forschung zur Unterrichtsqualität wird innerhalb der Lehr-Lern-Forschung – im deutschsprachigen Raum verstärkt durch die Arbeit von Clausen (2002) – auf die Messproblematik von Unterrichtsqualität fokussiert (z. B. Lüdtke, Trautwein, Kunter & Baumert, 2006; Lüdtke et al., 2007; Pietsch & Tosana, 2008; Praetorius, Lenske & Helmke, 2012; Wagner, 2008). Da sich Prozessqualität lediglich indirekt über Beobachtung und Wahrnehmung erfassen lässt, wird in der Regel auf Urteile von Lehrern, externen Beobachtern oder Schülern rekurriert. Auf den aktuellen Forschungsstand hinsichtlich dieser Mess- und Perspektivproblematik soll in Kapitel 4 eingegangen werden.

2.4.2 Schul- und Klassenklimaforschung

Die Schul- und Klassenklimaforschung entwickelte sich in den 50er Jahren und hat ihren Ursprung in den USA. Erst in den 70er Jahren wurden auch im deutschsprachigen Raum entsprechende Studien durchgeführt. Ihren Höhepunkt erlebte die Klimaforschung Ende der 70er bzw. Anfang der 80er Jahre (Dreesmann et al., 1992). Im Zentrum dieser Forschungsrichtung steht die aus Schülersicht wahrgenommene Lernumwelt mit besonderem Fokus auf das Schüler-Lehrerverhältnis (vgl. Helmke, 2012, S. 52). Da institutionalisierter Unterricht eine Pflichtveranstaltung mit klar festgelegten Inhalten und Strukturen darstellt, wurde davon ausgegangen, dass die Schülerwahrnehmung signifikant durch Merkmale der Unterrichtssituation geprägt ist. Dementsprechend kam gerade der geteilten Schülerwahrnehmung, als gemeinsamer Erlebnisanteil des Unterrichts, besondere Bedeutung zu (vgl. Dreesmann, 1980). Unter Einbezug des Aggregats wurde das Unterrichtsklima insbesondere an der Streuung gemessen: Eine niedrige Streuung stand für ein von nahezu allen Schülern geteiltes Unterrichtsklima. Nach Pekrun (1985) entsteht ein kollektives Unterrichtsklima vor allem dann, wenn die subjektiven Klimawahrnehmungen der einzelnen Schüler untereinander kommuniziert und diskutiert werden. Eine hohe Streuung hingegen wurde als Indiz für ein fehlendes Unterrichtsklima angesehen. Hierin zeigt sich eine erste Schwachstelle der Klimaforschung, da auch eine von den einzelnen Schülern subjektiv völlig unterschiedlich wahrgenommene Lernumwelt das Klima in der jeweiligen Klasse widerspiegelt (Gruehn, 2000).

Im Zuge der Untersuchungen wurden zum Teil unterschiedliche Operationalisierungen des Klassenklimas vorgenommen: Zum einen variieren die zugrunde gelegten Dimensionen und zum anderen die einzelnen Aspekte, die den Dimensionen zugeordnet wurden. Die Arbeiten von Moos und Kollegen prägten die Forschungsrichtung in den USA, während die Arbeiten von Fend im deutschen Sprachraum als wegweisend gelten (Gruehn, 2000; Helmke, 2006). Beide verstehen das Klima als dreidimensionales Konstrukt, wobei sich inhaltlich deutliche Unterschiede zeigen (vgl. Fend, 1977; Moos, 1979).

Eine Übersicht und zugleich Kategorisierung wichtiger Messinstrumente aus der Klimaforschung findet sich bei Eder (1996).

Zwei Probleme der Klimaforschung resultieren aus dem hauptsächlich querschnittlich angelegten Studiendesign: Zum einen lässt es keine kausale Interpretation von Zusammenhängen zu und zum anderen werden wechselseitige Einflüsse missachtet (Eder, 1996). Eine weitere Schwachstelle, die eine beträchtliche Anzahl der Studien aufweist, bietet die Erfassung der Schulleistung in Form von Schulnoten anstelle von standardisierten Schulleistungstests. Insgesamt lassen sich die theoretische Verankerung, die Vorgehensweise bei der Erhebung sowie auch die verwendeten Analyseverfahren kritisieren und aus heutiger Sicht als „hinter den entwickelten Standards der Unterrichtsforschung und der Evaluationsforschung [...] zurückgeblieben" beschreiben (Helmke, 2012, S. 53).

Die Ergebnisse von Studien, welche standardisierte Leistungstests verwendet haben, vergleichend und zusammenfassend, kommt Gruehn (2000) zu dem Schluss, dass die Behauptung, Klima sei wesentlicher Prädiktor von Schulleistungen, nicht haltbar ist. Sie geht vielmehr von einem eher schwachen, allerdings nicht zu vernachlässigenden Einfluss aus. Ihre Interpretation der Befundlage geht mit zuvor berichteten Schlussfolgerungen aus der Lehr-Lern-Forschung einher: Klima ist eine Voraussetzung, aber keine hinreichende Bedingung für Lernfortschritt. Auf einen eher schwachen Zusammenhang lässt auch die Metaanalyse von Haertel, Walberg und Haertel (1981) schließen. Der Zusammenhang zwischen Klimawahrnehmung und Leistung wird dort mit einer durchschnittlichen Korrelation von $r = .17$ beschrieben. Von positiven Effekten lernwirksamer Merkmale wie Aufgabenorientierung, Unterstützung, Organisation sowie Strukturierung wird ebenfalls im Zuge der Klimaforschung berichtet (z. B. Eder, 1996). Fakt ist jedoch, dass diese Befunde nicht aus Studien der Klimaforschung resultieren, sondern lediglich von einem namhaften Klimaforscher (Moos, 1979) zusammengefasst werden (vgl. Gruehn, 2000). Insofern lässt sich schlussfolgern, dass die Befunde der Klimaforschung zwar dürftig sind, sie aber nicht im Widerspruch zur Lehr-Lern-Forschung stehen: Klima ist ein wichtiges Merkmal, muss aber im Zusammenhang mit anderen Merkmalen betrachtet werden. Im Hinblick auf die vorliegende Arbeit sollte abschließend zur Klimaforschung hervorgehoben werden, dass die Schülerwahrnehmung erstmals als Methode zur Erfassung von Unterrichtsqualität herangezogen wurde und auf der Basis der Schülerdaten mittels Faktorenanalysen Klimadimensionen diskriminiert wurden. Schülerbefragungen zur Unterrichtsqualität bzw. zu Aspekten der Unterrichtsqualität, welche zentraler Gegenstand der vorliegenden Arbeit sind, haben sozusagen ihren Ursprung in der Klimaforschung.

2.4.3 Schulforschung/Schuleffektivitätsforschung

Sowohl in der Lehr-Lern-Forschung als auch in der Klimaforschung werden gesellschaftliche Rahmenbedingungen, schulische Organisationsformen und Bildungskontexte weitestgehend vernachlässigt (Treiber & Weinert, 1982). Die Schulqualitätsforschung hingegen nimmt genau diese Aspekte in den Blick. Zu Beginn konzentrierte sie sich *ausschließlich* auf Qualitätsfaktoren der Makroebene (Ditton, 2002b) und ging der Frage nach der differenziellen Wirksamkeit von Schule nach. Häufig wird die Metaanalyse von Scheerens und Bosker (1997) zitiert, welche einen durch Schulzugehörigkeit erklärten Varianzanteil von 12 % berichtet. Optimistischere Werte finden sich bei Baumert und Köller (1998) sowie Opdenakker und Van Damme (2000). An dieser Stelle muss jedoch auf die Schwierigkeit bei der Interpretation solcher Effektgrößen hingewiesen werden: Sie variieren deutlich in Abhängigkeit des zugrunde liegenden Schulsystems, des untersuchten Kriteriums sowie der untersuchten Altersstufe. Als richtungsweisend kann die Meta-Metaanalyse von Hattie (2009) angeführt werden, welche der Varianzquelle Schule lediglich 5–10 % Erklärungskraft zuschreibt.

Ähnlich wie in der Lehr-Lern-Forschung zeigte sich, dass die Betrachtung nur eines einzigen Ausschnitts aus dem Bereich schulischen Lernens bedeutsame Einflussfaktoren sowie mögliche Wechselwirkungen außer Acht lässt. Effekte schulischer Qualitätsfaktoren ließen sich weder über die Zeit noch über Schülerjahrgänge hinweg konstant halten; auch über die Fächer hinweg zeigte sich eine gewisse Inkonsistenz. Ausgehend von einer ähnlichen Schülerzusammensetzung innerhalb der einzelnen Schulen, wurden Lehrkraft- und Unterrichtsunterschiede als mögliche Erklärung angenommen (vgl. Luyten, 2003; Teddlie & Reynolds, 2000). Die Analysen von Hattie bestätigen diese Annahmen: Lehrer- und Unterrichtsvariablen erweisen sich im Vergleich zu Schulvariablen als deutlich einflussreicher, d. h. die größere Varianz findet sich innerhalb und nicht zwischen Schulen (Konstantopoulos, 2005). Die Effektivität einer Schule hängt demzufolge von der Effizienz ihrer Lehrkräfte bzw. ihres Unterrichts ab. Abschließend soll angemerkt werden, dass die eben genannten Studien nicht repräsentativ für Schulen in Entwicklungsländern sind. Unter Einbezug von Schulen aus Entwicklungsländern ist ein deutlicher Anstieg der Varianz auf dem Between-Level, also zwischen den Schulen, anzunehmen.

Da sich der zu Beginn eingeschlagene Weg aufgrund der Ausblendung von bedeutsamen Einflüssen und möglichen Wechselwirkungen als eine Art Sackgasse erwies, kam es zu einer Neuorientierung (vgl. Ditton & Krecker, 1995; Ditton, 2002b): Die Notwendigkeit einer simultanen Erfassung von Determinanten der Schul- und Unterrichtsqualität wurde erkannt (Teddlie &

Reynolds, 2000). Demnach sind Qualitätsmerkmale auf der Schulebene zwar eine Voraussetzung für Schulqualität, nicht aber eine hinreichende Bedingung. Gute Schulen werden neben Qualitätsmerkmalen auf der Makroebene auch durch Merkmale auf der Unterrichts- und Kontextebene gekennzeichnet. Mortimore und Kollegen hatten auf diese Zusammenhänge zwar recht früh aufmerksam gemacht, fanden jedoch zunächst nicht die notwendige Beachtung (vgl. Mortimore, Sammons, Stoll, Lewis & Ecob, 1988, 1989). Auf die Beschreibung einzelner Modelle zur Schul- und Bildungsqualität wird verzichtet, da sie keine weiteren Hinweise zur Prozessqualität, welche im Fokus der Arbeit steht, liefern. Als Beispiele seien folgende genannt: Integriertes Modell der Schuleffektivität (Scheerens, 1992), MACRO-Modell von Stringfield (1994) sowie Rahmenmodell schulischer und außerschulischer Lernumwelten (Prenzel & Doll, 2002).

Zur Schulqualitätsforschung lassen sich ebenfalls Forschungsarbeiten aus dem Bereich der externen Schulevaluation bzw. der Schulinspektionen zählen. Auch dort wird die Unterrichtsqualität als wichtiger Faktor erfasst, um Schulqualität ganzheitlich zu diagnostizieren. Neben den Urteilen geschulter Beobachter, Elternbefragungen und Lehrereinschätzungen wird auf fragebogenbasierte Schülerurteile und Schülerkreisgespräche zurückgegriffen.

Im Hinblick auf die Thematik der vorliegenden Arbeit sind vor allem Befunde auf der Mikroebene (Prozessqualität des Unterrichts) interessant. So wird auf die Darstellung der Befunde auf der Makro- und Mesoebene verzichtet. Es soll lediglich gesagt sein, dass diese ohnehin weniger bedeutsam sind. Beispielhaft lässt sich hier die Klassengröße erwähnen, welche lediglich einen Effektwert von $d = 0.21$ erzielt (Hattie, 2009). Veränderungen, welche das Curriculum betreffen, sind ebenfalls ineffektiv, sodass Hattie diese als „more cosmetic than transformational" bezeichnet (2009, S. 159). Hinsichtlich der Resultate auf der Mikroebene zeigt sich im deutschsprachigen Raum die Schulinspektion Hamburg sehr aktiv, beispielsweise durch Arbeiten zu Beurteilereffekten bei der Einschätzung von Unterrichtsqualität oder durch die Entwicklung eines Stufenmodells zur Prozessqualität (vgl. Pietsch & Tosana, 2008; Pietsch, 2010). Das erwähnte Stufenmodell weist Prozessmerkmalen unterschiedliche Schwierigkeiten zu. Die Bedeutung des Merkmals Klassenführung als wesentliche Voraussetzung für die Erfüllung weiterer Prozessmerkmale, wie adaptives Lernen oder kognitive Aktivierung, wird durch das Modell bestätigt. Die dort erfassten Merkmale der Prozessqualität ließen sich mittels probabilistischer Modellierung vier voneinander abhängigen Stufen zuordnen, wobei die jeweils tiefer gelegene Stufe als Voraussetzung der nächst höheren Stufe(n) gilt (für eine detaillierte Beschreibung siehe Pietsch, 2010). Eine Replikation des Modells anhand anderer Stichproben steht noch aus.

2.4.4 Ausblick

Aktuelle Entwicklungen lassen auf ein Aufweichen der Grenzen zwischen den einzelnen Forschungsrichtungen schließen. Es scheint, als hätten alle im Laufe ihrer Entwicklung aus ihrer *isoliert* gesammelten und dennoch *allen gemeinsamen* Erfahrung gelernt, indem verstärkt komplexe Zusammenhänge beachtet werden und jegliches Sammeln korrelativer Einzelbefunde der Vergangenheit angehört. Aktuelle Forschungsprojekte sowie darin angewandte Analysemethoden sind ein Indiz für die Berücksichtigung verschiedenster Einflüsse auf unterschiedlichen Ebenen (Mikroebene bis Makroebene). In Kooperationsprojekten wie BIQUA (Doll & Prenzel, 2004) zeigt sich recht deutlich die Schwierigkeit, das Gesamtprojekt einer einzelnen Forschungsrichtung zuzuordnen. Vielmehr lassen sich die Teilprojekte bzw. die Teilstudien einzelnen Richtungen und Paradigmen zuweisen. In der Gesamtbetrachtung hingegen wird die Verzahnung der einzelnen Forschungsrichtungen deutlich erkennbar. Die Idee von Unterricht im Sinne eines Angebots, welches von Schülern aktiv in Anbetracht ihrer Voraussetzungen genutzt wird, kann als Grundannahme aktueller Forschungsrichtungen zur Unterrichtsqualität beschrieben werden (Hugener & Klieme, 2006). Auch der Bezug auf bereichsspezifische sowie bereichsübergreifende Theorien, die die Wirkung bestimmter Qualitätsmerkmale verständlich machen, forciert die Annäherung sowie die Kooperation unterschiedlicher Forschungsrichtungen. Außerdem zeichnet sich auch methodisch ein neuer Trend ab. Während lange Jahre qualitative und quantitative Forschung stets getrennt voneinander betrieben wurde, wird aktuell für eine Annäherung in Form von Mixed-Method-Ansätzen plädiert (Mayring, 2010a). In Anbetracht dieser Entwicklungen lässt ein Blick in die Zukunft auf eine weitere Systematisierung der Befundlage hoffen.

Zwei auf den bisherigen Befunden der unterrichtswissenschaftlichen Forschung basierende Strukturierungsansätze zu Merkmalen oder Dimensionen der Prozessqualität werden im nächsten Abschnitt vorgestellt.

2.5 Strukturierungsansätze zu Kategorien der Prozessqualität

Aus der Forschung zum Bereich Unterricht lassen sich verschiedene Determinanten der Unterrichtsqualität ableiten (vgl. Kapitel 2.3 und 2.4). Die Benennung lernwirksamer Prozessmerkmale unterliegt somit einer nicht unerheblichen Mess- und Verallgemeinerungsproblematik. Obwohl bislang durch Arbeiten aus verschiedenen Forschungstraditionen, insbesondere durch die Lehr-Lern-Forschung, *lern- und leistungsrelevante Merkmale des Unterrichts* empirisch nachgewiesen wurden, ist ihr Zusammenhang nicht hinreichend geklärt (vgl. Kapitel 2.4). So besteht mittlerweile zwar Einigkeit über die Mehrdimensionalität des Konstrukts; über die Anzahl sowie die inhaltliche Fassung der zu differenzierenden Dimensionen hingegen liegt noch kein Konsens vor (vgl. Lüdtke et al., 2007; Praetorius, 2012). Es existieren zahlreiche Zusammenstellungen von Schlüsselmerkmalen guter Prozessqualität, die sowohl Ähnlichkeiten als auch Unterschiede erkennen lassen. Inhaltliche Unterschiede lassen sich dabei nicht einfach anhand der Menge unterschiedener Dimensionen oder Merkmale festmachen. So zeigt sich häufig, dass Merkmale eines Strukturierungsansatzes in einem anderen Ansatz mit einer geringeren Anzahl an diskriminierten Dimensionen nicht unbedingt unberücksichtigt bleiben, sondern vielmehr als eine Art Facette einer gröber gefassten, übergeordneten Dimension zugeordnet sind. Anderseits können sich Dimensionen mit recht ähnlicher Benennung, wie beispielsweise *lernförderliches Klima* (Lehr-Lern-Forschung) und *Klassenklima* (Klassenklimaforschung), inhaltlich sehr stark voneinander unterscheiden. Insgesamt gesehen unterscheiden sich die verschiedenen Ansätze sowohl bezüglich ihrer Terminologie als auch ihrer Gruppierungen (Einsiedler, 1997). Bezüglich der Unterscheidung sowie der Zusammenfassung von einzelnen Dimensionen lässt sich generell festhalten, „dass die verschiedenen Merkmalsbereiche nicht nur facettenreich sind, sondern auch unterschiedliche Hierarchieebenen aufweisen, die von allgemeinen situationsübergreifenden Aspekten bis hin zu konkreten Verhaltensweisen reichen können" (Helmke et al., Version 3.3).

Obwohl im Rahmen der Prozess-*Prozess*-Produkt-Forschung eine Vielzahl an Effektivitätskriterien (oder Qualitätsmerkmalen) identifiziert wurde, fehlt bis heute jedoch weitestgehend eine theoretische Fundierung dieses „Sammelsuriums" (vgl. Kapitel 2.4.1 sowie Brophy, 2006). Das mehrheitlich atheoretische Vorgehen wurde stark kritisiert (z.B. Einsiedler, 2000; Gruschka, 2007; Köller, 2008; Pianta & Hamre, 2009, Weinert, 1989), sodass mittlerweile erste Versuche erkennbar sind, die Unterrichtsmerkmale in einen stärker theoriegeleiteten Zusammenhang einzubetten. Ein Beispiel eines solchen Versuches findet sich im Modell der Basisdimensionen von Klieme, Lipowsky, Rakoczy und Ratzka (2006).

2.5.1 Ausgewählte Strukturierungsansätze

Gemäß der Weiterentwicklung der Modelle schulischen Lernens (vgl. Kapitel 2.3) veränderte sich auch die Strukturierung von Prozessqualität. Wie bereits erwähnt, besteht noch kein Konsens bezüglich der Terminologie, der Anzahl der Dimensionen und der inhaltlichen Facettierung. Um Prozessqualität im Rahmen von Studien zu erheben, wurden folglich bislang Instrumente eingesetzt, welche unterschiedlichen Konzepten und Strukturierungsansätzen unterliegen und somit unterschiedliche Operationalisierungen von Prozessqualität aufzeigen (Clausen, 2002; Gruehn, 2000). Helmke spricht in diesem Zusammenhang auch von einer „Flut von Konzepten" (2002, S. 267). Im Folgenden wird auf zwei renommierte Strukturierungsansätze fokussiert, welche als Grundlage für die vorliegende Arbeit dienen. Für ausführliche Vergleiche bedeutsamer Strukturierungs- und Operationalisierungsansätze wird auf bereits geleistete Arbeiten verwiesen (z. B. Helmke & Schrader, 2008; Piskol, 2008).[7]

Um einen Überblick zu gewährleisten, inwiefern die ausgewählten Strukturierungsansätze bisherigen Operationalisierungen von Prozessqualität ähneln, soll eine Einordnung in Anlehnung an die Arbeit von Clausen, Schnabel & Schröder (2002) erfolgen. Clausen und Kollegen haben bewährte Instrumente aus der Forschung auf Unterschiede und Gemeinsamkeiten analysiert. Aus den Analysen resultierte eine Zusammenschau der bisher in der Unterrichtsforschung erfassen Konstrukte im Zusammenhang mit Prozessqualität. Eine hohe Übereinstimmung der beiden Strukturierungsansätze mit der Zusammenschau der Konstrukte kann als Hinweis auf eine plausible und umfassende Strukturierung gedeutet werden. Die Übereinstimmung geht aus Tabelle 2 hervor. Um die beiden Strukturierungsansätze mit der Arbeit von Clausen und Kollegen (2002) vergleichen zu können, ist es notwendig in einem Exkurs die Studie kurz zusammenzufassen bzw. die für das Kapitel bedeutsamen Aspekte zu skizzieren.

Exkurs: Zusammenfassung der Studie

In der Studie wurden 13 bewährte Instrumente zur Erfassung von Dimensionen und Facetten der Prozessqualität einbezogen. Es zeigte sich, dass allein diese Auswahl 143 begrifflich unterschiedliche Kategorien (bzw. Konstrukte) aufweist. Hinreichend synonyme Begriffe wurden jeweils zu einer Kategorie zusammengefasst, wodurch sich die Anzahl auf 87 reduzieren ließ. Anschließend wurden die Kategorien von Experten zu subjektiv inhaltshomogenen Gruppen sortiert. Mittels einer Clusteranalyse wurden unter Verwendung der Ward-Methode[8] Objekte mit der höchsten Ähnlichkeit zueinander und zugleich der höchsten Unähnlichkeit zu anderen, zu Clustern fusioniert. Insgesamt ließen sich acht Cluster differenzieren (Clausen, Schnabel & Schröder, 2002). Die Benennung der Cluster sowie eine inhaltliche Spezifikation gehen aus Tabelle 2 hervor (siehe erste und zweite Spalte).

---

7   Lohnenswert ist auch der von Stralla (2009) vorgenommene Vergleich von Unterrichtsbeobachtungsbögen der deutschen Schulinspektion.
8   Die Ward-Methode minimiert die Summe der quadrierten Abweichungen innerhalb der Cluster und maximiert sie zwischen den Clustern.

Tabelle 2:   *Einordung der Strukturierungsansätze von Helmke sowie Klieme und Kollegen in Anlehnung an die Clusteranalyse von Clausen, Schnabel & Schröder (2002)*

Cluster (Clausen, Schnabel & Schröder, 2002, S. 256-257)	Inhaltliche Spezifikation (leicht modifiziert; vgl. Clausen, Schnabel & Schröder, 2002, S. 256-257	Merkmale guten Unterrichts nach Helmke (2012)	Basisdimensionen nach Klieme et al. (2001, 2006)
Sozialorientierung des Unterrichts bzw. des Lehrers (1)	Akzeptanz, Fürsorge, Unterstützung, Wertschätzung und Anerkennung, persönliche Entfaltung		**Schülerorientierung u. unterstützendes Unterrichtsklima (2)**
Sozialklima in der Klasse (2)	Gemeinschaft, Kooperation, Hilfsbereitschaft vs. Cliquenbildung, Konformitätszwang, Aggression, Diskriminierung	**Lernförderliches Klima (6)** Schüler- orientierung (7)	
Einstellung und Lernhaltungen der Schüler (3)	Leistungs-/ Anstrengungsbereitschaft Problematisches Schülerverhalten, Desinteresse Wohlfühlen, Zufriedenheit mit dem Lehrer u. dem Unterricht		
Didaktische Qualität des Unterrichts (4)	Klarheit und Strukturiertheit (+Motivierungsfähigkeit) Kognitive Aktivierung	**Klarheit und Strukturiertheit (2)** **Angebotsvielfalt (10)** Motivierung Aktivierung (4)	Strukturierte, klare u. störungspräventive Unterrichtsführung (1) **Kognitive Aktivierung (3)**
Effizienz der Klassenführung (5)	Effektive (Regelklarheit, Ordnung, Organisation, etc.) vs. ineffiziente (Sprunghaftigkeit, inadäquate Reaktion auf Störungen, etc.) Aspekte der Klassenführung		**Strukturierte, klare u. störungspräventive Unterrichtsführung (1)**
Zeitnutzung im Unterricht (6)	Effiziente Zeitnutzung vs. ineffiziente Nutzung Leistungsorientierung vs. Aufgaben- und Zielorientierung)	**Klassenführung (1)** **Konsolidierung, Sicherung (3)**	Schülerorientierung u. unterstützendes Unterrichtsklima (2)
Motivationsunterstützung im Unterricht (7)	Adaptiver Unterricht (Differenzierung, Individualisierung) Förderung von Selbstständigkeit u. Selbstvertrauen	**Umgang mit Heterogenität (9)** **Motivierung (5)** lernförderliches Klima (6)	Schülerorientierung u. unterstützendes Unterrichtsklima (2) Kognitive Aktivierung (3)
Schülermitbestimmung bzw. Lehrerzentrierung (8)	Partizipationsmöglichkeiten der Schüler (Internale Kontrolle, Autonomie, etc.) Leitung u. Kontrolle durch die Lehrkraft	Motivierung (5) **Schülerorientierung (7)** **Aktivierung (4)** **Kompetenzorientierung (8)**	

Anmerkung: Die Zahlen in Klammern lassen auf die ursprüngliche Reihenfolge der Qualitätsmerkmale im jeweiligen Strukturierungsansatz schließen. Fettdruck verdeutlicht die Domäne des jeweiligen Merkmals. Die unterstrichenen Merkmale repräsentieren die von Piskol (2008) vorgenommene Zuordnung des Strukturierungsansatzes nach Helmke, von welcher hier leicht abgewichen wird (die Unterschiede werden im Text erläutert).

Strukturierungsansatz 1: Merkmale guten Unterrichts nach Helmke (2012)

Helmke differenziert insgesamt 10 Merkmale guten Unterrichts. Einzelne Merkmale sind hierbei als Variablen zu verstehen, die in verschiedenen Ausprägungen variieren können und nicht direkt beobachtbar sind, sondern Abstraktionen im Sinne von gedanklichen Ordnungsleistungen hinsichtlich bestimmter Regelmäßigkeiten sowie Auffälligkeiten im beobachtbaren Verhalten darstellen (Helmke & Schrader, 2008, S. 27). Nach Angaben des Autors sind die aufgeführten Merkmale empirisch gut abgesichert, sodass aus wissenschaftlicher und bildungspolitischer Perspektive wenig Zweifel an deren Lernwirksamkeit besteht (vgl. Ministerium für Bildung, Wissenschaft, Jugend u. Kultur, 2008). Die Grenzen zwischen den einzelnen Merkmalen sind fließend und es kommt teils zu Überlappungen im Sinne ähnlicher Subkategorien.

1) Klassenführung

Der Unterricht basiert auf verbindlichen, transparenten Regeln. Rituale und Routinen unterstützen die Abläufe in den Lern- und Arbeitsprozessen. Die Lehrkraft behält den Überblick über das Geschehen und beugt Störungen vor. Sollten Störungen auftreten, wird konstruktiv damit umgegangen. Es ist ein hohes Maß an aktiver Lernzeit zu erkennen. Eine effiziente Klassenführung spiegelt sich in einem reibungslosen Unterricht mit fließenden Übergängen wider.

2) Klarheit und Strukturiertheit

Der Unterricht knüpft an das Vorwissen sowie an die Erfahrungen und Vorstellungen der Schüler an. Die Lehrperson gibt einen Überblick über die Ziele sowie den Ablauf der Einheit. Strukturierende Hinweise erleichtern das Lernen. Wichtige Aspekte werden zusammengefasst bzw. hervorgehoben. Die Lehrkraft spricht grammatikalisch korrekt und dialektfrei sowie klar und verständlich. Es wird sich der zu erlernenden Fach- bzw. Zielsprache genähert. Arbeitsaufträge werden präzise formuliert. Auch die Lernumgebung ist gut strukturiert. Der Einsatz von Medien und Materialien unterstützt den Lernprozess, wobei die Materialien didaktisch sinnvoll aufbereitet sind und die Medien mehrere Sinne ansprechen. Die gesamte Unterrichtsplanung lässt einen roten Faden erkennen.

3) Konsolidierung, Sicherung
Gelerntes wird im Zuge von Übungsphasen gesichert. Übungsphasen beinhalten eine adäquate und zugleich vielfältige Auswahl an Aufgaben, mittels derer *basic skills* automatisiert werden und zugleich intelligentes Üben möglich ist. Werden die Grundkenntnisse sowie die Grundfertigkeiten beherrscht, werden Aufgaben, die einen Transfer des Gelernten in andere Bereiche ermöglichen, gewählt. Die Aufgaben sind jeweils so zu wählen, dass sie eine anspruchsvolle Beschäftigung für die Schüler darstellen (d. h. von rein mechanischem, repetitivem Üben ist abzusehen).

4) Aktivierung
Lernen gilt als aktiver, konstruktiver Prozess und sollte insofern möglichst selbst gesteuert, kontrolliert und verantwortet sein. Hierzu leitet die Lehrkraft an, indem sie mit steigenden Voraussetzungen der Schüler weniger instruiert und dadurch den Raum an Mitgestaltungsmöglichkeiten und Selbststeuerung für die Schüler erweitert. Stoff wird folglich weniger passiv vermittelt als aktiv von den Schülern erworben. Aktiver Unterricht zeichnet sich dadurch aus, dass alle Schüler kognitiv anspruchsvoll beschäftigt sind, alle ins Unterrichtsgeschehen eingebunden sind und allen genügend Sprechgelegenheiten ermöglicht werden. Es wird insbesondere auf kooperative Lernformen zurückgegriffen, in denen die Schüler sich gegenseitig Aspekte erklären. Außerdem werden die eigenen Lernprozesse reflektiert.

5) Motivierung
Der Lehrkraft gelingt es entweder an Interessen der Schüler anzuknüpfen und diese aufrecht zu erhalten oder das Interesse der Schüler zu wecken. Dabei wird die Bedeutung des Lerninhalts für die Zukunft der Schüler, den Alltag der Schüler oder für andere Fächer klar herausgestellt. Den Schülern werden Möglichkeiten der Mitgestaltung geboten. Ferner fördert die Lehrkraft die positive Einstellung der Schüler zum Lernen und Leisten, indem sie beispielsweise individuelle Rückmeldungen gibt bzw. die Schüler differenziert lobt und damit den Glauben an die eigene Selbstwirksamkeit begünstigt. Die Lehrkraft selbst vermittelt Freude und eigenes Interesse am Thema und am Unterrichten.

6) Lernförderliches Klima
Es herrscht eine angenehme Arbeitsatmosphäre, die sich durch gute Beziehungen der Schüler untereinander sowie gute Beziehungen zwischen Schülern und Lehrer auszeichnet. Ein freundlicher Umgangston dominiert das Geschehen. Gegenseitige Wertschätzung, gegenseitiger Respekt und Hilfsbereitschaft sind zu erkennen. Das Unterrichtstempo ist den Voraussetzungen der Schüler

angepasst und es wird klar zwischen Lern- und Prüfsituationen unterschieden. Fehler werden als Chance zur Verbesserung gesehen, wobei den Schülern zunächst die Möglichkeit gegeben wird, sich selbst zu korrigieren.

7) Schülerorientierung

Die Lehrkraft sorgt sich um das Wohlbefinden der Schüler und nimmt sowohl die Schüler als auch deren Probleme ernst. Bei Schwierigkeiten hilft die Lehrkraft bzw. unterstützt mittels adäquater Impulse. Eigene Lernfortschritte werden gewürdigt, wobei der Lernfortschritt als Resultat der eigenen Anstrengung bzw. Leistung gesehen wird. Die Lehrkraft vertraut in die Fähigkeiten ihrer Schüler und fördert deren Selbstvertrauen. Der Unterricht orientiert sich an den Bedürfnissen und Interessen der Schüler. Das heißt, sie werden in die Gestaltung und Planung eingebunden und dürfen regelmäßig Feedback zum Unterricht geben.

8) Kompetenzorientierung

Der Unterricht fördert den Erwerb fachlicher, überfachlicher und außerfachlicher Kompetenzen, wobei der Kompetenzerwerb durch die Arbeit an realen Problemen unterstützt wird. Die Leistungsanforderungen werden klar kommuniziert und der jeweilige Leistungsstand rückgemeldet. Dabei werden die Schüler zur realistischen Selbsteinschätzung befähigt, wobei sie sich ihrer Schwächen und Stärken bewusst werden. Bereits erworbene Kompetenzen sind für die Schüler erfahrbar.

9) Umgang mit Heterogenität

Der Unterricht orientiert sich an den Fähigkeiten, Fertigkeiten und Interessen der Schüler. Das heißt, sowohl die Unterrichtsgestaltung als auch die Lernangebote berücksichtigen unterschiedliche Voraussetzungen der Schüler (wie z. B. Geschlecht, Sprachherkunft, Schwächen, Stärken, etc.). Differenzierte Aufgabenstellungen (qualitativ und quantitativ) und Inhalte ermöglichen die Förderung jedes Schülers. Für lernschwache Schüler stehen entsprechende Hilfsmaterialien zur Verfügung. Insgesamt bestehen genügend Spielräume, den eigenen Lernvoraussetzungen entsprechend zu lernen (Lerntempi, Lernwege, Hilfsmaterialien, Zusatzaufgaben, etc.).

10) Angebotsvielfalt

Die Unterrichts-, Sozial- und Artikulationsformen variieren und sind hinsichtlich des jeweiligen Themas und der Schülervoraussetzungen adäquat ausgewählt. Monotonie wird vermieden, indem neben einer Methodenvariation auch die eingesetzten Medien und Materialien sich abwechseln. Außerdem wird das Lernen an außerschulischen Orten sowie das Lernen mit und von

Experten praktiziert (vgl. Helmke, 2012; Ministerium für Bildung, Wissenschaft, Jugend u. Kultur, 2008).

Wie bereits erwähnt und anhand der Beschreibung ersichtlich, gibt es Merkmale, die Überlappungen mit anderen Merkmalen aufweisen. Die *Orientierung an Vorkenntnissen, Vorstellungen, Erfahrungen bzw. an Voraussetzungen der Schüler* wird in besonderem Maße dem Merkmal (9) *Umgang mit Heterogenität* zugeordnet. Ansatzweise findet sich diese Orientierung jedoch auch bei den Merkmalen (2) *Klarheit und Strukturiertheit* sowie (6) *Lernförderliches Klima* wieder. Die *Akzeptanz der Schüler sowie deren Wertschätzung* kommen in den Merkmalen (6) *Lernförderliches Klima* und (7) *Schülerorientierung* zur Geltung. Das Einräumen von *Mitgestaltungsmöglichkeiten für die Schüler* gilt ebenfalls als ein Indikator mehrerer Prozessmerkmale: (4) *Aktivierung*, (5) *Motivierung*, (7) *Schülerorientierung*. Eine letzte Überschneidung zeigt der Aspekt *Förderung des Selbstvertrauens und der Selbstwirksamkeit*. Er lässt sich sowohl dem Merkmal (5) *Motivierung* als auch dem Merkmal (7) *Schülerorientierung* zuordnen.

Übereinstimmungen mit den analysierten Clustern von Clausen und Kollegen (2002)

Aufgrund der genannten Überschneidungen einiger Merkmale ist eine trennscharfe Zuordnung zu einzelnen Clustern (vgl. Tabelle 2) nicht realisierbar. Diesem Umstand wird durch Mehrfachnennungen begegnet, wobei die Domäne des jeweiligen Merkmals durch Fettdruck innerhalb der Tabelle optisch hervorgehoben ist. Bei zwei Merkmalen war es nicht möglich, eine Domäne auszumachen, da jeweils zwei unterschiedliche Cluster wesentliche Aspekte des Merkmals ansprechen (das heißt, das Merkmal ist *zweimal* fettgedruckt abgebildet). Die hier vorgenommene Einteilung ist nicht gänzlich konform mit der von Piskol (2008). Piskol ordnet die Merkmale von Helmke jeweils nur einmal zu, wodurch einzelne Facetten der Merkmale innerhalb anderer Cluster zum Teil unberücksichtigt bleiben. Ein weiterer Unterschied resultiert aus der Zuordnung der Merkmale Schülerorientierung und lernförderliches Klima. Während Piskol die beiden Merkmale lediglich dem ersten Cluster zuordnet, wird in der hier vorgenommenen Einteilung davon ausgegangen, dass sich die ersten drei Cluster durch die beiden Merkmale beschreiben lassen. Schließlich umfasst das lernförderliche Klima nach Helmke auch die Schüler-Schüler-Interaktionen. Das Wohlfühlen im Unterricht wird durch die Schülerorientierung sowie ein lernförderliches Klima begünstigt. In einer Gesamtbetrachtung lässt sich jedoch feststellen, dass die Zuordnung nach Piskol (gekennzeichnet durch die unterstrichenen Merkmale) in der hier vorgenommenen enthalten ist und die erwähnten Unterschiede somit eher Nuancen als schwerwiegende Diskrepanzen darstellen.

Es zeigt sich eine recht hohe Übereinstimmung zwischen den differenzierten Clustern sowie den Merkmalen nach Helmke (2012), sowohl in der hiesigen Zuordnung als auch in der von Piskol (2008). Resümierend lässt sich sagen, dass sich die innerhalb der Cluster fusionierten Kategorien der 13 untersuchten Instrumente durch die 10 Merkmale nach Helmke (2012) nahezu vollständig abdecken lassen. Allerdings wird der Klimabegriff unterschiedlich definiert. Während im Artikel von Clausen, Schnabel und Schröder (2002) sich dafür ausgesprochen wird, Kategorien aus dem Bereich Sozialklima als fächer- und lehrerübergreifende, also eher von der Lehrkraft unabhängige Merkmale anzusehen, schließt Helmke (2012) nicht aus, dass Lehrkräfte auch das Sozialklima der Klasse, also die Interaktionen der Schüler untereinander sowie deren Befinden und Verhalten, beeinflussen können. Ein Merkmal, welches Helmke anführt (Kompetenzorientierung) findet sich allerdings in keinem der Cluster wieder. Dies ist vermutlich der erst nach der Studie von Clausen und Kollegen einsetzenden Debatte um Bildungsstandards und Kompetenzen geschuldet. Die sehr hohe Vereinbarkeit der Cluster mit den Merkmalen von Helmke spricht für einen plausiblen und umfassenden Strukturierungsansatz.

Strukturierungsansatz 2: Basisdimensionen nach Klieme und Kollegen (z. B. Klieme, Lipowsky & Rakoczy, 2006; Hugener & Klieme, 2006; Klieme, 2002; erstmals Klieme, Schümer & Knoll, 2001)

Klieme (2006) appelliert, sich innerhalb der empirischen unterrichtswissenschaftlichen Forschung auf gewisse Basisdimensionen zu einigen, in denen lernwirksame Merkmale zusammengefasst werden. Das dahinter stehende Anliegen ist, Befunde künftig vergleichbar und somit systematisierbar zu machen und zugleich der Flut an unterschiedlichen Konzeptionen zu entkommen. Die diesem Ansatz immanenten Basisdimensionen sollen den Kern guter Unterrichtsqualität ausmachen. Hierzu werden insgesamt drei Dimensionen unterschieden: strukturierte, klare und störungspräventive Unterrichtsführung (1), Schülerorientierung und unterstützendes Unterrichtsklima (2) und Kognitive Aktivierung (3).

Bevor eine Zuordnung zu bisherigen Konzeptionen erfolgt, sollen auch hier die einzelnen Dimensionen unter Beachtung ihrer jeweiligen Facetten beschrieben werden (vgl. Klieme, 2002; Klieme et al., 2006).

1) strukturierte, klare und störungspräventive Unterrichtsführung

Eine Dimension, die „klassische Merkmale der klaren, strukturierten, gut organisierten Instruktion zusammenfasst" (Klieme, 2002, S. 96):

Verbindliche Regeln sind so etabliert, dass allen Schülern die Regeln klar sind. Die Lehrkraft sorgt für einen möglichst störungsfreien Unterricht und *behandelt aufkommende Störungen effektiv.* Das Ausbreiten von Unruhe wird verhindert und die *Anzahl der Störungen ist gering.* Effiziente Unterrichts- und Klassenführung weist sich darüber hinaus durch eine effiziente Zeitnutzung, fließende, reibungslose Übergänge und aufmerksame Schüler (*Time on Task*) aus. *Zeitverschwendungen* aufgrund von Regelverstößen oder organisatorischen Ungereimtheiten gelten ebenso wie die *Sprunghaftigkeit* als negative Indikatoren. Die *Klarheit und Strukturiertheit* des Unterrichts sowie Aspekte der Zielorientierung und Kontrolle in Form eines *Monitorings* zählen als Facetten dieser Dimension.

2) Schülerorientierung und unterstützendes Unterrichtsklima

Eine Dimension, die „das Eingehen auf individuelle Lernpotentiale und Bedürfnisse der einzelnen Schüler beschreibt" (Klieme, 2002, S. 96):

Die *Sozialorientierung* sowie die *diagnostische Kompetenz der Lehrkraft im Sozialbereich* gelten als bedeutsame Facetten. Die Lehrkraft erkennt die Bedürfnisse und Probleme ihrer Schüler und nimmt sich dieser an, indem sie beispielsweise ihre Schüler beim Lösen von Problemen unterstützt. Es wird sich an den Voraussetzungen der Schüler orientiert. Die Lehrkraft gibt unter Beachtung der *individuellen Bezugsnormorientierung* Rückmeldung, sodass auch leistungsschwache Schüler bei individuellen Fortschritten positiv bestärkt werden. Ein zu hohes Interaktionstempo sowie Leistungsdruck gelten als negative Indikatoren.

3) Kognitive Aktivierung

Eine Dimension, die „die Komplexität von Aufgabenstellungen und Argumentationen und die Intensität des fachlichen Lernens widerspiegelt" (Klieme, 2002, S. 96):

Im Sinne der *genetisch-sokratischen Methode* werden die Vermutungen und Vorstellungen der Schüler aufgegriffen. Dabei wird sich allmählich der Lösung genähert, wobei die Lehrkraft lediglich bei Bedarf Impulse gibt, die Lösung jedoch von den Schülern selbst aktiv gefunden wird. *Repetitives Üben* wird vermieden und durch *anspruchsvolles, intelligentes Üben*, wodurch die Schüler wirklich erkennen, ob sie etwas verstanden haben, ersetzt. Die *Motivierungsfähigkeit* des Lehrers ist dieser Dimension als Facette zugeordnet.

Wie die Zuordnung der Basisdimensionen verdeutlicht, ist auch hier keine 1:1-Zuordnung möglich; diesmal jedoch, weil die Grunddimensionen verschiedene Cluster zusammenfassen und nicht, weil sich die Grunddimensionen überschneiden. Die Domänen der jeweiligen Grunddimensionen sind wie zuvor durch Fettdruck markiert (vgl. Tabelle 2). Es zeigt sich auch hier eine recht große Übereinstimmung, was erneut als Hinweis auf inhaltliche Validität gedeutet werden kann. Lediglich die Cluster (2) Sozialklima, (3) Einstellungen und Lernhaltungen der Schüler und Cluster (8) Schülermitbestimmung vs. Lehrerzentrierung bleiben nahezu unberücksichtigt. Anhand der Basisdimensionen wird Unterrichtsqualität enger gefasst als im Ansatz von Helmke.

Laut Klieme (2002) muss gelungener Unterricht diese Grunddimensionen erfüllen. Hinsichtlich der Leistungs- und der Motivationsentwicklung der Schüler sowie der Sicherung der Arbeitsbedingungen im Klassenverband erfüllt jede Dimension wesentliche Funktionen, wobei unterschiedliche Schwerpunkte gesetzt werden können (vgl. Klieme et al., 2001). Wie im Ansatz von Helmke wird davon ausgegangen, dass die einzelnen Qualitätsmerkmale oder Dimensionen ein Netzwerk gegenseitig unterstützender oder bedingender Faktoren bilden. Allerdings gehen Klieme und Kollegen, ähnlich wie Pietsch (Pietsch, 2010), von einer Art Stufenmodell aus, d. h. von einem hierarchischen und kumulativen Charakter der Dimensionen (vgl. Klieme et al., 2001, S. 54). Dies bedeutet, dass den Merkmalen eine unterschiedliche Schwierigkeit zugeschrieben wird und das Erreichen der nächsten Stufe immer eine hohe Ausprägung auf den vorangegangenen Stufen voraussetzt (Pietsch, 2010).

2.5.2 Zur Validität der Strukturierungsansätze

Die Befunde aus den verschiedenen Forschungsrichtungen (vgl. Kapitel 2.4), insbesondere aus der Prozess-Produkt-Forschung, verdeutlichen, dass sich die Merkmale (oder Dimensionen) der beschriebenen Strukturierungsansätze als *unterrichtswirksam* bzw. *lernförderlich* bezeichnen lassen. Demnach ist Kriteriumsvalidität auf der Ebene der einzelnen Merkmale (oder Dimensionen) im Sinne prognostischer Validität gegeben. Beide Strukturierungsansätze können außerdem als inhaltlich valide betrachtet werden, was aus dem inhaltlichen Vergleich mit den Befunden von Clausen und Kollegen hervorgeht (vgl. Kapitel 2.5.1). Hinsichtlich des Zusammenhangs der Merkmale liegen zum Strukturierungsansatz von Helmke bisher keine empirischen Studien vor und insofern auch keine Ergebnisse, die die Struktur- oder Konstruktvalidität des Ansatzes stützen oder widerlegen. Die Basisdimensionen von Klieme und Kollegen (2001; 2006) konnten im deutschsprachigen Raum mittlerweile in einigen Studien als Faktoren extrahiert werden (z. B. Fauth, Warwas, Klieme & Büttner, 2011; Klieme, Pauli & Reusser, 2009; Rakoczy, 2006; Seidel, Prenzel, Rimmele & Dalehefte, 2006), auch unter Rückgriff auf unterschiedliche Datenquellen (Beobachterdaten vs. Schülerdaten). Allerdings wurden innerhalb der Studien verschiedene Instrumente verwendet. Somit können die Facetten der einzelnen Dimensionen sowie die verwendeten Indikatoren nicht als *identisch,* lediglich als *ähnlich,* bezeichnet werden. Auch im anglo-amerikanischen Raum wurde Instruktionsqualität den Basisdimensionen vergleichbar operationalisiert und darüber hinaus faktorenanalytisch bestätigt (vgl. Pianta & Hamre, 2009). Hinsichtlich beider Strukturierungsansätze wird postuliert, dass sie sowohl fächer- als auch schulübergreifend sind. Hierfür gibt es bislang keine hinreichenden empirischen Evidenzen; allerdings auch keine hinreichenden Evidenzen, um das Postulat zu widerlegen (vgl. Helmke et al., 2007). Die aktuelle Grundschulpädagogikliteratur weist allerdings daraufhin, dass einzelnen Qualitätsmerkmalen oder Facetten mehr Beachtung bei der Beurteilung von Unterrichtsqualität in der Grundschule zukommen sollte: Dem *Umgang mit Heterogenität* sollte in der Grundschule verstärkt Beachtung geschenkt werden, da die Leistungsunterschiede in der Grundschule in der Regel höher sind als in den weiterführenden Schulen (vgl. Ramseger & Wagener, 2008). Ferner ist davon auszugehen, dass die *Schüler-Schüler-Beziehung* in der Grundschule einen vergleichsweise größeren Einfluss auf das Wohlbefinden bzw. das *lernförderliche Klima* nimmt (vgl. Schönknecht & Michalek, 2005, S. 70). Ein weiterer Aspekt, welcher in den renommierten Klassifizierungen bislang nicht explizit erwähnt ist und als eine Facette der Kompetenzorientierung verstanden werden kann, ist die Sprachförderung. Untersuchungen zeigen, dass die Sprachentwicklung signifikant mit der Leistungsentwicklung korreliert (Mücke, 2007, S. 280). Deshalb wird in der Fachliteratur sowie in Lehrplänen appelliert, die Grundschule als einen Ort der Sprachentwicklung ernst zu nehmen und unabhängig des Faches die sprachliche Entwicklung der Schüler im Unterricht zu fördern (z.B. Ministerium für Bildung, Frauen und Jugend, 2002, S. 11).

Die faktorielle Validität der Basisdimensionen wurde bislang mehrheitlich für den naturwissenschaftlichen Bereich in der Sekundarstufe nachgewiesen. Für das Fach Englisch beispielsweise ließ sich die Struktur bisher nicht sauber abbilden (vgl. DESI-Konsortium, 2008) und auch der Einfluss der Dimension Kognitive Aktivierung auf die fachliche Leistung ließ sich nicht replizieren (vgl. Hugener & Klieme, 2006). Ein möglicher Grund hierfür könnte in der Operationalisierung der Dimension Kognitive Aktivierung liegen, da diese stark an den naturwissenschaftlichen Unterricht angelehnt ist. Ein erster Hinweis für die Verallgemeinerung über Schulformen hinweg lieferten Ergebnisse im Rahmen des IDEA-Projekts IGEL. Dort ließ sich für den Sachunterricht an Grundschulen unter Einsatz von multilevel Faktorenanalysen die dreifaktorielle Struktur der Basisdimensionen abbilden (Fauth, Decristan, Rieser, Klieme & Büttner, 2014; Fauth et al., 2011).

Wie die bisherigen Ausführungen verdeutlichen, gibt es für beide Strukturierungsansätze empirische Befunde, die sich als Hinweise auf Validität interpretieren lassen. Da es ein Ziel der vorliegenden Arbeit ist, ein Instrument für die interne, evidenzbasierte Unterrichtsdiagnostik im Grundschulbereich zu konzipieren (vgl. Kapitel 5), soll abschließend erörtert werden, ob der Nachweis faktorieller Validität von Strukturierungsansätzen im Rahmen dieser Zielsetzung eine wichtige Voraussetzung darstellt oder vernachlässigt werden kann:

Es lässt sich argumentieren, dass eine Zusammenstellung von Kategorien nur dann ein Konstrukt bildet, wenn sich die Struktur im Sinne struktureller Validität empirisch bestätigen lässt. Einerseits ist es korrekt, nicht von einem Konstrukt zu sprechen, sofern das postulierte Konstrukt in der Empirie per se nicht existiert. Andererseits gibt es für manche latenten Konstrukte keine geeignete Operationalisierung und Erhebungsmethode, um das theoretische, latente Konstrukt ganzheitlich zu erfassen. Wenn sich ein Konstrukt in Form eines Strukturierungsansatzes in seiner Ganzheit bislang nicht empirisch prüfen bzw. nachweisen ließ, kann dessen Existenz weder bestätigt noch negiert werden. Ein derart komplexes Konstrukt wie Unterrichtsqualität faktoriell zu validieren, stellt Forscher vor Operationalisierungs- und Messprobleme sowie messmethodische Besonderheiten, insbesondere wenn Schülerratings die Datengrundlage bilden:

(1) Schüler können nur bedingt zu methodisch-didaktischen Aspekten befragt werden. Das heißt, verschiedene Aspekte der Unterrichtsqualität bleiben innerhalb von Schülerratings unberücksichtigt.

(2) Die Befragungsdauer ist angesichts der Rahmenbedingungen in der Schule begrenzt. Schülerfragebögen müssen demnach eine praktikable Länge aufweisen.

Im Rahmen einer Schülerbefragung ist es aus den genannten Gründen nicht realisierbar, alle 10 Merkmale von Helmke reliabel und valide zu erfassen. Die Basisdimensionen von Klieme und Kollegen hingegen sind im Kontext von Schülerbefragungen durchaus operationalisierbar, da Unterrichtsqualität auf drei Dimensionen, die für Schüler beurteilbar sind, reduziert ist. Nun stellt sich die Frage, ob der Ansatz von Klieme und Kollegen im Vergleich zum Ansatz von Helmke deshalb als valider einzustufen ist. Um diese Frage zu beantworten, muss zunächst geklärt werden, ob die auf Grundlage von Schülerratings ermittelte Faktorenstruktur ein Beweis für die Struktur des latenten Konstrukts darstellt. Es ist grundsätzlich ungewiss, ob eine empirisch ermittelte Datenstruktur der tatsächlichen Struktur des latenten Konstrukts entspricht. Das heißt, wenn wir ein Konstrukt dreidimensional messen, muss dies nicht zwangsläufig bedeuten, dass es auch tatsächlich dreidimensional ist. Da der Ansatz von Klieme und Kollegen das Konstrukt Unterrichtsqualität auf grundlegende Faktoren reduziert, besteht Grund zur Annahme, dass weitere, prozessuale Merkmale einen Einfluss auf die Lernwirksamkeit von Unterricht nehmen. Verschiedene Untersuchungen zeigen, dass es theoretisch legitim (Diamantopoulus, Riefler & Roth, 2008) und empirisch vertretbar (Reckase, Ackerman & Carlson, 1988) ist, die Dimensionalität des latenten Konstrukts zum Zwecke eines praktikablen Messmodels zu reduzieren. Allerdings sollte sodann nicht von den empirischen Daten auf die Struktur des latenten Konstrukts geschlossen werden.

(3) Als weitere messmethodische Besonderheit lässt sich argumentieren, dass *die* Unterrichtsqualität in Form eines reflektiven Konstrukts eventuell gar nicht existiert, da gute Unterrichtsqualität erst aus der Orchestrierung einzelner Merkmale resultiert (vgl. Kapitel 1) und letztlich erst über die Indikatoren verursacht wird. *Reflektive Konstrukte* gelten per Definition als Ursache ihrer Indikatoren (Eberl, 2004, 2006), *formative Konstrukte* hingegen haben eine umgekehrte Kausalitätsannahme (Diamantopoulos & Winklhofer, 2002; Diamantopoulus et al., 2008). Die Persönlichkeit eines Menschen, als Beispiel für ein reflektives Konstrukt, verursacht unter anderem die Offenheit und die Verträglichkeit der Person. Bei Unterrichtsqualität hingegen lässt sich argumentieren, dass sie erst über das Zusammenspiel von Lehrkraft, Unterrichtsgegenstand und Schülerschaft konstruiert und letztendlich über die Indikatoren guter Unterrichtsqualität geformt wird. Dieser Argumentation zufolge könnte Unterrichtsqualität ein *formatives Konstrukt* darstellen. Die Denkweise formativer Messmodelle geht auf Curtis und Jackson (1962) zurück und ist demnach kein neuer Gedankengang. Dennoch basiert ein Großteil empirischer Forschung auf reflektiven Messmodellen – der Metastudie von Eberl (2004) zufolge jedoch zum Teil implizit, unreflektiert und nicht gerechtfertigt (2004, S. 23). Im Bereich der Marktforschung wird dies kritisch diskutiert (z. B. Diamantopoulos & Winklhofer, 2002, S. 269; Eberl, 2006), während im Bereich der Unterrichtsforschung dieser Thematik bislang kaum Beachtung geschenkt wurde. Ob jedoch ein latentes Konstrukt als ein formatives oder reflektives Konstrukt angenommen wird, bringt Konsequenzen hinsichtlich der Validierung und der Datenanalyse mit sich. Übliche Faktorenanalysen und Reliabilitätsanalysen mittels Cronbachs Alpha sind zur Erforschung formativer Konstrukte beispielsweise nicht geeignet. Der Nachweis der Reliabilität von formativen Kon-

strukten ist nahezu unmöglich, da einzelne Indikatoren voneinander unabhängig sein können und die Indikatoren demnach nicht bzw. nicht hoch miteinander korrelieren müssen (Eberl, 2004, S. 6). Je nach Lernziel kann das Gewicht einzelner Indikatoren zu- oder abnehmen. Insofern variieren die Schwierigkeiten einzelner Items oder Merkmale zwischen einzelnen Unterrichtsstunden auf Aggregatebene (Ebene 2, Klassenebene). Des Weiteren wirkt Unterricht auf unterschiedliche Schüler unterschiedlich (Snow & Swanson, 1992). Aus diesem Grund variiert die Schwierigkeit von Items und Merkmalen auf Basis von Schülereinschätzungen auch auf Individualebene. Unterschiede auf Ebene 1 sind folglich nicht wie bei einem reflektiven Ebene-2-Konstrukt mit dem klassischen Messfehler gleichzusetzen, sondern als ein Anzeichen für die Heterogenität innerhalb der Klasse zu interpretieren.

Ob im Kontext der Unterrichtsqualität ein formatives oder ein reflektives Modell anzunehmen ist, wird an dieser Stelle nicht weiter diskutiert. Es wäre wünschenswert, dass sich die Unterrichtsforschung künftig dieser Diskussion stellt. Im Rahmen dieser Forschungsarbeit soll es ausreichen, sich des bislang nicht ausgetragenen Diskurses von Messmodellannahmen bewusst zu sein.

Fazit: Eine klassische faktorielle Validierung von Strukturierungsansätzen zur Unterrichtsqualität scheint nur bedingt möglich und nur bedingt ratsam. Sofern ein formatives Konstrukt angenommen wird, ist von einer klassischen faktoriellen Validierung abzusehen.

Wie die bisherigen Ausführungen zeigen, lässt sich sowohl für den einen als auch für den anderen Strukturierungsansatz argumentieren. Für die Individualdiagnostik bzw. für die interne und externe Evaluation an Schulen bietet der Strukturierungsansatz von Helmke den Vorteil, Unterrichtsqualität möglichst differenziert und umfassend zu betrachten und auf Grundlage einer breit angelegten Basis an Indikatoren ein Schwächen- und Stärkenprofil für einzelne Lehrkräfte unter Berücksichtigung der jeweiligen Stundenziele zu erstellen (vgl. Projekt EMU, verfügbar unter www.unterrichtsdiagnostik. de). Messmethodisch birgt dieser Ansatz zahlreiche Herausforderungen und Operationalisierungsprobleme in sich. Das heißt, die Komplexität des Strukturierungsansatzes sowie die theoretische Annahme eines formativen Modells gehen zulasten der klassischen psychometrischen Gütekriterien. Im Rahmen der Unterrichtsforschung bietet deshalb der Ansatz von Klieme und Kollegen (2001, 2006) nennenswerte Vorteile. Unterrichtsqualität wird dort weniger komplex und darüber hinaus als reflektives Konstrukt definiert. So ergibt sich psychometrisch betrachtet ein Messmodell, welches das Extrahieren von Faktoren im klassischen Sinn erlaubt. Solche Komplexitätsreduktionen sind in gewissem Maße sinnvoll, solange sie bei der Interpretation der Ergebnisse bedacht werden.

Unter Berücksichtigung der Zielsetzung und der Fragenstellungen der Forschungsarbeit sowie der Vor- und Nachteile der Ansätze wird im empirischen Teil auf beide Ansätze rekurriert.

3 Grundlagen der Unterrichtsdiagnostik und -evaluation

Dieses Kapitel soll den Nutzen von Schülerfeedback für diagnostische und evaluative Verfahren im Bereich der Unterrichtsforschung und -entwicklung verdeutlichen. Einleitend in die Thematik erfolgt eine kurze Erklärung der Begriffe Unterrichtsdiagnostik und -evaluation (Kapitel 3.1). Dabei wird zwischen externer und interner Evaluation im Schulkontext differenziert. Im Anschluss wird auf die Bedeutung diagnostischer und evaluativer Maßnahmen im wissenschaftlichen sowie im schulischen Kontext eingegangen (Kapitel 3.2) und der besondere Stellenwert von Schülerfeedback herausgearbeitet.

3.1 Begriffsbestimmung: Unterrichtsdiagnostik und Unterrichtsevaluation

3.1.1 Unterrichtsdiagnostik

Der Begriff *Diagnose* stammt aus dem Griechischen (*diágnosis*) und bedeutet ursprünglich die Erforschung eines Sachverhalts mit dem Ziel, beobachtete Merkmale einem Klassifikationssystem zuzuordnen. Heute versteht man unter Diagnostik eine systematische

> Erhebung von Daten bei einzelnen Personen (oder Personengruppen) mit dem Ziel, bestimmte Entscheidungen zu treffen, die genau diese Personen betreffen. Diagnostik dient der Informationsbeschaffung; deshalb sind Diagnosen oder diagnostische Befunde als solche zunächst wertfrei und folgenlos. Ob sie Folgen haben und welche dies sind, hängt von der Entscheidungssituation ab. Sofern wissenschaftlich fundierte und empirisch erprobte Messinstrumente verwendet und bestimmte methodische Gütekriterien berücksichtigt werden, spricht man von wissenschaftlicher Diagnostik (im Unterschied zur Alltagsdiagnostik). (Helmke et al., Version 3.3)

Auch im Kontext der Unterrichtsentwicklung dient die Diagnostik als Entscheidungshilfe für Personen hinsichtlich unterrichtsbezogener Fragestellungen. Entwicklungsentscheidungen werden dabei auf Basis empirisch abgesicherter Informationen getroffen. Um die entsprechende Informationsgrundlage zu schaffen, können unterschiedliche Erhebungsmethoden eingesetzt werden (z. B. standardisierte Leistungstests, Videografie des Unterrichts, Schülerbefragung, Elternbefragung, Kollegenfeedback im Rahmen der kollegialen Hospitation), wobei empfohlen wird, mehr als eine Datenquelle für die Unterrichtsdiagnostik heranzuziehen, da jede ihre Stärken und Schwächen hat (Helmke, Piskol, Pikowsky & Wagner, 2009).

3.1.2 Unterrichtsevaluation

Aufgrund mannigfaltiger Anwendungsbereiche sowie unterschiedlicher Zielsetzungen von Evaluationen lassen sich etliche Definitionen finden, die sich in einzelnen Aspekten unterscheiden (DeGEval – Gesellschaft für Evaluation e.v., 2008, S. 15). Grundlegend lässt sich jedoch festhalten, dass Evaluation ein durch sozialwissenschaftliche Arbeitsverfahren angeleiteter, systematischer, zielgerichteter und zweckorientierter Prozess der Datenerhebung, Datenanalyse und Ergebnisrückmeldung ist. Man fasst darunter wissenschaftliche Maßnahmen der Qualitätskontrolle, der Effizienzforschung sowie der Begleitforschung. Grundlegend lassen sich drei verschiedene evaluative Funktionen differenzieren: a) nach außen gerichtete, strategisch-politische Funktion, b) nach innen gerichtete, überwachungs- und entscheidungsunterstützende Funktion und c) wissenserzeugende Funktion. Die hier genannten Funktionen lassen sich jeweils weiter ausdifferenzieren (siehe hierzu Altrichter, 1998, S. 279).

Im Bildungskontext wird seit einigen Jahren dem Thema Evaluation besondere Beachtung geschenkt. Dabei wird auch der Begriff der Qualitätssicherung häufig diskutiert. Zum Verhältnis der Begrifflichkeiten lässt sich keine allgemeingültige Definition finden. Eine Abgrenzung kann über den Aspekt der Dauer erfolgen: Während Evaluation überwiegend als zeitlich begrenzt gilt, wird Qualitätssicherung in der Regel als ein auf Dauer ausgerichtetes System verstanden (Tippelt, 2010). Auf eine solche Differenzierung wird in der vorliegenden Arbeit verzichtet, indem Qualitätssicherung im Sinne der Begleitforschung als eine Form der Evaluation verstanden wird. Im Folgenden werden deshalb Maßnahmen der Qualitätskontrolle sowie der -sicherung der Evaluation subsummiert.

Während sich die Diagnostik meist auf Personen bezieht und zunächst wertfrei ist, wird bei der Evaluation (*lat. valuere = bewerten*) in der Regel auf den Erfolg, den Nutzen oder den Wert eines Programms (z. B. einer unterrichtlichen Intervention), einer Institution (z. B. eine Schule) oder eines Systems (z. B. Schul- bzw. Bildungssystem eines Bundeslandes oder Staates) fokussiert (Helmke et al., 2011). Im Schulkontext stehen in der Regel die Schulqualität und damit unmittelbar verbunden die Unterrichtsqualität im Zentrum des evaluativen Interesses. Dient die Evaluation des Unterrichts als Planungs- und Entwicklungshilfe, spricht man von *formativer Evaluation*. Steht die Bewertung in Form eines Vergleichs von postuliertem und erreichtem Zielzustand im Zentrum, ist von *summativer Evaluation* die Rede. Als Beurteilungsmaßstab werden meist kriterienorientierte Bezugsnormen sowie soziale Bezugsnormen in Form von Benchmarks herangezogen. Generell kann Unterricht intern oder extern evaluiert werden. Bei der internen Evaluation prüfen die Mitglieder der Schule selbst ihre gesetzten Ziele, während bei der externen Evaluation die Prüfung durch unabhängige Evaluatoren vorgenommen wird (wie beispielsweise die Qualitätsagenturen der Länder). Beide Formen erfordern zu Beginn die Verständigung über Ziel- und Inhaltsfragen (Tippelt, 2010). In Anbetracht des Evaluations-Rezeptions-Zyklus (vgl. Abbildung 2) hängt der Erfolg jeglicher Evaluation der Unterrichtsgüte von der Qualität der Operationalisierung und der Messung (1, 2), der Form der Ergebnisrückmeldung (3) und der Intensität der Rezeption der Ergebnisse (4) ab.

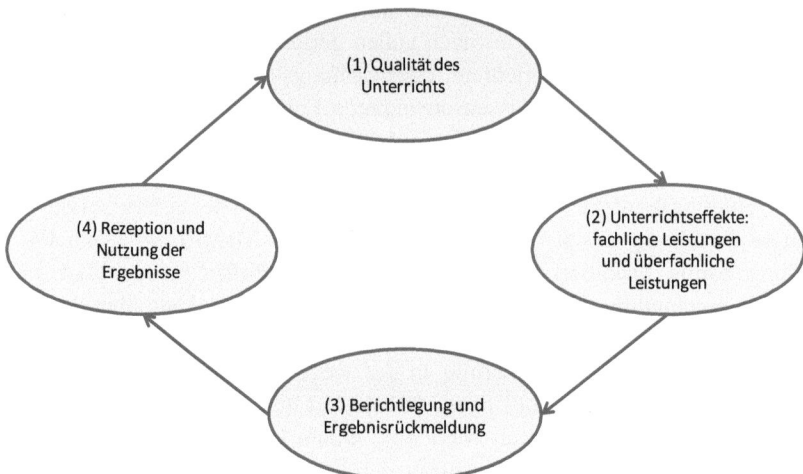

Abbildung 2:   *Der Evaluations-Rezeptions-Zyklus nach Schrader & Helmke (2003)*

Bisweilen existieren zahlreiche Handreichungen, welche den Prozess einer Evaluation mehr oder minder detailliert erläutern. Die DeGEval fasst die wesentlichen Kriterien, welche bei einer Evaluation zu berücksichtigen sind, in Standards der *Nützlichkeit*, der *Durchführbarkeit*, der *Fairness* und der *Genauigkeit* zusammen (DeGEval – Gesellschaft für Evaluation e.V., 2008). Eine differenzierte Beschreibung des Evaluationsbegriffs im schulischen Kontext findet sich zum Beispiel bei Altrichter (1998).

3.1.2.1 Externe Unterrichtsevaluation

Bei der externen Evaluation von Schulen wird die Zielsetzung häufig von außen vorgegeben. Dies gilt beispielsweise für Evaluationen in Form von Vergleichsstudien wie PISA oder VERA oder auch Evaluationen durch die Qualitätsagenturen der Bundesländer, wie beispielsweise der AQS. Externe Evaluatoren verfügen in der Regel über wissenschaftliches bzw. messmethodisches Fachwissen und gelten als objektiv. Dies kann gegenüber der internen Evaluation als Vorteil gewertet werden. Neben einer allgemeinen Standortbestimmung sollte externe Evaluation auch eine Orientierung an Durchschnitts- und Spitzenwerten (Benchmarking) zur Einordnung der eigenen Ergebnisse bieten (Peek, 2004). Während Vergleichsstudien wie PISA oder VERA vorwiegend auf die Schülerleistung bzw. das Produkt fokussieren, indem standardisierte Leistungstests eingesetzt werden, stehen bei der Schulevaluation durch die Qualitätsagenturen der Bundesländer mehr die Prozesse im Mittelpunkt (z. B. die Prozessbeschaffenheit des Unterrichts, das Klassen- und Schulklima). Die Prozesse werden neben Live-Beobachtungen des Unterrichts, vor allem durch Schüler-, Eltern- und Lehrerbefragungen eruiert. Die soeben vorgenommene Unterscheidung kann lediglich als Richtschnur dienen, da vergleichende Leistungsstudien nicht gänzlich produktorientiert sein müssen. Beispielsweise wurde bei TIMSS und VERA – Gute Unterrichtspraxis zusätzlich zur Leistung in einer Teilstichprobe auch die Prozessqualität diagnostiziert (vgl. auch Kapitel 2.2). Insgesamt lassen sich evaluative Vergleichsstudien eher als summative Evaluationen bezeichnen, da in der Regel eine Wertung erfolgt und das Ranking der teilnehmenden Länder sowie der Erfolg der Lehrerschaft und des Schulsystems öffentlich diskutiert werden. Die Schulevaluationen der Qualitätsagenturen der Bundesländer weisen in Deutschland – anders als im angloamerikanischen Raum – eher Aspekte formativer Evaluation auf, da sie als Entwicklungshilfe dienen sollen. In der Regel werden die Stärken und Schwächen der jeweiligen Schule in einem Abschlussbericht festgehalten und in einem ausführlichen Feedbackgespräch rückgemeldet. Von einer Veröffentlichung der Ergebnisse wird in Deutschland abgesehen.

In Rezeptionsstudien zu Rückmeldungen aus QuaSSU und VERA ließen sich verschiedene Rezeptionstypen unterscheiden. Die Ergebnisse machen deutlich, dass einige Lehrkräfte sich nur bedingt mit der Ergebnisrückmeldung auseinandersetzten (Ditton & Arnoldt, 2004; Groß Ophoff, Hosenfeld & Koch, 2007). Zum Teil wurde die geringe Rezeption auf die Form der Ergebnisrückmeldung und die unzureichenden statistischen Grundkenntnisse von Lehrkräften zurückgeführt. Da Lehrkräfte hinsichtlich statistischer Verfahren und Kennwerte als Laien einzustufen sind, stellt die Verständlichkeit bzw. die

Interpretierbarkeit der Rückmeldung eine wesentliche Hürde für eine intensive Rezeption und angemessene Reflexion der Ergebnisse dar (Balk, 2000; Peek, 2004; Peek & Dobbelstein, 2006). Doch selbst wenn die Ergebnisse für Lehrkräfte nachvollziehbar dargestellt werden, lassen sich aus produktorientierten Evaluationen nicht unmittelbar konkrete unterrichtsbezogene Handlungsanweisungen ableiten; erst recht, wenn die Rückmeldung nicht auf Individualebene (Lehrkraft) stattfindet. So verwundert der Befund zur Rezeption von TIMSS, wonach die befragten Lehrkräfte die Resultate der Studie für nicht besonders bedeutsam hielten (Kohler, 2002), nicht. Schließlich enthält eine solche Studie keine Information über die Leistungen der eigenen Klasse und somit auch nicht über die eigene Unterrichtswirksamkeit. Sollen Evaluationen die Unterrichtsentwicklung forcieren, sehen Helmke und Schrader „in der Erhebung und Rückmeldung von Facetten des eigenen Unterrichts, der Lehrer-Schüler-Interaktion, des Klassenklimas und der Klassenführung [...] das größte Potential für Veränderungen" (2001, S. 601). Peek (2004) sowie Bessoth und Weibel (2000) sprechen sich ebenfalls für eine Fokussierung auf die Unterrichtssituation aus, mit dem Ziel ein möglichst differenziertes Profil über Schwächen und Stärken des Unterrichts rückzumelden.

3.1.2.2 Interne Unterrichtsevaluation

Interne Evaluationen werden von Mitgliedern der Schule durchgeführt, wobei Eigeninteressen die Ergebnisse beeinflussen können bzw. die Objektivität der Messung gefährden. Die Eigenregie hat jedoch auch Vorteile: a) die Lehrkräfte können in der Regel die Schwerpunkte der Evaluation mitbestimmen, b) die Rezeption der Ergebnisse kann mittels persönlicher Feedbackgespräche unterstützt werden und c) aus der aktiven Mitwirkung am Evaluationsprozess resultiert in der Regel eine höhere Motivation zur Weiterentwicklung (Altrichter, 1998, S. 277). Ackermann (2001) vermutet außerdem: „An den Schulen könnte diese gemeinsame Form der Praxisforschung und der wechselseitigen Ergänzung im jeweiligen Erfahrungswissen eventuell mehr bewirken als die angesagten bildungspolitischen ‚top down'-Steuerungsversuche zur Qualitätssicherung" (Ackermann, 2001, S. 94).

Zur Erfassung der Unterrichtsqualität können auch hier verschiedene Methoden zum Tragen kommen, wie beispielsweise Unterrichtsbesuche, Videografie des Unterrichts, Vergleichsarbeiten, Schülerbefragung, Lerntagebücher und Portfolios. Da jede Methode Vor- und Nachteile aufweist, sollten nach Möglichkeit verschiedene Methoden kombiniert werden. Bei der Beurteilung der Prozessqualität – sei es im Zuge der kollegialen Hospitation, der Videografie des Unterrichts oder der Schülerbefragung – wird den Schulen geraten, auf Beobachtungsbögen oder Beurteilungsraster zurückzugreifen (Bastian, Combe & Langer, 2007). Ein Überblick über verschiedene Instrumente – überwiegend zum Einsatz bei der kollegialen Hospitation – findet sich z. B. bei Buhren (2011). Neben einer Kombination verschiedener Methoden, wird außerdem das Einholen von Feedback aus unterschiedlichen Perspektiven vorgeschlagen (Buhren, 2011; Helmke et al., 2009; Rolff, 2011). Des Weiteren wird zu einer Verzahnung externer und interner Evaluation geraten (Rolff, 2001, S. 342).

3.1.3 Vergleich der Begrifflichkeiten im unterrichtlichen Kontext

Wie die Begriffsdefinitionen verdeutlichen, lassen sich Diagnostik und Evaluation nicht klar voneinander abgrenzen. Gerade im Bereich des Unterrichts kommt es zu zahlreichen Überlappungen: Zum einen wird bei Vergleichsstudien, die über die Erfassung der Schülerleistung Aussagen über die Effizienz des Unterrichts zulassen, ein Werturteil über Institutionen oder Systeme gefällt (Evaluation). Erhalten die teilnehmenden Lehrkräfte zusätzlich zum Feedback über die Teilstichprobe (eigene Schule oder eigenes Land im Vergleich zur gesamten Stichprobe) auch ein Feedback zur Güte des Unterrichts in der eigenen Klasse, so ist indirekt auch Personenbezug vorhanden (Diagnostik). Soll die Rückmeldung über den Ist-Stand den beteiligten Lehrkräften als Entscheidungshilfe dienen, den eigenen Unterricht weiterzuentwickeln bzw. zu modifizieren – einige Vergleichsstudien haben diesen Anspruch (z. B. VERA) – so lässt sich die Zielsetzung der Diagnostik und der Evaluation (formativ) zuweisen. Ferner ist eine Ist-Stand-Diagnostik im Bereich der Prozessqualität von Unterricht häufig nicht rein beschreibend, sondern zum Teil wertgeladen, da die Lehrkraft bzw. ihr Lehrhandeln im Fokus der Betrachtung steht und negative Ausprägungen einzelner Beurteilungskategorien implizit eine Wertung ausdrücken.

Um die Begrifflichkeiten innerhalb der vorliegenden Arbeit trennen zu können, wird im Folgenden von Diagnostik gesprochen, wenn eine Ist-Stand-Aufnahme der Unterrichtsqualität erfolgt und von Evaluation erst, wenn der Erfolg einer Maßnahme oder einer Intervention geprüft wird oder ein vergleichendes Werturteil erfolgt.

3.2 Relevanz diagnostischer und evaluativer Prozesse im Schulkontext

3.2.1 Bedeutung für die Unterrichtsforschung

Die Bedeutung der *Feststellung, der Beurteilung und der Bewertung* von Unterrichtsqualität für die Unterrichtsforschung ist offensichtlich, sodass sich an dieser Stelle sehr kurz gefasst wird. Diagnostik und Evaluation von Unterrichtsqualität sind Dreh- und Angelpunkt zahlreicher unterrichtsbezogener Forschungsvorhaben und zählen somit zum Kerngeschäft der Unterrichtsforschung. Die Qualität der Diagnostik sowie der Evaluation hängt dabei unmittelbar von der Güte der eingesetzten Erhebungsmethoden sowie Diagnoseinstrumente ab. Zur Erfassung der Unterrichtsqualität werden in der Regel Schüler- oder Beobachterratings herangezogen, da sich die Prozessmerkmale nicht unmittelbar, sondern lediglich vermittelt über die Wahrnehmung erfassen lassen. Schülerbefragungen sind vergleichsweise ökonomisch durchzuführen. Darüber hinaus gelten die auf Klassenebene aggregierten Schülerdaten als äußerst reliabel. Deshalb stellen Schülerratings im Bereich der Unterrichtsdiagnostik und -evaluation ein Standarderhebungsverfahren dar (Clausen, 2002).

Bevor explizit auf die Vor- und Nachteile der Schülerperspektive eingegangen wird (siehe Kapitel 4), soll zunächst die Bedeutung diagnostischer und evaluativer Verfahren für die Praxis bzw. die Unterrichtsentwicklung beleuchtet werden.

3.2.2 Relevanz für die Unterrichtspraxis bzw. die Unterrichtsentwicklung

Wie in Kapitel 2 bereits verdeutlicht wurde, kann aus den bisherigen Forschungsbefunden kein konkretes Universalrezept für guten Unterricht abgeleitet werden. Ferner existiert kein direkter Pfad zwischen pädagogischen (oder methodisch-didaktischen) Absichten und pädagogischem (oder methodisch-didaktischem) Erfolg. Lernwirksamer Unterricht resultiert weder allein aus einer durchdachten Unterrichtsplanung noch allein aus persönlichen Haltungen der Lehrkräfte. Er realisiert sich vielmehr in Form eines diffizilen Zusammenwirkens mannigfaltiger Faktoren im Unterricht (vgl. Angebots-Nutzungs-Modell, Kapitel 2.3). Aufgrund der Komplexität der Wirkmechanismen sowie der Tatsache, dass nicht alle Wirkungen des Lehrhandelns für Lehrkräfte direkt beobachtbar sind, bedarf Unterrichtsentwicklung unbedingt einer systematischen Überprüfung bzw. Evaluation (Kempfert & Ludwig, 2010, S. 12). Hierbei ist zwischen alltäglicher Unterrichtsreflexion und systematisch geplanter Diagnostik bzw. Evaluation klar zu unterscheiden (Altrichter, 1998, S. 270).

Das alltägliche Reflektieren des eigenen Lehrhandelns gilt für die Unterrichtsentwicklung zwar als grundlegende Voraussetzung (Schön, 1983), nicht aber als diagnostische oder evaluative Maßnahme an sich. Ein Grund hierfür ist, dass alltägliche Unterrichtsreflexion meist auf unsystematischen Beobachtungen (Helmke et al, 2012) basiert, während Diagnostik sowie Evaluation eine systematisch gewonnene Datenbasis zugrunde legen. Außerdem kann die Lehrkraft bei der alltäglichen Unterrichtsreflexion lediglich auf die eigene Wahrnehmung und den persönlichen Eindruck rekurrieren (Schrader & Helmke, 2001), während sowohl bei der Unterrichtsdiagnostik als auch bei einer Unterrichtsevaluation in der Regel auf mindestens eine weitere Datenquelle bzw. Perspektive zurückgegriffen wird (z. B. externe Beobachter, Videografie, Schülerfeedback). Eine solche zweite Datenquelle ist äußerst wichtig, da die subjektive Unterrichtswahrnehmung von Lehrkräften teils von der Realität abweicht und sogenannte *blinde Flecken* beinhaltet. Wie Forschungsergebnisse zeigen, schätzen sich Lehrkräfte beispielsweise wesentlich schweigsamer ein als sie es tatsächlich sind (verglichen mit der per Videografie ermittelten Redezeit) oder halten ihr Feedback für erheblich zielgerichteter und aufgabenorientierter als es ihre Schülerschaft wahrnimmt (vgl. Carless, 2006; Helmke et al., 2008). „As a result, teachers frequently can be observed performing behaviors that they are unaware of, such as dominating discussions and allowing too little response time for students to think through an answer" (Borich & Martin, 2008, S. 13).

Der Grund für solche Verzerrungen und blinde Flecken wird insbesondere in der Komplexität des Unterrichtsgeschehens gesehen (Helmke, Helmke, Lenske, Pham, Praetorius & Schrader et al., 2012; Shulman, 1987). Doyle (1986) charakterisiert diese Komplexität mittels folgender Begriffe: *Mehrdimensionalität* (es finden viele Ereignisse auf mehreren Ebenen statt), *Simultanität* (vieles geschieht zur gleichen Zeit), *Unaufschiebbarkeit* (es ist in der Regel notwendig, unmittelbar auf Ereignisse zu reagieren), *Nichtvoraussagbarkeit* (trotz guter Planung sind verschiedene Ereignisse nicht vorherzusehen), *Öffentlichkeit* (Lehrhandeln steht stets im Fokus der Klassenöffentlichkeit und kann über Schülerurteile die Schulöffentlichkeit erreichen), *Geschichtlichkeit und Entwicklungsbezogenheit* (Handlungen werden von der Klassengeschichte bedingt und beeinflussen zugleich künftiges Verhalten). Selbstfokussierung sowie Selbstzentrierung sind während des Unterrichts nur bedingt möglich. Somit existieren weder Zeit noch Raum, um sich in der Unterrichtsstunde voll auf die Reflexion des eigenen Handelns zu konzentrieren.

To pause for contemplation during instruction could disrupt the place of classroom events and almost surely would result in a loss of momentum; to reflect on events after class or at the end of the school day would require the ability to accurately remember events that may have occurred earlier. (Borich & Martin, 2008, S. 13)

Insofern ist es nicht verwunderlich, dass die eigene Wahrnehmung der Lehrkraft bezüglich ihres Lehrhandelns nicht ganz der Realität entspricht. Als weiterer Grund werden selbstdienliche Verzerrungen angenommen (Clausen, 2002). Auch die Berufserfahrung kann Lehrkräfte nicht vor blinden Flecken und Verzerrungen bewahren, im Gegenteil:

Je länger Lehrkräfte im Beruf sind, desto schwieriger wird es, eingefahrenen Routinen zu entkommen [...]. Mit der Zeit können sich die immer gleichen ‚Fehler' einschleichen, die nicht einmal von einem selbst bemerkt werden. Wenn viele Lehrkräfte diese blinden Flecken zwar unbewusst spüren, sie aber nicht bewusst wahrnehmen und somit auch nicht ändern können, hilft hier Rückspiegelung (Feedback) durch Dritte weiter. (Horster & Rolff, 2006, S. 202f)

Um ein realistisches Bild über den eigenen Unterricht bzw. das eigene Lehrhandeln zu erlangen, ist demnach eine Außensicht bzw. ein Feedback unabdingbar. Eine solche Außensicht lässt sich im Zuge interner oder externer Evaluation realisieren, insbesondere wenn sie nicht nur im Sinne einer Endkontrolle die Produkte misst (Bessoth & Weibel, 2000, S. 11).

Evaluationsaktivitäten haben gerade in den letzten Jahren immens an Bedeutung gewonnen (Boller, 2009) und werden zunehmend gesetzlich verankert (vgl. Altrichter & Maag Merki, 2010). Da Ressourcen für regelmäßige und flächendeckende externe Evaluationen nicht vorhanden sind, liegt es auch in der Verantwortung der Lehrkräfte, selbst systematisch Unterrichtsdiagnostik bzw. -evaluation zu betreiben. Die professionelle Verantwortung, den eigenen Unterricht zu erforschen und zu reflektieren, wird bereits im Leitbild des *reflective practitioner* (Schön, 1983) beschrieben und aktuell verstärkt gefordert (Hattie, 2012; Helmke, et al., 2012). Auf die substanzielle Bedeutung formativer Evaluation im Schulkontext weist der vergleichsweise enorm hohe Effekt von $d = 0.90$ in Bezug auf die Schülerleistung in Hatties Metaanalyse (2009) hin. Auf Basis dieses Befundes schlussfolgert er:

The major message is for the teachers to pay attention to the formative effects of their teaching, as it is these attributes of seeking formative evaluation of the effects (intended or unintended) of their programs that makes for excellence teaching. (Hattie, 2009, S. 181)

Aus den genannten Gründen zählen das systematische Überprüfen und das Reflektieren der eigenen Wirksamkeit zu den Kompetenzen einer professionellen Lehrkraft (Altrichter, 1998, S. 270; Sekretariat der KMK, 2004).

3.3 Zur Diskrepanz zwischen Empfehlung und realer Umsetzung

Unterrichtsdiagnostik und Unterrichtsevaluation werden seitens der aktuellen Literatur und der Politik (z. B. durch die KMK) nicht nur empfohlen, sondern gefordert. Im folgenden Abschnitt soll aufgezeigt werden, inwieweit evaluative Prozesse an Schulen umgesetzt werden.

Wie bereits verdeutlicht wurde, sollte die Feststellung der Unterrichtsgüte keinesfalls allein auf dem Lehrerurteil gründen, da das Verzerrungspotential dieser Perspektive als hoch einzustufen ist. Im Rahmen von externen Evaluationen wird den Empfehlungen weitestgehend Rechnung getragen: Es werden beispielsweise Vergleichsarbeiten sowie Eltern- und Schülerfeedback eingesetzt, häufig wird auch das Urteil externer Beobachter einbezogen (vgl. Kapitel 3.1.2). Da externe Evaluationen sehr kostenintensiv sind, können diese jedoch nur bedingt finanziert und somit lediglich in größeren zeitlichen Abständen realisiert werden. Interne Evaluationen sind wesentlich kostengünstiger. Wie werden diese umgesetzt? Wird sich dort an die Empfehlungen der Literatur gehalten, d. h. werden dort auch unterschiedliche Methoden eingesetzt? Ein Blick in die Literatur verrät, dass die Frage nach dem *Wie?* nicht sonderlich lohnenswert ist, da es nur wenige Schulen gibt, die ihre Türen für die interne Evaluation öffnen. „Es gehört immer noch zu den unhinterfragten Selbstverständlichkeiten der deutschen Schule, dass man zwar aus einem Klassenraum hinausschauen kann, aber in den seltensten Fällen von außen hineincin" (Buhren, 2011, S. 1).

Im Hinblick auf die Ausführungen in Kapitel 3.2 zur Relevanz von Evaluation heißt das: Obwohl Lehrkräfte mit der beschriebenen Komplexität des Unterrichtsgeschehens täglich konfrontiert werden, obwohl das Schulsystem Lehrkräften zahlreiche Entscheidungsspielräume offeriert (z. B. im Hinblick auf thematische Akzentuierungen, Materialien, Methoden), obwohl die KMK-Standards die Diagnostik und Evaluation des eigenen Unterrichts explizit als Teil des Professionshandelns einer Lehrkraft beschreiben und obwohl die Notwendigkeit evaluativer Maßnahmen für die Unterrichtsentwicklung außer Frage steht, finden evaluative Prozesse selten statt. Die Häufigkeit von Evaluationen im Schulbereich steht folglich in keinem Verhältnis zu den dortigen Anforderungen.

Es drängt sich unweigerlich die Frage auf, weshalb Schulen wenig Eigenaktivität in diesem Bereich zeigen. Hierfür werden in der Literatur unterschiedliche Gründe genannt:

a) zelluläre Strukturen – mangelnde Kooperation

Für das geringe Ausmaß an interner Evaluation werden in erster Linie die zellulären Strukturen der Schule verantwortlich gemacht (Bessoth & Weibel, 2000, S. 9f). Sie werden als eine wesentliche Restriktion für gegenseitige Unterrichtsbesuche bzw. gemeinsame Unterrichtsentwicklung gesehen:

> Die zelluläre und gefügeartige Struktur der Schule wird [...] als zentrale Restriktion für die Lehrerkooperation identifiziert, die Individualismus, Konservatismus und Kurzfristigkeit in den Einstellungen und im Handeln von Lehrkräften begünstigt und professionelle Handlungsmuster und Qualitätsentwicklung in Schule und Unterricht erschwert. (Steinert et al., 2006, S. 188)

Der zentrale Arbeitsplatz Klassenzimmer ist durch eine innere Prozessstruktur gekennzeichnet, die autonomes Lehrhandeln ermöglicht und zugleich zu einem Mangel an Referenz führt. Meist werden berufsrelevante Fragen nur informell besprochen, da hierfür feste Arbeitszeiten weder eingeplant noch vorgesehen sind (Kempfert & Ludwig, 2010). Die hoch individualisierte Arbeit wird von den Lehrkräften als Autonomie erlebt und zumeist geschätzt. Die Kehrseite dieser ausgeprägten Autonomie ist die Abgeschiedenheit im Klassenzimmer, welche Unterricht zur *Privatsache* werden lässt. Aus dieser Isolation resultieren unweigerlich Unsicherheiten bezüglich des eigenen Wirkens (Bastian et al., 2007, S. 10; Gräsel, Fußangel & Pröbstel, 2006, S. 208; Hargreaves, 2010; D. Lortie, 1975). Deshalb wird die individualisierte Arbeit von zahlreichen Lehrkräften auch als Belastung empfunden, woraus eine Ambivalenz dieses Sachverhalts ersichtlich wird. Die Unsicherheit wird bisweilen zumeist zugunsten der Autonomie in Kauf genommen. Auch weil das *Ablehnen von Kontrolle* neben dem *Bestreben nach Autonomie* einen wichtigen Bestandteil der Sozialisation von Lehrkräften darstellt (Steinert et al., 2006). Somit begünstigt die berufliche Sozialisation das Aufrechterhalten der zellulären Strukturen und Denkmuster. Zu den Denkmustern zählt die Annahme eines „Gleichheitsmythos" bzw. „Egalitarismus" im Sinne von *alle Lehrer seien gleich gut* (Lortie, 1975, S. 195) sowie das formale Prinzip *Lässt du mich in Ruhe, lass ich dich auch in Ruhe* (Terhart & Klieme, 2006, S. 164f). Empirisch ist das Postulat der Gleichheit nicht haltbar, da die Lehrkraft bzw. ihr Lehrhandeln als relevante Varianzquelle hinsichtlich der Schülerleistung zu betrachten ist (Hattie, 2009).

Faktisch führen Lehrkräfte – gewollt oder gezwungen – ein Einzelkämpfer-dasein. Interne Evaluation erfordert jedoch Teamwork. Zahlreiche Studien belegen den untergeordneten Stellenwert der Kooperation in deutschen Lehrerkollegien (Esslinger, 2002; Fürstenau, 1969; Steinert et al., 2006), obwohl der Forschungsstand insgesamt für die positive Wirkung von Lehrerkooperation spricht (z. B. Gräsel et al., 2006; Terhart & Klieme, 2006). „Durchweg scheint es so zu sein, dass in nachweislich guten Schulen das Ausmaß höher und vor allem: die Art der Kooperation zwischen den Lehrkräften anspruchsvoller ist als in weniger erfolgreichen Schulen" (Terhart & Klieme, 2006, S. 163). Steinert et al (2006) untersuchten, inwiefern sich die Kooperation von Lehrern in einem Stufenmodell abbilden lässt. Auf Basis der Item-Response-Theorie ließen sich insgesamt vier Niveaustufen ermitteln. 53 % der Lehrerkollegien befinden sich auf der ersten Stufe (Differenzierung). Dort gehen kooperative Tätigkeiten nicht über Jahrgangsstufen- und Fächergrenzen hinaus, was den restriktiven Einfluss der strukturellen Rahmenbedingungen bestätigt. Erst die dritte Stufe zeichnet sich unter anderem durch Evaluationsaktivitäten aus, welche über einen einseitigen Selbstbericht hinausgehen. Das heißt, ab dieser Stufe wird gemeinsam Unterrichtsentwicklung betrieben und es erfolgen Fremdbeurteilungen. Lediglich 15 % der Lehrerkollegien werden auf Stufe 3 oder höher eingestuft. Bezüglich der kollegialen Hospitation kommen Kanders und Rösner (2006) zu ähnlichen Zahlen: Laut einer Lehrerbefragung praktizieren lediglich 8 % der befragten Lehrkräfte regelmäßige Unterrichtsbesuche. Etwas über die Hälfte (52 %) gibt an, noch gar keine Erfahrung mit kollegialer Hospitation zu haben (Kanders & Rösner, 2006, S. 34). Im Rahmen des SINUS-Programms in Baden-Württemberg erklärte die Hälfte der teilnehmenden Lehrkräfte (45,2 %), dass an ihrer Schule keine Hospitationen stattfanden. Weitere 42 % gaben an, dass nur selten Hospitationen vorgenommen wurden (Mohr, 2008, S. 78). Diese Zahlen sind bedauerlich. Schließlich ist schon lange bekannt, dass Schüler in *lernenden Schulen*, d. h. Schulen in denen sich das Lehrerkollegium als professionelle Lerngemeinschaft versteht und evaluative Maßnahmen sowie gegenseitige Unterstützung zum Schulalltag gehören, signifikant bessere Leistungen zeigen (Rosenstolz, 1989, S. 99ff). Neuere Untersuchungen (Bischof et al., 2013), welche die Entwicklung der Schulen im PISA-Schulpanel hinsichtlich evaluativer Maßnahmen erforscht haben, belegen jedoch zwischen 2000 und 2009 einen deutlichen Zuwachs bei den Aktivitäten im Bereich interner Evaluation.

b) Angst vor Fremdbeurteilung – schlechte Erfahrungen mit Hospitation
Neben den Rahmenbedingungen von Schule (z. B. zeitliche Belastung durch die volle Stundentafel, organisatorische Probleme vor Ort) wird als ein weiterer blockierender Faktor die Angst vor dem fremden Blick bzw. vor ei-

ner Fremdbeurteilung genannt (Kempfert & Ludwig, 2010, S. 16; Bessoth & Weibel, 2000, S. 10f). Wer lange Zeit Einzelkämpfer war und kein Feedback erhalten hat, möchte ungern erfahren, dass seine bisherige, langjährige Arbeit nicht gut war. Evaluation kann, gerade wenn man sie nicht gewohnt ist, als „kränkende Entwertung der bisherigen Arbeit" (Strittmatter, 1997, S. 2) aufgefasst werden und Ängste bzw. Ablehnung provozieren. Außerdem wird argumentiert, dass Unterrichtsbesuche im Referendariat häufig qualifizierenden Charakter aufweisen und hierarchisch durchgeführt werden, was zu negativen Konnotationen mit Unterrichtsbesuchen im Allgemeinen führen kann. Auch sogenannte *Feuerwehrbesuche*, die in der Regel von der Schulleitung immer dann in Angriff genommen werden, wenn es bereits brennt, können negative Emotionen und Einstellungen gegenüber Hospitationen verursachen. Aus solchen Erfahrungen lernen Lehrkräfte, dass bei einem Unterrichtsbesuch die Beurteilung im Fokus steht und dass Unterrichtsbesuche häufig defizitorientiert sind (Kempfert & Ludwig, 2010, S. 16f). Die Skepsis vieler Lehrkräfte gegenüber kollegialer Hospitation ist demnach durchaus nachvollziehbar und sollte sorgfältig bedacht werden, wenn evaluative Prozesse in Schulen vorangetrieben werden sollen. Dabei ist vor allem der proaktive Charakter von kollegialer Unterrichtshospitation zu betonen. Es steht weniger die Bewertung, sondern vielmehr die eigene Professionalisierung im Mittelpunkt (Kempfert & Ludwig, 2010, S. 16f).

c) Unsystematische Förderung evaluativer Kompetenzen
Eine weitere Ursache für die Seltenheit evaluativer Maßnahmen – egal ob produkt- oder prozessorientiert – wird in der Lehrerausbildung gesehen, da dort die Standards der Lehrerbildung nicht systematisch gefördert werden. Studien verdeutlichen, dass gerade diagnostische und evaluative Kompetenzen „zugunsten" der Unterrichtsplanung vernachlässigt werden (vgl. Striethold & Terhart, 2009). „Die Herausbildung eines beruflichen Selbstverständnisses oder eines Professionsverständnisses in all seinen Facetten und Kompetenzen erfolgt wenig systematisch, schon gar nicht aufeinander abgestimmt und im Zweifel eher zufällig" (Buhren, 2011, S. 16).

d) traditionelle didaktische Modelle
Eine weitere Ursache für das geringe Ausmaß an produktorientierten internen Evaluationen wird in den traditionellen didaktischen Modellen gesehen:

> Die sogenannten didaktischen Theorien und Modelle erweisen sich bei näherem Hinsehen häufig als nicht belegt, unvollständig, wenig aussagekräftig und prognostisch kaum hilfreich. Weil viele ältere Modelle der Unterrichtsvorbereitung z. B. die Lernevaluation völlig ausgeklammert haben, bestand für die Lehrpersonen schon im Studium

keine Veranlassung, sich mit dem Lernzuwachs systematisch auseinander zu setzen. (Bessoth & Weibel, 2000)

3.4 Schülerfeedback als erster Schritt in Richtung interne Evaluation

Die dargelegten Gründe für das geringe Ausmaß an interner Evaluation verdeutlichen die Schwierigkeit, evaluative Prozesse in Form von kollegialer Hospitation oder videografiertem Unterricht ad hoc ins deutsche Schulsystem zu implementieren. Klassenzimmertüren, die fest verschlossen scheinen, lassen sich nicht ohne weiteres öffnen. Bis interne Evaluationen von der Mehrheit der deutschen Schulen bereitwillig und nachhaltig unter Kooperation des gesamten Kollegiums umgesetzt werden, bedarf es zahlreicher Schritte (z.B. Modifikation der Ausbildung, Reduktion der Stundentafel, Abbau der Skepsis gegenüber kollegialer Hospitation).

Das Einholen von Schülerfeedback sollte sich hingegen selbst unter den gegebenen Rahmenbedingungen relativ gut zur Erforschung des eigenen Unterrichts realisieren lassen. Es bietet einzelnen Lehrkräften die Chance, den eigenen Unterricht zu evaluieren, ohne gleich mehrere *Barrieren* durchbrechen zu müssen:

Die zellulären Strukturen des schulischen Alltags stellen für Schülerbefragung keinen Hinderungsgrund dar, da die Lehrkraft nicht auf Kooperation mit Kollegen angewiesen ist und sozusagen autonom die Erforschung des eigenen Unterrichts zu einem Zeitpunkt ihrer Wahl in Angriff nehmen kann. Das heißt, eine Lehrkraft kann, relativ unabhängig von den Rahmenbedingungen, evaluativ tätig werden. Ohne die Klassenzimmertür zu öffnen, erhält eine Lehrkraft ein aussagekräftiges Feedback, welches sie mit ihrem eigenen Urteil abgleichen kann. Die Hürde, die eigenen Schüler zu befragen, scheint vor diesem Hintergrund weitaus niedriger als die Hürde, den Kollegen zur Hospitation und zu einem Urteil über den eigenen Unterricht zu bitten.

Schülerfeedback kann demnach einen ersten Ausweg aus der beklagten Unsicherheit darstellen. Weitere Vorteile, aber auch mögliche Schwierigkeiten im Zusammenhang mit Schülerratings werden nachfolgend diskutiert.

4 Unterrichtswahrnehmung aus Schülersicht

Einleitend erfolgt eine Konzeptualisierung der Begrifflichkeit *Unterrichts-wahrnehmung aus Schülersicht* (Kapitel 4.1). Hierzu werden theoretische Ansätze zur Urteilsbildung aus der Klassenklima-, der kognitiv fundierten Survey-Forschung und der Forschung zur interpersonalen Wahrnehmung einbezogen. Akzentuiert werden die Besonderheiten der Schülerperspektive. Neben möglichen Vorteilen werden mögliche Schwierigkeiten der Unterrichts-wahrnehmung aus Schülersicht diskutiert (Kapitel 4.2 und 4.3). Im Anschluss werden die spezifischen Voraussetzungen von Grundschülern in Bezug zu den Anforderungen eines fragebogenbasierten Urteils über Unterrichtsqualität gesetzt (Kapitel 4.4). Nachfolgend werden – im Hinblick auf den empirischen Teil – die Möglichkeiten und Grenzen im Zusammenhang mit der Operationalisierung von Unterrichtsqualität in Schülerbefragungsinstrumenten angesprochen. Ebenso werden Besonderheiten bei der Datenauswertung kurz skizziert (Kapitel 4.5). Die Vor- und Nachteile resümierend folgt abschließend auf Basis des bisherigen Forschungsstandes ein Fazit über die Eignung von Schülerfeedback, wobei zwischen Schülerratings in der Sekundarstufe und der Grundschule differenziert wird (Kapital 4.6). Desgleichen werden Forschungsdesiderata expliziert.

4.1 Konzeptualisierung

Wesentliche Anfangsimpulse zur Befragung von Schülern hinsichtlich unterrichtsbezogener Aspekte stammen aus der Klassenklimaforschung (vgl. Kapitel 2). Um die klimatischen Bedingungen auf Klassen- oder Schulebene zu erforschen, rückt die Klimaforschung die Schülerwahrnehmung als konstituierendes Merkmal des Unterrichts- und Schulklimas in das Zentrum ihrer Forschungstätigkeit. Mittels standardisierter Fragebögen werden die subjektiv erlebte Umwelt einer Person (psychologisches/individuelles Klima) sowie die gemeinsamen Wahrnehmungen einer beurteilenden Personengruppe (kollektives Klima) untersucht (Piskol, 2008). Zwischen individuellem und kollektivem Klima wird über die Aggregatebene differenziert, wobei die geteilte Wahrnehmung als Unterrichtsklima bezeichnet wird (Dreesmann, 1980; Eder, 2001). Die Streuung der Unterrichtswahrnehmung gibt Aufschluss darüber, inwiefern das jeweilige Aggregat ein kollektiv geteiltes Klima darstellt. Eine extreme Streuung ist Ausdruck für einen geringen geteilten Erlebnisanteil (Gruehn, 2000).

Unterrichtswahrnehmungen resultieren gemäß Dreesmann (1982) aus der Verarbeitung des Unterrichts auf kognitiver Ebene durch die einzelnen Schüler. Die Schüler werden als aktive Interpreten ihrer Umwelt betrachtet, wobei die persönlichen Urteile von einem gruppendynamischen Prozess beeinflusst werden (Dreesmann, 1982, S. 52ff). Unter gruppendynamischem Prozess werden klasseninterne, gemeinsame Erlebnisse und Interaktionen verstanden, welche zur Genese gemeinsamer Erlebens- und Verhaltensstrukturen führt. Die Schülerwahrnehmung von Unterricht wird demnach durch personale und situative Komponenten beeinflusst. Dreesmann schreibt den situativen Komponenten ein höheres Gewicht zu, indem er annimmt, dass die soziale Dynamik innerhalb der Klasse die individuellen Wahrnehmungen mit der Zeit homogenisiert (Dreesmann, 1982, S. 64). Auch Gerstenmaier (1975) interpretiert die Schülerperzeption als Kombination aus personalen und situativen Komponenten:

> Urteile von Schülern über ihre Lehrer sind, vordergründig betrachtet, zuerst einmal Wahrnehmungsreaktionen der Schüler auf ihren Lehrer und enthalten somit einen bestimmten Ausschnitt der sozialen Wirklichkeit des Schülers. Zum anderen deutet sich in den Aussagen der Schüler mehr als nur ein subjektiver Erfahrungshorizont an [...]. Urteile von Schülern über ihre Lehrer stehen wie alle Urteile von Menschen über andere Menschen in Interaktionszusammenhängen und orientieren sich an den institutionell vorgegebenen Zielen und gruppenspezifischen oder individuellen Präferenzen. (Gerstenmaier, 1975, S. 7)

Die Schülerwahrnehmung bezogen auf eine Lehrkraft und ihr Unterrichtshandeln lässt sich außerdem als *interpersonaler Wahrnehmungsprozess* beschreiben. Zieht man Modelle zur interpersonalen Wahrnehmung heran, so gestattet insbesondere das PERSON-Modell (personality, error, residual, stereotype, opinion, norm) von Kenny (2004) eine detaillierte Aufschlüsselung individueller und sozialer Determinanten der Wahrnehmung. Seine Modellspezifikation basiert im Wesentlichen auf Einschätzungen von Persönlichkeitsmerkmalen. Eine theoretische Übertragung der Modellimplikationen auf den Schulkontext nimmt Wagner (2008) vor. Bevor auf diesen Transfer Bezug genommen wird, erfolgt eine kurze Beschreibung der grundlegenden Annahmen des PERSON-Modells (Kenny, 2004):

Insgesamt differenziert Kenny sechs Komponenten der interpersonalen Wahrnehmung. Jeweils drei Komponenten beziehen sich auf die geteilte bzw. auf die nicht geteilte Wahrnehmung. Des Weiteren unterscheidet er zwei auf kategorialer Information beruhende Varianzquellen und vier verhaltensbezogene Varianzquellen einer Personenbeurteilung. Auf der Ebene der Urteilskonsistenz nimmt er eine Differenzierung zwischen konsistenten und inkonsistenten Urteilen vor. Im Folgenden werden die einzelnen Komponenten des Modells spezifiziert: *Stereotype* bilden die geteilte Wahrnehmung hinsichtlich einer kategorialen Information ab, welche auf dem physischen Erscheinungsbild der zu beurteilenden Person beruht. Analog hierzu bezieht sich *Residual* auf den idiosynkratischen Teil der Wahrnehmung auf Basis einer kategorialen Information bzw. auf Basis persönlicher Stereotype. Unter *Personality* versteht Kenny das verhaltensbasierte Urteil aus der Perspektive verschiedener Beurteiler, wobei hier auf eher stabile Persönlichkeitsmerkmale (trait) fokussiert wird. *Norm* erfasst ebenfalls die geteilte Wahrnehmung, steht jedoch für ein vom allgemeinen Persönlichkeitsurteil (Personality, trait) abweichendes verhaltensbezogenes Urteil auf Basis einer bestimmten, einzigartigen Situation (state). Wird beispielsweise eine Person auf Basis einer repräsentativen Verhaltensstichprobe als gewissenhaft und strukturiert beurteilt (Personality, trait), so kann diese Person in einer uniquen Situation als desorganisiert oder unsorgfältig wahrgenommen werden (Norm, state). *Opinion* charakterisiert nichtgeteilte verhaltensbasierte Urteile im Sinne eines traits. *Error* umfasst die Wahrnehmungsanteile, die vom allgemeinen, verhaltensbasierten Persönlichkeitsurteil abweichen und zugleich idiosynkratisch sind, d. h. von den Beurteilern nicht geteilt werden (für eine ausführlichere Darstellung siehe Kenny, 2004).

Aus Kennys Modellierungen geht hervor, dass Beurteilungsprozesse zu Beginn verstärkt von den kategorialen Komponenten (Stereotyp, Residual) bestimmt werden. Steigt die Anzahl der beobachteten Verhaltensausschnitte, so reduziert sich der Einfluss der kategorialen Komponenten. Nach Kenny basiert die geteilte Wahrnehmung bereits nach 90 beobachteten Verhaltenssequenzen im Wesentlichen auf den verhaltensbezogenen Variablen (Kenny, 2004, S. 270f).

Bei der theoretischen Übertragung der Modellimplikationen auf den schulischen Kontext weist Wagner (2008) zunächst darauf hin, dass *Norm* lediglich als vollkommen geteilte Wahrnehmung definiert werden darf, sofern allen Beurteilern der gleiche Verhaltensausschnitt bekannt ist. Im Schulkontext greifen die Schüler in der Regel auf die gleiche Verhaltensstichprobe zurück. Ausnahmen wären beispielsweise längerfristiges Fehlen oder Neuzugänge (Wagner, 2008, S. 11). Gemäß Wagner (2008) spielen bei Schülerurteilen lediglich die Komponenten Personality und Opinion eine Rolle, da Schüler ihr Urteil auf Basis einer relativ großen Verhaltensstichprobe fällen (können). Ausnahmen stellen Schülerbefragungen unmittelbar nach einem Lehrerwechsel dar (z. B. direkt nach den Sommerferien). Aufgrund der Interaktion zwischen Urteilern und Beurteiltem im schulischen Kontext kann die Opinion-Komponente anlässlich einer spezifischen Interaktion eines Schülers mit

dem Lehrer spezifische Varianzanteile beinhalten und ist somit trotz idiosynkratischen Charakters in gewissem Umfang als valide zu betrachten (Wagner,
2008, S. 12). Demnach sind vom durchschnittlichen Urteil abweichende In-
dividualurteile im unterrichtlichen Kontext nicht zwangsläufig als Fehler im
klassischen Sinne zu interpretieren.

Neben der Forschung zur interpersonalen Wahrnehmung liefert die kognitiv fundierte Survey-Forschung wichtige Erkenntnisse hinsichtlich des fragebogenbasierten Urteils aus der Schülerperspektive. Sie untersucht die an
der Beantwortung eines Items bzw. einer Frage beteiligten kognitiven Prozesse mit dem Ziel, Urteilsverzerrungen als ungewollte Nebenprodukte zu reduzieren. Die Beantwortung eines Items lässt sich in Anlehnung an diese Forschungsrichtung als Stufenmodell skizzieren, wobei die Anzahl der Stufen in
der Literatur unterschiedlich fein differenziert wird. Im Folgenden wird auf
das wohl prominenteste Modell von Tourangeau Bezug genommen, welches
vier Stufen unterscheidet (Tourangeau, 1984; Tourangeau, Rips & Rasinski,
2000).

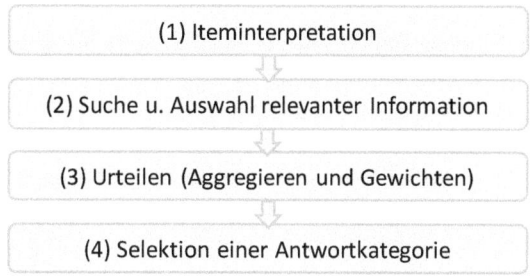

Abbildung 3: *Stufung des Antwortprozesses in Anlehnung an Tourangeau (1984)*

Zu Beginn ist das jeweilige Item zu interpretieren, um den Inhalt bzw. die
Bedeutung zu erfassen. Hierbei spielt die Semantik eine entscheidende Rolle.
Eindeutige und an das Vokabular der Probanden angepasste Begriffe erleichtern den Interpretationsprozess (1). Als nächstes entscheidet der Proband, ob
er bereits eine adäquate Antwort parat hat. Sollte das der Fall sein, können
die Stufen 2 und 3 übersprungen werden. Bei Items zur Unterrichtsqualität ist
in der Regel davon auszugehen, dass die Antwort nicht unmittelbar vorliegt.
Anders stellt es sich beispielsweise bei Fragebögen zur Ermittlung des aktuellen Gefühlszustands dar. Gefühle wie Trauer, Freude oder Wut sind direkt
wahrnehmbar und können spontan artikuliert werden. Dagegen erfordert ein
Urteil darüber, ob die Lehrkraft in der letzten Deutschstunde stets ihre Klas-

se im Blick hatte, deutlich mehr kognitive Kapazität: Der Schüler muss zunächst im Gedächtnis nach Situationen aus der letzten Deutschstunde suchen, die eine Einschätzung des Sachverhalts ermöglichen und die entsprechenden Informationen selektieren (2). Um nun ein Urteil zu fällen, ist das Verhalten der Lehrkraft in den erinnerten Situationen entsprechend zu aggregieren. Je nach Intensität des Verhaltens können auch Gewichtungen notwendig sein (3). Ist das Urteil vollbracht, muss eine Antwortkategorie gewählt werden, die das Urteil am besten widerspiegelt. Hierbei ist die korrekte Interpretation der Antwortkategorien von Bedeutung. In einem letzten Schritt erfolgt das Kreuz auf dem Fragebogen. Dabei wird die Antwort zum Teil auf Konsistenz, Akzeptanz oder ähnliche Kriterien geprüft (4).

Woolley (2004) wendet im Hinblick auf dieses Modell ein, dass bei Fragebogenerhebungen das Lesen eines jeden Items der Stufe der Interpretation (1) vorausgeht. Gerade bei jungen Probanden wie Schülern kann das selbstständige Erlesen eines Items ein Hindernis darstellen. Lesefehler mit beachtlichen Konsequenzen für den Interpretationsprozess können folglich nicht ausgeschlossen werden (Woolley et al., 2004, S. 191ff). Deshalb wird im Folgenden das Lesen eines Items als wichtige *Vorstufe* des Antwortprozesses betrachtet.

Die einzelnen Stufen stellen jeweils unterschiedliche Anforderungen an die Probanden. Wird eine Anforderung, wie beispielsweise das korrekte Interpretieren eines Items, fehlerhaft ausgeführt, gilt auch das Urteil als verzerrt bzw. fehlerhaft. Mögliche Einflussgrößen auf die einzelnen Stufen des Antwortprozesses sowie typische, psychologische Beurteilungsphänomene werden in den folgenden Kapiteln, welche auf Vorteile und Schwierigkeiten im Zusammenhang mit Schülerwahrnehmungen zur Unterrichtsqualität fokussieren, berücksichtigt. Es gilt jedoch zu beachten, dass bislang noch nicht geklärt ist, inwieweit das Stufenmodell von Tourangeau (1984, 2000) tatsächlich den Antwortprozess beschreibt. Denkbar ist, dass dieses Modell – ähnlich den Modellen zur Entscheidungsfindung – mehr ein theoretisches *as-if model*[9] darstellt, welches in der Praxis weniger zum Einsatz kommt, da bei der Urteilsfällung eventuell verstärkt auf Heuristiken zurückgegriffen wird und der Antwortprozess eher unbewusst als bewusst abläuft. Trotz dieser Bedenken wird im Folgenden auf das Stufenmodell von Tourangeau (1984, 2000) rekurriert, da es als in sich schlüssiges Modell gilt und auf Basis der aktuellen Li-

---

9   Nach Simons (1956, 1990) *Konzept der begrenzten Rationalität* greifen Menschen aufgrund ihrer eingeschränkten kognitiven Fähigkeiten zur Lösung komplexer Probleme auf Heuristiken oder Faustregeln und damit auf vereinfachte Entscheidungsstrategien zurück. Gigerenzer und Kollegen (2011) bezeichnen theoretische Ablaufmodelle, deren Ablauf in der Praxis durch die Verwendung vereinfachter Entscheidungsstrategien modifiziert wird, als *as-if models*.

teratur kein alternatives Modell verfügbar ist, welches Bedenken dieser Art ausschließt.

4.2 Mögliche Vorteile der Unterrichtswahrnehmung aus Schülersicht

Alternativ zur Einschätzung durch die Schüler können die unterrichtende Lehrkraft, Kollegen oder externe Beobachter ein Urteil über eine reale oder videografierte Unterrichtssequenz fällen (Clausen, 2002). Im Folgenden werden mögliche Vorteile der Schülerperspektive im Vergleich zu den möglichen Alternativen (Lehrerperspektive, Beobachterperspektive) unter Einbezug des aktuellen Forschungsstands zu Schülerfeedback erörtert. Da auf *generelle* Vorteile fokussiert wird, bleiben konkrete Instrumente außen vor.

a) Langzeiterfahrung
Schülern wird Langzeiterfahrung hinsichtlich unterrichtsbezogener Aspekte zugeschrieben. Aufgrund des täglichen Besuchs der Schule und der damit verbundenen täglichen Begegnung mit (unterschiedlichen) Lehrkräften verfügen die Schüler über ein Erfahrungsspektrum, welches sowohl den interindividuellen Vergleich von Lehrkräften als auch den intraindividuellen Vergleich einer Lehrkraft über einzelne Unterrichtssequenzen hinweg ermöglicht (Clausen, 2002, S. 84; Ditton, 2002a; Helmke, 2007, S. 99). Während die Schülerschaft über entsprechende Referenzwerte verfügt, ist es einer Lehrkraft meist nicht möglich, ihren Unterricht mit dem Unterricht eines Kollegen in derselben Klasse zu vergleichen. Clausen sieht die geringen Vergleichsmöglichkeiten als Nachteil der Lehrerperspektive und spricht von einem *Referenzeffekt* (Clausen, 2002, S. 85ff). Resultierend aus der Langzeiterfahrung mit der Klasse ergibt sich für den Schüler gegenüber dem Beobachter der Vorteil, Hintergrundinformationen über die Klasse zu besitzen. Solche Hintergrundinformationen erleichtern es, bestimmte Situationen adäquater bzw. schneller und genauer einzuschätzen. So wissen Schüler zum Beispiel, ob ein Klassenkamerad generell *schwierig* ist oder nur bei dieser Lehrkraft Auffälligkeiten zeigt und können sodann die Angemessenheit der Lehrer(re)aktion unter Einbeziehung der Hintergrundinformationen abwägen. Liegt dem Urteil der Schüler eine große Verhaltensstichprobe zugrunde, so kann außerdem davon ausgegangen werden, dass der Einfluss der kategorialen Komponenten der Wahrnehmung (Stereotyp und Residual) abnimmt und das Urteil somit im Wesentlichen auf verhaltensbezogenen Variablen basiert (Kenny, 2004, S. 270f). Fremdevaluationen basieren im Gegensatz zu Schülerrückmeldungen lediglich auf einem vergleichsweise kurzen Verhaltensausschnitt. Clausen

79

spricht in diesem Zusammenhang von einem *Stichprobeneffekt* und vermutet, dass dieser durch die Beobachtbarkeit des Urteilgegenstands moderiert wird. Je besser die Beobachtbarkeit, also je geringer der Referenzgrad des Items, desto eher sollten Schüler- und Beobachterperspektive übereinstimmen (Clausen, 2002, S. 87ff).

b) Aktive Eingebundenheit

Trivial, aber bedeutsam – Schüler sind die Adressaten des Unterrichts! Sie sind diejenigen, die den Unterricht aktiv erleben, mitgestalten und dessen Wirkungen am ‚eigenen Leib' wahrnehmen (Helmke et al., 2009, S. 98). Für Beobachter sowie für Lehrkräfte kann beispielsweise das Einschätzen der Schüleraktivität (Ist ein Schüler *on task?*) oder der Schülermotivation (Wurde das Interesse des Schülers geweckt?) durchaus eine Herausforderung darstellen. Sicher existieren gewisse Indikatoren anhand derer sich das Ausmaß von Aktivität oder Interesse recht gut bestimmen lässt. Ein Schüler weiß in der Regel jedoch besser, ob ihn das Thema oder die Aufgabe wirklich interessiert hat und ob er *on task* war oder eventuell nur so getan hat. Des Weiteren bietet die aktive Eingebundenheit die Option, Hypothesen zu testen. Während (externe) Beobachter in der Regel nicht ins Unterrichtsgeschehen eingreifen und deshalb eigenen Vermutungen nicht nachgehen können, ist es Schülern möglich, die Gültigkeit ihrer Vermutungen zu prüfen (Clausen, 2002, S. 83f).

c) Schülerorientierung

Das Einholen von Schülerfeedback ist eine Form der Schülerorientierung, ein wichtiges Merkmal von Unterrichtsqualität (Helmke, 2007, S. 98). Unter Schülerorientierung versteht man unter anderem die Schülerpartizipation bei unterrichtsbezogenen oder klassenbezogenen Entscheidungen (vgl. Kapitel 1.5). Die Einbindung der Schülerschaft in die Unterrichtsentwicklung ist mehr als naheliegend, da sie Adressaten und Gestalter des täglichen Unterrichtsgeschehens sind und somit Unterrichtsqualität nicht nur rückmelden, sondern auch aktiv verändern können (Clausen, 2002, S. 46f). Des Weiteren zeigt sich ein großer Bedarf bei der Schülerschaft, Lehrern Feedback zu ihrer Unterrichtsgestaltung zu geben. Internetauftritte unter *www.spickmich.de*, einer Plattform, auf der Schüler ihre Lehrkräfte bewerten können, liefern hierfür mögliche Hinweise. Es scheint allerdings der seriösere und für alle Beteiligten produktivere Weg, wenn das Feedback der Schüler vom Lehrer selbst erhoben und entsprechend für die Unterrichtsentwicklung genutzt wird.

d) Ökonomie

Schülerbefragungen erweisen sich als äußerst ökonomische Erhebungsmethode. Sie erlauben mit relativ geringem organisatorischen, zeitlichen und finanziellen Aufwand, einen Datenpool im Umfang der jeweiligen Klassengröße zu erheben. Stundenplanänderungen sowie schulinterne Absprachen, d. h. Vorkehrungen, die für kollegiale Hospitationen notwendig sind, entfallen. Die finanzielle Ersparnis zeigt sich besonders deutlich beim Vergleich mit Beobachterratings. Während Hospitationen zusätzlich finanziert werden müssen, beschränkt sich bei Schülerbefragungen der Kostenaufwand auf die Materialbereitstellung der Fragebögen. Ein besonders hoher Materialaufwand ergibt sich bei Videoerhebungen (Jong & Westerhof, 2001; Clausen 2002; Helmke et al., 2009). Dort sind neben den personellen Kosten Aufwendungen hinsichtlich der technischen Ausstattung zu berücksichtigen.

e) Natürliche Rahmenbedingungen

Die Anwesenheit externer Beobachter kann ebenso wie die Existenz von Kameras und Mikrofonen dem Unterrichtsgeschehen einen artifiziellen Charakter verleihen. Solch veränderte Rahmenbedingungen gelten als potentielle Störfaktoren. Bei Schülerbefragungen bedarf es keiner Modifikation der Rahmenbedingungen, sodass der Unterricht unverfälscht stattfinden kann (Clausen, 2002, S. 48f; Steltmann, 1992a).

f) Reliabilität

Im Vergleich zu den Lehrer- oder Beobachterratings erzeugen klassenweise aggregierte Schülerurteile in der Regel deutlich reliablere Daten (Clausen, 2002; Irving, 2004, zitiert nach Hattie, 2009; Marsh, 2007). Grund hierfür ist die Anzahl der Schüler bzw. die Aggregation auf Klassenebene (Wagner, 2008, S. 6). Um ähnlich reliable Beobachtereinschätzungen zu erhalten, müsste die Anzahl der Beobachter entsprechend erhöht werden. Einen Hinweis auf die notwendige Anzahl an Beobachtern pro Dimension unter Einbezug der Itemanzahl geben *decision studies*. Würde man den Empfehlungen im Rahmen solcher Analysen nachkommen und die Beobachteranzahl entsprechend erhöhen, würden der finanzielle sowie der logistische Aufwand enorm gesteigert (z. B. Praetorius et al., 2012). Eine weitere Möglichkeit würde theoretisch in einer Erhöhung der Itemanzahl liegen. Allerdings muss hierbei bedacht werden, dass die Hinzunahme weiterer Items, sofern sie aus einer reinen Umformulierung oder minimalen Modifikation bereits bestehender Items resultiert, zu einer artifiziellen Erhöhung der Reliabilität und damit nicht zu einer Optimierung der Validität führen.

g) Validität

Klassenweise aggregierte Schülerdaten gelten als relativ guter Prädiktor hinsichtlich des Lernzuwachses bei Schülern (Clausen, 2002; Hattie, 2009; Kunter, 2005; Lüdtke et al., 2007; Wagner, 2008). Lehrer- sowie Beobachterratings weisen hinsichtlich kognitiver und insbesondere affektiver Lernziele geringere Zusammenhänge auf (Clausen, 2002). Auch im Vergleich zum IQ als alternativer Prädiktorvariable lässt sich durch die Schülerwahrnehmung des Klassenklimas wesentlich mehr Varianz hinsichtlich der Lernleistung aufklären (30 % im Vergleich zu 7 %), was die Aussagekraft der Schülerperzeption einmal mehr unterstreicht (Anderson & Walberg, 1974; Walberg & Haertel, 1980).

h) Geringere Tendenz zu sozialer Erwünschtheit & Selbstdarstellung
Ein genereller Vorteil von (anonymen) Fremdeinschätzungen gegenüber Selbsteinschätzungen ist in geringeren Verzerrungstendenzen im Hinblick auf die soziale Erwünschtheit sowie die Selbstdarstellung zu sehen (Wagner, 2008, S. 14). Lehrereinschätzungen zur Unterrichtsqualität weisen den Charakter einer Selbsteinschätzung auf, sofern das eigene Lehrverhalten im Zentrum der Befragung steht. In Studien zur Lehrereffektivität wird die Beurteilung des Unterrichts durch den Lehrer häufig als Selbstbeurteilung verstanden (z. B. Hook & Rosenshine, 1979; Koziol & Burns, 1986). Clausen (2002, S. 46f) gibt in diesem Zusammenhang zu bedenken, dass auch die Schüler aktiv die Unterrichtsqualität beeinflussen und insofern nicht alle Aspekte von Befragungen zur Unterrichtsqualität ein reines Selbsturteil der Lehrkraft darstellen. Inwiefern Lehrkräfte beispielsweise das Störverhalten von Schülern als Aktion oder Reaktion interpretieren und inwieweit sie die Schüler oder sich als Hauptverantwortliche für ein geeignetes Klassenmanagement sehen, ist ungewiss. Das Attributionsverhalten spielt hierbei die entscheidende Rolle. Da jedoch gute Unterrichtsqualität ein öffentliches Interesse darstellt und somit auch als sozial erwünscht gilt, können Lehrkräfte Misserfolge im Klassenmanagement mehr *situativ und external* als *global und internal* attribuieren und dennoch einer Tendenz zu beschönigenden Antworten unterliegen. Schließlich wird in der Presse stets die Lehrerschaft und weniger die Schülerschaft kritisiert, wenn es um Fragen der Unterrichtsqualität geht – ganz nach dem Motto *ein kompetenter Lehrer kann jede Klasse erfolgreich unterrichten.*

i) Bedeutsamkeit
Die Schülerperspektive stellt unbestreitbar einen wesentlichen Aspekt der Unterrichtsqualität dar (Hofer, 1981). Gerade für die Unterrichtsentwicklung ist das Schülerurteil von besonderer Bedeutung, da es zwischen Lehrerhandeln (Inputvariable) und dem Schülerverhalten sowie den Schülerleistungen (Outputvariablen) mediiert (vgl. Angebots-Nutzungs-Modell, Kapitel 1 sowie Piskol, 2008). Folglich ist Lehrerhandeln besonders effektiv, wenn die Schüler es als förderlich wahrnehmen (Hattie, 2009, S. 116). Es kommt also weniger darauf an, ob ein externer Beobachter das Lehrerverhalten als wertschät-

zend beurteilt. Was wirklich zählt ist, inwiefern es die Schüler als wertschät-zend wahrnehmen. Es kann durchaus sein, dass eine Lehrkraft die Schüler wahrhaftig lobt und ein Beobachter Lob als Indikator für Wertschätzung re-gistriert, das Lob jedoch die Schüler nicht erreicht (vgl. analog hierzu die Argumentation von Steltmann 1992a, S. 571). Dies kann unterschiedliche Ursachen haben: Beispielsweise könnte die Lehrkraft für die Schüler nicht authentisch wirken oder das Lob könnte von den Schülern als monoton oder undifferenziert empfunden werden. Im Sinne der Unterrichtsentwicklung ist es besonders relevant zu erfahren, wie das Lehrerverhalten von den Schülern erlebt wird, um bei Bedarf entsprechende Interventionen einzuleiten.

j) Geringere Barrieren

Für etliche Lehrkräfte sind Unterrichtsbesuche mit negativen Erfahrungen verknüpft, woraus zum Teil Ängste gegenüber kollegialer oder externer Eva-luation resultieren (vgl. Kapitel 3.3). Schülerratings zur Unterrichtsquali-tät werden in Schulen bislang eher selten praktiziert sowie kaum systema-tisch genutzt (Cook-Sather, 2009; Ditton, 2002a; Hattie, 2009, S. 141; Pekrul & Levin, 2007). Vorerfahrungen hierzu sind deshalb vergleichsweise gering. So sollte diese Rückmeldeform zunächst einmal für den Feedbacknehmer mit deutlich weniger negativen Konnotationen behaftet sein. Außerdem kann der Feedbacknehmer, also die Lehrkraft, entscheiden, welche Aspekte des Schü-lerfeedbacks sie mit der Klasse besprechen möchte und welche nicht. Die Lehrkraft verfügt zunächst als einzige über die Ratingergebnisse und ist so-mit keinem Zwang ausgesetzt, sich für sämtliche Kritikpunkte zu rechtfer-tigen. Angesichts der derzeitigen Rahmenbedingungen (vgl. Kapitel 3.3 und 3.4) kann dies als Vorteil gegenüber der kollegialen oder externen Evaluati-on angesehen werden.

Bezüglich der Rolle des Feedbackgebers erleichtert die Anonymität des Schü-lerurteils den Rückmeldeprozess. Jede Form der Kommunikation sagt auch etwas über den Sender aus (Schulz von Thun, 2008). Persönliches Feedback beispielsweise ist mit einer Selbstoffenbarung des Senders bezüglich der ei-genen Sichtweise zum Unterrichtshandeln des Kollegen bzw. der Kollegin verbunden. Diese Seite der Kommunikation ist gerade im Hinblick auf die Tatsache, dass in Lehrerkollegien bisweilen selten gegenseitige Kritik geübt wird (vgl. Kapitel 3.3), höchst brisant. Wenn das Bekunden von Kritik sel-ten oder gar unüblich ist, kann das Äußern selbst konstruktiven Feedbacks als Konfliktpotential wahrgenommen werden. Die Anonymität des Schülerurteils schützt vor persönlicher Selbstoffenbarung und beugt somit konfliktvermei-denden Antworten vor.

4.3 Mögliche Schwierigkeiten der Unterrichtswahrnehmung aus Schülersicht

Neben den beschriebenen messmethodischen, pädagogischen und ökonomischen Vorteilen wird in der Literatur auf mögliche Schwierigkeiten bei der Erhebung und Auswertung von Schülerratings hingewiesen. Dabei handelt es sich um mögliche Fehler auf der individuellen Ebene sowie der Aggregatebene. In der Survey-Forschung werden unter dem Begriff *common method bias* Fehler dieser Art subsummiert, wobei sich die Fehler nicht allein auf die Methode zurückführen lassen. *Common method bias* ergibt sich vielmehr aus dem Zusammenspiel von Methode, Konstrukt und Proband. Im Bereich von Fragebogenerhebungen gelten sowohl das Instrument, welches Methode und Konstrukt vereint, als auch der Proband als die Schlüsselkomponenten (Biemer & Lyberg, 2003; Spector, 2006). Als Pioniere hinsichtlich der Untersuchung von common method bias im Rahmen von Survey-Studien gelten Seymor Sudman und Norman Bradburn (Biemer & Lyberg, 2003, S. 119). Ihre Metaanalyse verdeutlicht, wie unterschiedliche Aspekte des Fragebogendesigns die Antwort eines Probanden beeinflussen können (Sudman, Bradburn & Schwarz, 1996; Sudman & Bradburn, 1974). Weitere Arbeiten in diesem Bereich haben das Wissen um mögliche Einflussgrößen, insbesondere hinsichtlich des Fragebogendesigns, vergrößert (siehe z. B. Biemer, Groves, Lyberg, Mathiowetz & Sudman, 1991; Couper, Tourangeau, Conrad & Crawford, 2004; Schwarz & Sudman, 1996; Sirken et al., 1999; Sudman, Bradburn & Schwarz, 1996a; Tourangeau, 2003, 2004; Tourangeau, Rasinski, Bradburn & D'Andrade, 1989; Tourangeau & Bradburn, 2010). In der vorliegenden Arbeit soll unter Einbezug dieser Kenntnisse besonderes Augenmerk auf Einflussgrößen seitens der Probanden und des Kontexts gerichtet werden. Deshalb wird nicht allein die Methode betrachtet, sondern zugleich Bezug zum Metakonstrukt Unterrichtsqualität sowie den entwicklungspsychologischen Voraussetzungen von Schülern, insbesondere Grundschülern, genommen. Hierbei wird sich auf Befunde und Kenntnisse aus der kognitiv fundierten Survey-Forschung, der Lehr-Lern-Forschung und der Entwicklungspsychologie bezogen. Bevor konkret auf das Zusammenspiel eingegangen wird, werden zunächst typische Urteilsfehler beschrieben.

4.3.1 Typische Urteilsfehler

Wie bereits erwähnt, lässt sich Unterrichtsqualität nicht unmittelbar erfassen, sondern lediglich über die Wahrnehmung – ganz gleich ob Lehrer, Schüler oder Beobachter als Datenquelle fungieren. Da die Wahrnehmung generell durch personale Merkmale beeinflusst bzw. *selektiv* ist, basiert auch das Schülerurteil nicht auf objektiven Stimuli, sondern auf subjektiven Repräsentationen dieser Stimuli. Folglich unterliegt Schülerfeedback den üblichen psychologischen Beurteilungsprinzipien und -phänomenen (Piskol, 2008, S. 32):

Der *Halo-* oder *Hof-Effekt* bezeichnet die Tendenz zur Übergeneralisierung und Typisierung. Ein Urteil wird aufgrund von Informationen gefällt, die faktisch nicht oder nur bedingt mit dem Urteilsgegenstand korrelieren (Büttner, 2008, S. 289; Thorndike, 1920). Für Halo-Effekte existieren drei unterschiedliche Erklärungsmodelle (1994): (1) *salient dimension halo*, (2) *general impression halo* und (3) *inadequate discrimination halo*. In Modell (1) wird davon ausgegangen, dass ein salientes Einzelmerkmal die Beurteilung anderer Merkmale überlagert. Alternativ hierzu beeinflusst in Modell (2) der summative Gesamteindruck hinsichtlich des Beurteilungsgegenstands die Beurteilung von Einzelmerkmalen, woraus eine mit dem Gesamteindruck konsistente Beurteilung von Einzelmerkmalen resultiert. Modell (3) führt den Halo-Effekt auf die unzureichende Diskrimination der Beurteiler zurück. Die verbreitete Annahme, der Beurteilungskontext beeinflusse die Art des Halo-Effekts, ließ sich empirisch nicht nachweisen. Trotz systematischer Variation des Beurteilungskontexts beschreibt der *general impression halo* die Daten am besten (Lance et al., 1994). Infolge eines Halo-Effekts kann die Suche nach relevanten Informationen reduziert oder gar übersprungen werden und es kann zu einer falschen Gewichtung von Information kommen. Halo-Effekte manifestieren sich demnach insbesondere auf Stufe 2 und 3 des zuvor beschriebenen Antwortprozesses.

Werden zwei Variablen aufgrund einer impliziten Persönlichkeitstheorie als logisch zusammengehörig wahrgenommen und aufgrund dessen ähnlich beurteilt, spricht man vom *logischen Fehler* (Büttner, 2008, S. 289). Der *Nähefehler* tritt auf, wenn ein zuvor erfolgtes Urteil negativ oder positiv nachwirkt. Variablen, die in kürzerem zeitlichem Abstand beurteilt werden, werden dabei ähnlicher beurteilt, als Variablen, deren Einschätzung eine vergleichsweise größere Zeitspanne trennt (Saldern, 1999). Beide Effekte führen ähnlich wie der Halo-Effekt dazu, dass irrelevante Information erinnert und zugleich ins Urteil einbezogen wird. Insofern wirken auch diese Effekte insbesondere auf Stufe 2 und 3 des Antwortprozesses.

Der *Dr.-Fox-Effekt* ist eine Art *logischer Fehler*, welcher im Rahmen der Beurteilung von *Gelehrten* auftreten kann. Da Lehrer für die Schüler die Rolle eines Gelehrten einnehmen, soll der Effekt an dieser Stelle nicht unerwähnt bleiben. Der Effekt geht auf ein Experiment von Naftulin, Ware und Donnelly zurück (1973, mittlerweile mehrfach repliziert). Hierbei wurde ein Schauspieler, den Probanden als Dr. Fox vorgestellt, instruiert, einen besonders brillanten und mit Fachbegriffen überhäuften, aber objektiv nicht informativen Vortrag zu präsentieren. Bei den Hörern entstand der Eindruck, einen äußerst sachverständigen Redner erlebt zu haben, von dem sie sicher etwas gelernt hatten. Demzufolge könnte „eine Lehrperson durch charismatisches und blenderisches Auftreten Befriedigung und ein der Realität nicht entsprechendes positives Gefühl des Gelernthabens bei den Hörern bewirken" (Hofer, 1981, S. 53). Auch hierbei wird von einem Merkmal (Gelehrter) auf ein anderes Merkmal (guter Lehrer/Redner) geschlossen. Somit wird irrelevante Information erinnert und in die Urteilsfindung einbezogen (Wirkung auf Stufe 2 und 3).

Der *Kontrasteffekt* ist eine kognitive Verzerrung und spiegelt die Tendenz wider, eine Information, welche zusammen mit einer im Kontrast stehenden Information präsentiert wird, intensiver wahrzunehmen. Dies führt zu einer unangemessenen Gewichtung dieser Information. Folglich beeinflusst der Kontrasteffekt insbesondere Stufe 3 des Antwortprozesses.

Beim *Primacy-Effekt* oder *Primäreffekt* handelt es sich um ein psychologisches Gedächtnisphänomen, nach welchem sich an früher eingehende Information besser erinnert werden kann als an später folgende. Im Gegensatz hierzu sorgt der *Recency-Effekt oder Rezenzeffekt* dafür, später eingehende Information stärker zu gewichten. Wenn bei der Reproduktion längerer Ketten von Information eher die zuerst und die zuletzt eingehenden Informationen erinnert werden, spricht man vom *Primacy-Recency-Effekt* (Atkinson & Shiffrin, 1968; Bredenkamp & Wippich, 1977). Diese Effekte beeinflussen insbesondere die Informationsbereitstellung sowie die Gewichtung und wirken demnach auf Stufe 2 und 3 des Antwortprozesses.

Die *Akquieszenz*, auch als *Ja-Sage-* oder *Zustimmungstendenz* bekannt, bezeichnet die Neigung, einem Item unabhängig vom Iteminhalt eher zuzustimmen als es abzulehnen (Schnell et al., 2011, S. 347). Der umgekehrte Effekt äußert sich in notorischer Ablehnung. Das Meiden extremer Antwortkategorien wird als *zentrale Tendenz* oder *Tendenz zur Mitte* verstanden, während sich die Präferenz zu extremen Skalenwerten in *Milde-* oder *Strengetendenzen* widerspiegelt (Piskol, 2008, S. 32). Wird unabhängig vom eigentlichen Urteil stets einheitlich geantwortet, spricht man von einem *Konsistenzmotiv*. Verzerrungen dieser Art werden unter dem Begriff *Antworttendenzen* zusammengefasst. Sie führen zu Fehlern während der Formatierung einer Antwort anlässlich eines Items bzw. einer Frage (Stufe 4 des Antwortprozesses).

Ein weiteres, grundlegendes Problem stellt die *Tendenz zur sozialen Erwünschtheit (social desirability)* dar. Darunter versteht man die Neigung, eine Antwort zu wählen, die nicht der eigenen Auffassung, sondern der sozialen Norm oder den Erwartungen anderer Personen entspricht. Werden problematische Verhaltenssymptome systematisch abgeschwächt dargestellt, spricht man auch von Dissimulationstendenzen (Büttner & Schmidt-Atzert, 2004). Dieser Effekt kann vorwiegend auf Stufe 4 des Antwortprozesses erwartet werden, indem das gefällte Urteil über eine unpassende Antwortkategoriewahl nach oben korrigiert wird.

Selbstdienliche Verzerrungen (self enhancement bias) spielen bei Selbsteinschätzungen, speziell bei sehr erwünschten bzw. unerwünschten Verhaltensweisen oder Merkmalen, eine Rolle. Man fasst darunter die Neigung, sich selbst bzw. eigene Fähigkeiten oder das eigene Verhalten zu beschönigen, das heißt, nicht der Realität entsprechend zu beurteilen. Je höher der evaluative Charakter des zu beurteilenden Persönlichkeitskonstrukts, desto eher werden positive Selbst-Schemata aktiviert, die zu selbstdienlichen Verzerrungen während der Informationsverarbeitung führen (Clausen, 2002, S. 62). Dies kann dazu führen, dass positive Informationen stärker gewichtet werden als negative Informationen (d. h. Wirkung auf Stufe 3). Der Effekt kann auch erst auf Stufe 4 einsetzen, indem nach der Urteilsfällung das Urteil beschönigt wird bzw. eine Antwortkategorie gewählt wird, die positiver ist als das eigentliche Urteil. Denkbar ist allerdings auch, dass die Aktivierung positiver Selbst-Schemata bereits den Prozess der Informationsbereitstellung beeinflusst (d. h. Wirkung auf Stufe 2). Dies würde bedeuten, dass positive Informationen leichter erinnert würden und bereits hieraus eine selbstdienliche Verzerrung resultiert.

Aufgrund der Komplexität des Unterrichtsgeschehens kann die *Selektivität der Wahrnehmung* das Urteil gleich in zweifacher Hinsicht beeinflussen. Neben der *individuellen Wahrnehmung* objektiver Stimuli kann auch der *Beobachtungsfokus* zwischen Urteilern bzw. Beobachtern variieren. Das heißt, eine Situation kann bei gleichem Beobachtungsfokus unterschiedlich gedeutet und gewichtet werden oder aber sie kann aufgrund eines unterschiedlichen Beobachtungsfokus anders beobachtet und aufgrund dessen anders beurteilt werden (Gerstenmaier, 1975; Praetorius, 2012). Im ersten Fall wirkt sich die selektive Wahrnehmung auf Stufe 3 in Form unterschiedlicher Gewichtung aus. Im zweiten Fall wirkt sich die selektive Wahrnehmung auf Stufe 2 aus, indem aufgrund des unterschiedlichen Fokus unterschiedliche Informationen herangezogen werden.

Des Weiteren kann aus der *Kommunikation unter den Beurteilenden* eine Einschränkung der Objektivität resultieren (Kenny, 2004). Außerdem kann die *persönliche Einstellung* hinsichtlich der zu beurteilenden Person und des zu beurteilenden Gegenstands das Urteil beeinträchtigen bzw. Artefakte verursachen (Wagner, 2008). Einschränkungen in der Objektivität beeinflussen insbesondere die Informationsbereitstellung und -verarbeitung (Wirkung auf Stufe 2 und 3). Findet beispielsweise der Beurteiler die Lehrkraft nicht sympathisch, kann dies dazu führen, dass positive Informationen schlechter erinnert und/oder weniger gewichtet werden. Denkbar ist auch eine nachträgliche Abwertung des Urteils auf Stufe 4.

4.3.2 Zum Ausmaß typischer Urteilsfehler

Die soeben beschriebenen Urteilsverzerrungen stellen potentielle Fehlerquellen fragebogenbasierter Urteile dar, die auf Beobachtung bzw. Wahrnehmung beruhen. Insofern sind bei der Einschätzung der Unterrichtsqualität – unabhängig von der gewählten Datenquelle bzw. Perspektive – Fehler dieser Art nicht auszuschließen. Die Präsenz der Fehler sowie das Fehlerausmaß können jedoch zwischen den verschiedenen Datenquellen variieren. Im Allgemeinen wird davon ausgegangen, das Ausmaß und die Häufigkeit solcher Fehler durch Raterschulungen reduzieren zu können (Büttner, 2008, S. 289). Ratings ungeschulter Rater werden als *high-risk-ratings* bezeichnet (vgl. Hoyt & Kerns, 1999). Da Raterschulungen in der Regel lediglich bei externen Beobachtern, nicht aber bei Schülern durchgeführt werden, ist bei Schülerdaten auf der Individualebene mit einem größeren Verzerrungspotential zu rechnen. Allerdings gibt es auch Studien, die den Erfolg solcher Trainings in Frage stellen (z. B. Pietsch & Tosana, 2008; Praetorius et al., 2012). Urteilsverzerrungen, die die Qualität von Schülerurteilen auf der Individualebene einschränken, müssen nicht zugleich auch zu einem Bias auf Klassenebene führen. Verzerrende Antworttendenzen beispielsweise stellen auf der Individualebene durchaus einen systematischen Fehler dar, nicht aber auf der Klassenebene. Antworttendenzen variieren zwischen Urteilen, also auch zwischen Schülern. Durch die klassenweise Aggregation lässt sich der Fehler „herausmitteln", was zu einer Erhöhung der Reliabilität und der Validität der Daten führt. Eine vergleichbare Aggregation lässt sich bei Lehrerdaten und in der Regel auch bei Beobachterdaten nicht durchführen, da nur eine Einschätzung (Lehrerdaten) bzw. nur wenige Einschätzungen (Beobachterdaten) pro Klasse vorliegen. Inwieweit das Schülerurteil im Vergleich zum Beobachter- oder Lehrerurteil von typischen Urteilsfehlern mehr oder minder belastet ist, wird im Folgenden unter Beachtung der Individual- und Klassenebene diskutiert.

Kenny & Bergmann (1980, zitiert nach Wagner, 2008) gehen davon aus, dass Halo-Effekte keinen systematischen Fehler auf Klassenebene darstellen. Die Fehler korrelieren also lediglich innerhalb von Beobachtern und nicht zwischen Beobachtern. Dieser Annahme folgend würde eine klassenweise Aggregation wiederum die Reliabilität und die Validität der Schülerdaten erhöhen. Die empirische Datenlage erzeugt jedoch ein gegensätzliches Bild: Die auf Klassenebene geteilten Wahrnehmungen sind in der Regel höher korreliert als die subjektiven Anteile dieser Merkmale (Wagner, 2008).

Die Analysen von Wagner (2008) lassen auf eine stark lehrkraftbezogene geteilte sowie nichtgeteilte Wahrnehmung schließen. Zieht man die Ergebnisse von Lance, Lapointe und Stewart (1994) hinzu, so ist anzunehmen, dass im Sinne eines *general impression halo* der Gesamteindruck hinsichtlich der unterrichtenden Lehrkraft das Urteil der Schüler über einzelne Merkmale überlagert und der jeweilige Gesamteindruck von Schülern innerhalb einer Klasse ähnlicher ist als zwischen Klassen. Allerdings zeigen sich bei jüngeren Schülern darüber hinaus Halo-Effekte, welche als *inadequate discrimination halo* und *salient dimension halo* interpretiert werden können: Das Urteil jüngerer Schüler erweist sich als weniger differenziert und stärker beeinflusst vom Anregungsgehalt sowie der Interessantheit der Stunde (Stolz 1997, S. 129ff.). Damit liegen erste Anzeichen für ein altersbedingtes Verzerrungsausmaß vor. Dennoch kann ein Halo-Effekt auch bei Erwachsenen und somit auch für das Lehrer- und Beobachterurteil nicht ausgeschlossen werden.

Der Nähefehler, der Kontrastfehler und der Primacy-Recency-Effekt können theoretisch auch auf Klassenebene einen systematischen Fehler darstellen: Sollen die Schüler beispielsweise die dritte Stunde eines Schultags beurteilen, so liegt ihnen in der Regel als Referenz dasselbe – unter Umständen kontrastierende – Erlebnis der vorherigen zwei Stunden vor. Entsprechend dem Primacy-Recency-Effekt ist kein Wahrnehmungseffekt bekannt, der besser an Erlebnisse aus dem mittleren Teil der Verhaltensstichprobe erinnern lässt oder eine stärkere Gewichtung solcher Erlebnisse nach sich zieht. Insofern lässt sich der Bias infolge des Primacy-Recency-Effekts nicht wie bei den Antworttendenzen durch eine Aggregation „herausmitteln". Untersuchungskontext, Erhebungssituation und Erhebungsinstrument unterscheiden sich in der Regel innerhalb einer Klasse nicht, sodass auch der Nähefehler eher systematischen Charakter auf Klassenebene haben sollte. Inwiefern diese Effekte durch das Alter beeinflusst sind, ist nicht bekannt. Insofern ist ein ähnlicher Bias in Bezug auf die beiden alternativen Datenquellen denkbar.

Bezüglich der sozialen Erwünschtheit und der Selbstdarstellung wurde bereits in Kapitel 4.2 angemerkt, dass insbesondere im Rahmen von Selbsteinschätzungen mit diesen Urteilsverzerrungen zu rechnen ist. Während im Kontext der Unterrichtsbeurteilung Lehrerratings als Selbsteinschätzungen gelten, werden Schüler- und Beobachterratings in der Regel als Fremdeinschätzungen kategorisiert. Betrachtet man gängige Erhebungsinstrumente bzw. die einzelnen Items, wird deutlich, dass zum Teil auch von den Schülern Selbstauskünfte verlangt werden, wie beispielsweise durch Items dieser Art *Ich war die ganze Stunde über aufmerksam* oder *Ich habe den Stoff der heutigen Stunde verstanden.* Über die klassenweise aggregierten Selbstauskünfte soll sich zeigen, inwiefern die Schülerschaft *on task* war oder den Unterrichtsstoff durchdrungen hat. Es ist nicht auszuschließen, dass ein Schüler ungern vor sich selbst zugibt, den Unterrichtsstoff nicht verstanden zu haben. Gerade bei Grundschülern könnte es aufgrund der Entwicklungsstufe verstärkt zu Wunschdenken und somit zu nicht realen Antworten kommen. Selbstdienliche Verzerrungen wären eine mögliche Konsequenz. Bezüglich der selbstdienlichen Verzerrungstendenz lässt sich demnach festhalten, dass Schülerratings zur Unterrichtsqualität im Vergleich zu Beobachterratings ein minimal größeres Verzerrungspotential aufweisen (auch auf Klassenebene). Lehrerratings, die vielmehr den Charakter einer Selbstauskunft darstellen, sollten stärker verzerrt sein.

Das Schülerurteil korreliert auf der Individualebene mit Schülereinstellungen zur Schule, zum Unterrichtsfach sowie zur Lehrkraft. Bei der Note im Fach ergeben sich negative Korrelationsmaße: Schüler mit schlechten Noten beurteilen die Lehrkraft weniger positiv (Ditton, 2002a). Wagner (2008) interpretiert die Ergebnisse seiner Analysen zu Schülerwahrnehmungen aus der DESI-Studie im Sinne der *grading leniency Hypothese*: „Der Unterricht von Lehrkräften, die verglichen mit dem tatsächlichen Leistungszuwachs relativ ‚gute' Noten vergeben, wird teilweise positiver bewertet" (Wagner, 2008, S. 124). So stellt eine generell zu gute Bewertung auch einen Effekt auf Klassenebene dar. Durch Einstellungen bedingte Verzerrungen lassen sich ebenso bei Beobachter- und Lehrerratings annehmen. Externe Beobachter könnten beispielsweise durch das Interesse am Fach oder durch die Sympathie bzw. die eigene Ähnlichkeit zur Lehrkraft beeinflusst sein. Für die Selbsteinschätzung der Lehrkraft könnte das Interesse am unterrichteten Fach sowie die Einstellung zur Klasse eine Rolle spielen.

Der Beobachtungsfokus kann die Datenqualität von Ratings zur Unterrichtsqualität beeinflussen (Gerstenmaier, 1975, S. 12). Aufgrund der Komplexität des Unterrichtsgeschehens ist es nahezu unmöglich, alle in einem Klassenraum parallel stattfindenden Ereignisse simultan wahrzunehmen. Der externe Beobachter hat prinzipiell die besten Chancen, alle relevanten Aspekte zu beobachten, insbesondere wenn er videografierte Stunden beurteilt. Dort kann durch mehrere Beobachtungen derselben Szene das Simultanitätsproblem umgangen werden. Aber auch bei Live-Beobachtungen kann sich der Beobachter, anders als der Schüler, seinen Platz im Klassenraum nach Aspekten der Beobachtbarkeit aussuchen. Ferner ist er nicht ins aktuelle Geschehen eingebunden. Während die Eingebundenheit ins Unterrichtsgeschehen einen Vorteil hinsichtlich des Hintergrundwissens und des Prüfens von Vermutungen darstellt (vgl. Kapitel 4.2), wirkt sie sich nachteilig auf die Beobachtungsmöglichkeiten aus. Indem die Schüler aktiv am Unterricht teilhaben und beispielsweise in Gruppenarbeiten involviert oder mit Stillarbeit beschäftigt sind, ist es ihnen phasenweise nicht möglich, die Lehrkraft und ihr Agieren zu beobachten. Ferner nehmen die Schüler je nach Interesse teils unterschiedliche Dinge wahr. „Nur die, die abschreiben wollen, beobachten den Lehrer, die anderen Schüler möglicherweise achten auf ganz andere Dinge" (Gerstenmaier, 1975, S. 12). Auch der Lehrkraft entgehen aufgrund ihrer aktiven Tätigkeit (Stoffvermittlung, Schülerunterstützung) etliche Reize (vgl. Kapitel 4.2).

Die vermutlich größte Kommunikation unter den Beurteilenden kann zwischen den Schülern vermutet werden. Diese wirkt dem objektivierenden Einfluss der Aggregation von Individualdaten entgegen, indem sich wahre Werte und Meinungen nicht voneinander trennen lassen (Kenny, 2004). Während auch die Lehrerdaten durch die mögliche Kommunikation mit den Schülern sowie durch selbstdienliche Verzerrungen in ihrer Objektivität eingeschränkt sind, gelten die Beobachterdaten als objektiver (Clausen, 2002).

Obwohl in einigen Publikationen vor einem Dr.-Fox-Effekt in Schülerratings gewarnt wird, gehen Stolz (1997) und Ditton (2002a) von einem eher geringen Einfluss aus. Stolz räumt zwar in Bezug auf Schülerratings den Einfluss der Expressivität von Lehrkräften ein, weist jedoch zugleich auf die enge Verbindung von Expressivität und didaktisch motivierender Kompetenz der Lehrkraft hin (Stolz, 1997, S. 138f). Ditton argumentiert, dass Schüler ihr Urteil auf dem Hintergrund von Erwartungsmustern fällen, welche durch die schulische Sozialisation geprägt sind und folgert:

> Von daher ist die These, dass sich Schüler bei der Wahrnehmung oder Bewertung ihrer Lehrer auf längere Sicht von blenderischem Auftreten beeindrucken lassen, nicht sonderlich überzeugend [...]. Wahrscheinlicher ist, dass Schüler aus Eigeninteresse am Erreichen schulischer Ziele Kriterien der Förderung des Lernerfolgs als wichtige Aspekte in ihre Einschätzung von Lehrern und Unterricht einbeziehen. (Ditton, 2002a, S. 264)

Ob diese Argumentation auf Grundschüler angewendet werden kann, ist fraglich, da sich der Prozess schulischer Sozialisation noch in der Anfangsphase befindet. Demnach könnte der zeitliche Aspekt (*auf längere Sicht*) ausschlaggebend sein. So ist denkbar, dass Schüler auf dem Hintergrund von Erwartungsmustern, die sie im Verlaufe der Schulzeit ausbilden, rückblickend ihre Grundschullehrkraft realistischer einschätzen können, als sie es als Grundschüler selbst hätten tun können. Stolz schätzt jedoch das Risiko, dass ein Schüler aus der Retroperspektive eine Lehrkraft als schlecht beurteilt, welche er in seiner Grundschulzeit überhaupt nicht schlecht fand, als gering bzw. unwahrscheinlich ein (Stolz, 1997, S. 172). Aus entwicklungspsychologischer Sicht ist jedoch anzunehmen, dass sich Grundschüler leichter manipulieren bzw. blenden lassen.

Die bisherigen Ausführungen resümierend, lässt sich Folgendes festhalten: Schülerratings unterliegen den typischen Urteilstendenzen. Das Fehlerausmaß einiger Verzerrungstendenzen lässt sich jedoch als vergleichsweise gering bezeichnen (selbstdienliche Verzerrungen, soziale Erwünschtheit). Ferner kann durch die klassenweise Aggregation der Bias auf Klassenebene reduziert und zum Teil nahezu eliminiert werden (bspw. Antworttendenzen). Manche Verzerrungen weisen allerdings auf Klassenebene systematischen Charakter auf (bspw. Halo-Effekt, Einfluss zu guter Noten im Fach). Ferner ist die Objektivität der Daten aufgrund der Kommunikation unter den Beurteilern eingeschränkt.

Die bisher aufgezeigten Schwierigkeiten treten größtenteils auch bei den alternativen Datenquellen – also den Lehrer- und den Beobachterdaten – auf, wobei die Lehrerdaten das wahrscheinlich größte Verzerrungspotential aufweisen (Clausen, 2002) und deshalb in der empirischen Forschung nur in Kombination mit anderen Verfahren eingesetzt werden sollten (Ditton, 2002a, S. 263).

4.4 Grundschülerratings – Voraussetzungen und Anforderungen

Ob ein Proband ein Item verstehen, genügend Information bereitstellen, auf Basis der Informationen ein Urteil fällen und dieses einer Antwortkategorie adäquat zuordnen kann, hängt von seinen Voraussetzungen (z.B. sprachliche Entwicklung, Gedächtniskapazität) und den Anforderungen des Messinstruments ab (z.B. sprachliche Anforderungen, konzeptionelle Anforderungen, Beobachtbarkeit der beinhalteten Aspekte). Nur wenn sich die Voraussetzungen und die Anforderungen die Waage halten, kann ein valides Urteil erfolgen. Im Folgenden werden die Herausforderungen eines fragebogenbasierten Urteils über Unterrichtsqualität mit den entsprechenden Voraussetzungen von Grundschülern auf Basis verschiedener Theorien und Erkenntnisse aus dem Bereich der Entwicklungspsychologie in Bezug gesetzt. Eine umfassende Beschreibung des Entwicklungsstands von Grundschülern würde den Rahmen dieses Kapitels sprengen. Insofern wird sich lediglich auf die für ein fragebogenbasiertes Urteil über Unterrichtsqualität relevanten Aspekte konzentriert.

Nach der *Theorie of Mind* entwickeln Kinder im Vorschulalter die Fähigkeit, zwischen der eigenen Gedanken- und Gefühlswelt und der von anderen zu unterscheiden und lernen dabei, dezidierter zwischen Realität und mentalen Repräsentationen zu differenzieren (Miller, 2009; Wellman & Liu,

2004).[10] Im Kindergarten würde es beispielsweise den jüngeren Kindern noch schwer fallen, die Allgegenwärtigkeit des Kindergärtners anhand des folgenden Items einzuschätzen: *Unser Kindergärtner bekommt immer alles mit, was in unserer Gruppe geschieht.* Ein Grund hierfür ist, dass es Kindern unter fünf Jahren in der Regel noch Probleme bereitet, die eigene mentale Welt von der mentalen Welt anderer und damit von der Realität abzugrenzen. Dies bedeutet, wenn ein Vorschulkind realisiert, dass ein anderes Kind in der Kindergartengruppe gerade gegen eine Regel verstößt, geht es davon aus, dass auch der Kindergärtner um den Verstoß weiß – ganz gleich, ob er ihn tatsächlich beobachtet hat oder nicht. Im Alter von ca. fünf Jahren realisieren Kinder, dass verschiedene Personen verschiedene Gedanken hinsichtlich einer Situation oder eines Ereignisses haben können und somit auch eine falsche Überzeugung von einem Sachverhalt haben können. Deshalb gelingt es ihnen in der Regel *false-belief Aufgaben*[11] erfolgreich zu lösen (Wellmann, Cross & Watson, 2001; Wellmann & Liu, 2004; Wimmer & Perner, 1983). Kinder können ab diesem Alter Perspektiven anderer einnehmen und Wirklichkeit von Schein unterscheiden. Die Fähigkeit zur Differenzierung zwischen mentaler und physischer Welt sowie zwischen eigenen und fremden mentalen Repräsentationen oder Emotionen ist nicht nur hinsichtlich der kognitiven und sozialen Entwicklung eine wichtige Weichenstellung (Miller, 2009), sondern – wie das Beispiel verdeutlicht – auch eine wesentliche Voraussetzung für ein valides Urteil über Unterrichtsqualität.

Nach der *Neo-Piaget Theorie* von Case (Case & Bruchkowsky, 1992; Case & Okamoto, 1996) ist das Grundschulalter die typische Phase der logischen Operationen bzw. der dimensionalen Kontrollstrukturen. Grundschulkindern ist es aufgrund dieses Entwicklungsstadiums durchaus möglich, Abläufe und Ereignisse in ihrer unmittelbaren Umwelt gedanklich festzuhalten, diese zu manipulieren und auf Grundlage der Manipulationen Schlussfolgerungen zu ziehen (Case & Okamoto, 1996). Andererseits erfordern die Ope-

---

10 Kinder im Alter von drei Jahren können zwar bereits zwischen einer realen Katze und einer in der eigenen Fantasie vorgestellten Katze unterscheiden. Sie können jedoch noch nicht verstehen, dass eine Person eine falsche Überzeugung von einem Sachverhalt haben kann.

11 Mittels der von Heinz Wimmer und Josef Perner (1983) entwickelten *false-belief Aufgabe* kann getestet werden, ob ein Kind realisiert, dass andere Personen eine falsche Überzeugung über einen Sachverhalt haben können. Ein Beispiel für eine false-belief-Aufgabe ist: Vor dem Kind steht ein Sparschwein. Das Kind wird gefragt, was sich vermutlich darin befindet. Die erwartende Antwort: *Geld*. Das Sparschwein wird geöffnet – darin befindet sich jedoch kein Geld, sondern etwas Unerwartetes (z. B. Muscheln). Nun wird das Kind gefragt, was wohl eine andere Person in diesem Sparschwein vermuten wird. Kinder, die noch keine *Theory of Mind* entwickelt haben, werden *Muscheln* antworten, weil sie noch nicht realisieren, dass andere Personen eine falsche Überzeugung über einen Sachverhalt haben können – selbst wenn sie selbst zuvor eine falsche Überzeugung hatten.

rationen in diesem Stadium noch recht viel Arbeitsspeicher, da die exekutiven Kontrollstrukturen noch nicht so effektiv sind und verschiedene Prozesse noch nicht automatisiert sind wie im nachfolgenden Stadium der formalen Operationen bzw. vektoriellen Kontrollstrukturen. Insofern sind mit dem Stadium der logischen Operationen einerseits zwar erste Weichen für ein fragebogenbasiertes Urteil gestellt, andererseits ist aber noch immer mit erheblichen Limitationen zu rechnen – schließlich erfordert die valide Beantwortung eines Items zur Unterrichtsqualität simultan multiple kognitive Prozesse. Die noch eingeschränkte kognitive Kapazität oder der noch begrenzte Wortschatz können eine solche Limitation darstellen (vgl. Champman, 2000; Eiser, Mohay & Morse, 2000, S. 406; Goldhaber, 2000; Goswami, 2011; Günther, 2008).

Inwieweit Grundschüler ein Item valide beantworten können, wird durch verschiedene Aspekte beeinflusst. Mögliche Störfaktoren auf Seiten des Instruments (Erhebungskontext inbegriffen) sowie mögliche Einflussgrößen auf Seiten des Probanden werden im folgenden Text in chronologischer Abfolge, das heißt die Stufen des Antwortprozesses berücksichtigend, beschrieben. Überdies werden wichtige Hinweise für eine kindgerechte Fragebogenkonzeption sowie Itemformulierung abgeleitet. Dabei kann sich an Tabelle 3 orientiert werden. Sie gibt diesbezüglich einen Überblick[12] und bezieht zugleich Erkenntnisse aus Kapitel 4.3 mit ein. Es wird vorwiegend auf Störfaktoren, die speziell für Grundschüler problematisch sind, fokussiert. Weitere Störfaktoren, die selbst auf das Urteil älterer Probanden einen Einfluss nehmen können, tangieren selbstverständlich auch das Grundschülerurteil und werden deshalb ebenfalls thematisiert. Die folgende Ausarbeitung dient der Fragebogenkonzeption im empirischen Teil als Basis.

---

12 Die Tabelle gibt einen Überblick über mögliche Störfaktoren und Einflussgrößen. Sie hat jedoch keinen Anspruch auf Vollständigkeit, da es in diesem Kontext noch erheblichen Forschungsbedarf gibt. Deshalb wird auch von *möglichen* Störfaktoren und Einflussgrößen gesprochen.

Tabelle 3: *Mögliche Störfaktoren und Einflussgrößen*

Stufe im Antwortprozess	Typische Urteilsverzerrungen	Störfaktoren Testinstrument	Einflussgrößen Proband	Kontrollmöglichkeiten
Vorstufe Lesen des Items		• Lange Items • Lange Fragebögen • Unzureichende Schriftgröße • Fehlende Orientierungshilfe	• Konzentrationsfähigkeit/ -bereitschaft • Motivation • Lesekompetenz • Sprachkompetenz	• Adressatengerechtes Testdesign (z.B. Schriftgröße, Orientierungshilfen) • Testleiter liest Item vor • Adäquate Instruktion
Stufe 1 Iteminterpretation		• Doppeldeutige Items • Fachbegriffe • Selten benutzte Begriffe • Lange Sätze bzw. Items • Komplexe Syntax • Passive Sprache • Konjunktiv	• Sprachkompetenz (Wortschatz, Begriffswissen) • Tendenz zur Komplexitätsreduktion (Synkretismus, Verbalismus)	• Eindeutige Items • Einfache Wortwahl • Einfache Grammatik (kein Konjunktiv, keine Konditionalsätze, etc.) • Aktive Sprache • Kurze Sätze bzw. Items • Adäquate Instruktion
Stufe 2 Suche und Auswahl relevanter Information	• Halo-Effekt • Logischer Fehler • Nähefehler • Primacy-/ Recency-Effekt • Soziale Erwünschtheit • Selbstdienliche Verzerrungen	• Untersuchungs- und Fragekontext • Priming • Doppeldeutigkeit/ Unklarheit des Items • Hochinferente Items • Mehrdimensionale Items • Gruppierte Items	• Gemütszustand • Motivation • Konzentrationsfähigkeit • Gedächtniskapazität • Urteilsfähigkeit • Begriffswissen • Einstellung zur Lehrkraft und zum Fach • Note im Fach (Leistung)	• Adäquate Instruktion • Verzicht auf Items, die Fachwissen erfordern • Adäquater Erhebungszeitpunkt • Kein Gruppieren der Items • Niedriginferente Items • Eindimensionale Items
Stufe 3 Urteilen (Aggregieren und Gewichten)	• Konsistenzmotiv • Logischer Fehler • Halo-Effekt • Nähefehler • Kontrastfehler • Soziale Erwünschtheit • Selbstdienliche Verzerrungen	• Hochinferente Items • Mehrdimensionale Items • Wir-Perspektive	• Urteilsfähigkeit (kognitive Voraussetzungen für mentale Operationen) • Einstellung zur Lehrkraft und zum Fach • Note im Fach (Leistung)	• Adäquate Instruktion • Eindimensionale Items • Niedriginferente Items • Ich-Perspektive • Adäquater Erhebungszeitpunkt
Stufe 4 Selektion einer Antwortkategorie	• Antworttendenzen • Konsistenzmotiv • Soziale Erwünschtheit • Selbstdienliche Verzerrungen	• Skalenniveau: Multiple Likert-Skalen • Fehlende Skalenbeschriftung • Häufigkeitsangaben	• Urteilsfähigkeit (kognitive Voraussetzungen für Feinabstufung) • Sprachkompetenz (Begriffswissen) • Zeitbewusstsein	• Adäquate Instruktion • Bis zu fünf Antwortkategorien • Häufigkeitsangaben vermeiden • Anonymität

Vorstufe) Lesen der Items

Ausschlaggebend für das korrekte Lesen der Items ist die Lesekompetenz des Probanden bzw. des Schülers. Die Grundschule ist der Ort, an dem das Lesen in der Regel erlernt wird. Die Lesekompetenz eines repräsentativen Grundschülers ist deshalb geringer einzustufen als die eines repräsentativen Sekundarstufenschülers. Außerdem existieren bezüglich der Leseleistung erhebliche Unterschiede zwischen den Schülern – wie die Ergebnisse von IGLU (2001, 2006) verdeutlichen. Um valide Antworten zu erhalten, müsste sich deshalb bei der Fragebogenkonzeption nicht am durchschnittlichen, sondern am schwächsten Leser orientiert werden – sofern die Items von den Schülern selbst erlesen werden sollen. Schüler unterscheiden sich hinsichtlich ihrer Lesefähigkeit darin, Texte zu dekodieren und dekodierte Textpassagen inhaltlich zu erfassen. Insbesondere Grundschüler zeigen metakognitive Defizite bzw. Schwierigkeiten, den eigenen Lesevorgang zu überwachen und Inkonsistenzen festzustellen (z.B. Ehrlich, Remond & Tardieu, 1999; Yuill & Oakhill, 1991; Zabrucky & Moore, 1989). Auch das eigene Nicht-Verstehen zu realisieren, bereitet ihnen Probleme: „Younger children are far less likely to detect when they do not comprehend a text, are not proficient in identifying when essential information is absent from a text, and have difficulty recognizing contradictions" (Baker & Brown, 1984, zitiert durch Johnston, Barnes & Desrochers, 2008).

In Anlehnung an die Theorie von Case (Case & Bruchkowsky, 1996) steht aufgrund des noch nicht automatisierten Dekodierungsprozesses bei Leseanfängern – in der Regel Schüler in den Klassenstufen eins und zwei – weniger kognitive Kapazität für die inhaltliche Interpretation des Gelesen zur Verfügung. Erkenntnisse aus der Forschung zur Leseentwicklung bestätigen diese Theorie: Erst wenn die Dekodierungsprozesse weitgehend automatisiert sind, ist genügend Verarbeitungskapazität vorhanden, um höhere Verstehensleistungen zu erbringen (Siegler & Alibali, 2005). Studienergebnisse weisen außerdem auf einen deutlichen Anstieg an Itemfehlinterpretationen hin, sobald junge Probanden das Item selbstständig erlesen: Mittels eines experimentellen Designs konnte an einer Stichprobe von Schülern der dritten bis fünften Klassenstufe gezeigt werden, dass Wörter, die beim eigenständigen Erlesen hinsichtlich der Worterkennung und demzufolge bei der Iteminterpretation Probleme bereiten, problemlos erkannt werden, wenn der Testleiter die Items vorliest (Bowen, 2008). Vor allem bei jüngeren Schülern, für welche das Lesen eine relativ hohe kognitive Anstrengung darstellt, können sich eine geringe Konzentrationsbereitschaft sowie eine geringe Konzentrationsfähigkeit verstärkt auf das korrekte Erlesen des Items auswirken. Des Weiteren können intensive Gemütszustände und motivationale Aspekte die Leistungsfähigkeit und damit auch die Fehlerwahrscheinlichkeit beeinflussen (vgl. Edlinger & Hascher, 2008; Schiefele, 2009; Utman, 1997).

Um die Fehlerwahrscheinlichkeit im Kontext von Fragebogenerhebungen in der Grundschule zu minimieren, sollten unter Anbetracht der limitierenden Faktoren und Störfaktoren folgende Aspekte bei der Fragebogenkonzeption und -erhebung bedacht werden: Die Motivation hinsichtlich der Befragung sollte sich durch eine adäquate Instruktion, die die Bedeutung sowie den Nutzen der Befragung verdeutlicht, steigern lassen. Hinsichtlich der limitierten Aufmerksamkeitsspanne von Grundschülern sollte die Länge der Befragung (bzw. des Fragebogens und seiner Items) altersangemessen sein (vgl. Eiser et al., 2000, S. 406). Konkrete Richtlinien bezüglich der Itemanzahl liegen bislang noch nicht vor. Da selbst das Erlesen einfacher Items für leseschwache Grundschüler Fehlerpotential in sich birgt, ist es ratsam, die Items den Schülern vorzulesen (Bessoth & Weibel, 2000, S. 85). Um zu gewährleisten, dass sich die jungen Probanden auf ihrem Fragebogenexemplar zurechtfinden und entsprechend mitlesen können, sollte eine altersangemessene Schriftgröße gewählt werden. Weitere optische Hilfen zur Unterstützung der Orientierung auf dem Fragebogen sind ratsam, um einem Verrutschen in den Zeilen vorzubeugen (bspw. Verbindungslinien zwischen Itemende und Ratingskala, farbliche Zuordnung, Visualisierung per Overhead).

Stufe 1) Interpretation der Items

Auf dieser Stufe stellt die Komplexität und Doppeldeutigkeit von Items eines der größten Probleme dar (Fowler, 1992; Tourangeau et al., 2000). Unklarheiten bezüglich des Iteminhalts resultieren unter anderem aus der Verwendung mehrdeutiger, unbekannter, selten benutzter sowie fachlicher Begriffe (Peterson, 2000; Spector, 1992). Je geringer die Klarheit oder Eindeutigkeit eines Items, desto schwieriger wird es für den Probanden, das Item im intendierten Sinne des Forschers bzw. des Evaluators zu interpretieren. Die richtige bzw. die intendierte Iteminterpretation ist jedoch eine grundlegende Voraussetzung für eine valide Antwort. Gelingt es dem Probanden nicht, die korrekte Bedeutung des Items zu erfassen und Sicherheit bezüglich seiner Interpretation zu gewinnen, sind Fehler auf den folgenden Stufen die Konsequenz. Sind sich Probanden beispielsweise der Doppeldeutigkeit oder Unklarheit eines Items bewusst, ziehen sie häufig die umliegenden Items heran, um den Inhalt zu deuten. Daraus resultiert eine künstliche Erhöhung des Zusammenhangs der Items bzw. der internen Konsistenz der Skala. Bleibt die Unsicherheit der Probanden am Ende des Interpretationsprozesses bestehen oder besteht gar Ratlosigkeit hinsichtlich einer Itembedeutung, kann dies ein Überspringen der zweiten und dritten Stufe zur Folge haben. Das heißt, der Proband antwortet, ohne den Iteminhalt interpretiert zu haben und stützt sich dabei auf Heuristiken, wie beispielsweise das Konsistenzmotiv oder antwortet zufällig. Gerade bei jungen Probanden darf der negative Einfluss der Itemkomplexität auf die Iteminterpretation nicht unterschätzt werden (Bowen, 2008; Woolley et al., 2004). Schließlich ist die sprachliche Entwicklung in der Grundschule bei weitem noch nicht abgeschlossen (Jürgens, 2008). Sowohl der aktive als auch der passive Wortschatz von Grundschülern ist in der Regel deutlich geringer als der von älteren Schülern oder Erwachsenen (Günther, 2008). Um das Fehlerausmaß zu reduzieren, sind bei Befragungen die Items unbedingt an die sprachlichen Kompetenzen der Probanden anzupassen. „To assist comprehension, the language should be simple and unambiguous with no complex grammar or vocabulary and short sentences" (Eiser et al., 2000, S. 406). Insbesondere im Grundschulbereich sollte deshalb innerhalb von Fragebögen auf Passivkonstruktionen sowie die Verwendung des Konjunktivs verzichtet werden. Auch Konditionalsätze erwiesen sich in einigen Studien als problematisch (Bowen, 2008; Woolley et al., 2004). Werden Grundschüler mit sprachlich komplexer Information konfrontiert, fällt es ihnen schwer, diese Wort für Wort zu analysieren. Zum Teil nehmen die jungen Probanden in solchen Fällen unzulässige Komplexitätsreduktionen vor, indem sie im Item beinhaltete Informationen ignorieren und sich anhand ihnen bekannter Silben oder Begriffe den Inhalt „erschließen". Dabei kann sich die Eigeninterpretation nur geringfügig oder bedeutsam von der intendierten Interpretation unterscheiden. Piaget (1982) bezeichnet diese unzulässige Komplexitätsreduktion als *Synkretismus*. Dieser Term wird heute jedoch mehrheitlich in anderen Kontexten verwendet (Orter, 2003). In Fällen, in denen die Komplexitätsreduktion zu einer dem ursprünglichen Inhalt völlig abwegigen Interpretation führt, spricht Piaget auch von *Verbalismus* (Piaget, 1982, S. 180). Im allgemeinen Sprachgebrauch wird Verbalismus als inhaltsloses, aber redegewandtes Sprechen verstanden. Im Bereich der Entwicklungspsychologie wird der Term verwendet, wenn Kinder Begriffe fehlerhaft oder unzureichend definieren bzw. sich hinter den verwendeten Begriffen wenig verallgemeinerbares oder konkretisierbares Wissen in Form von *totem Wissen* verbirgt. Formen des Verbalismus in der Grundschule untersuchte Giest im Rahmen seiner Studien zur Kognition und Begriffsbildung. „Massive Erscheinungen des Verbalismus oder der verbalen Assimilation (Piaget) sowie das Verfehlen einer anforderungsgerechten semantischen Tiefe der Begriffsaneignung wurden deutlich" (Giest, 1995, S. 2). Die höchste Ausprägung zeigte sich in den Klassenstufen eins und zwei (Giest, 2003; 1995).

Während bei Erwachsenen verstärkt Heuristiken zum Einsatz kommen, wenn sie ein Item nicht verstehen bzw. sie sich bezüglich der Bedeutung eines Items unsicher sind, ist bei jüngeren Schülern mit einer Tendenz zu absurden Eigeninterpretationen zu rechnen (Piaget, 1981). Infolge einer absurden Eigeninterpretation kann nicht mehr von einer „simplen" Verzerrung des Urteils gesprochen werden: Ein Fehlurteil ist die Konsequenz.

Die Begriffsbildung ist in der Grundschule selbst bei einfachen Begriffen teils noch nicht abgeschlossen. Auch die sprachliche Entwicklung im Allgemeinen dauert noch an. Insofern muss bei der Fragebogenkonzeption bzw. der Itemgenerierung unbedingt auf eine kindgemäße Wortwahl, Satzstruktur und Itemlänge geachtet werden (Erzmann, 2004; Giest, 2003). Was jedoch kindgemäß ist, lässt sich auf Basis des aktuellen Forschungsstandes nicht konkret beantworten. Denn es existieren keine verfügbaren Listen hinsichtlich kindgemäßer Begrifflichkeiten, welche bei der Fragebogenkonzeption herangezogen werden können. Auch hinsichtlich der Komplexität eines Items liegen – wie der obige Text verdeutlicht – nur wenig konkrete Regeln vor. Beispielsweise ist noch unklar, welche Itemlänge für Grundschüler adäquat ist.

Stufe 2) Suche und Auswahl relevanter Information

Kann ein Schüler einem Item nicht die wesentlichen Indikatoren zuordnen, welche für das Urteil relevant sind, so ist der Schüler hinsichtlich des Items nicht urteilsfähig. Gleiches gilt, wenn der Schüler zwar die Indikatoren kennt, sie aber nicht wahrnehmen kann. Soll beispielsweise ein Schüler einschätzen, ob seine Lehrkraft geduldig ist, so muss er Indikatoren für geduldiges sowie ungeduldiges (Lehr-)Verhalten kennen, um nach solchen Informationen überhaupt suchen zu können. Demnach spielt auch hier das Begriffsverständnis eine wichtige Rolle. Im Zuge der Begriffsbildung kann es der Fall sein, dass Begriffe zunächst nur einseitig definiert sind (d. h. *geduldig* könnte in einem solchen Fall lediglich über das Ausbleiben ungeduldiger Verhaltensweisen definiert werden). Um auf Stufe 2 die Grundlage für ein reliables Urteil zu legen, ist folglich erneut eine sorgfältige Begriffswahl ausschlaggebend. Soll ein Schüler einschätzen, ob er aufmerksam war, so muss er nicht nur die Indikatoren für aufmerksames sowie unaufmerksames Verhalten kennen, sondern auch in der Lage sein, dieses Verhalten bei sich selbst wahrzunehmen und es zu reflektieren. Insofern spielt auf dieser Stufe die Beobachtbarkeit bzw. die Wahrnehmbarkeit der dem Item zugehörigen Indikatoren eine wichtige Rolle. Inwiefern Grundschüler in der Lage sind, die eigene Unaufmerksamkeit oder Aufmerksamkeit wahrzunehmen und zu reflektieren, ist auf Basis des bisherigen Forschungsstandes noch ungewiss. Clausen vermutet bei Schülern insbesondere bei methodisch-didaktischen Fragen eine geringere Urteilsfähigkeit, da ihnen aufgrund fehlenden methodisch-didaktischen Hintergrundwissens die wesentliche Grundlage zur Urteilsfällung fehlt:

Nicht, daß [*sic*] sie nicht die Folgen eines strukturierten oder unstrukturierten Unterrichts wahrnehmen könnten. Es sollte ihnen jedoch an Verständnis für spezifische didaktische Maßnahmen und deren didaktische Funktion sowie an Überblick für die Makrostrukturen der Unterrichtsführung im Sinne einer pädagogisch-didaktischen Sichtweise fehlen. (Clausen, 2002, S. 87)

Items innerhalb von Schülerbefragungen sollten demzufolge kein methodisch-didaktisches Hintergrundwissen bzw. Professionswissen erfordern – erst recht nicht, wenn Grundschüler mit vergleichsweise wenig Unterrichtserfahrung befragt werden.

Eine geringe Konzentrationsfähigkeit kann wie eine geringe Gedächtnis-kapazität die Bereitstellung relevanter Informationen einschränken. Demoti-vation oder geringe Konzentrationsbereitschaft wirken sich ebenfalls negativ auf die Bereitwilligkeit des Probanden, nach relevanten Informationen zu su-chen, aus. Ein stärker gefühlsbasiertes Urteil ist eine denkbare Konsequenz. Insofern kann auch hier eine angemessene, motivierende Instruktion Verzer-rungen auf Stufe 2 reduzieren. Ferner kann der Gemütszustand die Inhalte, die vom Gedächtnis bereitgestellt werden, beeinflussen (Blaney, 1986; Ed-linger & Hascher, 2008). Allerdings besteht Uneinigkeit darüber, ob in As-soziation zum Gefühlszustand eher kongruente Situationen oder inkongruen-te Situationen erinnert werden (Bower, 1981; Parrot & Sabini, 1990). Durch ein affektives Priming, beispielsweise infolge eines Items, welches in den Fragebogen einführt und bei den Probanden positive (oder negative) Emoti-onen hervorruft, kann der Gemütszustand systematisch manipuliert werden. Wird in einem Fragebogen einleitend den Schülern durch ein Beispielitem die Handhabung des Fragebogens erklärt, sollte folglich ein möglichst emo-tional-neutrales Item gewählt werden. Um stark emotional beeinflusste Be-fragungen zu vermeiden, sollte außerdem der Erhebungszeitpunkt bedacht werden. Zum Beispiel sollte Schülerfeedback nicht direkt nach einer Leis-tungskontrolle oder der Rückgabe einer Leistungskontrolle erfasst werden, da sich der Erfolg bzw. der Misserfolg der Schüler auf den Gefühlszustand so-wie die aktuelle Einstellung zur Lehrkraft auswirken kann.[13] Diese Aspekte sollten sowohl bei Fragebögen für jüngere als auch für ältere Schüler bedacht werden. Es ist jedoch davon auszugehen, dass die Gefühlslage auf das Urteil von Grundschülern einen größeren Einfluss nimmt, da die Entwicklung emo-tionaler Kompetenz[14] noch nicht abgeschlossen ist (Wertfein, 2006). Grund-schüler sind durchaus bereits empathiefähig und in der Lage, die eigenen Ge-fühle sowie die Gefühle anderer wahrzunehmen und zu beschreiben – was eine wichtige Voraussetzung für die Beurteilung verschiedener Aspekte der Unterrichtsqualität darstellt. Darüber hinaus gelingt es Kindern ab dem sieb-ten Lebensjahr zunehmend, eigene Gefühle bei Bedarf weniger nach außen zu tragen (Interiorisation). Durch diese Verinnerlichung von Emotionen wird eine neue Ebene der willentlichen Emotionsregulation erreicht (Holodynski & Friedlmeier, 2006). Dennoch lassen sich Kinder in diesem Alter leichter von

---

13 Auf Klassenebene ist ein Bias zu erwarten, wenn die Arbeit insgesamt schlecht oder gut ausgefallen ist, während eine Normalverteilung der Leistung zu einem „Herausmitteln" der Fehler führen sollte.

14 Emotionale Kompetenz bedeutet, „mit den eigenen Emotionen und den Emotionen an-derer angemessen umzugehen" (Janke, 2005, S. 190). Emotionale Kompetenz entwi-ckelt sich im Laufe des Lebens. Allerdings gilt man als erwachsene Person nicht zu-gleich als emotional kompetente Person. Gewisse Defizite können auch Erwachsene aufweisen.

aktuellen Gefühlen übermannen als ältere Schüler. Etwa ab 10 Jahren lassen sich bei Kindern zielgerichtete Emotionsregulationsstrategien beobachten (Salisch, 2000; 2002).

Die korrekte Iteminterpretation stellt den Link zu relevanten Konzepten und Informationen im Gedächtnis dar. Unklare oder doppeldeutige Items können Probanden aufgrund einer Fehlinterpretation zur Suche und damit auch zur Auswahl nicht relevanter bzw. nicht zum Item passender Informationen verleiten. Möglichst eindeutig formulierte Items mit einfachen bzw. Grundschülern bekannten Begriffen reduzieren somit auch Fehler auf Stufe 2 des Antwortprozesses.

Des Weiteren kann der Untersuchungskontext die Antworten von Probanden beeinflussen. Werden Prädiktor- oder Kontrollvariable und das Kriterium zum selben Zeitpunkt erfasst, kann dies zu einer künstlichen Erhöhung des Zusammenhangs der Variablen führen, insbesondere wenn die Konstrukte mittels des gleichen Mediums erhoben werden (Sudman, Bradburn & Schwarz, 1996b). Wird beispielsweise die Zuneigung zur Lehrkraft sowie das Lehrverhalten zum gleichen Messzeitpunkt unter Verwendung des gleichen Mediums erfasst, so kann die Aussage über die Zuneigung zur Lehrkraft die weiteren Urteile über das Lehrverhalten beeinflussen (oder umgekehrt, je nach Reihenfolge). Kontexteinflüsse können außerdem – wie durch das Beispiel zur Leistungskontrolle/-rückgabe bereits verdeutlicht – auch aus dem gewählten Erhebungszeitpunkt resultieren.

Können Probanden bezüglich eines Items nicht genügend relevante Informationen heranziehen, werden verstärkt implizite Persönlichkeitstheorien eingesetzt, um die Lücke zu füllen (vgl. Kapitel 4.3.1). Unspezifische bzw. abstrakte Items, welche sich nicht unmittelbar beobachten lassen oder an konkreten Verhaltensweisen bzw. eindeutigen Indikatoren bestimmen lassen, sind hierfür generell anfälliger als niedriginferente Items (Gioia & Sims, 1985). Hochinferente Items sollten demnach – sowohl in Fragebögen für ältere als auch für jüngere Schüler – nur eingesetzt werden, wenn sich Facetten des Konstrukts nicht mit niedriginferenten Items erfassen lassen.

Auf Stufe 2 des Antwortprozesses werden in der Regel Informationen bereitgestellt, welche als Urteilsgrundlage zur Beantwortung des Items dienen. Erinnerte Information wird dabei für eine gewisse Zeitspanne ins Kurzzeitgedächtnis abgelegt und ist bei folgenden Fragen direkt verfügbar. Aus diesem Grund führt das Gruppieren von Items, die dieselbe Dimension erfassen, zu artifiziell erhöhten Iteminterkorrelationen bzw. zu einer künstlich erhöhten internen Konsistenz der Subskalen. Um gemeinsame Methodenvarianz zu reduzieren, wird vorgeschlagen, die Items entsprechend zu mischen (Kline, Sulsky & Rever-Moriyama, 2000). Auf eine weitere Gefahr des expliziten Gruppierens bzw. Ordnens nach Dimensionen weist Bodensohn (2008) hin: „Nur am Rande sei erwähnt, dass letztgenanntes Vorgehen, einen suggestiven und damit im Hinblick auf das Antwortverhalten einen reaktiven Charakter hat, indem den Beurteilern quasi vorgegeben wird, in welchen Kategorien sie zu denken haben" (Schneider & Bodensohn, 2008, S. 702). Es ist jedoch zu bedenken, dass gerade für Grundschüler ein Hin- und Herspringen zwischen verschiedenen Dimensionen unter Umständen eine große kognitive Beanspruchung darstellen kann. Des Weiteren kann das Mischen der Dimensionen künstlich den Zusammenhang zwischen den einzelnen Dimensionen erhöhen.

Einen weiteren Störfaktor auf Stufe 2 des Antwortprozesses kann der Urteilsbezug darstellen: Soll beispielsweise der Deutschunterricht des ganzen Jahres retrospektiv beurteilt werden, ist aufgrund des Recency-Effekts eine stärkere Gewichtung der letzten Unterrichtseinheit zu befürchten. Ferner ist zu vermuten, dass zwar die erste Einheit nach den Sommerferien aufgrund des Primacy-Effekts noch erinnert werden kann, in der Spanne zwischen erster und letzter Einheit allerdings Gedächtnislücken vorhanden sein können (Primacy-Recency-Effekt). Alle erlebten und zum Item passenden Situationen zu erinnern, wäre beim Beantworten eines Items gar nicht zu realisieren. Inwieweit Schüler jedoch eine repräsentative Teilstichprobe an relevanten Situationen erinnern und inwieweit das Urteil den Referenzrahmen der Erhebung abdeckt, ist gerade bei Erhebungen über eine sehr lange Zeitspanne fraglich. Die zeitliche Wahrnehmung sowie das Zeitbewusstsein befinden sich im Grundschulalter noch im Entwicklungsprozess (Dutke, 1997; Fraisse, 1985; Kasten, 2001). Grundschülern fehlen teils Strategien, um Erinnerungen zeitlich zu ordnen. Des Weiteren sind sie sich der Schwierigkeit eines zeitlichen Urteils noch nicht bewusst und hinterfragen deshalb das auf Basis ihrer Erinnerung gefällte Urteil nicht (vgl. Friedman, 2007, S. 1486ff). Gedächtnislücken sollten bei einer konkreten Stunde wesentlich geringer sein (vgl. Piskol, 2008) – sowohl bei Erwachsenen als auch bei jungen Probanden (weitere Ausführungen zum zeitlichen Urteilsbezug siehe Kapitel 4.5.1).

Neben dem zeitlichen Referenzrahmen beeinflusst die personale und fachliche Urteilsdimension den Informationsbereitstellungsprozess. Soll ein Urteil über mehrere Lehrer und mehrere Fächer gefällt werden, ist mit einer Überforderung der menschlichen und insbesondere der kindlichen Gedächtnis- und Verarbeitungskapazität zu rechnen (Piskol, 2008). Eindimensionale Items erleichtern den Prozess der Informationsbereitstellung (weitere Ausführungen zum Urteilsbezug siehe Kapitel 4.5.1).

Stufe 3) Urteilen (Aggregieren und Gewichten)

Demotivation, geringe Konzentrationsbereitschaft und geringe Konzentrationsfähigkeit können sich limitierend auf die kognitive Kapazität, die für den Urteilsprozess bereitgestellt wird, auswirken. Folglich ist auch im Hinblick auf die Bewältigung der dritten Stufe des Antwortprozesses eine angemessene, motivierende Instruktion hilfreich. Ein Einfluss des Gemütszustands ist ebenfalls denkbar, indem Informationen in Kongruenz (oder Inkongruenz) zum aktuellen Gemütszustand stärker gewichtet werden. Deshalb sollte auch in Bezug auf Stufe 3 eine systematische Manipulation von Gemütszuständen durch ein affektives Priming oder einen ungünstigen Erhebungszeitpunkt möglichst vermieden werden.

Je höher der Inferenzgrad des Items, desto schwieriger gestaltet sich die Urteilsfindung. Lässt sich beispielsweise allein durch Auszählen der erinnerten Informationen im Sinne von Häufigkeiten ein Urteil fällen, so kann der Urteilsprozess als relativ einfach beschrieben werden. Ein Beispiel hier wäre es, die Schüler zu fragen: *Wie oft hast du in dieser Stunde etwas zum Thema beigetragen?* Da Unterricht ungemein komplex ist, lassen sich diverse Qualitätskriterien jedoch nicht allein über Häufigkeiten ermitteln. Möchte man beispielsweise durch folgendes Item *Ich fand die Stunde interessant* erfahren, inwieweit die Unterrichtsstunde das Interesse der Schüler geweckt bzw. aufrechterhalten hat, so gestaltet sich der Prozess schon schwieriger. Der Schüler muss die Situationen, in denen er interessiert oder auch gelangweilt war, auszählen und entsprechend summieren. Neben der Häufigkeit spielt die Intensität des Interesses oder der Langeweile in den Situationen eine wesentliche Rolle. Das heißt, die Situationen sind entsprechend zu gewichten und in Relation zueinander zu setzen. Neben der Häufigkeit und der Intensität ist bei manchen Aspekten zusätzlich die Angemessenheit bei der Beurteilung von Lehrerverhalten zu berücksichtigen (beispielsweise bei der Beurteilung von wertschätzendem Verhalten unter Berücksichtigung von Lob und Tadel). Noch anspruchsvoller gestaltet sich die Urteilsfindung, wenn das Item aus der Wir-Perspektive zu beantworten ist. Hier wird erwartet, dass der Schüler die Sicht eines repräsentativen Schülers einnimmt, indem er die Wirkungen des Lehrverhaltens auf die anderen Schüler in sein Urteil einbezieht und einen durchschnittlichen Wert im Sinne eines objektiven Urteils ermittelt. Der Perspektivwechsel, sofern andere Schüler in das Urteil einbezogen werden müssen, kann gerade zu Beginn der Grundschulzeit eine Überforderung darstellen: Den Schülern müsste bereits klar sein, dass Unterricht auf unterschiedliche Schüler unterschiedlich und damit eventuell abweichend vom eigenen Empfinden wirkt. Sie müssten das Empfinden der anderen entsprechend wahrnehmen und aggregieren können. Ferner müssten sie objektiv, das heißt, ohne spezielle Gewichtung der eigenen Sichtweise urteilen (Eiser et al., 2000, S. 406). Grundschüler sind zwar bereits in der Lage, die Perspektive eines anderen einzunehmen, weisen aber dennoch hin und wieder egozentrische Verhaltensweisen auf (Piaget, 1981). Insofern sollte es Grundschülern im Vergleich zu Sekundarstufenschülern etwas schwerer fallen, ein objektives Urteil zu erzielen, wenngleich auch die Objektivität von Sekundarstufenschülerurteilen in Frage gestellt werden kann. Anhand des folgenden Items sollen die Schwierigkeiten verdeutlicht werden: *Wir waren in der Stunde aufmerksam.* Der Schüler müsste sämtliche Situationen erinnern (betrifft Stufe 2), in denen seine Klassenkameraden aufmerksam sowie unaufmerksam waren und die gesamten Informationen gewichten und gegeneinander abwägen. War er selbst aufmerksam, wird dennoch von ihm verlangt, etwas anderes anzukreuzen, sofern der durchschnittliche Mitschüler es nicht war. Da aufgrund des Beobachtungsfokusses (vgl. Stufe 2) vermutlich nicht mit Sicherheit alle relevanten Ereignisse erinnert werden können und die Aufmerksamkeit anderer sich ohnehin nur bedingt einschätzen lässt, wird der Urteilsprozess wahrscheinlich von einer gewissen Unsicherheit begleitet. Diese wiederum fördert den Einsatz von Heuristiken. Werden die Schüler gefragt, ob der Lehrer interessant unterrichtet, müssten die Meinungen der anderen Schüler bekannt sein. Da der Austausch innerhalb von Peers vermutlich höher ist als zwischen allen Klassenkameraden, ist es dem einzelnen Schüler nahezu unmöglich ein für die Klasse repräsentatives Urteil zu fällen. Wagner (2008) konnte in seinen Analysen zeigen, dass die Schülerurteile von Mädchen und Jungen innerhalb der Gruppen weniger variieren als zwischen den Gruppen. Dies wurde als Hinweis für den Effekt der Kommunikation, welche unter Gleichgeschlechtlichen als größer angenommen wird, interpretiert (weitere Ausführungen zur Itemformulierung siehe Kapitel 4.5.1). Im Rahmen der Itemformulierung und -selektion sollten mögliche Probleme im Zusammenhang mit einem geforderten Perspektivwechsel entsprechend berücksichtigt werden.

Für Grundschüler, welche sich noch in den mathematischen Grundrechenarten üben, kann das Gewichten und Abwägen als große Herausforderung betrachtet werden. Deshalb spielt auch auf Stufe 3 die Dimensionalität des Items bzw. der Urteilsbezug eine wichtige Rolle. Soll ein Schüler beispielsweise alle Lehrer, die ihn unterrichten über einen längeren Zeitraum einschätzen, müsste er zunächst die für das Urteil relevanten Informationen erinnern, was die kognitive Kapazität womöglich schon überlastet (vgl. Stufe 2). Sollte es ihm tatsächlich gelingen, eine repräsentative Auswahl an Informationen zu erinnern und im Gedächtnis zu behalten, müsste er diese nun gewichten und aggregieren – für einen Grundschüler eine überaus schwierige mentale Operation (weitere Ausführungen zum Urteilsbezug siehe Kapitel 4.5.1).

Die Wahl des Erhebungszeitpunkts spielt auch für die Bewältigung der dritten Stufe des Antwortprozesses eine wichtige Rolle: Nach einer Leistungskontrolle oder der Rückgabe einer Leistungskontrolle können ein veränderter Gefühlszustand und mögliche kurzfristige Aversionen gegen die Lehrkraft das Schülerurteil – unabhängig davon, ob relevante Information erinnert wurde – durch eine unangemessene Gewichtung verfälschen. Überdies kann die Wertung erinnerter Informationen durch den Kontrasteffekt verzerrt werden. Sollen die Schüler beispielsweise die Stunde ihrer Mathematiklehrerin evaluieren und haben an diesem Tag bereits zwei Stunden bei anderen Lehrkräften erlebt, kann die Mathematikstunde bei der Urteilsfindung in Relation zu den heutigen Erlebnissen aus den anderen beiden Stunden gesetzt werden, da sie noch im Gedächtnis präsent sind. Je extremer die Qualität der vorherigen Stunden desto größer das Verzerrungspotential des Kontrasteffekts. Derartige Kontrasteffekte lassen sich reduzieren, indem die Erhebung zu Beginn des Schultags platziert wird, sofern dies organisatorisch umsetzbar ist.

Stufe 4) Selektion einer Antwortkategorie

Nach der Urteilsfällung erfolgt auf der vierten Stufe die Transformation des Urteils, indem es in das entsprechende Antwortformat übersetzt wird. Dabei müssen die Schüler zunächst das Antwortformat richtig interpretieren. Insofern gibt es zwei Herausforderungen zu bewältigen: (1) die Interpretation des Antwortformats und (2) die Übersetzung des Urteils in das entsprechende Format. Gerade bei Grundschülern sollten verschiedene Formate vermieden werden. Beispielsweise stellt das Markieren des Urteils auf einer Ratingskala, welche nur Anfang- und Endpunkt durch Ziffern oder Begriffe verdeutlicht eine Schwierigkeit dar. Schließlich lernen Schüler in der Grundschule erst Abstände, Relationen und Beziehungen einzuschätzen und sich auf einem Zahlenstrahl entsprechend zurechtzufinden. Eine Skala, welche eine sehr feine, differenzierte Einschätzung erfordert, stellt für Grundschüler ebenfalls eine Überforderung dar (Eiser et al., 2000, S. 406). Grundschülern ist ein derart differenziertes Urteil noch nicht möglich, woraus Fehler bei der Transformation resultieren. Ferner sollten alle Antwortkategorien mit Begriffen oder Bildern versehen werden, welche die Schüler korrekt interpretieren können. Antwortformate, welche Häufigkeitsangaben beinhalten, erweisen sich fehleranfälliger als Antwortformate, welche lediglich eine Zu- oder Ablehnung erfordern (Bowen, 2008, S. 24). Neben dem Antwortformat beeinflusst auch das jeweilige Item die Wahrscheinlichkeit die passende Antwortkategorie auszuwählen. Negationen innerhalb eines Items erschweren beispielsweise die Wahl der richtigen Antwortkategorie (Löhr & Angleitner, 1980). Durch eine altersadäquate Instruktion, welche das Erklären der Antwortkategorien und das Üben des Ankreuzens mittels affektiv neutraler und nicht primender Beispielitems einschließt, sollte sich das Fehlerausmaß reduzieren lassen. Um es Schülern zu erleichtern, ihr Kreuz in der richtigen Zeile zu setzen, sollten weitere optische Hilfen zum Einsatz kommen, wie beispielsweise Verbindungslinien zwischen Item und Antwortkategorien oder farbliche Akzentuierungen (weiterführende Ausführungen zum Antwortformat siehe Kapitel 4.5.1).

Bevor es zum Kreuz auf dem Fragebogen kommt, spielen Antworttendenzen eine zentrale Rolle. Des Weiteren wird zum Teil die gewählte Antwortkategorie auf Konsistenz oder soziale Erwünschtheit überprüft. Diese Überprüfung stellt einen metakognitiven Prozess dar. Die Fähigkeit zur Metakognition steigt im Zuge der Entwicklung. Deshalb sollte bei Grundschülern diese Art *Monitoring* und das daraus resultierende Verzerrungspotential weniger ausgeprägt sein – sofern von einem bewusst gesteuerten Prozess ausgegangen wird. Außerdem kann durch die Anonymität der Daten der Tendenz zu beschönigenden Antworten entgegen gewirkt werden.

4.5 Messmethodisch-instrumentelle Schwierigkeiten

Messmethodisch-instrumentelle Schwierigkeiten resultieren vor allem aus der Konstruktheterogenität sowie dem spezifischen Kontext der Schülerbefragung und können sich auf der Ebene der Erhebung sowie der Analyse manifestieren. Wesentliche Einflussgrößen, welche von Instrument und Proband im Zusammenspiel mit dem Konstrukt ausgehen, wurden bereits genannt. Im Folgenden werden Schwierigkeiten im Zuge der *Operationalisierung* von Schülerfeedback zur Unterrichtsqualität näher beschrieben, wobei auf die *Itemformulierung*, das *Antwortformat* und den *Urteilsbezug* fokussiert wird. Teilaspekte hierzu wurden bereits im vorherigen Text behandelt. Im Zuge der Operationalisierungsproblematik soll nun eine tiefergehende Auseinandersetzung erfolgen. Hierbei kommt es zwangsläufig zu Überlappungen mit dem vorherigen Text, sodass sich Redundanzen nicht gänzlich vermeiden lassen. Die Problematik, Unterrichtsqualität umfassend und reliabel in Form eines Strukturierungsansatzes zu operationalisieren, wurde bereits ausführlich thematisiert, sodass an dieser Stelle lediglich der Verweis auf Kapitel 2 erfolgt. Der Abschnitt schließt mit der Skizzierung der Herausforderungen, welche aus der Clusterstruktur der Schülerdaten resultieren.

4.5.1 Schwierigkeiten bei der Operationalisierung

Itemformulierung

Items können in ihrem evaluativen Gehalt variieren (Clausen, 2002; Eder, 2002). Ihre Wertigkeit reicht von den beiden Extrempolen *beschreibend* bis *wertend*. Wie bereits erwähnt, sollte der evaluative Gehalt insbesondere Verzerrungseffekte der Lehrerperspektive moderieren (Selbstdarstellung, soziale Erwünschtheit). Die Beobachtbarkeit bzw. die Verhaltensnähe hängt mit der Abstraktionsebene der Items zusammen. Hierbei wird zwischen niedriginferenten und hochinferenten Items differenziert. Während *niedriginferente* Items beobachtbare Verhaltensaspekte thematisieren, wie beispielsweise die Meldehäufigkeit oder den pünktlichen Beginn einer Stunde, erfordern *hochinferente Items* kognitive Schlussfolgerungen oder interpretative Prozesse, welche über die reine Beobachtung hinausgehen (z. B. *Das Unterrichten macht der Lehrkraft Freude*). Der Abstraktionsgrad ist bei hochinferenten Items wesentlich höher, wodurch die Objektivität der Beurteilung und damit die Übereinstimmung der Urteile abnehmen sowie Verzerrungstendenzen verstärkt zum Tragen kommen. Aus diesem Grund wird hinsichtlich der Fragebogenkonstruktion im Allgemeinen zu niedriginferenten Items geraten (vgl. Kapitel 3.4). In der Unterrichtsqualitätsforschung besitzen jedoch die hochinferenten Items in der Regel einen größeren Erklärungswert. Clausen (2002, S. 191) spricht deshalb von einem „Übereinstimmungs-Bedeutsamkeits-Dilemma" und rät ebenso wie Dreesmann (1982) zu einer Mischung von Items unterschiedlicher Abstraktionsgrade.

Die Wahrnehmungsperspektive stellt einen weiteren Aspekt der Itemformulierung dar. Generell können Schülerurteile aus der Ich-Perspektive (z. B. *Ich war während der Stunde aufmerksam*) oder der Wir-Perspektive (z. B. *Wir waren während der Stunde aufmerksam*) formuliert sein. Somit lässt sich zwischen der Gruppenwahrnehmung und der personalisierten Wahrnehmung in Bezug auf den Unterricht, die Klasse sowie die Lehrkraft unterscheiden (Eder, 2002; Wagner, 2008). Die Einschätzung aus Sicht der Gruppe setzt voraus, dass jedem Schüler die nötigen Informationen vorliegen, um eine Aggregation vornehmen zu können. Die Lern- bzw. Unterrichtserfahrungen der einzelnen Mitschüler sind allerdings nur bedingt beobachtbar und ein Austausch darüber findet, wenn überhaupt, eher in Peers als mit der gesamten Gruppe statt. Das heißt, die zum Urteil notwendigen Informationen bzw. Einschätzungen sind im unterrichtlichen Kontext nicht gänzlich bekannt. Darüber hinaus stellt die Aggregation der antizipierten Einzeleinschätzungen die Schüler vor eine mathematische Herausforderung, welche vermutlich bei Grundschülern einer Überforderung gleicht. Steht das Aggregat im Widerspruch zur eigenen Meinung, kommt eine weitere Schwierigkeit hinzu, indem das Antworten aus Klassensicht in diesem Fall eine Überwindung der eigenen Sichtweise darstellt. Urteile aus der Wir-Perspektive sind demnach überaus komplex. Untersuchungen im Schulkontext verweisen auf eine Tendenz, der eigenen Meinung stärkeres Gewicht zu verleihen, woraus eine Verzerrung der Gruppenwahrnehmung in Richtung Einzelwahrnehmung resultiert (Lenske, Wingert & Helmke A., 2011). Dieser Befund kann das Phänomen, dass die Schülerurteile aus der Wir- und aus der Ich-Perspektive in der Regel neben ähnlichen Mittelwerten auch eine ähnliche Streuung aufweisen (vgl. Piskol, 2008; Wagner, 2008), erklären: Es ist denkbar, dass die vergleichbare Streuung Ausdruck einer verzerrten Gruppenwahrnehmung in Richtung Einzelwahrnehmung ist. Da sich die Urteile auf Klassenebene hinsichtlich Mittelwert und Streuung in der Regel empirisch kaum unterscheiden, spielt die Itemformulierung für Analysen auf Klassenebene keine entscheidende Rolle. Allerdings scheint die Ich-Formulierung mehr die personalisierte Wahrnehmung widerzuspiegeln als die Wir-Formulierung die Gruppenwahrnehmung. Deshalb sollten Items, welche aus der Ich-Perspektive formuliert sind, zumindest auf der Individualebene zu validen und reliablen Daten führen bzw. eindeutiger zu interpretieren sein. Allerdings ist zu bedenken, dass sich gerade in Bezug auf eine Stunde theoretisch nicht alle Sachverhalte sinnvoll durch die Ich-Perspektive messen lassen. Soll beispielsweise eruiert werden, ob den Schülern im Sinne der Schülerorientierung ermöglicht wurde, eigene Ideen in den Unterricht einzubringen (*Ich durfte in der Stunde eigene Ideen einbringen*), kann es zu folgender Schwierigkeit kommen: Schüler, welche eine Idee hatten, diese aber nicht äußern oder einbringen konnten, weil den Ideen anderer Schüler in dieser Stunde Vorrang gegeben wurde, könnten dem Item nicht zustimmen. So stellt sich die Frage, was dieses Item auf Klassenebene misst. Denn in Bezug auf Unterrichtsqualität könnte man durchaus argumentieren, dass es innerhalb von einer Stunde eventuell gar nicht zielführend und machbar ist, *allen* Schülerideen gerecht zu werden. Schülerorientierung sollte sich folglich zeigen, indem einige Schülerideen realisiert werden, sodass die Formulierung einer abgeschwächten Wir-Perspektive (*Einige Schüler der Klasse durften in der Stunde eigene Ideen einbringen*) theoretisch sinnhafter wäre. Allerdings könnte man auch argumentieren, dass das eben diskutierte Problem nicht aus der Item-Formulierung resultiert, sondern vielmehr aus einem kurvilinearen Zusammenhang des Items mit der Unterrichtsqualität. Da empirisch bisher keine signifikanten Unterschiede zwischen den Perspektiven bezüglich der Streuung nachgewiesen wurden, soll die Diskussion an dieser Stelle nicht weiter vertieft werden.

Antwortformat

Schülerratings zur Unterrichtsqualität werden mehrheitlich über die Schülerzustimmung zu einer Itemaussage in geschlossener Form erhoben (Piskol, 2008). Manche Bögen beinhalten Häufigkeitsangaben, was für Grundschüler weniger geeignet ist (Bowen, 2008). Offene Antwortformate werden selten und eher als Ergänzung genutzt. Gründe hierfür sind der vergleichsweise große Auswertungsaufwand, die geringere Vergleichbarkeit der Ergebnisse sowie der mögliche Verlust der Anonymität (die Anonymität ist nur bei handschriftlichen Evaluationen, bei denen die Lehrkräfte selbst die Daten erheben und auswerten in Gefahr). Im Hinblick auf die Skalenreliabilitäten werden Antwortskalen ab fünf Antwortkategorien empfohlen (Preston & Colman, 2000). Häufig diskutiert wird die Verwendung einer geraden oder ungeraden Anzahl von Antwortkategorien.

> Für eine gerade Anzahl an Abstufungen spricht, dass sich der Proband deutlicher positionieren und entscheiden muss. Die Einführung einer mittleren Antwortkategorie birgt zudem die Gefahr der Tendenz zur Mitte. Mummendey (1999, S. 56) sieht auch Probleme bei der Interpretation einer mittleren Antwort: Sie kann zum einen bedeuten, dass der Proband das Item tatsächlich in mittlerem Ausmaß beurteilt, sie kann aber auch Protest, Zaghaftigkeit oder Unentschlossenheit ausdrücken. (Lipowsky, 2003, S. 136f)

Die neutrale Mittelkategorie birgt somit die Gefahr „einer Konfundierung des interessierenden Konstrukts mit einem konstruktfremden Antwortverhalten" (Jonkisz & Moosbrugger, 2007, S. 54). Ungerade Antwortkategorien hingegen haben den Vorteil, keine Positionierung zu erzwingen, wenn zum Urteil des Probanden tatsächlich die mittlere Ausprägung am besten passt (Porst, 2009). In der empirischen Unterrichtsqualitätsforschung werden sowohl gerade als auch ungerade Formate verwendet. Vor dem Hintergrund des Fragebogeneinsatzes in der Grundschule ist es wichtig, das Alter der Probanden in die Entscheidung bezüglich der Anzahl an Antwortkategorien einzubeziehen. Multiple Likert-Skalen sind für jüngere Kinder eher ungeeignet. Ferner kann es durchaus hilfreich sein, die Bedeutung der Antwortformate visuell zu unterstützen (Eiser et al., 2000).

Urteilsbezug

Der Urteilsbezug kann hinsichtlich fachlicher, zeitlicher sowie personaler Urteilsdimensionen variieren. Die einzelnen Urteilsdimensionen werden im Folgenden jeweils kurz beschrieben.

Zeitlicher Referenzrahmen

Unterrichtsqualität wird in der Regel aus der Retroperspektive erfasst. Das heißt, das Lehrverhalten wird gedächtnisbasiert anhand erinnerter Information eingeschätzt. Dabei bleiben typische Erinnerungsverzerrungen (vgl. Kapitel 4.3.1) nicht aus. Bezieht sich die Evaluation auf eine konkrete, gerade erlebte Unterrichtsstunde, werden laut Piskol (2008) Verzerrungseffekte reduziert, da sich Verhaltenssequenzen einer kürzlich stattgefundenen Stunde relativ einfach rekonstruieren lassen und somit die zur Beurteilung herangezogenen Erinnerungen eine große Übereinstimmung mit den in der konkreten Stunde erlebten Verhaltenssequenzen haben sollten (Piskol, 2008, S. 39). Weiter zurückliegende Informationen sind vergleichsweise schwer zugänglich (Sudman et al., 1996b), außer es dreht sich um Informationen, welche häufig genutzt werden: Laut Bless (2004, zitiert nach Piskol, 2008) ist die Verfügbarkeit von Information eine Funktion der *recency* (zeitlicher Abstand zwischen Urteil und Ereignis bzw. Information) und *frequency* (Nutzungshäufigkeit der Information). Hinsichtlich der Argumentation von Piskol (2008) gilt es kritisch einzuräumen, dass auch ein Urteil über eine konkrete Stunde verzerrt sein kann. Weicht beispielsweise das Lehrverhalten in der konkreten Stunde von den üblichen Stunden ab, ist es denkbar, dass Informationen aus der gerade erlebten Situation mit Informationen häufig erlebter, sich regelmäßig wiederholender Situationen konkurrieren. Inwiefern Schüler einen solchen Konflikt meistern und strikt auf die Information der konkreten Stunde fokussieren, ist fraglich. Liegt bereits eine Meinung vor, so ist es durchaus schwierig, neu eintreffende, davon abweichende Stimuli entsprechend zu gewichten. Ferner lässt sich auf Basis des aktuellen Forschungsstands nicht sagen, ob Grundschüler Informationen aus verschiedenen Stunden zeitlich klar voneinander unterscheiden bzw. trennen können.

Personenbezogener und fachbezogener Referenzrahmen

Recherchiert man Fragebögen zur Unterrichtsqualität, so variiert der zugrundeliegende personenbezogene Referenzrahmen. Einige Fragebögen zielen auf eine bestimmte Lehrkraft ab, während andere sämtliche Lehrkräfte, die in der Klasse unterrichten, einbeziehen. Letztere erfordern nicht nur eine Verallgemeinerung über die Zeit und Lehrkräfte hinweg, sondern auch über die Fächer. Dies erschwert nicht nur die Interpretierbarkeit der Urteile, sondern auch den Prozess der Urteilsfindung infolge einer Überlastung der menschlichen Verarbeitungskapazität während der Informationsbereitstellung sowie der Informationsverarbeitung (vgl. Aggregationsproblematik in Kapitel 4.4). Das Einnehmen und Abwägen mehrerer Urteilsdimensionen erhöht das Verzerrungspotential (Piskol, 2008). Angesichts der limitierten Interpretierbarkeit sowie der deutlichen Erschwernis des Urteilsprozesses sollte Unterrichtsqualität nicht über Lehrkräfte hinweg erhoben werden. In der Grundschule ist es denkbar, eine bestimmte Lehrkraft über mehrere Fächer hinweg zu beurteilen, da aufgrund des Klassenlehrerprinzips eine Lehrkraft mehrere Fächer in derselben Klasse unterrichtet. Dies würde zwar die Komplexität hinsichtlich der einbezogenen Lehrkräfte reduzieren, die Interpretierbarkeit aber nur bedingt erleichtern. Will eine Lehrkraft Feedback zu ihrem Unterricht in mehreren Fächern, sollte sie die Schüler zum Unterricht in den jeweiligen Fächern separat befragen und die Ratings entsprechend vergleichen. Eindimensionale Itemformulierungen erleichtern neben dem Urteilsprozess die Interpretierbarkeit und führen somit zu aussagekräftigeren Ergebnissen.

4.5.2 Herausforderungen und Konsequenzen der Clusterstruktur

Schülerdaten – gewonnen aus Schülerratings zur Unterrichtsqualität – weisen in der Regel eine *Mehrebenenstruktur* auf (Ditton, 1998; Eid, Gollwitzer & Schmitt, 2010, S. 699ff; Schnell et al., 2011, S. 450f). Das heißt, Schüler sind in Klassen geschachtelt, wobei die Schüler auf Ebene 1 und die Klassen der Hierarchieebene entsprechend auf Ebene 2 verortet werden. Für die hierarchische Datenstruktur sprechen folgende Charakteristika:

1) Schüler innerhalb derselben Klasse beurteilen Variablen der Unterrichtsqualität ähnlicher als Schüler aus unterschiedlichen Klassen. Bei einer zufälligen Ziehung von 20 Schülern aus 20 Klassen werden folglich andere Ergebnisse erwartet als bei 20 Schülern aus zwei Klassen. Gründe hierfür werden unter anderem in der selektiven Zuweisung und dem gemeinsamen Unterricht gesehen (Lüdtke et al., 2007, S. 2). Streng genommen sollten auch schulspezifische sowie regionale Einflüsse die Schülerperzeption beeinflussen, sodass die Schule als eine weitere Hierarchieebene zu betrachten ist.

2) Interindividuelle Unterschiede in den Schülerurteilen innerhalb einer Klasse lassen sich nach Dreesmann (1982) in zwei Varianzquellen zerlegen: die idiosynkratische Sichtweise sowie die geteilte Sichtweise (vgl. Kapitel 2.3.1). Demnach setzt sich das einzelne Schülerurteil aus dem Klassenmittelwert (geteilte Sichtweise) und dem idiosynkratischen Anteil (Schülerurteil abzüglich des Klassenmittelwerts) zusammen. Laut Cronbach (1976) sind die beiden Komponenten als unabhängig zu betrachten und in Analysen als solche zu berücksichtigen (Cronbach, 1976; Cronbach & Webb, 1975).

Die Stichprobenziehung erfolgt mehrstufig. Dabei werden *nicht* unabhängige Elemente zufällig aus der Population gezogen, sondern lediglich Zufallsstichproben auf mehreren Ebenen. Schülerangaben sind demnach *nicht* statistisch unabhängig voneinander. Unter Verwendung der klassischen Analysemethoden wird die hierarchische Datenstruktur und damit die statistische Abhängigkeit der Daten missachtet (Ditton, 1998; Eid et al., 2010, S. 699ff). Im Zusammenhang mit hierarchischen Daten ist die Interpretation von Ergebnissen, welche auf klassischen Analysemethoden beruhen, äußerst kritisch zu betrachten. In der Literatur werden vor allem zwei Risiken genannt (Eid et al., 2010, S. 700; Lüdtke et al., 2007, S. 2):

1) Risiko falscher Schlüsse bei der Interpretation von Zusammenhangs- und Beeinflussungsstrukturen.

2) Risiko falscher Schlüsse bei der inferenzstatistischen Absicherung von Korrelationen und Regressionsgewichten (Liberalere Signifikanztestung).

Exemplarische Erläuterungen verschiedener Fehlschlüsse können bei Eid, Gollwitzer und Schmitt (2010) nachgelesen werden. Eine konsequente Berücksichtigung der Mehrebenstruktur durch die Verwendung von Mehrebenenanalysen (auch *Kontextanalysen* oder *hierarchical models* genannt) beugt Fehlschlüssen vor, erfordert allerdings recht große Stichproben. Als Richtwert wird in der Literatur meist ein Minimum von 50 Einheiten auf der obersten Ebene genannt (Hox, 2002; Lüdtke et al., 2007). Insofern lässt sich die Schule als Einflussgröße nur bei *large-scale Erhebungen* berücksichtigen. Allein um den Anforderungen eines Zwei-Ebenen-Modells zu genügen, werden mindestens 50 Klassen benötigt. Ein solcher Stichprobenumfang ist insbesondere im Zuge von Pilotierungen bzw. Validierungen neuer Instrumente meist nicht zu realisieren. Deshalb wird im Rahmen einer faktoriellen Validierung eines Instruments in der Regel auf die Individualdaten ohne Berücksichtigung der Klassenebene zurückgegriffen (vgl. Lüdtke et al., 2007, S. 2). Eine weitere gängige Analysestrategie rekurriert auf die klassenweise aggregierten Daten. Beide Strategien werden der Mehrebenenstruktur nicht gerecht, selbst wenn beide Strategien nacheinander angewandt und verglichen werden: „Das Hauptproblem besteht darin, dass die beobachteten Zusammenhänge in der Stichprobe nicht die Zusammenhänge in der Population widerspiegeln, da die beobachteten Zusammenhänge zwischen den Klassen ein Resultat der Varianz zwischen den Klassen *und* innerhalb der Klassen sind" (Lüdtke et al., 2007, S. 3).

Zum Teil existieren Verfahren, um einen auf Basis der Individualdaten fehlerhaft geschätzten Standardfehler zu korrigieren. Beispielsweise lässt sich bei Faktorenanalysen mit der Software Mplus eine Korrektur der Standardfehler durch den Befehl *type = complex* vornehmen (Muthén & Muthén,

1998–2012). Allerdings ist auch dieser Befehl nicht gänzlich unabhängig von der Stichprobengröße.

Eine weitere Schwierigkeit wird im Zusammenhang mit Maßen zur Übereinstimmung von Schülerurteilen diskutiert (Gärtner, 2010; Lüdtke et al., 2006). In der Regel wird davon ausgegangen, dass die auf Klassenebene aggregierten Werte die geteilte Wahrnehmung der Klasse repräsentieren – unabhängig davon, welches der beiden im Kontext der Unterrichtsqualität typischen Kompositionsmodelle (*Direct-Consensus-Modell* oder das *Referent-Shift-Consensus-Modell*) zugrunde gelegt wird.

Im *Direct-Consensus-Modell* resultiert die Bedeutung des Konstrukts auf Aggregatebene aus der Übereinstimmung von Urteilen, welche auf der Individualebene erfasst werden. Die Interessantheit des Unterrichts (Aggregatebene) beispielsweise wird durch das individuelle Interesse der einzelnen Schüler (*Ich finde den Unterricht von Herrn Müller interessant*) erfasst. Demnach stellt das Aggregat die geteilte Wahrnehmung der individuell wahrgenommenen Interessantheit dar. Der vom Mittelwert abweichende Anteil in den einzelnen Schülerurteilen wird als personale Wahrnehmung und nicht als Fehler interpretiert. Im *Referent-Shift-Consensus-Modell* liegt dem Konstrukt auf der Individualebene eine andere Perspektive zugrunde (*Wir Schüler finden den Unterricht von Herrn Müller interessant*). Das Konstrukt auf Aggregatebene ist folglich als die geteilte Wahrnehmung der kollektiven Interessantheit des Unterrichts zu interpretieren. Der vom Mittelwert abweichende Anteil in den Einzelurteilen wird als Fehler gedeutet. Aggregatwerte dürfen in beiden Modellen nur bei hinreichender Übereinstimmung gebildet werden (Gärtner, 2010).

Die Annahme eines Kompositionsprozesses impliziert zwei Voraussetzungen: Einerseits muss innerhalb der Klasse eine hinreichende Übereinstimmung gegeben sein, da ansonsten nicht von geteilter Wahrnehmung gesprochen werden kann und somit die Konstruktvalidität verletzt wird (Lüdtke et al., 2006). Andererseits muss ein Mindestmaß an Varianz zwischen den Klassen vorliegen, um das Konstrukt auch auf Aggregatebene interpretieren zu können (Gärtner, 2010). Mittels der *Intraklassenkorrelation* lässt sich ermitteln, ob die Aggregatdaten zwischen den einzelnen Klassen variieren (ICC_1) und prüfen wie reliabel die Aggregatdaten sind (ICC_2). Beide Koeffizienten beziehen sich jeweils auf die gesamte Stichprobe, sodass keine Aussage über die Übereinstimmung in einzelnen Klassen getroffen werden kann (Eid et al., 2010; Gärtner, 2010). Lüdtke und Kollegen (2006) schlagen deshalb vor, neben ICC_1 und ICC_2 ein weiteres Übereinstimmungsmaß zu berichten. Gärtner (2010) demonstrierte in Vergleichsanalysen, dass die zur Verfügung stehenden Maße nicht untereinander austauschbar sind. So ist zum jetzigen Zeitpunkt noch ungeklärt, welches Maß im Schulkontext am verlässlichsten ist.

Wird Unterrichtsqualität als formatives Konstrukt angenommen, wie in Kapitel 1.5 bereits diskutiert, so ist generell ein Umdenken hinsichtlich der Datenanalyse notwendig. Klassische Analyseverfahren (z. B. klassische Faktorenanalysen und Reliabilitätsanalysen) sind in diesem Fall nicht angemessen. Bislang wird sich in der Unterrichtsforschung mit dieser Problematik wenig befasst. Unterrichtsqualität wird in der Regel unter Rückgriff auf *klassische* Analyseverfahren analysiert.

4.6 Fazit zur Eignung von Schülerratings

Wie die bisherigen Ausführungen verdeutlichen, stellen Schülerratings keine exakte Messung der Unterrichtsqualität dar. Schülerperzeptionen sind kein Abbild der Realität, sondern vielmehr eine Abbildung idiosynkratischer und geteilter Repräsentationen dieser Realität. Im Vergleich mit alternativen Datenquellen wird jedoch deutlich, dass Schülerfeedback den größten Erklärungswert hinsichtlich kognitiver und psychosozialer Entwicklungskriterien vorweisen kann, aufgrund der Aggregation äußerst reliabel ist und sich darüber hinaus sehr ökonomisch erheben lässt (Clausen, 2002). Ferner sollte zwischen Effekten auf der Individual- und Klassenebene differenziert werden, um den Aussagewert von Schülerfeedback zu erörtern. Die Untersuchung von Gruehn (2000, S. 197ff) ermöglichte durch die Verwendung von Mehrebenenanalysen eine eindeutige Trennung zwischen Individual- und Klasseneffekten. Auf der Basis ihrer Analysen schreibt sie den klassenweisen gemittelten Schülerangaben eine hohe Verlässlichkeit zu. Den Bias infolge subjektiver Beurteilungstendenzen oder sympathiebedingter Parteilichkeit interpretiert sie als eher gering (Gruehn, 2000). Auch Ditton (2002a) untersuchte unter Anwendung mehrebenenanalytischer Verfahren die Erklärungskraft von Schülerfeedback. Über die Adjustierung des Null-Modells (das Null-Modell spiegelt die Urteile der Schüler in ihrer Rohform wider), also durch die sukzessive Aufnahme von Prädiktoren, wird deutlich, dass die Unterrichtsmerkmale zur Aufklärung der Varianz sowohl zwischen den Schülern als auch zwischen den Klassen die stärksten Prädiktoren darstellen. Die Zusammenhänge mit individuellen Schülermerkmalen sowie schülerspezifischen Einstellungen sind deutlich geringer. Ferner erklären sie lediglich die Varianz zwischen den Schülern und nicht zwischen den Schulklassen (Ditton, 2002a). Wie die beiden Studien verdeutlichen, steht die Wahrnehmung der Unterrichtsqualität primär im Zusammenhang mit Merkmalen der Qualität des Unterrichts, wenn auch signifikante Anteile unerklärter Varianz auf beiden Ebenen zurückbleiben. Dieses Ergebnis stimmt mit der Mehrzahl älterer Untersuchungen überein (z. B. Gerstenmaier, 1975; Stolz, 1997). Selbst unter Einbezug der Untersuchung von Wagner (2008), in welcher auf den Bias von Schülerratings explizit fokussiert wird, kann das aggregierte Schülerurteil als relativ verlässlich bezeichnet werden, obwohl sich auch auf Klassenebene Urteilsverzerrungen finden, wie beispielsweise durch den *general impression halo* oder einen Effekt der Note im Sinne der *grading leniency Hypothese.*

Da sich das Unterrichtsangebot der Lehrkraft nicht unmittelbar auf den Leistungszuwachs der Schüler auswirkt, sondern die Nutzung durch die Schüler den Prozess mediiert, ist es nicht verwunderlich, dass die Schülerperzeption als guter Prädiktor für kognitive und affektive Entwicklungskriterien fungiert. Streng genommen könnte man in diesem Fall, weil die Prädiktorvariable zugleich in gewisser Weise auch Mediator ist, von einer Konfundierung sprechen und den Begriff prädiktive Validität in Frage stellen. Ob der Begriff an dieser Stelle gerechtfertigt ist oder nicht, soll hier nicht weiter vertieft werden, da die Nützlichkeit der Schülerperzeption davon unberührt bleibt. Schließlich resultiert gerade aus dieser „Konfundierung" die enorme Bedeutung der Schülerperspektive für die Unterrichtsentwicklung. Unterricht ist insbesondere dann effektiv, wenn die Schüler das Unterrichtsangebot als gut bzw. förderlich wahrnehmen (Hattie, 2009; Steltmann, 1992b). Selbst wenn in einer Klasse die Schülerwahrnehmung systematisch verzerrt wäre, also Verhaltensweisen des Lehrers auf Klassenebene falsch interpretiert würden, stellt die Schülerperzeption diejenige Stellschraube dar, an der es zu drehen gilt, um den Unterricht in der Klasse effizienter zu gestalten. Folgendes Beispiel soll diesen Sachverhalt illustrieren: Angenommen die Schüler nehmen das Lob ihres aktuellen Klassenlehrers aufgrund eines Kontrastfehlers nicht wahr, da der vorherige Klassenlehrer extrem häufig und überschwänglich gelobt hat. Das Lob des jetzigen Klassenlehrers geht deshalb förmlich unter. Ein objektiver Beobachter sowie auch der Klassenlehrer würden das wertschätzende Verhalten vermutlich als angemessen einschätzen, nicht aber die Schüler, da sie anderes Lehrerverhalten gewohnt waren. Soll die Unterrichtsqualität in dieser Klasse verbessert werden, geht es nicht primär um die Frage, welche Perspektive die Realität am objektivsten widerspiegelt. Vielmehr geht es darum, wie das Unterrichtsangebot bei den Adressaten ankommt. Erhält eine Lehrkraft hinsichtlich des Kriteriums Wertschätzung ein negatives Schülerurteil, ist das nicht unbedingt Ausdruck für schlechtes Lehrerhandeln, aber ein Anzeichen dafür, dass die Wertschätzung die Schüler offenbar nicht erreicht. Durch den Dialog zwischen Lehrkraft und Schülerschaft bzw. durch das gemeinsame Analysieren des Feedbacks kann in einem nächsten Schritt Unterrichtsentwicklung erfolgen. Sei es durch eine Verringerung des Kontrastfehlers (indem die Schüler durch den Dialog erfahren, dass die Lehrkraft die Schüler bzw. ihr Verhalten durchaus wertschätzt, sie jedoch eine andere Art hat, es auszudrücken), durch eine Änderung des Lehrverhaltens im Sinne einer Anpassung an die Schülerbedürfnisse oder einer Mischung aus beidem. In diesem Zusammenhang fungiert die Schülerperspektive als *Schlüssel zur Unterrichtsentwicklung*. Ist also die Unterrichtsentwicklung in einer Klasse Ziel der Evaluation, so ist die Schülerperspektive unverzichtbarer Bestandteil des Evaluationsprozesses. Vor diesem Hintergrund ist die Quintessenz „seeing learning through the eyes of children", welche Hattie (2009) aus seiner Metaanalyse folgert und gleich mehrmals in seinem Buch *Visible Learning* betont, leicht nachvollziehbar.

Für die Forschung, bei der es nicht zwangsläufig um die Verbesserung des Unterrichts bzw. die Unterrichtsentwicklung in einer speziellen Klasse geht, können auch andere Fragestellungen wichtig und somit andere Methoden angemessener sein. Geht es primär um eine möglichst objektive Beschreibung von Unterricht, werden Beobachterratings favorisiert (Clausen, 2002). Sollen methodisch-didaktische Aspekte beurteilt werden, ist es ebenfalls naheliegender, die Lehrkraft sowie externe Beobachter zu befragen (Clausen, 2002).

Obwohl keine der verfügbaren Datenquellen die Unterrichtsrealität unverzerrt abbilden kann und die gemeinsamen Varianzanteile der Urteile aus den verschiedenen Perspektiven in der Regel gering sind, sind alle Sichtweisen sowohl für die Forschung als auch die Unterrichtsentwicklung von Bedeutung. Clausen (2002) plädiert deshalb für eine stärkere Vernetzung von subjektivierenden und objektivierenden Zugängen sowie für eine Gegenüberstellung der verschiedenen Ansätze im Sinne einer Triangulation. Ferner appelliert er, die Unterschiede in den verschiedenen Sichtweisen in den Mittelpunkt des Forschungs- und Evaluationsinteresses zu rücken und nicht lediglich als Messfehler zu behandeln. Zu einem vergleichbaren Schluss kommt auch Ditton auf Grundlage seiner Analysen: „Die zum Teil gravierenden Diskrepanzen könnten ein Ausgangspunkt für Interventionen bilden" (2002a, S. 276).

Die Schlussfolgerungen resümierend, könnte das Fazit wie folgt lauten: Schülerfeedback stellt für Praxis und Forschung eine unverzichtbare und vergleichsweise verlässliche Datenquelle dar.

Aber ist das wirklich so? Lässt sich das Fazit so pauschal formulieren?
Der aktuelle Forschungsstand zu Schülerratings über Unterrichtsqualität rekurriert – insbesondere im deutschsprachigen Raum – mehrheitlich auf Untersuchungen mit Sekundarstufenschülern. Aus entwicklungspsychologischer Sicht scheint ein Generalisieren der Ergebnisse über Altersgruppen hinweg äußert fraglich, wie in Kapitel 4.4 deutlich wurde. Die meisten Studien, welche auf Schülerratings in Grundschulen fokussieren (z. B. Ayers & Qualls, 1979; Cortis & Grayson, 1978; Driscoll, Peterson, Browning & Stevens, 1990; Follmann, 1995; Haak, Kleiber & Peck, 1972), sind in den Aspekten

Stichprobenumfang und Erhebungsverfahren nicht mit den aktuelleren Studien von Gruehn (2000), Clausen (2002) oder Wagner (2008) vergleichbar, sodass differenzierte Aussagen zu Fehlern auf den unterschiedlichen Ebenen nicht möglich sind. Hinsichtlich Grundschülerratings liegen im Wesentlichen folgende Befunde vor:

Viertklässler können ein differenziertes Urteil über ihre Schulfreude abgeben (siehe hierzu die Reliabilitäts- und Faktorenanalysen von van Ophuysen, 2009). Neben der Schulfreude lassen sich unter Verwendung von Faktorenanalysen auch andere theoriekonforme bzw. interpretierbare Faktoren der Unterrichtsqualität auf der Basis von Grundschülerdaten diskriminieren (Driscoll et al., 1990; Fauth et al., 2011; Haak et al., 1972). Allerdings erweisen sich die Urteile von Grundschülern vielfach als weniger differenziert (Stolz, 1997). Nach Follmann (1995) bestimmen das Interesse am Unterricht sowie der Anregungsgehalt das Grundschülerurteil. Positive, signifikante Korrelationen zwischen den Schülerratings und den Examensergebnissen der entsprechenden Lehrkräfte ermittelten Ayers und Qualls (1979). Die Zusammenhänge sind jedoch schwach und somit nur vorsichtig als ein Anzeichen für Kriteriumsvalidität zu interpretieren. Zusammenhänge zwischen der Schülerleistung und der Grundschülereinschätzung der Unterrichtsqualität – erfasst nach den Basisdimensionen von Klieme und Kollegen (2001, 2006) – wurden kürzlich unter Beachtung der Mehrebenenstruktur untersucht (Fauth et al., 2014). Erwartungswidrig ergab sich kein Zusammenhang mit der Qualität der kognitiven Aktivierung; lediglich ein Zusammenhang mit der Qualität der Klassenführung wurde sichtbar. Die Befunde lassen kein eindeutiges Fazit über die Validität von Grundschülerratings zur Unterrichtsqualität zu. Insbesondere der nicht vorhandene Zusammenhang zwischen kognitiver Aktivierung und die Schülerleistung lässt hinsichtlich der Urteilsfähigkeit von Grundschülern bzw. der Aussagekraft der Grundschülerurteile Zweifel aufkommen.

Zieht man Studienbefunde aus der qualitativen Forschung heran (Fichten, 1993; Klaas, 2007), finden sich Anzeichen, die für die Urteilsfähigkeit von Grundschülern hinsichtlich verschiedener Aspekte der Unterrichtsqualität sprechen. Beispielsweise gelingt es Grundschülern in Gruppendiskussionen, wesentliche Aspekte der Unterrichtsorganisation und des Sozialgefüges zu differenzieren sowie Unterrichtssequenzen aus der Retroperspektive ausführlich zu schildern (Klaas, 2007). Allerdings lässt sich mit der Methode der Gruppendiskussion in der Regel weniger über die Urteilsfähigkeit Einzelner als über die Urteilsfähigkeit der Gruppe aussagen. Des Weiteren stellt ein fragebogenbasiertes Urteil andere Herausforderungen an die Schüler, sodass der Transfer dieser Befunde nur bedingt möglich ist.

Studien zu Selbstauskunftinstrumenten im Bereich der Sozialforschung weisen auf erhebliche Probleme beim Einsatz von Ratingskalen bei Grundschülern hin (Bowen, 2008; Woolley et al., 2004). Unter Verwendung kognitiver Interviews zeigten die jungen Probanden beispielsweise Schwierigkeiten beim Erlesen sowie beim Interpretieren von Items, obwohl die Items zuvor von Experten auf inhaltliche Validität und Altersadäquatheit geprüft wurden. Deshalb kamen die Forscher zu folgendem Fazit: „The absence of cognitive testing, even the simplest of item cannot be assumed to yield valid responses from children" (Bowen, 2008, S. 26).

Nachdem die Items auf Basis der Analyseergebnisse umformuliert bzw. optimiert wurden, gelang es den teilnehmenden Schülern deutlich besser, ein valides Urteil zu fällen. So scheint gerade bei jungen Probanden die Urteilsfähigkeit sehr stark vom jeweiligen Messinstrument bzw. der Altersangemessenheit der Itemformulierung beeinflusst.

Angesichts der teils widersprüchlichen und recht vagen Befundlage scheint es dringend erforderlich, die Validität von Grundschülerratings weiterführend zu erforschen, bevor ein Fazit über die Eignung von Grundschülerratings gezogen wird. In Anlehnung an die Befunde aus der Sozialforschung könnte die teilweise geringe Kriteriumsvalidität der Grundschülerratings ebenso wie der *inadequate discrimination halo* auf teils nicht kindgerecht formulierte Items und nicht kindgerecht durchgeführte Erhebungen zurückgeführt werden. Eine Analyse existierender Selbstauskunftinstrumente zu Kindesmisshandlung weist beispielsweise auf eine wenig adressatengerechte Konzeption hin (Woolley et al., 2004, S. 192f). Da selbst Experten scheinbar die Altersadäquatheit von Items nicht zuverlässig einschätzen können, sind versteckte Mängel innerhalb der verwendeten Instrumente nicht auszuschließen.

Um die itembezogene Urteilsfähigkeit von Grundschülern zu erforschen, ist der Einsatz kognitiver Methoden erforderlich. Studien, welche sich unter Verwendung kognitiver Methoden dezidiert mit der Validität von Grundschülerurteilen über Unterrichtsqualität auf Itemebene auseinandersetzen, sind bislang nicht publiziert.

Bevor auf Basis der bisherigen Ausführung die Fragestellung und Zielsetzung der vorliegenden Arbeit abgeleitet wird, soll den Theorieteil abschließend, der zentrale Begriff der Validität definiert werden. Dabei wird sich in Anbetracht der Tatsache, dass das Gütekriterium Validität sowie Methoden der Validierung im Bereich der Forschung allgemein bekannt sind, kurz gefasst.

5 Validität und Methoden der Validierung

Das Gütekriterium *Validität* gilt als erfüllt, wenn ein Messinstrument (in akzeptablem Umfang) tatsächlich misst, was es messen soll (Bortz & Döring, 2009). Der Nachweis von Validität stellt das zentrale Kriterium für die Güte einer Messung dar. Ist die Validität hoch, muss auch die Reliabilität, die Messgenauigkeit, entsprechend hoch sein. Eine hohe Reliabilität hingegen lässt nicht zwangsläufig auf eine hohe Validität schließen. Angenommen eine Lehrkraft bewertet ihr Klassenmanagement und bejaht alle Items aufgrund selbstdienlicher Verzerrungen und unter dem Druck sozialer Erwünschtheit: Die Reliabilität der Messung wäre enorm hoch, während Validität nicht gegeben wäre. Schließlich würde in diesem Fall nicht das Klassenmanagement, sondern vielmehr die Tendenz zu beschönigenden Antworten gemessen. Die Reliabilität kann also unter Umständen um ein Vielfaches größer sein als die Validität bzw. existieren, obwohl die Validität nicht gegeben ist. Der umgekehrte Fall ist nicht möglich. Bei reflektiven Konstrukten kann die Validität beispielsweise nicht größer sein als die Quadratwurzel aus der Reliabilität des Instruments (Schnell et al., 2011, S. 146). Insofern steht und fällt die Güte eines Instruments mit dem Validitätsnachweis.

Wie lässt sich Validität in der Praxis nachweisen?

„Die Frage, ob »ein Test misst, was er messen soll«, klingt zunächst sehr einfach, ist aber auf den zweiten Blick schwierig erschöpfend zu beantworten" (Hartig, Frey & Jude, 2007, S. 136). Soll eine Messung für valide erklärt werden, kann ein solches Urteil nur in Bezug auf bestimmte, andere Messungen erfolgen (Schnell et al., 2011, S. 146). Dabei können jeweils einzelne Aspekte der Validität nachgewiesen werden, nicht aber *die* Validität an sich. Aus diesem Grund wird Validität als ein breit definiertes Gütekriterium verstanden (Hartig et al., 2007, S. 136). Die American Psychological Association (APA) nahm 1974 eine Unterscheidung nach *Inhaltsvalidität, Kriteriumsvalidität* und *Konstruktvalidität* vor, welche auch heute in der Literatur noch gültig ist (Bortz & Döring, 2009; Hartig et al., 2007; Schnell et al., 2011). Die Validierung eines Instruments, das heißt die Untersuchung der Validität von Testergebnissen und ihrer Interpretationen, ist „kein immer gleiches Routineverfahren, sondern erfolgt durch theoriegeleitete Forschung" (Hartig et al., 2007, S. 137). So ist zunächst zu spezifizieren, welcher Aspekt auf Gültigkeit geprüft werden soll. Je mehr Formen der Validität nachgewiesen werden können, desto mehr Sicherheit besteht hinsichtlich der Gültigkeit eines Instruments. In der Praxis sind umfangreiche Validierungen aufgrund methodischer, finanzieller und zeitlicher Restriktionen nicht immer realisierbar. Aus ökonomischen Gesichtspunkten sollte sich deshalb für eine Validierungsmethode entschieden werden, die im Rahmen des jeweiligen Projekts als effizient betrachtet werden kann.

5.1 Inhaltsvalidität und inhaltliche Validierung

Inhaltsvalidität steht in engem Zusammenhang mit einer gelungenen, das heißt einer präzisen und umfassenden Operationalisierung des theoretischen Konstrukts. Die Bestimmung der Inhaltsvalidität eines Instruments besteht in der kritischen Beurteilung der Testinhalte auf der Mikro- und Makroebene (Item- und Gesamttestebene). Sind alle wesentlichen Inhalte des zu messenden Konstrukts in der Gesamtheit des Stimulusmaterials und der Antwortmöglichkeiten berücksichtigt, spricht man von Inhaltsvalidität (Hartig et al., 2007, S. 140; Schnell et al., 2011, S. 147). In der Regel wird sich bei der Konzeption eines neuen Instruments an bereits vorliegenden Konzeptualisierungen und Operationalisierungen, also dem aktuellen Stand der Wissenschaft, orientiert. Existiert noch keine Operationalisierung, so ist es hilfreich Experten hinzuzuziehen, die unter Nutzung der Facettentheorie eine möglichst inhaltsvalide Operationalisierung vornehmen.

Es gibt keine wirklich objektiven Kriterien, mit welchen sich Inhaltsvalidität bestimmen lässt (Hartig et al., 2007, S. 141). Insofern sollte die Inhaltsvalidität zwar bei der Konstruktion eines Instruments bedacht werden, nicht aber als alleiniges Kriterium für den Validierungsprozess herangezogen werden (Schnell et al., 2011, S. 147). Bowen (2008) bezeichnet die Bestimmung von Inhaltsvalidität in der gerade beschriebenen Form als *indirekt* und weist auf die Notwendigkeit einer zusätzlichen direkten Messung mittels *Cognitive Testing* hin. Schließlich ist Inhaltsvalidität nur gegeben, wenn die Probanden die Operationalisierung, also die Items, im intendierten Sinn verstehen. Insofern fordert Bowen den Nachweis *empirischer inhaltlicher Validität* durch den Einbezug der Probanden. Im Zuge der Fragebogenkonzeption wird sich jedoch meist auf die *augenscheinliche inhaltliche Validität* verlassen, indem geprüft wird, ob die allgemeinen Regeln zur Itemformulierung bedacht wurden. Hinsichtlich einer altersadäquaten Itemkonstruktion existieren allerdings keine umfassenden Regularien, deren Einhaltung ein sicheres Verständnis der Probanden gewährleisten könnte.

5.2 Kriteriumsvalidität und Kriteriumsvalidierung

Kriteriumsvalidität lässt sich über den Zusammenhang zwischen den empirisch gemessenen Ergebnissen des Messinstruments und einem externen praktisch relevanten Kriterium nachweisen. Es werden zwei Formen der Kriteriumsvalidität unterschieden: die *prognostische Validität* (predictive validity) und die *Übereinstimmungsvalidität* (convergente Validität, concurrent validity) (Hartig et al., 2007, S. 157; Schnell et al., 2011, S. 147). Ein Instrument besitzt prädiktive Validität, wenn es in der Lage ist, Voraussagen über das Messergebnis eines anderen Kriteriums zu treffen. Einem Fragebogen zur Unterrichtsqualität wird beispielsweise praktische Relevanz im Sinne prognostischer Erklärungskraft zugesprochen, wenn über die Messung der Unterrichtsqualität Lernfortschritte der Schüler vorausgesagt werden können (Clausen, 2002). Übereinstimmungsvalidität liegt vor, wenn signifikante Korrelationsmaße zwischen dem Ergebnis des Instruments zu einem zeitlich parallel existierenden Außenkriterium gemessen werden. So ließe sich beispielsweise theoretisch argumentieren, dass eine gute Unterrichtsqualität, insbesondere ein gutes Klassenmanagement und ein gutes Sozialklima mit weniger aggressivem Schülerverhalten einhergehen sollten. In diesem Fall wäre das Außenkriterium zur Validierung des Fragebogens die Aggressivität der Schüler im Unterricht. Gelegentlich wird zur Begründung der Kriteriumsvalidität auf Zusammenhänge mit einem bereits etablierten Test, welcher das gleiche Konstrukt messen soll, zurückgegriffen. Hierbei ist zu beachten, dass Korrelationen zwischen zwei Testwerten auch aus anderen Faktoren als dem zu erfassenden Merkmal, wie beispielsweise Antworttendenzen oder Methodenspezifik, resultieren können. Ferner setzt eine solche Vorgehensweise eine gute Begründung, warum es eines neuen Instruments bedarf, voraus (Hartig et al., 2007, S. 157f). Soll allerdings ein Fragebogen aus Gründen der Praktikabilität verkürzt werden bzw. soll eine Art Schnelltest als Kurzversion eines bereits etablierten Instruments entwickelt werden, ist dieses Verfahren empfehlenswert. Sinkt der Erklärungswert eines Instruments beispielsweise durch die Wegnahme einer Skala oder einzelner Items, bedeutet dies einen Verlust an *inkrementeller Validität* (die inkrementelle Validität bezeichnet das Ausmaß des Verlusts bzw. des Gewinns an Erklärungskraft). Die inkrementelle Validität gilt somit als wichtiges Kriterium, wenn ein Fragebogen beispielsweise gekürzt werden soll. Die Praktikabilität spielt beim Einsatz eines Instruments in der Schule eine wichtige Rolle. Insgesamt gilt: je enger die Zusammenhänge zwischen Messergebnis und Außenkriterium, desto höher die praktische Relevanz und damit auch die Kriteriumsvalidität (Hartig et al., 2007, S. 156).

5.3 Konstruktvalidität und Konstruktvalidierung

Unter Konstruktvalidität versteht man den empirischen Nachweis von theoretisch hergeleiteten Annahmen über das Konstrukt sowie theoretisch hergeleiteten Zusammenhängen des Konstrukts mit anderen Variablen. Im Gegensatz zur Kriteriumsvalidierung sind bei der Konstruktvalidierung die theoretischen Annahmen über die Beziehungen einzelner Dimensionen des Konstrukts sowie über die Zusammenhänge mit anderen Variablen im Sinne von Axiomen bzw. Korrespondenzregeln explizit zu formulieren (Hartig et al., 2007, S. 145f; Schnell et al., 2011, S. 148). Lassen sich die theoretischen Annahmen durch die Messergebnisse des Instruments bestätigen, wird dies als Indiz für die Gültigkeit der Annahmen und zugleich auch für die Gültigkeit des Instruments betrachtet. Analog hierzu kann ein Messergebnis, welches nicht den Annahmen entspricht, Ausdruck einer invaliden Annahme oder einer invaliden Messung sein. Die Hypothese der Konstruktvalidität gilt in einem solchen Fall als falsifiziert. Wenn vor der Datenerhebung sowie der Datenanalyse kein theoretisch begründetes nomologisches Netzwerk hinsichtlich der Variablen vorliegt und erst durch das Spielen mit den Daten Zusammenhänge ersichtlich und nachträglich als logisch interpretiert werden, sollte nach Anastasi (1986; zitiert nach Hartig, Frey & Jude, 2007) nicht von Konstruktvalidität, sondern eher von „blindem Empirismus" gesprochen werden. Ein Vorwurf mit dem die Lehr-Lern-Forschung zu kämpfen hat (vgl. Kapitel 1.4.1).

Als Facetten der Konstruktvalidität werden in der Regel die *konvergente* und die *diskriminante Validität* unterschieden (Hartig et al., 2007, S. 150; Schnell et al., 2011, S. 149). Konvergenz des Konstrukts liegt vor, wenn ein theoretisch angenommener Zusammenhang zwischen zwei Konstrukten empirisch nachgewiesen wird. Ein Konstrukt erweist sich als divergent, wenn es sich theoretisch von einem anderen Konstrukt abgrenzen lässt und empirisch kein Zusammenhang zwischen beiden Konstrukten besteht. Eine Vielzahl an psychologischen Theorien ist bis heute wenig oder gar nicht formalisiert. Folglich kann für diese Theorien kein ausdifferenziertes nomologisches Netz skizziert werden, welches auf theoretischen Annahmen basiert. Dies erschwert den Prozess der Konstruktvalidierung nach den oben genannten Kriterien (Hartig et al., 2007).

Der Nachweis von Konstruktvalidität erfolgt in der Praxis häufig über die Berechnung von Korrelationen zwischen den Messwerten des zu validierenden Instruments und anderen manifesten Variablen. Die anderen Variablen stellen hierbei Verhaltensmaße, Personenvariablen oder ebenfalls Messungen des gleichen Konstrukt mit einem anderen Instrument bzw. einer anderen Methode dar (Hartig et al., 2007, S. 146ff). Der Multitrait-Multimethod-Ansatz erlaubt eine gemeinsame Betrachtung von konvergenter und diskriminanter Validität und wird deshalb bevorzugt eingesetzt. Über die Korrelationsmatrix lässt sich die jeweilige Validität ermitteln. Konvergente Validität liegt vor, wenn die Monotrait-Heteromethod-Korrelationen hoch sind. Ausdruck für diskriminante Validität sind geringe Korrelationen zwischen Merkmalen, die voneinander unabhängig sein sollen – egal, mit welcher Methode sie erfasst wurden (Eid et al., 2010, S. 511).

Es gibt außerdem Analysen auf Itemebene, welche ohne den Einbezug anderer Variablen Hinweise auf die Konstruktvalidität erlauben. Eine Möglichkeit unter der Annahme eines reflektiven Konstrukts stellt die Prüfung der Dimensionalität des Konstrukts dar: Die Anzahl an Dimensionen lässt sich deskriptiv mittels exploratorischer Faktorenanalysen untersuchen. Inferenzstatistisch kann die Dimensionalität unter Verwendung konfirmatorischer Faktorenanalysen oder auch mit Modellen der Item-Response-Theorie geprüft werden (Hartig et al., 2007, S. 154). Hierbei sind keine Theorien über das Konstrukt im Zusammenhang mit anderen Variablen notwendig und der Erhebungsaufwand beschränkt sich auf das zugrundeliegende Konstrukt. Bei der Konstruktvalidierung von Fragebögen zur Unterrichtsqualität wird sich häufig auf den Nachweis faktorieller Validität beschränkt. Es bleibt kritisch anzumerken, dass eine interpretierbare Faktorenstruktur streng genommen kein hinreichendes Indiz für Konstruktvalidität darstellt, sondern lediglich als eine notwendige Voraussetzung der Konstruktvalidität interpretiert werden kann (Hartig et al., 2007, S. 154). Eine weitere Methode zur Konstruktvalidierung auf Itemebene stellt die Untersuchung von Antwortprozessen und Itemschwierigkeiten dar (Hartig et al., 2007, S. 153). Hierbei kommen primär Methoden des Cognitive Testing zum Einsatz (z. B. Lautes Denken oder kognitive Interviews). Diese Methoden gewähren Einblicke in die Antwortprozesse. Darüber lässt sich prüfen, inwiefern der Antwortprozess bzw. einzelne Stufen des Antwortprozesses (vgl. Kapitel 3.1) sich tatsächlich auf das gewünschte Konstrukt beziehen oder die Einschätzung des Probanden aufgrund unerwarteter irrelevanter Prozesse verzerrt ist (Hartig et al., 2007; Woolley et al., 2004).

Einen weiteren Ansatz zur Konstruktvalidierung auf Itemebene stellt die systematische Untersuchung von Antwortprozessen in Bezug zu bestimmten Itemeigenschaften dar. Diese Methode setzt theoretische Annahmen hinsichtlich der kognitiven Prozesse oder Wissensinhalte, die für die Beantwortung bestimmter Items relevant sind, voraus. Auf Basis einer starken theoretischen Fundierung werden gerichtete Hypothesen über Unterschiede in den Itemschwierigkeiten abgeleitet. Stimmen die empirisch ermittelten Itemschwierigkeiten mit den theoretischen Annahmen zur Itemschwierigkeit überein, kann dies als ein Hinweis auf Konstruktvalidität interpretiert werden (Hartig et al., 2007, S. 154).

Voraussetzung für zahlreiche Validierungsmethoden ist, dass sich der Grad der Konstruktausprägung anhand der Itembeantwortung bzw. der Itemzustimmung der gesamten Items erkennen lässt. Wird Unterrichtsqualität als optimal abgestimmte Orchestrierung einzelner Qualitätsfacetten verstanden, kann die Qualität einer Stunde hoch sein, obwohl ein Qualitätsmerkmal nur mäßig Zustimmung erhält. Unter dieser Annahme hängt die Qualität einer Stunde vom Ziel der Stunde ab. Soll beispielsweise die Selbstständigkeit der Schüler gefördert werden, sollte insbesondere die Aktivierung stark ausgeprägt sein, während besonders hohe Werte bei der Strukturierung sich auf die Zielerreichung negativ auswirken könnten. Dies stellt eine besondere Eigenart des Metakonstrukts Unterrichtsqualität dar (vgl. Kapitel 1), welche sowohl im Sinne der klassischen als auch der probabilistischen Testtheorie eine Verletzung der Axiome darstellt (Moosbrugger, 2012).

6 Fragestellung und Zielsetzung

Wie in Kapitel 2 verdeutlicht gilt die Unterrichtsqualität als eine der zentralen, veränderbaren Determinanten von Schulleistung (Hattie, 2009). Aus diesem Grund wird der Diagnostik und Evaluation von Unterrichtsqualität sowohl seitens der Forschung als auch der Bildungspolitik hohe Bedeutung beigemessen (vgl. Kapitel 3). Unterrichtsqualität ist lediglich indirekt über Wahrnehmung und Beobachtung messbar und somit sind Verzerrungen im Zuge der Erhebung – ganz gleich aus welcher Perspektive Unterrichtsqualität erfasst wird – unumgänglich (vgl. Kapitel 4). Schülerratings der Sekundarstufe erweisen sich auf Basis des aktuellen Forschungsstands als aussagekräftige und ökonomische Datenquelle. Das heißt, die Schülerperzeptionen der Sekundarstufenschüler bilden einen substantiellen Teil der Unterrichtsqualität ab (vgl. Hofer, 1981) und das Verzerrungsausmaß wird als akzeptabel erachtet (vgl. Ditton, 2002; Gruehn, 2000). Über die Aussagekraft bzw. die Validität von Grundschülerratings lässt sich ein solches Fazit auf Basis der bisherigen Forschung nicht ziehen (vgl. Kapitel 4.6). Wie die bisherigen Ausführungen zeigen, gibt es einen Bedarf an Forschungsarbeiten, welche gezielt den Antwortprozess in den Blick nehmen und die fragebogenbasierte Urteilsfähigkeit von Grundschülern über Unterrichtsqualität und damit die Validität der Urteile untersuchen (vgl. Kapitel 4.4 und 4.6).

Die vorliegende Arbeit soll mittels eines Mixed-Method-Ansatzes dazu beitragen, das Wissen um die Verlässlichkeit bzw. die Fehlbarkeit von fragebogenbasierten Grundschülerurteilen zu ausgewählten Aspekten der Unterrichtsqualität zu vergrößern.

6.1 Konkretisierung der Fragestellung

Obwohl über die Aussagekraft von Grundschülerratings noch vergleichsweise wenig bekannt ist, wird sowohl in der Unterrichtsforschung als auch im Rahmen der internen und externen Evaluation bereits auf Grundschülerratings rekurriert. Dabei wird zum Teil auf Instrumente zurückgegriffen, welche in Anlehnung an Kapitel 4.5 als nicht altersadäquat zu bezeichnen sind. Exemplarisch wird dies am *Schülerfragebogen bis Klasse sechs* verdeutlicht, den das Länderkonsortium SEIS Deutschland zur Verfügung stellt (verfügbar unter www.seis-deutschland.de) – da dort zugleich mehrere mögliche Problemstellen ersichtlich werden.

Die Qualität der Daten hängt von der Güte der Messung und somit von der Passung des Messinstruments zu Konstrukt und Proband ab (Eid et al.,

2010; Schnell et al., 2011). Augenscheinlich ist die Qualität bzw. die Passung des *SEIS Schülerfragebogen bis Klasse sechs* unter Beachtung entwicklungspsychologischer Theorien und Befunde in Frage zu stellen (vgl. Tabelle 4). Insbesondere die Komplexität mancher Items scheint unangemessen. Angenommen, Grundschüler würden in Anlehnung an die genannten Befunde aus der Sozialforschung (vgl. Kapitel 4.6) zahlreiche Items innerhalb der verwendeten Instrumente nicht korrekt interpretieren oder typischen Urteilsverzerrungen deutlich stärker unterliegen als Sekundarstufenschüler, wäre eine *evidenzbasierte Diagnostik und Evaluation* des Unterrichts mit einem Instrument wie diesem nicht möglich. Insbesondere das Ableiten itembasierter Interventionen wäre äußert problematisch. Die erste zentrale Forschungsfrage beschäftigt sich deshalb mit der *empirischen inhaltlichen Validität*[15] (vgl. Kapitel 5.1):

ZFF₁) Verstehen Grundschüler Items aus gängigen Feedbackinstrumenten im intendierten Sinn?

Nur zu wenigen Instrumenten zur Erfassung der Unterrichtsqualität aus Schülersicht sind konkrete Ergebnisse aus Validierungsstudien veröffentlicht. Zum Teil wird sich lediglich auf eine grundlegende Urteilsfähigkeit von Schülern bezüglich Unterrichtsqualität berufen, welche durch andere Untersuchungen bereits bestätigt scheinen, wie der folgende Auszug aus dem Internetauftritt des IQ-Hessen verdeutlicht:

Wie Untersuchungen gezeigt haben, verfügen Schülerinnen und Schüler über eine recht gute „Diagnosekompetenz" und können die Stärken und Schwächen von Lehrpersonen sehr treffsicher und in der Regel auch sehr fair benennen. Zwar können sie zu fachdidaktischen und curricularen Aspekten des Unterrichts kaum Aussagen machen, sie haben aber ein gutes Bild davon, wie Unterricht verläuft und wie er verbessert werden könnte. (http://www.iq.hessen.de)

---

15 Der Begriff empirische inhaltliche Validität bezieht sich im vorliegenden Forschungsprojekt auf die empirische Prüfung der Altersadäquatheit der Items. Das heißt, es wird überprüft, inwieweit die durch die Experten als inhaltlich valide bestimmten Items für die Schüler im intendierten Sinn verständlich (und beurteilbar) sind.

Tabelle 4: *Über die Altersadäquatheit gängiger Feedbackinstrumente am Beispiel des SEIS-Fragebogen für die Grundschule (verfügbar unter www.seis-deutschand.de)*

Angaben zum Instrument	Mögliche Probleme
Der Bogen umfasst 70 Items.	Wird der noch eingeschränkten Aufmerksam-keits-spanne bzw. Konzentrationsfähigkeit hierbei gerecht?
In der Instruktion werden die Schüler angewiesen, die Items selbstständig zu lesen: „Nachdem ihr die Fragen gelesen habt, denkt bitte sorgfältig über die Frage nach und beantwortet sie ehrlich."	Können Grundschüler 70 Items, welche zum Teil komplex sind und schwierige Wörter beinhalten, fehlerfrei lesen?
Die Antwortperspektive wechselt mehrfach: z.B. „Wir finden selbst Lösungen für Probleme und Aufgabenstellungen." und „Ich bekomme regelmäßig Rückmeldungen über meine Arbeit im Unterricht."	Verwirrt es Grundschüler, wenn sie mehrmals zwischen Gruppenwahrnehmung und personaler Wahrnehmung wechseln müssen?
Das Urteil bezieht sich auf alle Lehrer, die in der Klasse unterrichten: z.B. „Die meisten meiner Lehrer/innen verwenden regelmäßig verschiedene Unterrichtsmethoden (z.B. Projektarbeit in Gruppen, Einsatz verschiedener Materialien, verschiedene Arbeitsformen, o.ä.)."	Ist es Grundschülern möglich, die notwendigen Informationen abzurufen, entsprechend zu gewichten und zu aggregieren? Können Grundschüler simultan auf Formulierungen wie „die meisten" und „regelmäßig" in ihrem Urteil Bezug nehmen?
Die Items sind zum Teil sehr komplex und beinhalten Fachbegriffe oder für den kindlichen Wortschatz unübliche Begriffe: z.B. „Die Schule fördert individuelle Begabungen und Interessen der Schüler/innen (Lese-/Literaturkreis, Naturwissenschaften, Wettbewerbe, o.ä.)." oder „Wir Schüler/innen bewerten unsere eigene Arbeit anhand von Merkmalen und Kriterien, die wir im Unterricht entwickelt haben (Kompetenzraster)."	Können Grundschüler die Items im intendierten Sinn interpretieren, wenn Worte wie individuell, Kriterium, Kompetenzraster sowie eine durchaus komplexe Satzstruktur die Deutung erschweren?

Wenn Ergebnisse veröffentlicht sind, lassen diese häufig auf eine rein inhaltliche Validierung schließen. Exemplarisch hierfür folgt ein Zitat aus dem Internetauftritt von SEIS-Deutschland:

Das Institut für Schulsport und Schulentwicklung der Deutschen Sporthochschule Köln hat die wissenschaftliche Begleitung zur Weiterentwicklung von SEIS übernommen. Der Abschlussbericht dokumentiert, dass SEIS valide und reliabel ist und dass das zugrunde liegende Qualitätsverständnis von den Schulen getragen wird: 93% der befragten Schulvertreter geben an, dass das Qualitätsverständnis von SEIS einem allgemeinen Verständnis von guter Schule entspricht. Insgesamt bestätigen 85% in sehr hohem Maße, SEIS erlaube einen ganzheitlichen Blick auf das System der Einzelschule. (www.seis-deutschland.de)

Schneider und Bodensohn (2008) kommen aufgrund der geringen Publikationsdichte von Validierungsstudien in diesem Kontext sowie der zum Teil lediglich inhaltlich validierten Instrumentarien zu folgendem Fazit: „Instrumente zur Erfassung des Lehrerverhaltens aus Schülersicht, die den gängigen Anforderungen hinsichtlich Gütekriterien und psychometrischen Eigenschaften genügen, gibt es nach unserem Einblick im deutschen Kulturraum bislang kaum, wohl aber eine größere Anzahl an ‚grauen' Fragebögen" (Schneider C. & Bodensohn, 2008).

Publikationen weisen darauf hin, dass durch eine inhaltliche Validierung in Form von Experteneinschätzungen die empirische inhaltliche Validität nicht zuverlässig vorausgesagt werden kann, da junge Probanden die von den Experten selektierten Items zum Teil nicht im intendierten Sinn interpretieren können (z.B. Woolley et al., 2004). Inwieweit eine inhaltliche Validierung in Form von Experteneinschätzungen zur Validierung von Ratingskalen zur Erfassung der Unterrichtsqualität aus Grundschülersicht ausreicht, soll im Rahmen dieser Forschungsarbeit ebenfalls geprüft werden. Deshalb lautet die zweite zentrale Forschungsfrage:

ZFF$_{II}$)   *Wie gut sagt eine (augenscheinliche) inhaltliche Validierung durch Experten die empirische inhaltliche Itemvalidität voraus?*

Während Schneider und Bodensohn (2008) psychometrische Validierungsmethoden, insbesondere die faktorielle Validierung, einfordern, geben Bowen (2008) sowie Woolley und Kollegen (2004; 2006) zu bedenken, dass psychometrische Validierungen nicht ausreichen, um Items zu identifizieren, die Grundschüler nicht im intendierten Sinn beurteilen können. Sie plädieren deshalb für die Verwendung kognitiver Methoden. Im Zuge der Validierung von Grundschülerratings sollen in dieser Forschungsarbeit deshalb sowohl psychometrische als auch kognitive Methoden zum Einsatz kommen. Daraus soll zum einen eine möglichst umfangreiche Validierung resultieren, aus der Rückschlüsse auf die strukturelle Validität von Grundschülerratings gezogen werden können. Zum anderen soll untersucht werden, inwieweit eine sehr häufig eingesetzte, psychometrische Methode, die faktorielle Validierung auf Individualebene, und eher selten angewandte kognitive Methoden zu konformen Ergebnissen kommen. Hierbei soll erforscht werden, ob es tatsächlich der aufwendigen kognitiven Methoden bedarf. Aus diesem Anliegen lassen sich die beiden folgenden zentralen Forschungsfragen ableiten:

ZFF$_{III}$)   *Sind Grundschülerratings zur Unterrichtsqualität strukturvalide?*

ZFF$_{IV}$)   *Genügen faktorielle Validierungen, um Items zu identifizieren, die Schüler nicht im intendierten Sinn beurteilen können?*

Bislang existiert keine Untersuchung im Bereich von Schülerratings zur Unterrichtsqualität, in welcher dezidiert auf Fehler innerhalb des Antwortprozesses fokussiert wird. Wie in Kapitel 4 verdeutlicht stellt der Urteils- bzw. Antwortprozess gerade junge Probanden vor große Herausforderungen – und zwar auf jeder Stufe des Antwortprozesses. Empirische Studien aus der Sozialforschung belegen die Schwierigkeiten von Grundschülern bei fragebogenbasierten Urteilen (Bowen, 2008; Woolley et al., 2004). Aus diesem Grund lautet die fünfte zentrale Forschungsfrage der Arbeit:

ZFFᵥ)   *Lassen sich bei der Einschätzung von Unterrichtsqualität Probleme im Urteils- bzw. Antwortprozess identifizieren?*

Des Weiteren wurden in Kapitel 4 Zweifel an der Veridikalität des Grundschülerurteils deutlich: Zum einen ist fraglich, inwiefern Grundschüler in der Lage sind, während der aktiven Teilnahme am Unterricht das Verhalten der Lehrkraft zu beobachten und realitätsgetreu einzuschätzen oder das eigene Verhalten wahrzunehmen und zu reflektieren. Es ist nicht auszuschließen, dass wesentliche Indikatoren eventuell nicht wahrgenommen oder nicht erinnert werden und deshalb nicht ins Urteil einbezogen werden. Zum anderen ist unklar, inwiefern Grundschüler sich auf den geforderten zeitlichen Referenzrahmen in ihrem Urteil beziehen. Es wird argumentiert, dass der Bezug auf eine konkrete Stunde Schülern das Urteil erleichtert (Piskol, 2008). Ob es Grundschülern jedoch gelingt, sich rein auf die konkrete Stunde zu beziehen, d. h. ein von vorherigen Stunden möglichst unabhängiges Urteil zu fällen, lässt sich auf Basis des aktuellen Forschungsstands nicht mit Gewissheit sagen. Aus diesen Gründen soll untersucht werden, ob das Urteil der Schüler über eine konkrete Stunde die Vorfälle und Ereignisse der Stunde realitätsgetreu widerspiegelt.

ZFFᵥᵢ)   *Sind Grundschülerratings über eine konkrete Unterrichtsstunde veridikal?*

Auf Basis der gesamten Befunde soll letztendlich die grundlegende Frage nach der Validität von Grundschülerratings beantwortet werden:

ZFFᵥᵢᵢ)   *Können Grundschüler ausgewählte Qualitätsmerkmale der Unterrichtsqualität per Fragebogen hinreichend valide[16] einschätzen?*

---

16 Da Ratings per Fragebogen in der Regel nicht verzerrungsfrei sind, wird die Formulierung hinreichend valide gewählt. Unter hinreichend valide sind Einschätzungen zu verstehen, welche zwar minimale Fehleranteile aufweisen, aber dennoch sowohl für die Forschung als auch für die Praxis als aussagekräftige Datenbasis dienen können.

6.2 Konkretisierung der Zielsetzung

Das grundlegende Ziel der vorliegenden Forschungsarbeit ist, ein Instrument zu entwickeln, mit welchem ausgewählte Aspekte der Unterrichtsqualität aus der Sicht von Grundschülern hinreichend valide erfasst werden können. Dieses Instrument soll im Rahmen des Projekts EMU Grundschullehrkräften kostenfrei zur evidenzbasierten Unterrichtsdiagnostik und -entwicklung online zur Verfügung gestellt werden. Des Weiteren soll auf Basis der Studien ein Itempool generiert werden, welcher für Grundschüler hinreichend verständliche und beurteilbare Items zur Erfassung verschiedener Aspekte der Unterrichtsqualität beinhaltet. Dieser Pool kann für weiterführende Forschungsvorhaben im Kontext von Grundschülerratings genutzt werden.

Kognitive Methoden werden im Rahmen von Validierungen noch relativ selten angewandt. In der Fachliteratur wird bemängelt, dass nur wenige konkrete Richtlinien in Bezug auf die damit verbundenen Erhebungs- und Auswertungsmethoden veröffentlicht sind und die angewandten Methoden häufig für den Leser wenig nachvollziehbar beschrieben werden (z. B. Beatty & Willis, 2007). Deshalb soll diese Arbeit durch eine möglichst detaillierte Beschreibung der Erhebungs- und Analysemethoden dem Leser einen Einblick in das methodische Vorgehen gewähren und zugleich zur Konkretisierung der Richtlinien kognitiver Methoden beitragen.

6.3 Grenzen des Forschungsanliegens

In Kapitel 6 soll abschließend explizit darauf hingewiesen werden, dass es im Rahmen der Forschungsarbeit nicht möglich ist, die Validität von Grundschülerratings umfassend, das heißt unter Beachtung aller Validitätsaspekte (vgl. Kapitel 5), zu erforschen. Es wurde sich bewusst auf die formulierten Fragestellungen beschränkt. Selbstverständlich ist beispielsweise auch der Aspekt der Kriteriumsvalidität sehr wichtig, um die Aussagekraft von Schülerratings zu untersuchen. Schließlich wären Schülerratings nur bedingt aussagekräftig, wenn sie kein Prädiktor für die kognitive Leistungsentwicklung darstellten. Um die Aussagekraft von Schülerratings möglichst *fair* untersuchen zu können, sollte jedoch zunächst ein Instrument konzipiert werden, welches für Grundschüler verständlich und handhabbar ist. Ansonsten ist eine geringe kriteriale Validität unter Umständen mehr dem spezifischen Instrument als einer allgemeinen, unzureichenden Urteilsfähigkeit der Schüler geschuldet. Deshalb soll in dieser Arbeit ein Schwerpunkt auf die akribische Untersuchung der itembezogenen Urteilsfähigkeit von Grundschülern gelegt werden, um Items ausfindig zu machen, welche von Grundschülern im intendierten Sinn verstanden und beurteilt werden können. Der daraus resultierende Itempool dient sodann als Basis für weiterführende Fragestellungen und Untersuchungen.

7 Projektbeschreibung und Studiendesign

Bevor die einzelnen Studien beschrieben und diskutiert werden, soll zunächst eine Einbettung der Forschungsarbeit in das übergeordnete Projekt *UDiKom* bzw. *EMU* erfolgen (Kapitel 7.1). Des Weiteren wird das Studiendesign kurz skizziert, um den Aufbau und den Zusammenhang der nachfolgend beschriebenen Studien besser nachvollziehen zu können (Kapitel 7.2). Nachfolgend wird erklärt, weshalb sich für die den einzelnen Studien zugrundeliegenden Strukturierungsansätze der Prozessqualität entschieden wurde (Kapitel 7.3).

7.1 Projektbeschreibung

Die Forschungsarbeit erfolgte im Rahmen des dritten gemeinsamen Projekts der Kultusministerkonferenz „Aus- und Fortbildung der Lehrkräfte in Hinblick auf Verbesserung der Diagnosefähigkeit, Umgang mit Heterogenität, individuelle Förderung – *UDiKom*" (www.kmk-udikom.de). Das Projekt wurde in Kooperation der vier Universitäten Bochum, Dortmund, Essen und Koblenz-Landau durchgeführt, wobei sich jeweils unterschiedlichen Schwerpunkten (Individualdiagnostik, Vergleichsarbeiten, Bildungsmonitoring, Unterrichtsdiagnostik) gewidmet wurde.

Die Universität Koblenz-Landau fokussierte mit dem Modul *Evidenzbasierte Methoden der Unterrichtsdiagnostik- und Entwicklung – EMU* unter der Federführung von Prof. Dr. Andreas Helmke auf den Schwerpunkt Unterrichtsdiagnostik (siehe www.unterrichtsdiagnostik.de; www.unterrichtsdiagnostik.info.de). Innerhalb dieses Moduls war die vorliegende Forschungsarbeit verortet. Grundlegende Zielsetzungen des Moduls waren a) die interne Evaluation und Kooperation an Schulen voranzutreiben, b) die Diagnosefähigkeit von Lehrkräften zu fördern und c) Lehrkräfte für die Heterogenität in der eigenen Klasse zu sensibilisieren. Der Messproblematik von Unterrichtsqualität (Perspektivenspezifität, vgl. Kapitel 2 und 4) wurde Rechnung getragen, indem alle drei möglichen Perspektiven (Lehrersicht, Schülersicht und Kollegensicht) in Form einer Perspektiventriangulation in den Diagnoseprozess bzw. die interne Evaluation einbezogen werden. Des Weiteren wurden bestehende Hemmschwellen seitens der Lehrkräfte im Hinblick auf interne Evaluation und kollegiale Hospitation (vgl. Kapitel 3) bedacht und soweit als möglich durch eine adressatengerechte Hinführung und ein flexibles Design abgebaut: Jede Lehrkraft entscheidet selbst, welche Aspekte der Unterrichtsqualität sie erfassen möchte und welche Perspektiven sie im ersten Durchgang der Unterrichtsdiagnostik einbezieht. Insofern bietet das Modul EMU

Lehrkräften die Möglichkeit, sich schrittweise für die interne Diagnostik und Evaluation zu öffnen (für eine detaillierte Beschreibung des Moduls siehe www.unterrichtsdiagnostik.de).

Im Rahmen des Moduls wurden verschiedene Materialien zum Zwecke der evidenzbasierten Unterrichtsdiagnostik und -evaluation entwickelt *(Studienbrief, Diagnoseinstrumente und Software)*, die seit Januar 2011 kostenlos im Internet eingesehen, heruntergeladen und genutzt werden können. Der Studienbrief beantwortet Fragen zum Thema Unterrichtsqualität und -diagnostik, beschreibt die Durchführung evidenzbasierter Unterrichtsdiagnostik und -entwicklung, erklärt die Handhabung der Diagnoseinstrumente sowie der Software und gibt Hilfestellung zur Analyse, Interpretation und Reflexion der Daten. Als Diagnoseinstrumente dienen äquivalent formulierte Fragebögen, welche die Erfassung ausgewählter Merkmale der Unterrichtsqualität unter Einbezug dreier verschiedener Perspektiven ermöglichen. Die Fragebögen können an die eigenen Belange des Nutzers angepasst werden, indem der Basisfragebogen gekürzt oder verlängert werden kann. Möchte der Nutzer den Bogen erweitern, kann er sich aus einem Itempool auf der Homepage des Projekts bedienen. Dabei ist es möglich, einzelne Qualitätsmerkmale des Basisbogens zu vertiefen oder den Basisbogen um weitere Qualitätsmerkmale zu ergänzen. Die Software dient der Datenverwaltung, der Datenanalyse und der Visualisierung der Daten. Die Datenhoheit besitzt allein die Lehrkraft (für eine detaillierte Beschreibung der Materialien siehe www.unterrichtsdiagnostik.de).

EMU ermöglicht eine Ist-Standbestimmung der eigenen Unterrichtsqualität (Erstmessung in Form der Diagnose, vgl. Kapitel 3). Ferner kann im Zuge einer Wiederholungsmessung geprüft werden, inwieweit Entwicklungsziele erreicht wurden oder Interventionsmaßnahmen erfolgreich waren (Evaluation, vgl. Kapitel 3). Die kollegiale Hospitation und die gemeinsame Reflexion über Unterricht auf Grundlage der Daten werden im Modul EMU in Anlehnung an aktuelle Literatur zur Schulentwicklung (Bonsen, 2011; Buhren, 2011; Rolff, 2011) als Schlüsselrollen für eine erfolgreiche systematische Unterrichtsentwicklung betrachtet (Helmke & Lenske, 2013; Helmke, Helmke & Lenske, 2014).

Da wenig über die Validität von Grundschülerurteilen in Bezug auf Unterrichtsqualität bekannt ist (vgl. Kapitel 3), wurde im Modul EMU neben der Lehrer- und Kollegenperspektive zunächst lediglich auf das Feedback von Sekundarstufenschülern rekurriert. Das heißt, für Grundschullehrkräfte bot EMU keine Option zur Datentriangulation. Genau an dieser Stelle knüpfte die vorliegende Forschungsarbeit an. Es wurde erforscht, inwieweit es möglich ist, auch Grundschüler in den Prozess der Unterrichtsdiagnostik und -evaluation unter Beachtung der Rahmenbedingungen von EMU einzubeziehen.

Wesentliche Rahmenbedingungen sind a) das Feedback bezieht sich auf eine konkrete Unterrichtsstunde, b) das Feedback erfolgt fragebogenbasiert, c) es umfasst die Prozesskriterien *Klassenführung, lernförderliches Klima und Motivierung, Klarheit und Strukturiertheit, Aktivierung* und enthält ein abschließendes bilanzierendes Urteil über den Ertrag der Stunde.

7.2 Studiendesign

Anlässlich der Forschungsfragen (vgl. Kapitel 6) wurde sich für einen Mixed-Method-Ansatz entschieden, da dieser 1) den direkten Vergleich zwischen psychometrischen und kognitiven Methoden ermöglicht und 2) der Einsatz verschiedener Validierungsformen zu einer möglichst umfassenden Validierung von Grundschülerfeedback beiträgt. Das gesamte Design umfasst drei Vorstudien, zwei Hauptstudien und eine Pilotierung. Die einzelnen Studien bauen jeweils logisch aufeinander auf, wobei jede Studie einen weiteren Schritt zur Konzeption eines möglichst validen Feedbackinstrumentariums darstellt. Die ersten drei Studien werden aufgrund ihres pragmatischen und vorbereitenden Charakters als Vorstudien bezeichnet. Die Hauptstudien hingegen dienen primär dem Erkenntnisgewinn und grenzen sich dadurch von den Vorstudien sowie der Pilotierung ab, auch wenn sie aufgrund des Designs zusätzlich vorbereitenden Charakter hinsichtlich der jeweiligen Folgestudie(n) aufweisen.

Vorstudie I

Die erste Vorstudie diente dazu, aus einem großen Itempool zur Erfassung von Unterrichtsqualität, Items zu selektieren, welche von Experten als inhaltsvalide erachtet werden. Als inhaltsvalide wurden hierbei Items betrachtet, die von den Experten als *relevant für Grundschulunterrichtsqualität* und zugleich als *altersadäquat operationalisiert* eingeschätzt wurden. Maximal sollten ca. 60 Items ausgewählt werden. Die Beschränkung der Anzahl hat zwei Gründe: 1) Eine größere Anzahl an Items würde den Rahmen für das geplante Cognitive Testing (Begriffserklärung siehe Kapitel 9) sprengen. 2) Es sollte ein praktikables Diagnoseinstrument konzipiert werden, welches Grundschüler nicht bereits durch die Anzahl der Items überfordert und welches im Schulalltag ohne großen organisatorischen Aufwand einsetzbar ist. Die inhaltliche Validierung bildete die Basis für die Folgestudien. Ohne diesen Schritt wäre die Aussagekraft der Hauptstudien fraglich. Schließlich wäre ohne inhaltliche Validierung unklar, ob mögliche in den Hauptstudien identifizierte Validitätsprobleme die Folge einer willkürlichen Itemauswahl bzw. einer unzureichenden inhaltlichen Validität sind.

Vorstudie II

Mittels der zweiten Vorstudie wurde die itembezogene Urteilsschwierigkeit der selektierten Items von Experten eingeschätzt. Dies war ein notwendiger Schritt, um das Cognitive Testing innerhalb der ersten Hauptstudie gezielt planen zu können: Die teilnehmenden Kinder wurden aus organisatorischen und entwicklungsbedingten Gründen nicht zu allen 60 selektierten Items befragt. Um neben der Itemtauglichkeit auch auf die Urteilsfähigkeit der Kinder zu fokussieren, war es deshalb notwendig, die Kinder zu möglichst gleich bzw. zumindest zu ähnlich schwierig zu beurteilenden Items zu befragen. Ansonsten ist ein Vergleich der Urteilsfähigkeit der Kinder nicht möglich. Da hinsichtlich der Items noch keine empirischen itembezogenen Urteilsschwierigkeiten vorlagen, gab es neben der Einschätzung durch Experten keine adäquate Alternative.

Vorstudie III

Wie bereits erwähnt, hätte die Dauer einer Befragung zu 60 Items sowohl den organisatorischen Rahmen der Untersuchung gesprengt als auch die kognitive Kapazität der Grundschüler überfordert. Um zu eruieren, wie viele Items in die Einzelbefragung sinnvoll aufgenommen werden sollten, wurde eine Pilotierung durchgeführt. Im Zuge dieser Pilotierung wurde zugleich der Interviewleitfaden für Hauptstudie I erprobt.

Hauptstudie I

Die erste Hauptstudie beinhaltet zwei Teilstudien – eine qualitative und eine quantitative Validierung der Items. Im Rahmen der qualitativen Teilstudie wurde ZFF$_I$ (*Können Grundschüler Items aus gängigen Feedbackinstrumenten im intendierten Sinn verstehen?*) und ZFF$_{II}$ (*Wie gut sagt eine inhaltliche Validierung durch Experten die empirische inhaltliche Itemvalidität voraus?*) nachgegangen. Unter Verwendung kognitiver Interviews erfolgte eine empirische Überprüfung der inhaltlichen Validität. Dabei wurde untersucht, ob Grundschüler beim Beurteilen der von den Experten selektierten Items Probleme haben. Fokussiert wurde auf die erste Stufe des Antwortprozesses – die Iteminterpretation. Innerhalb der quantitativen Teilstudie erfolgte eine faktorielle Validierung ausgewählter Items. Unter Bezug auf die Basisdimensionen von Klieme und Kollegen (2001, 2006) sollten ZFF$_{III}$ (*Sind Grundschülerratings zur Unterrichtsqualität strukturvalide?*) und ZFF$_{IV}$ (*Genügen faktorielle Validierungen, um Items zu identifizieren, die Schüler nicht im in-*

tendierten Sinn beurteilen können?) beantwortet werden. Items, welche sich für die Grundschüler auf Grundlage von Hauptstudie I als hinreichend valide erwiesen, bildeten die Basis für Hauptstudie II.

Hauptstudie II

Items, welche von Experten als inhaltsvalide eingeschätzt wurden und zugleich von den Grundschülern im intendierten Sinn interpretiert wurden, sind streng genommen noch immer nicht hinreichend geprüft. Schließlich kann es durchaus sein, dass ein Grundschüler zwar ein Item im intendierten Sinn versteht, jedoch die für ein aussagekräftiges Urteil notwendigen Indikatoren innerhalb einer konkreten Stunde nicht wahrnimmt bzw. nicht ins Urteil einbezieht. Es könnte auch sein, dass ein Grundschüler Indikatoren heranzieht, die für das Urteil irrelevant sind. Im Rahmen dieser Studie wurde das Ausmaß solcher und weiterer Urteilsfehler, wie beispielsweise das nicht korrekte Einhalten des Referenzrahmens oder eine inadäquate Anpassung an das Antwortformat, untersucht. Die zweite Hauptstudie fokussierte also erneut auf den Antwortprozess, diesmal jedoch auf alle Stufen sowie den Aspekt der Veridikalität. Dabei standen ZFFv (*Lassen sich bei der Einschätzung von Unterrichtsqualität Probleme im Urteils- bzw. Antwortprozess identifizieren?*) und ZFFvi (*Sind Grundschülerratings über eine konkrete Unterrichtsstunde veridikal?*) im Zentrum der Studie. Zum Klären der Fragen wurden Methoden des Cognitive Testing in Kombination mit Videoratings angewandt.

Pilotierung

Die anhand der vorausgehenden Studien als valide klassifizierten Items wurden zur Fragebogenkonstruktion für die EMU-Grundschulversion herangezogen. Die Grundschulversion wurde im Rahmen einer Pilotierung – das Projekt abschließend – auf Praktikabilität und Akzeptanz geprüft.

ZFFvii (*Können Grundschüler ausgewählte Qualitätsmerkmale der Unterrichtsqualität per Fragebogen hinreichend valide einschätzen?*) wurde auf Basis der gesamten Studien, das heißt alle Ergebnisse bilanzierend, beantwortet.

7.3 Gründe für die Auswahl der Strukturierungsansätze

Wie im Theorieteil bereits umfassend beschrieben, zählt der Strukturierungsansatz von Helmke (2012) sowie der von Klieme und Kollegen (erstmals 2001) zu den empirisch sowie inhaltlich fundiertesten und renommiertesten Ansätzen im deutschen Sprachraum. Des Weiteren spielten folgende Gründe, welche eher pragmatischen Charakter aufweisen, eine Rolle:

Aus folgenden Gründen soll die Fragebogenkonzeption in Anlehnung an die Strukturierung nach Helmke (2012) erfolgen

a) Der Strukturierungsansatz liegt dem *Orientierungsrahmen Schulqualität für Rheinland-Pfalz* (Ministerium für Bildung, 2008) zugrunde. Die Vorstudie dieser Arbeit sieht eine Diskussion rheinland-pfälzischer Experten aus Theorie und Praxis hinsichtlich qualitätsrelevanter und altersadäquater Items für einen Schülerfragebogen zur Prozessqualität vor. Im Rahmen dieser Diskussion ist es hilfreich, wenn die Probanden auf gleich definierte und facettierte Begriffe zurückgreifen. Diese Grundlage ist mit dem Orientierungsrahmen, der allen Teilnehmern bekannt ist, geschaffen. Die Einführung neuer Begriffe oder anders operationalisierter Merkmale bzw. Dimensionen könnte zu Irritationen bei den Beteiligten führen.
b) Für den Bereich der Unterrichtsentwicklung bietet der Ansatz von Helmke insofern Vorteile, dass er Rückmeldungen in Form eines differenzierten Schwächen- und Stärkenprofils erlaubt.
c) Die vorliegende Arbeit ist an das Modul EMU des KMK-Projekts UDiKom angegliedert. Das Projekt basiert zum Zwecke der Individualdiagnostik auf dem Strukturierungsansatz von Helmke (vgl. www.unterrichtsdiagnostik.de).

Aus folgenden Gründen soll die Prüfung der faktoriellen Validität in Anlehnung an die Strukturierung nach Klieme und Kollegen (erstmals 2001) erfolgen

a) Im Rahmen der ersten Hauptstudie sollen verschiedene Validierungsmethoden verglichen und auf Effizienz geprüft werden. Da auch eine faktorielle Validierung durchgeführt werden soll, wird ein Strukturierungsansatz benötigt, der die notwendigen psychometrischen Voraussetzungen für Faktorenanalysen mitbringt. Im deutschsprachigen Raum gelten die Basisdimensionen nach Klieme als recht gut abgesichert, wenn auch die Frage der Generalisierbarkeit über Schulformen und Fächer hinweg noch nicht hinreichend geklärt ist.

b) Ein weiterer Grund, weshalb sich für diesen Ansatz entschieden wurde, ist die trotz der Reduktion auf drei Grunddimensionen recht hohe inhaltliche Übereinstimmung mit den 10 Merkmalen nach Helmke (vgl. Tabelle 2): Es lassen sich 8 der 10 Merkmale guten Unterrichts den drei Basisdimensionen als Facetten unterordnen, wobei anzumerken ist, dass die Merkmale zum Teil nicht mit all ihren Aspekten subsummiert werden können. Beispielsweise bleiben einzelne Aspekte des lernförderlichen Klimas sowie des Umgangs mit Heterogenität innerhalb der zweiten Basisdimension unberücksichtigt. Die Basisdimensionen decken einen großen, bedeutsamen Anteil, nicht aber das gesamte Spektrum von Helmkes postulierten Merkmalen ab.

8 Vorstudien

Um den Hauptstudien genügend Platz zu gewähren, sollen die drei Vorstudien im Folgenden relativ kurz zusammengefasst werden. Die Struktur der Studiendarstellung erfolgt nach identischem Muster: Nach einer Beschreibung der Zielsetzung, der Stichprobe und der Methode erfolgt die Ergebnisdarstellung. Auf eine Diskussion wird verzichtet, da die Vorstudien pragmatischen bzw. vorbereitenden Charakter haben. Die Hauptstudien, welche insbesondere dem Erkenntnisgewinn dienen, werden in klassischer Struktur berichtet und entsprechend diskutiert.

8.1 Vorstudie I

8.1.1 Zielsetzung

Um in den Hauptstudien die fragebogenbasierte Urteilsfähigkeit von Grundschülern über Unterrichtsqualität erforschen zu können, sollten in einem ersten Schritt möglichst altersadäquate und inhaltsvalide Items ausgewählt werden. Deshalb wurde eine inhaltliche Validierung durchgeführt. Hierfür existieren keine objektiven Maße. Aus diesem Grund wurde der Prozess der inhaltlichen Validierung Personen übertragen, die aufgrund ihrer Expertise die Angemessenheit von Items anhand der Kriterien Altersadäquatheit und Relevanz für Grundschulunterricht möglichst gut einschätzen können. Ziel der Vorstudie war die Itemselektion.

8.1.2 Stichprobe

Als Experten gelten in diesem Zusammenhang Personen, die aufgrund ihrer beruflichen Stellung über besonderes Wissen verfügen. Sie dienen als Quelle von Spezialwissen (vgl. Gläser & Laudel, 2009, S. 12), wobei es im Kontext dieser Studie um spezielles Wissen über Indikatoren von Unterrichtsqualität in der Primarstufe und die Urteilsfähigkeit von Grundschülern – unter besonderer Beachtung des Wortschatzes und der Begriffsbildung – geht. Die vorgeschlagene Anzahl teilnehmender Personen variiert je nach Kontext und Autor. Mayring schlägt als kontextunabhängigen Richtwert 5 bis 15 Teilnehmer vor (1996, S. 58).

An dieser Vorstudie haben sich insgesamt 7 Experten beteiligt, von denen 5 weiblich waren. Es wurde sich für eine Mischung von Experten aus der Theorie und der Praxis entschieden, um sowohl Expertenwissen als auch Expertenerfahrung einfließen zu lassen.[17] Die Stichprobe setzte sich wie folgt zusammen:

- 2 Lehrinnen für die Grund- und Hauptschule
- 2 Fachleiterinnen am Studienseminar für Grundschulpädagogik
- 1 Schulleiter einer Grundschule
- 1 Professor für Grundschulpädagogik
- 1 wissenschaftliche Mitarbeiterin im Bereich Bildungsforschung

Insgesamt stammen 5 der beteiligten Personen aus dem Schulbereich. Diese brachten ihrer beruflichen Position entsprechend Praxiserfahrung mit, um aus Sichtweise eines Praktikers zu argumentieren, welche Aspekte für den Grundschulunterricht relevant sind und welche Wortwahl oder welcher Satzbau Grundschülern zugemutet werden kann. Ihnen fehlte jedoch ein solides Wissen darüber, was ein gutes Item ausmacht (z.B. Doppeldeutigkeit vermeiden, lediglich einen Aspekt pro Item abfragen), wenn auch bei einzelnen Lehrkräften durch die eigene Erstellung von Schülerfragebögen zum Teil erste Erfahrungen mit der Formulierung von Items bereits vorhanden waren. Um für das im Rahmen der Studie notwendige Hintergrundwissen aller Beteiligten zu sorgen, wurde eine für alle Teilnehmer verpflichtende Schulung zu Kriterien der Itemgüte durchgeführt.

8.1.3 Methodisches Vorgehen

In einer ersten Recherche wurde nach bereits bestehenden Instrumenten im nationalen und internationalen Raum gesucht. Fokussiert wurde auf Instrumente für die Primarstufe, wobei auch Instrumente der Sekundarstufe sowie Skalenhandbücher von Studien, in welchen Bereiche von Unterrichtsqualität durch Schülerfragebögen erhoben wurden, in die Recherche einflossen (wie beispielsweise bei VERA – Gute Unterrichtspraxis oder MARKUS). Die Items der Instrumente wurden in einem Itempool gesammelt. Ferner wurde eine Tabelle erstellt, um einen systematischen Überblick über bereits vorhandene Instrumente zu gewinnen. Die Tabelle ermöglicht unter anderem den Vergleich der Instrumente hinsichtlich der postulierten Dimensionen, der

---

17 Die Auswahl der Experten lässt sich nicht als Zufallsauswahl aus einer großen Expertenstichprobe bezeichnen. Vielmehr wurden Experten aus der Region angefragt. Dabei wurde auf Institute zurückgegriffen, zu denen im Fachbereich bereits gute Kontakte oder Kooperationen bestanden. Insgesamt gingen neun Rückmeldungen ein, darunter vier Lehrkräfte. Da die Anzahl der Lehrkräfte damit ein Übergewicht hatte, wurde der Schule mitgeteilt, dass für die Vorstudie lediglich zwei Lehrkräfte benötigt werden. Die Schulleitung fällte gemeinsam mit den vier Lehrkräften die Entscheidung über die teilnehmenden Lehrkräfte.

Tabelle 5: *Auszug aus der Tabelle Überblick über Feedbackinstrumentarien*

Instrument	Schul-stufe & Länge	Dimensionen/ Kategorien	Antwortformat	Pers-pektive	Sprache	Referenz-rahmen	Skalen-werte
IQ-Fragebogen zur Unterrichts-qualität Schüler(innen)-Fragebogen, A-Teil „Wie zufrieden bist du mit dei-nem Lehrer?" Hessen www.iq.hessen.de e.die@iq.hessen.de	Primar-stufe, 28 Items	7 Dimensionen: • Regelklarheit • Zeitmanagement • Monitoring • Vermittlungskom-petenz • Schülerorientie-rung • Erziehungshaltung • Leistungserwar-tungen ➤Klassenmanage-ment dominiert die Skala	4-stufig (stimmt gar nicht, stimmt eher nicht, stimmt eher, stimmt ganz genau)	Gemischt: vorwie-gend Ich-P.; selten Wir-P.	Recht einfa-che Sprache (Präsens, keine Vernei-nungen, kein Konjunktiv, kein Passiv)	Längerer Zeitraum; lehrerbe-zogen; Individual-feedback (ein Lehrer im Blick)	Keine Angabe
QIS – Bundes-ministerium für Bildung, Wissen-schaft und Kultur „Wie zufrieden bist du mit deiner Lehrerin?" www.qis.at	31+2 Items	Die gesamte Eva-luation wird geplant in Anlehnung an die 5 Qualitätsbereiche von Haider (Salz-burg) • Lehren und Lernen • Lebensraum Klas-se und Schule • Schulpartnerschaft und Außenbezie-hungen • Schulmanagement • Professionalität und Personalent-wicklung.	4-stufig; Wechsel zwischen: (trifft völlig zu, eher zu, eher nicht zu, über-haupt nicht zu und ist völlig richtig, eher richtig, eher falsch, völlig falsch); negativ for-mulierte Items sind kursiv gedruckt und es wird extra darauf hingewiesen. Plus: Gesamt-urteil über den Lehrer und zwei offene Fragen.	Gemischt	Zum Teil schwieriger Wortschatz (z.B. tolerant, lässt Kritik zu, Praxisnähe, attraktiv); unklare, lange Items („Sie bemüht sich, uns der Leis-tung und dem Benehmen entsprechend zu loben oder zu ermahnen und nie-manden zu bevorzugen"). Zum Teil ne-gative Formu-lierungen; Präsens	Längerer Zeitraum; lehrerbe-zogen; Individual-feedback (ein Lehrer im Blick)	Keine Angabe

Itemanzahl, der Komplexität der Sprache, des Referenzrahmens, der Skalen-werte und der Antwortformate (vgl. Tabelle 5).

Aus dem Vergleich wurde ersichtlich, dass nahezu keine Skalenwerte zu Primarstufeninstrumentarien veröffentlicht sind und die einzelnen Instrumen-te sehr unterschiedliche Schwerpunkte hinsichtlich der Qualitätskriterien gu-ten Unterrichts setzen. Wie in Kapitel 3 bereits dargestellt, wurden außerdem augenscheinliche Mängel hinsichtlich der Altersadäquatheit einzelner Instru-mente festgestellt.

Im Anschluss an die Recherchephase wurde der Itempool (über 1000 Items aus 42 Instrumenten) auf Redundanz geprüft. Ferner wurden Items, welche keinen Bezug zu einer konkreten Stunde und einer konkreten Lehrkraft erkennen ließen, entsprechend modifiziert oder – falls keine Modifikation möglich war – entfernt. So wurden beispielsweise Items, welche das Schulklima messen, gestrichen.

In einer zweiten Recherchephase wurde geprüft, inwieweit die Operationalisierung von Unterrichtsqualität im Projekt EMU auch für die Grundschule geeignet ist. Obwohl eine schul- und fächerübergreifende Gültigkeit der Klassifikation nach Helmke angenommen wird (vgl. Kapitel 2), verdeutlicht die aktuelle Grundschulpädagogikliteratur, dass einzelnen Qualitätsmerkmalen oder Facetten mehr Beachtung bei der Beurteilung von Unterrichtsqualität in der Grundschule zukommen (vgl. Kapitel 2.5.2). Entsprechend dieser Forderung werden der *Umgang mit Heterogenität*, die Qualität der *Schüler-Schüler-Beziehung* und die *Sprachförderung* zusätzlich zu der in EMU vorgenommenen Operationalisierung berücksichtigt.

In einem nächsten Schritt wurde eine strukturierte Form des Itempools erstellt, wobei auf die Kategorisierung von Helmke (Helmke, 2012), insbesondere die in EMU integrierten Merkmale, zurückgegriffen wurde (Gründe für diese Entscheidung wurden bereits unter Kapitel 7.3 erörtert). Die Zuordnung der Items erfolgte, indem zwei wissenschaftliche Hilfskräfte nach einer entsprechenden Schulung zunächst unabhängig eine Sortierung vornahmen. Items, welche sich verschiedenen Kategorien zuordnen ließen, wurden nach dem Konsensverfahren lediglich einer Kategorie zugeordnet. Ebenso wurden Items, welche zunächst in unterschiedliche Kategorien einsortiert wurden, diskutiert. In allen Fällen konnte eine Einigung erzielt werden, ohne eine dritte Person hinzuzuziehen bzw. eine Mehrheitsentscheidung zu erzwingen. Mit Blick auf die einzelnen Qualitätsbereiche zeigte sich, dass im Itempool hinsichtlich mancher Aspekte (insbesondere Umgang mit Heterogenität und Sprachförderung) keine oder nur wenige Items enthalten waren. In diesen Fällen wurden Itemvorschläge generiert. Schließlich ist es Ziel des Projekts EMU hinsichtlich der in Frage kommenden Qualitätsbereiche ein möglichst ausgeglichenes Instrument zu entwickeln. Der strukturierte Itempool stellte die Grundlage für die folgende Selektion durch die Experten dar.

Für den Prozess der Selektion wurde eine Mischung aus *Delphi-Methode* und *Expertendiskussion* gewählt, um die Vorteile beider Methoden für die Studie nutzen zu können. Der Vorteil der Delphi-Methode besteht darin, dass die Teilnehmer zunächst anonym und unbeeinflusst durch andere Experten ihre Meinung äußern können bzw. in diesem Kontext zunächst anonym und unbeeinflusst eine erste Selektion vornehmen können. In der vorliegenden

Studie wurde zu diesem Zweck der strukturierte Itempool an die Teilnehmer verschickt, mit der Aufgabe, eine gewisse Anzahl an Items pro Qualitätsbereich auszuwählen, die der Teilnehmer nach den Kriterien der Altersadäquatheit und der Relevanz für Grundschulunterrichtsqualität für am besten geeignet hält. Dieses Vorgehen ermöglichte es außerdem, einen ersten Eindruck zu erhalten, inwiefern sich die Experten ohne gegenseitigen Austausch in ihrer Wahl einig waren. Ferner wurden die Teilnehmer aufgefordert, Verbesserungsvorschläge zu äußern, auf fehlende Aspekte hinzuweisen und bei Bedarf Items zu modifizieren, Items neu zu generieren oder Kommentare einzufügen. Auch hier erwies sich die Delphi-Methode vorteilhaft, da sie jeden Experten einzeln anspricht und aktiviert, während es in der Expertendiskussion zu einer Dominanz einzelner Teilnehmer bzw. einer Passivität einzelner Experten kommen kann. Items, welche von allen Teilnehmern gestrichen bzw. nicht ausgewählt wurden, wurden aus dem Itempool entfernt. Die Basis für die Gruppendiskussion bildeten somit die durch die einzelnen Teilnehmer jeweils anonym ausgewählten (oder auch neu generierten) Items.

Die Gruppendiskussion wurde der Methode des Einzelinterviews sowie auch einer Fortführung der Delphi-Methode vorgezogen, um die Wirkung von Argumentationsketten in einem nächsten Schritt in den Entscheidungsprozess der Teilnehmer zu integrieren. Obwohl durch die ermittelnde Gruppendiskussion in den Sozialwissenschaften meist Ziele, wie beispielsweise das Erheben kollektiver Einstellungen, Ideologien oder Vorurteile, verfolgt werden (vgl. Mayring, 1996, S. 60), ist auch ein Einsatz in diesem Kontext gewinnbringend. Lamnek (1995, S. 132) weist beispielsweise darauf hin, dass die Gruppendiskussion sehr vielfältig eingesetzt werden kann, unter anderem als Vorbereitungsverfahren für standardisierte Erhebungsinstrumente. Nießen merkt zur Gruppendiskussion kritisch an, dass der Transfer situationsspezifischer Befunde auf situationsunabhängige Meinungen sozialer Gruppen nur bedingt möglich ist (1977, S. 63). Da es in der Vorstudie weniger um Meinungen als um den Austausch von theoretischem Wissen und praktischer Erfahrung ging, kann dieser Einwand vernachlässigt werden.

Grundlage der Expertendiskussion bildete, wie bereits erwähnt, der selektierte Itempool. Bevor die Expertendiskussion begann, wurde ein theoretischer Input durch den Versuchsleiter in Form einer Power-Point-Präsentation gegeben (siehe Anhang Kapitel 1.2). Dabei wurde die Bedeutung der einzelnen Qualitätsbereiche noch einmal in Erinnerung gerufen und es wurde auf relevante Aspekte der Itemgüte hingewiesen (z. B. Vermeiden von Verneinungen, Anstreben von Eindeutigkeit). Die Experten erhielten im Anschluss den Auftrag, den Itempool auf eine zuvor vom Versuchsleiter festgelegte Anzahl an grundschulrelevanten, altersadäquaten Items zu reduzieren. Da in den Folgestudien eine Prüfung der selektierten Items mittels kognitiver Prätests vorgesehen war, sollte ein Maximum von insgesamt ca. 60 Items nicht überschritten werden. Um zu gewährleisten, dass alle Experten zu Wort kommen, durfte reihum jeder Teilnehmer ein Item wählen, welches ihm für die gerade bearbeitete Kategorie bedeutsam und altersadäquat erschien. Die Kategorien wurden der Reihe nach abgehandelt. Sobald bei einer Kategorie die maximal vorgegebene Anzahl an Items erreicht wurde, begann eine kontroverse Diskussion über die bisherige Auswahl. Hierbei wurden Items zum Teil ausgetauscht, neu generiert oder auch modifiziert. Des Weiteren wurde mit den Experten über die Komplexität einiger Items aus den recherchierten Feedbackinstrumenten diskutiert. Es wurde bewusst darauf verzichtet, die Diskussion aufzuzeichnen, um Sprachhemmungen bei den Teilnehmern zu vermeiden. Um die Argumentationsstruktur jedoch im Anschluss dennoch nachvollziehen zu können, wurden verbale Protokolle durch zwei wissenschaftliche Hilfskräfte angefertigt.

8.1.4 Resultat

In Bezug auf die anonyme Abfrage gab es sowohl Items, für welche sich alle Experten entschieden als auch Items, welche nur von wenigen oder von einem Experten ausgewählt wurden. In der folgenden Expertendiskussion haben sich die Experten nach einem mehr als zwei Stunden andauernden konstruktiven Diskurs auf eine den Vorgaben entsprechende Anzahl an Items geeinigt. Wie nach dem ersten Teil der Studie (anonyme Abfrage) anzunehmen war, fanden einige Items schnell die Zustimmung aller Beteiligten, während über andere Items intensiv diskutiert wurde. Die Komplexität einzelner Items wurde stark kritisiert, wobei einige Items als nicht altersadäquat klassifiziert und damit als invalide eingestuft wurden. Da für die weiteren Studien lediglich das Resultat, d. h. die selektierten Items relevant sind, wird hier auf eine detaillierte Darstellung einzelner Argumentationsstrukturen verzichtet. Die selektierten Items sind im Anhang aufgelistet (siehe Anhang Kapitel 1.2). Ein von den Experten einstimmig als invalide eingestuftes Item wurde in Hauptstudie I ebenfalls integriert, um zusätzlich überprüfen zu können, inwieweit die Experteneinschätzung im Falle der Klassifikation *invalide* tatsächlich für eine nicht altersadäquate Operationalisierung spricht. Des Weiteren sollte untersucht werden, ob sich in Kapitel 6 bekundete Zweifel an der Validität einschlägiger Feedbackinstrumente empirisch bestätigen lassen. Auch hierfür war das als invalide klassifizierte Item eine wichtige Basis.

8.2 Vorstudie II

8.2.1 Zielsetzung

Grundschüler können aufgrund ihrer noch eingeschränkten Aufmerksamkeitsspanne in einem Interview nicht zu rund 60 Items ausführlich befragt werden. Um erforschen zu können, inwieweit Schüler sich in ihrer Urteilsfähigkeit mit Fokus auf die Iteminterpretation unterscheiden, war es wichtig, die
Verständlichkeit der Items im Vorfeld zu bestimmen, um für die Interviews
jeweils vergleichbar schwierige Items auszuwählen. Schließlich lassen sich
die Schüler im Hinblick auf die itembezogene Urteilsfähigkeit nur vergleichen, wenn sie zu ähnlich leicht oder ähnlich schwierig verständlichen Items
befragt wurden.

Da die Verständlichkeit der Items im Vorhinein, also ohne die Existenz
von Schülerdaten, nicht statistisch bestimmt werden kann, wurde sich dazu
entschlossen, Experten die Verständlichkeit der einzelnen Items bewerten zu
lassen. Der Nachteil dieser Methode ist, dass sich mit ihr nicht die tatsächliche, sondern lediglich die *angenommene Verständlichkeit* und damit nur die
angenommene itembezogene Urteilsschwierigkeit in Bezug auf die Iteminterpretation ermitteln lassen. Es gab jedoch keine bessere Alternative zu diesem
Zeitpunkt, sodass auf ein Expertenrating zurückgegriffen werden musste.

Die Zielsetzung der zweiten Vorstudie war das Ermitteln der *angenommenen itembezogenen Urteilsschwierigkeit*, wodurch auch hier ein vorbereiten-
der, pragmatischer Charakter im Hinblick auf die folgenden Hauptstudien erkennbar ist.

8.2.2 Stichprobe

Als Experten wurden Personen mit unterschiedlichem beruflichen Hintergrund und der Expertise in mindestens einem der folgenden Bereiche ausgewählt: Lehrerfahrung in der Grundschule, entwicklungspsychologische
Kenntnisse, Sprachwissen. Es wurde darauf geachtet, jemanden mit Expertise im Bereich Deutsch als Fremdsprache zu gewinnen, um die Items auch
im Hinblick auf besondere Schwierigkeiten für Migranten beurteilen zu können. Feedback zur Unterrichtsqualität sollte möglichst von allen Schülern der
Klasse stammen. In deutschen Grundschulen schwankt die Zahl der Schüler
mit Migrationshintergrund deutlich – je nach Bezirk. In westdeutschen Bal-
lungsräumen weisen 40 % oder mehr Schüler einen Migrationshintergrund

auf (Over, 2012)[18]. Insgesamt wurden 4 Experten, davon 2 weiblich, rekrutiert (ein Grundschullehrer, eine Grundschullehrerin mit Fachausbildung in Deutsch, eine Lehrerin für Deutsch als Fremdsprache, ein Professor für Entwicklungspsychologie).

8.2.3 Methodisches Vorgehen

Die mittels der Expertendiskussion selektierten Items wurden bereits als für die Schüler altersadäquat eingeschätzt (vgl. Vorstudie I). Insofern umfasst das Spektrum des Ratings nicht die beiden Extrempole *verständlich* und *nicht verständlich*, sondern beschränkt sich auf die Spanne zwischen *leicht verständlich* und *schwer verständlich*. Die selektierten Items wurden einem Schwierigkeitsrating mit vier Antwortkategorien (*leicht verständlich, eher leicht verständlich, eher schwer verständlich, schwer verständlich*) unterzogen. Eine höhere Ausdifferenzierung schien im Hinblick auf die relativ enge Spanne nicht sinnvoll. Trotz der ohnehin geringen Differenzierung zeigte sich, dass zwischen den mittleren Kategorien schlecht zu diskriminieren war (persönliche Rückmeldung der Experten). Deshalb wurde das vierstufige Format nachträglich in ein dreistufiges Format umgewandelt, wobei die beiden mittleren Kategorien zu einer Kategorie (*verständlich*) zusammengefasst wurden. Das als invalide klassifizierte Item wurde nicht in das Schwierigkeitsrating einbezogen, da es durch die Klassifikation bereits als nicht verständlich und somit als zu schwierig gilt.

Bei ca. der Hälfte aller Items waren sich die Experten in ihrem Rating einig (einig = alle 4 Experten kreuzten die gleiche Kategorie an), sodass die Hälfte aller Items problemlos einer Kategorie zugeordnet werden konnte. Bei Unstimmigkeiten zwischen den Experten wurde sich zunächst am Median orientiert. In einem letzten Schritt wurden die Zuordnungen, insbesondere bei Unstimmigkeiten, im Forscherteam diskutiert, wobei gezielt auf die besonderen Anforderungen der einzelnen Items fokussiert wurde (qualitative Schwierigkeitsanalyse). Hierbei wurde sich bei der Eingruppierung zweier Items über den Median hinweggesetzt (siehe Anhang Kapitel 2.1).

8.2.4 Resultat

Resultat des Expertenratings und der qualitativen Schwierigkeitsanalyse ist eine Tabelle, welche die Items drei unterschiedlichen Schwierigkeitsstufen

---

18 Over bezieht sich auf Statistiken aus dem Jahr 2008.

zuordnet und zugleich auf die Schwierigkeiten und Besonderheiten einzelner Items hinweist (siehe Anhang Kapitel 2.1). Sowohl die angenommene itembezogene Urteilsschwierigkeit als auch die Resultate der Schwierigkeitsanalyse wurden bei der Vorbereitung und Konzeption der ersten Hauptstudie berücksichtigt (vgl. Kapitel 9).

8.3 Vorstudie III

8.3.1 Zielsetzung

Zum Zwecke der Pilotierung des Interviewleitfadens für Hauptstudie I und um herauszufinden, welche Itemanzahl pro Kind unter Beachtung organisatorischer und entwicklungspsychologischer Rahmenbedingungen angemessen ist, wurde die dritte Vorstudie durchgeführt. Hierbei wurde ergänzend eruiert, welche Altersgruppen mit dem Interviewleitfaden und der ausgewählten Methode (kognitive Interviews unter Einbezug von Vignetten) zurechtkommen.

8.3.2 Stichprobe

Aus den Klassenstufen eins bis vier einer städtischen Grundschule standen jeweils vier Schüler für die Pilotierung zur Verfügung, davon die Hälfte weiblich. 4 von 16 Probanden wiesen einen Migrationshintergrund auf (jeweils ein Kind pro Klassenstufe).

8.3.3 Methodisches Vorgehen

Die Kinder wurden nach der Eisbrecherphase im Warming-Up dazu ermutigt, dem Interviewer mitzuteilen, wenn sie das Gefühl haben, das Interview sei sehr anstrengend bzw. wenn ihre Bereitschaft nachzudenken und zu antworten abnimmt. Ansonsten wurde sich nach dem für die Hauptstudie entwickelten Interviewleitfaden gerichtet (vgl. Anhang Kapitel 3.1). Begonnen wurde mit den Viertklässlern. Die jeweils niedrigere Altersstufe wurde pilotiert, sobald die zuvor getestete keine altersbedingten Probleme hinsichtlich der Erhebungsmethode und der Erhebungssituation zeigte. Probleme wurden jeweils nach den Interviews vom Interviewer aufgeschrieben. Außerdem wurden die Interviews aufgezeichnet, um im Anschluss bei Bedarf eine detaillierte Problemanalyse vornehmen zu können.

8.3.4 Resultat

Nachdem der Interviewleitfaden unter Einbezug der Vignetten bei den Viertklässlern problemlos funktionierte, wurde zu den Drittklässlern übergegangen. Auch dort zeigte sich, dass die Schüler sich auf das Interview einließen und mit der Vignettentechnik im Rahmen der kognitiven Interviews weitgehend problemlos umgehen konnten. Bei der Arbeit mit den Zweitklässlern offenbarten sich erhebliche Probleme. Es fiel ihnen deutlich schwerer, sich auf die Situationen in den jeweiligen Vignetten einzustellen und beim Thema zu bleiben. Insofern wurde die Pilotierung an dieser Stelle abgebrochen. Die detailliertere Problemanalyse anhand der Audiodatei gab außerdem Hinweise auf Schwierigkeiten im Bereich der Interviewführung, die beim Zusammentreffen mit den Klassenstufen drei und vier nicht auftraten: Konnten sich die Probanden nicht adäquat auf die Vignetten einlassen, wurden seitens des Interviewers vermehrt Rückfragen gestellt. Es zeigte sich, dass aufgrund der steigenden Anzahl an Rückfragen a) nicht mehr eindeutig zu trennen war, was das Kind von sich aus geäußert hat und was ihm suggeriert wurde und b) die Standardisierung des Interviews nicht mehr gewährleistet war. Es wurde sich deshalb entschlossen, die folgenden Untersuchungen lediglich auf die dritte und vierte Klassenstufe zu beschränken. Schließlich verweist auch die Fachliteratur darauf, dass gerade standardisierte Interviews vom Alter abhängig sind und Interviews bei Kindern unter acht Jahren in der Regel methodische Probleme mit sich bringen (vgl. Heinzel, 2012; Vogl, 2012). Sollte die Forschungsarbeit zeigen, dass Grundschüler der dritten und vierten Klassenstufen valides Feedback zur Unterrichtsqualität geben können, kann in einer weiteren Forschungsarbeit eine angemessenere Methode zur Erfassung der Validität des Feedbacks jüngerer Schüler erfolgen. Allerdings ist zu bedenken, dass sowohl Erst- als auch Zweitklässler nicht nur mit dieser Erhebungsmethode Schwierigkeiten haben, sondern entwicklungsbedingt auch mit Fragebogenerhebungen (vgl. Kapitel 4). In der Fachliteratur wird gerade von schriftlichen Befragungen unter acht Jahren abgeraten (Vogl, 2012).

Bezüglich der Itemanzahl stellte sich heraus, dass mindestens sechs Items geprüft werden können, ohne die Kinder zu sehr zu beanspruchen. Bis zur Vollendung des Leitfadens zum jeweils sechsten Item variierte die Dauer der Interviews zwischen 12 und 28 Minuten. Insofern konnte mit einer durchschnittlichen Zeit von ca. 20 Minuten geplant werden. Der Leitfaden funktionierte ausgesprochen gut, sodass keine beachtlichen Änderungen veranlasst wurden. Eine detaillierte Beschreibung des Leitfadens und der Interviewführung erfolgt bei der Beschreibung der Instrumente der ersten Hauptstudie I (siehe Kapitel 9.1.2.2). Dort wird ebenfalls auf kleine Modifikationen, welche aus der Pilotierung des Leitfadens resultierten, hingewiesen.

9 Hauptstudie I

Die erste Hauptstudie umfasst zwei Teilstudien: eine qualitative und eine quantitative Validierung der selektierten Items. Ziel der qualitativen Studie war es, zu eruieren, inwieweit die Schüler die Items verstehen können und einfache, typische Unterrichtssituationen mittels der selektierten Items beurteilen können. Die Überprüfung der Altersadäquatheit der Items geht damit einher. Die quantitative Teilstudie umfasst eine faktorielle Validierung der Items, aus der erste Hinweise in Bezug auf die Konstruktvalidität auf Itemebene resultieren. Aus dem Vergleich der Resultate aus den verschiedenen Validierungsstudien (Vorstudien eingeschlossen), wurden Aussagen über die Effizienz der einzelnen Validierungsmethoden abgeleitet. Im Folgenden werden die beiden Teilstudien zunächst separat berichtet und diskutiert. Im Anschluss erfolgen ein Vergleich der Studien sowie ein studienübergreifendes Fazit.

9.1 Teilstudie I

9.1.1 Fragestellung

Die grundlegende Zielsetzung dieser Studie war es, Erkenntnisse über die Altersadäquatheit der Items bzw. die empirische inhaltliche Itemvalidität zu gewinnen, indem die Urteilsfähigkeit der Schüler im Hinblick auf die Items geprüft wurde. Den zentralen Aspekt der Urteilsfähigkeit stellt insbesondere Stufe 1, die Iteminterpretation, dar.[19] Damit fokussiert die Teilstudie auf die erste zentrale Forschungsfrage der Forschungsarbeit (vgl. Kapitel 6):

ZFFI)   *Verstehen Grundschüler Items aus gängigen Feedbackinstrumenten im intendierten Sinn?*

Unter Einbeziehung der Erkenntnisse aus der Unterrichtsforschung, der Entwicklungspsychologie sowie der kognitiv fundierten Survey-Forschung (vgl. Kapitel 4) wurden in Bezug zu dieser Forschungsfrage folgende Hypothesen aufgestellt:

---

19 Das Design der Studie wurde deshalb darauf ausgerichtet, gezielt Fehler auf Stufe 1 zu identifizieren. Dies bedeutet jedoch nicht, dass die anderen Stufen völlig außer Acht blieben. Denn Stufe 1 des Antwortprozesses lässt sich insbesondere bei Kindern nicht isoliert vom Urteilsprozess erfassen (siehe Kapitel 9.1.2).

ZFF_IH_I)   Schüler gehen bei der Iteminterpretation nur bedingt analytisch vor. *Es lassen sich Anzeichen von Synkretismus und Verbalismus finden.*

ZFF_IH_{II})   Die Itemlänge (Wort-, Buchstabenanzahl) hat einen Einfluss auf die itembezogene Urteilsfähigkeit. *Je länger ein Item, desto höher der Anteil an Fehlern.*

ZFF_IH_{III})   Die Itemkomplexität hat einen Einfluss auf die itembezogene Urteilsfähigkeit. *Je komplexer ein Item, desto höher der Anteil an Fehlern.*

ZFF_IH_{IV})   Bei den Schülern existieren hinsichtlich der itembezogenen Urteilsfähigkeit interindividuelle Unterschiede.

ZFF_IH_V)   Interpretationsschwierigkeiten werden von den Schülern mehrheitlich nicht erkannt. Das heißt, *die Mehrheit der Schüler entwickelt inadäquate Eigeninterpretationen (auf Begriffs- oder Itemebene), sind sich der Unzulänglichkeit der Interpretation aber nicht bewusst.*

Da insbesondere auf das Itemverständnis fokussiert wird, sollten mögliche Unterschiede hinsichtlich der itembezogenen Urteilsfähigkeit vor allem durch sprachliche Fähigkeiten und Fertigkeiten der Schüler bedingt sein (z. B. durch das allgemeine Begriffswissen und den Wortschatz), während das Geschlecht beispielsweise keinen Einfluss haben sollte.

Über den Vergleich von zwei Validierungsmethoden – Experteneinschätzung und Cognitive Testing (Begriffsklärung siehe Kapitel 9.1.2) – wurde die Effizienz und die Konformität der beiden Validierungsmethoden analysiert. Dabei wurde der zweiten zentralen Forschungsfrage der vorliegenden Arbeit nachgegangen:

ZFF_{II})   *Wie gut sagt eine (augenscheinliche) inhaltliche Validierung durch Experten die empirische inhaltliche Itemvalidität voraus?*

In Anlehnung an die Studienergebnisse von Woolley und Kollegen (2004) sowie Bowen (2008) wurde in Bezug auf die zweite Forschungsfrage folgende Hypothese untersucht:

ZFF₁₁H₁) Eine (augenscheinliche) inhaltliche Validierung reicht nicht aus: *Die empirische inhaltliche Validität (Altersadäquatheit) der Items lässt sich durch die Validierung der Experten nicht adäquat vorhersagen.*

Neben der Beantwortung der ersten beiden zentralen Forschungsfragen der Arbeit sollten außerdem Erkenntnisse über problemgenerierende Aspekte der Items gewonnen werden. Auf Basis dieser Erkenntnisse sollten Items, anhand welcher die Schüler kein hinreichend valides Urteil fällen, optimiert werden, sodass aus der vorliegenden Forschungsarbeit ein Pool an validen, alterstauglichen Items resultiert (vgl. Zielsetzung Kapitel 6.2). Deshalb wurden die Fehler entsprechend analysiert. Es gibt bislang nur wenig Forschung, die auf Fehler innerhalb von fragebogenbasierten Grundschülerurteilen fokussiert (vgl. Kapitel 4), sodass hierbei vorwiegend explorativ vorgegangen wurde. Das Ziel war es, Fehlertypen zu identifizieren. Eine zusätzliche Forschungsfrage lautete deshalb:

FF₁) *Welche Fehlertypen lassen sich abstrahieren?*

9.1.2 Methode

Die qualitative Validierung in Form von *Cognitive Testing* (CT) wurde bislang noch recht selten praktiziert. Die dazugehörenden Techniken bzw. Methoden gelten noch nicht als Standardverfahren im Zuge einer Validierung. Deshalb fließen in den folgenden Text theoretische Hintergrundinformationen zu CT ein, um die Wahl der Erhebungsmethode besser nachvollziehen zu können (Kapitel 9.1.2.1).

9.1.2.1 Erhebungsmethode

Wahl der Erhebungsmethode
Zur Untersuchung möglicher Schwierigkeiten bei der Beantwortung eines Items wird in der Forschung auf Methoden zurückgegriffen, die unter den meist synonym verwendeten Begriffen *Cognitive (Pre)Testing (CT), Cognitive Interviewing (CI)* oder *Cognitive Response Testing (CRT)* zusammengefasst werden.[20] In der Regel wird darunter eine qualitative Validierung eines

---

20 Im folgenden Text wird der Begriff Cognitive Testing (CT) verwendet, sofern Schwierigkeiten in Bezug auf den Antwortprozess untersucht werden. In der Literatur existiert

Instruments auf Itemebene verstanden. Dabei stehen die kognitiven Prozesse und gedanklichen Assoziationen der Probanden in Bezug auf das jeweilige Item im Fokus der Untersuchung. Beatty und Willis (2007) definieren die kognitive Validierung auf Itemebene wie folgt:

> We define cognitive interviewing as the administration of draft survey questions while collecting additional verbal information about the survey responses, which is used to evaluate the quality of the response or to help determine whether the question is generating the information that its author intends. (Beatty & Willis, 2007, S. 287)

CT gilt als sehr effizient, um Schwierigkeiten, die aus der Interaktion von Proband und Item resultieren, aufzudecken (Beatty & Willis, 2007, S. 287; Lapka, Jupka, Wray & Jacobsen, 2008, S. 469; Presser et al., 2004). Methoden des CT waren ein wesentlicher Aspekt auf der Konferenz zu *Questionnaire Design, Evaluation and Testing* (2002). Das Buch, welches aus der Konferenz resultierte, beschreibt ausführlich verschiedene Methoden und Facetten von CT (Presser et al., 2004). Übergeordnete Ziele sind a) zu verstehen, wie die Probanden Schlüsselwörter und komplette Items wahrnehmen sowie interpretieren, b) potentielle Probleme, die während des Antwortprozesses auftreten, zu identifizieren und c) die identifizierten Problemstellen zu korrigieren (Beatty & Willis, 2007, S. 287; Lapka et al., 2008, S. 469; Willis & Miller, 2011, S. 333f).

Quantitative Validierungsmethoden sind weniger effizient, um potentielle Komplikationen während des Antwortprozesses aufzudecken. Insbesondere Probleme bei der Iteminterpretation können mittels der gängigen, psychometrischen Validierungsmethoden nicht systematisch erfasst werden (vgl. Bowen, 2008). Dennoch wird CT im Vergleich zu psychometrischen Validierungsmethoden in der Forschung bislang selten angewandt (Castillo Díaz, Padilla García, Gómez-Benito, Andrés Valle, 2010; Thyer, 2001; Woolley et al., 2004). Die *productivity map* von Castillo Díaz und Kollegen (2010) lässt zwar einen zunehmenden Trend innerhalb der letzten drei Jahrzehnte erkennen, aber von breitflächigem Einsatz kann noch keine Rede sein. Speziell die Literatur zu CT mit Kindern ist noch sehr rar (Leeuw, Borgers & Smits, 2004; Woolley et al., 2004). Eine mögliche Erklärung für den geringen Einsatz von CT könnte der Aufwand der damit verbundenen Erhebungs- und Auswertungsmethoden sein (Lapka et al., 2008, S. 475; Prüfer & Rexroth, 2005, S. 19): Kognitive Prozesse, wie beispielsweise die interpretative Auseinandersetzung mit den Items, sind nicht direkt messbar. Das heißt, diese

---

keine einheitliche Schreibweise. Aufgrund der besseren Lesbarkeit wurde sich für die Großschreibung entschieden.

Prozesse bzw. die Gedanken der Probanden müssen expliziert werden, bevor sie analysiert werden können. Hierbei werden in der Regel verbale Daten erzeugt, indem Probanden beispielsweise zum Verbalisieren ihrer gedanklichen Assoziationen bei oder nach der Beantwortung eines Items aufgefordert werden. Verbale Daten zu erheben, zu systematisieren und zu analysieren erfordert vergleichsweise viel Zeit.

Um kognitive Prozesse möglichst präzise zu erfassen, wurde – insbesondere in den letzten 30 Jahren – ein vielfältiges Set an Methoden entwickelt (Willis & Miller, 2011, S. 332). Allerdings sind weder zu den Erhebungsmethoden noch zu den Auswertungsmethoden hinreichende Standards formuliert (Beatty & Willis, 2007; Willis & Miller, 2011). Als renommierte Methoden und Techniken zählen nach Woolley und Kollegen *konkurrentes* oder *retrospektives* Lautes Denken, das Befragen von Probanden nach itembezogenen Problemen, die Einschätzung der Verständlichkeit durch die Probanden, die Reformulierung des Items in eigenen Worten durch die Probanden, das Definieren von Schlüsselworten durch die Probanden, das Wiederholen der gewählten Antwort durch den Interviewer und daran anschließend das Befragen der Probanden nach der Begründung der gewählten Antwort (2004, S. 194). Prüfer und Rexroth nennen die Nachfragetechnik (*Probing*), die Bewertung der Verlässlichkeit der Antwort, das Paraphrasieren, Sortiertechniken und Antwortreaktionszeitmessungen (Prüfer & Rexroth, 2005, S. 5; Prüfer & Rexroth, 1996).

Verfolgt man die methodische Entwicklung, lassen sich insbesondere zwei Paradigmen identifizieren: Zunächst wurde sehr stark auf das *Laute Denken* fokussiert. Der Interviewer hatte hier eine eher zurückhaltende Rolle, indem er lediglich die Probanden dazu aufforderte, ihre Gedanken während oder nach dem Durchlaufen eines kognitiven Prozesses zu verbalisieren. Das Paradigma des Lauten Denkens wird auch als Ursprung von CT verstanden (Beatty & Willis, 2007, S. 289f). Ericsson und Simon (1993) gelten als Begründer dieses Paradigmas. Im später folgenden Paradigma nimmt der Interviewer eine proaktivere Rolle ein, indem er mittels sogenannter *Follow-Up Probes* nachhakt oder den Probanden gezielt Fragen zum Item und zur Antwortfindung stellt. Dominierende Methode in diesem Paradigma ist demnach die Nachfragetechnik bzw. das *Probing*[21] (Beatty & Willis, 2007, S. 289f). Probing schließt die von Woolley und Kollegen genannten Techniken zum Teil ein, indem zum Beispiel das Fragen nach den Schlüsselwörtern der Items

---

21 Da in Deutschland im Kontext der psychologischen Forschung der Begriff *Nachfragetechnik* selten verwendet wird, wird im Folgenden der englische Begriff *Probing* benutzt. Entsprechend bezeichnet *Probe* eine gezielte Nachfrage. Zur besseren Lesbarkeit werden die beiden Nomen trotz englischer Herkunft in dieser Arbeit groß geschrieben (wörtliche, englischsprachige Zitate ausgenommen).

oder nach der Reformulierung der Items in eigenen Worten jeweils als *Probe* verstanden wird. Probes können demnach sehr unterschiedlich sein (Willis, 2005). Probing und Lautes Denken, als die bislang renommiertesten Methoden im Bereich CT, werden im folgenden Text näher beschrieben.

Lautes Denken

Bei der Methode des Lauten Denkens werden die Probanden instruiert, all ihre Gedanken, die ihnen bei der Bearbeitung von Aufgaben (z. B. bei der Beantwortung eines Items) durch den Kopf gehen, zu verbalisieren. Hierbei werden zwei Arten von lautem Denken unterschieden: das *konkurrente* und das *retrospektive* Laute Denken (Ericsson & Simon, 1993). Beim *konkurrenten* Lauten Denken verbalisieren die Probanden ihre Gedanken *während* der Bearbeitung von Aufgaben. Alles, was hierbei verbalisiert wird, bezieht sich auf bewusste Informationen aus dem Arbeitsspeicher (Kurzzeitgedächtnis). Inhalte aus dem Langzeitgedächtnis müssen zunächst erinnert und in den Arbeitsspeicher transferiert werden, bevor sie expliziert werden können. Nicht bewusst wahrgenommene Informationen bzw. Reize im sensorischen Register können nicht expliziert werden (Ericsson & Simon, 1993, Konrad, 2010). Konkurrentes Lautes Denken kann durch das Verbalisieren der Gedanken eine zusätzliche Belastung der Kapazität des Arbeitsspeichers darstellen. Sind die Aufgaben sehr komplex, wird deshalb retrospektives Lautes Denken durchgeführt. Beim retrospektiven Lauten Denken verbalisieren die Probanden ihre Gedanken erst *nach* Beendigung der Aufgabe. Je nachdem wie lang die Bearbeitung der Aufgabe andauert, kann es jedoch sein, dass hierbei Informationen aus dem Langzeitgedächtnis ins Kurzzeitgedächtnis transferiert werden müssen. Nach Ericsson und Simon (1993) ist retrospektives Lautes Denken deshalb anfälliger für Verzerrungen als konkurrentes Lautes Denken. Eine Explikation aller ablaufenden kognitiven Prozesse ist jedoch mit beiden Formen nicht möglich, da nur auf bewusst vom Probanden wahrgenommene Information rekurriert werden kann.

Um das Verzerrungspotential so gering wie möglich zu halten, plädieren Ericsson und Simon (1993) dafür, konkurrentes Lautes Denken einzusetzen und die Probanden zu instruieren, ihre Gedanken so zu verbalisieren, wie sie gedacht werden, d. h. die Gedanken nicht zu erklären. Dabei sollte der Interviewer, wie in diesem Paradigma üblich, eine eher passive Rolle einnehmen und den Probanden so wenig wie möglich beeinflussen.

Probing (Nachfragetechnik)

Unter *Probing* wird ein kognitives Interview verstanden, in welchem mittels spezifischer Probes die Schwierigkeiten, die während der Bearbeitung einer Aufgabe bzw. eines Items auftreten, konkretisiert werden. Dabei können die Probes – ähnlich wie beim Lauten Denken – konkurrent oder retrospektivisch eingesetzt werden (Willis, 2005). Beim konkurrenten Probing wird der Proband unmittelbar nachdem er ein Item bearbeitet hat befragt, beim retrospektiven Probing hingegen erfolgen die Probes als ein Set, erst nachdem der Proband alle Items bearbeitet hat (Willis & Miller, 2011, S. 335). In der Regel wird konkurrentes Probing empfohlen, da durch diese Technik Vergessenseffekten vorgebeugt wird. Der Proband kann zur Beantwortung der Frage direkt auf die Information im Kurzzeitgedächtnis zurückgreifen (vgl. Willis, 2005, S. 12). Es gibt jedoch auch Gründe, die für ein retrospektives Probing sprechen. Beispielsweise kann das unmittelbare Probing die Beantwortung der folgenden Items beeinflussen. Schließlich erfolgt normalerweise das Ausfüllen eines Fragebogens am Stück und konkurrentes Probing unterbricht diesen Prozess bzw. stört den Probanden während dieser Aktivität (vgl. Willis & Miller, S. 335). Es lassen sich eine Vielzahl an Probes unterscheiden. Willis und Miller (2011) klassifizieren sieben unterschiedliche Typen (siehe Tabelle 6). Je nach Kontext, Instrument und Proband ist zu entscheiden, welche Probes für die geplante Forschungsarbeit sinnvoll sind.

Anders als beim Lauten Denken erhält der Interviewer durch das Probing eine proaktive Rolle. Dabei wird zwischen standardisierten und unstandardisierten kognitiven Interviews unterschieden: Standardisierte kognitive Interviews werden nach einem Interviewleitfaden geführt, welcher präzise vorschreibt, wann welche Probe einzusetzen ist. Unstandardisierte kognitive Interviews hingegen überlassen es dem Interviewer selbst den Zeitpunkt, den Probing-Typ und die Formulierung der Probe frei zu wählen. Da unstandardisierte Daten generell die Analyse erschweren, indem die Vergleichbarkeit eingeschränkt ist (Beatty & Willis, 2007, S. 297), wird in diesem Kontext mehrheitlich zu standardisierten Interviews geraten. Des Weiteren wird empfohlen, die Probes je nach Zielsetzung spezifisch auszuwählen und sparsam einzusetzen, um den Einfluss des Interviewers so gering wie möglich zu halten (Robinson, 2001).

Tabelle 6: *Probing-Typen in Anlehnung an Willis und Miller (2011)*

Typ	Beispiel
Verständnis (Comprehension Probe)	Was verstehen Sie unter dem Term Zahnversiegelung?
Paraphrasieren (Paraphrase Probe)	Können Sie das Item in Ihren eigenen Worten wiedergeben?
Urteilssicherheit (Confidence Probe)	Wie sicher sind Sie sich, dass Ihre Krankenversicherung Maßnahmen zur Herstellung psychischer Gesundheit einschließt?
Wiederholung (Recall Probe)	Woher wissen Sie, dass Sie in den letzten 12 Monaten dreimal beim Arzt waren?
Spezifische Nachfrage (Specific Probe)	Warum denken Sie, dass Brustkrebs das größte Gesundheitsproblem ist?
Prozess (Process Probe)	Wie sind Sie zu dieser Antwort gekommen (Begründung)?
Elaborieren (Elaborative Probe)	Können Sie mir mehr darüber erzählen?

Sowohl Probing als auch Lautes Denken wurden in der Literatur bislang zahlreich diskutiert und kritisiert, da jede Methode Vor- und Nachteile aufweist. In der Praxis von CT wird heute häufig eine Mischform aus beiden Methoden angewandt. Die Basis hierzu ergibt sich aus der gleichen Zielsetzung der Paradigmen: das Generieren von verbaler Information, um die Güte einzelner Aufgaben oder Items aus Testinstrumenten zu evaluieren (Beatty & Willis, S. 292). Darüber hinaus ergänzen sich die beiden Methoden sehr gut und lassen sich recht einfach kombinieren (Willis, 2005, S. 57).

Eignung von Lautem Denken, Probing sowie weiterer Methoden von CT

Um eine geeignete Methode für die Teilstudie auszuwählen, werden im folgenden Text die Vor- und Nachteile der beiden dominierenden Methoden eruiert. Die seltener angewandten Methoden werden ebenfalls kurz diskutiert – stets auch im Hinblick auf die Verwendung bei jungen Probanden.

Eignung: Lautes Denken

Nisbett und Wilson (1977) stellen auf Basis ihrer Untersuchung in Frage, ob das Laute Denken tatsächlich wortgetreue Reflexionen der ablaufenden kognitiven Prozesse abbildet und bezweifeln letztlich, dass Probanden hinreichend Zugang zu ihren Urteilsprozessen haben (Nisbett & Wilson, 1977). Die Autoren konnten in ihrer Studie zeigen, dass Probanden sich häufig nicht bewusst sind, durch welche Faktoren ihr Urteil beeinflusst wird. Somit könnten laut Nisbett und Wilson subjektive Theorien über die ablaufenden Prozesse an die Stelle wortgetreuer Reflexionen treten. Robinson (2001) argumentiert in diesem Zusammenhang, dass es für Probanden schwierig ist, einen Urteilsprozess zu verbalisieren, welcher auf unbewussten Prozessen oder Heuristiken basiert. Der Proband kann in einem solchen Fall ein Urteil fällen, findet aber keine kohärente, vorliegende Begründung. Dies könnte zu Missinterpretationen der verbalen Daten führen, indem ein Item als schwierig oder unlösbar angenommen wird, obwohl lediglich die Begründung zum Urteil nicht (spontan) verfügbar ist. Nach den Verfechtern des Lauten Denkens (Ericsson & Simon, 1993) können zwei Arten von Kognitionen durch Lautes Denken nicht abgebildet werden: Automatisierte Prozesse und Gedanken, welche nicht in verbaler Form vorliegen und deren Transformation nicht spontan möglich ist. Gedanken hingegen, welche verbal vorliegen, können mit Lautem Denken direkt expliziert werden. Gedanken, welche nicht direkt verbal vorliegen, jedoch eine Enkodierung spontan möglich ist, können ebenfalls verbalisiert werden. Es ist jedoch ungewiss, inwieweit ein Proband tatsächlich bereit ist, alle Gedanken „unreflektiert" zu verbalisieren. Empirische Untersuchungen zu Lautem Denken verweisen darauf, dass einige Probanden nicht alles, was sie denken auch explizieren (Russo et al.; 1989; Praetorius et al.; 2012). Die aus dem Verschweigen einiger Gedanken entstehende Verzerrung wird als *error of omission* bezeichnet. Ein deutliches Anzeichen hierfür sind lange Pausen während der Verbalisierung. Die Studienübersicht von Russo und Kollegen (1989) verdeutlicht, dass sich die Antwortzeiten unter Verwendung von Lautem Denken verlängern können. Als ein möglicher Grund für diesen Reaktivitätseffekt wird der *error of comission* berichtet (Russo et al.; 1989). Error of comission bedeutet, dass Personen Gedanken verbalisieren, die sie gar nicht gedacht haben. Als eine Ursache für die genannten Verzerrungen wird angenommen, dass Personen bei der Bearbeitung der jeweiligen Aufgaben rationaler und differenzierter antworten, um einen besseren Eindruck zu machen. Als ein weiterer Grund wird die Schwierigkeit des Verbalisierens während des Denkens beschrieben. Darüber hinaus wird diskutiert, dass das Laute Denken sogar den ursprünglichen Urteilsprozess beeinflusst, indem a) Probanden stärker auf Informationen fokussieren, die verfügbar und leicht zu explizieren sind, b) das Verbalisieren durch die zusätzliche Belastung der Arbeitskapazität den Denkprozess behindert und c) Personen motivierter sind, ein rationales und differenziertes Urteil zu fällen (z. B. Conrad, Blair & Tracy, 2000; Praetorius, 2012; Russo, Johnson & Stephens, 1989; Willis, 1994, 2005c). Laut Prüfer und Rexroth (2005) sind lediglich 50 % der Menschen in der Lage konkurrentes Lautes Denken adäquat durchzuführen. Robinson (2001) wendet ein, dass die Qualität der Umsetzung von Lautem Denken an Variablen wie beispielsweise das Alter gebunden sein kann:

Ericsson and Simon (1993) based their theory primarily on studies with normal adults (although Siegler's work is cited as supporting evidence) and did not consider any other participant characteristics, such as age, cognitive maturity, or the development of verbalization skills, that could have an effect on verbal report validity. (Robinson, 2001, S. 212)

Für den Einfluss des Alters gibt es empirische Evidenz: In Studien zu mathematischem Problemlösen wird von erheblichen Problemen unter Verwendung der Methode bei Kindern berichtet. Es fiel den Kindern schwer, sich auf die Methode einzulassen bzw. das Verbalisieren adäquat umzusetzen. Um die kognitiven Prozesse der Kinder in Bezug auf das Lösen mathematischer Aufgaben zu erfassen, wurde die Methode des Lauten Denkens als nicht hinreichend bzw. als reaktiv und nicht veridikal beschrieben (Cooney & Ladd, 1992; Ginsberg, Kossan, Schwartz & Swanson, 1983). Im Kontext mathematischer Aufgaben berichtet Robinson (2001) von einer geringeren Lösungsgeschwindigkeit durch den Einsatz von Lautem Denken bei Grundschulkindern, insbesondere bei konkurrentem Lautem Denken. Bei Erstklässlern führte selbst das retrospektive Laute Denken zu einer Entschleunigung. Ferner zeigte sich, dass das konkurrente Laute Denken von über der Hälfte der jungen Probanden nicht wie instruiert umgesetzt werden konnte. Entgegen der Anweisung beschrieben viele Kinder von sich aus ihren Denkprozess aus der Retroperspektive. Außerdem zeigte sich, dass es den älteren Kindern (Fünftklässler) gerade bei einfachen Aufgaben schwer fiel, den Denkprozess zu verbalisieren. Als Grund hierfür wird vermutet, dass die Lösung durch die Anwendung von Automatismen gefunden wird, welche mehr unbewusst als bewusst ablaufen.

Insgesamt lässt sich bislang festhalten, dass das Verzerrungspotential verbaler Daten unter Verwendung von Lautem Denken als recht hoch einzustufen ist, insbesondere bei jungen Probanden. Weitere Kritik am Lauten Denken wird in Bezug auf die Datenauswertung deutlich. Willis (2004) stellt in Frage, ob sich mittels des Lauten Denkens sämtliche Probleme, die von einem Item ausgehen, eruieren lassen und bezweifelt, dass Verständnisprobleme direkt ersichtlich werden. Diese Bedenken teilen Prüfer und Rexroth (2005). Sie argumentieren, dass Probleme mit einem Item selten verbalisiert werden, da Probanden in solchen Fällen häufig das Item modifizieren, um es beantworten zu können. Diese Modifikation wird aber in der Regel nicht verbalisiert (vgl. Prüfer & Rexroth, S. 3).

Selbst wenn mittels des Lauten Denkens Probleme aufgedeckt werden, liefern die Daten häufig nicht genügend Informationen, um die Art des Problems oder die Ursache zu identifizieren (Conrad et al., 2000). Spontan geäußerte Bemerkungen während des Urteilsprozesses bieten wenig Raum und geringe Möglichkeiten zu einer systematischen Problem- und Ursachenanalyse (Prüfer & Rexroth, 2005). Conrad und Kollegen (Conrad et al., 2000) geben deshalb zu bedenken, dass Lautes Denken in manchen Situationen dazu führen kann, vorhandene Probleme zu übersehen oder Probleme hinein zu interpretieren wo keine sind.

Trotz umfangreicher Kritik am Lauten Denken mangelt es an geeigneten Alternativen, um kognitive Prozesse unverzerrt abzubilden, da gerade implizite, unbewusste Prozesse auch mit anderen Methoden nicht hinreichend zu erfassen sind. Wie der nächste Abschnitt verdeutlicht, sind Verzerrungen auch bei Probing nicht ausgeschlossen. In der Literatur wird deshalb zu einer Kombination verschiedener Methoden geraten (Beatty & Willis, 2007; Conrad et al., 2000; Hacker, Dunlosky & Graesser, 1998; Wilson & Clarke, 2004). Beatty und Willis (2007) fügen hinzu, dass die optimale Methode je nach Alter variieren kann. Für die vorliegende Forschungsarbeit ist die Methode des Lauten Denkens nicht geeignet, da die Methode bei Grundschulkindern zu erheblichen Problemen führen kann.

Eignung: Probing

Probing stellt mittlerweile eine weit verbreitete Methode dar, wird jedoch ähnlich wie Lautes Denken kontrovers diskutiert. Einige Autoren betonen mehr das Verzerrungspotential der Methode (z.B. Forsyth & Lessler, 1991), andere hingegen heben die Stärken hervor (z.B. Prüfer & Rexroth, 2005). Generell ist festzuhalten, dass auch mittels Probing Prozesse, die unbewusst ablaufen, nicht erfasst werden können. Sofern Probing unmittelbar nach der Beantwortung eines Items eingesetzt wird, ist davon auszugehen, dass ähnlich wie beim retrospektiven Lauten Denken auf Information aus dem Arbeitsspeicher zurückgegriffen wird (Willis, 1994; Willis, 2004).

Probing bietet die Möglichkeit, verbale Daten systematisch zu erfassen und gezielt auf Probleme bei der Beantwortung eines Items oder der Bearbeitung einer Aufgabe zu fokussieren (Willis, 2004). Insofern erleichtert Probing die Identifikation von Problemen und deren Ursachen (vgl. Lapka, 2008). Auch Conrad und Kollegen betonen in Bezug auf Probing den Vorteil, systematisch und darüber hinaus theoretisch fundiert vorgehen zu können (Conrad et al., 2000). Des Weiteren bietet Probing die Option, Probanden in den Optimierungsprozess von Fragebögen einzubeziehen, indem beispielsweise nach Vorschlägen zur Optimierung von Items (z.B. zur sprachlichen Vereinfachung) gefragt wird (vgl. Lapka, 2008, S. 467). Allerdings ist mit Verzerrungen zu rechnen, wenn durch die Probes auf Aspekte fokussiert wird, die im Urteilsprozess des Probanden ohne Probes unberücksichtigt geblieben wären. Insofern ist es denkbar, dass aufkommende Probleme unter Umständen mehr auf der uniquen Situation zwischen Interviewer und Proband gründen als auf tatsächlichen Problemen. In solchen Fällen müsste man von Artefakten sprechen. Das Produzieren von nicht existenten Problemen ist vermutlich der größte Vorwurf, der Probing gegenüber erhoben wird: „Perhaps the strongest justification for the probe-based paradigm is that it generates verbal material that questionnaire designers find useful, but that may not emerge unless a cognitive interviewer specifically asks for it" (Beatty & Willis, 2007, S. 294).

Deshalb wird geraten, Probes sparsam und wohl überlegt einzusetzen (z. B. Conrad et al., 2000). Die Eignung von Probing ist demnach von der Auswahl der Probes abhängig. Als sinnvoll gilt es beispielsweise, bei deutlichen Anzeichen auf Unsicherheit des Probanden (z. B. viele *äähms*, lange Pause, Hin- und Herspringen zwischen Antwortformaten) Follow-Up Probes zu setzen (z. B. *Sie haben sich lange Zeit gelassen, um das Item zu beantworten. Gab es aus ihrer Sicht irgendwelche Schwierigkeiten?*). Somit helfen Probes Aspekte zu vertiefen und mögliche Hypothesen zu klären, die beim Lauten Denken beispielsweise ungeklärt bleiben würden (vgl. Conrad et al., 2000; Lapka, 2008). Solche reaktiven Probes gelten ebenso wie spezifische Probes (z. B. *Was verstehen sie unter dem Begriff ...?*) als effizient bzw. zweckdienlich. Allgemeinere Probes, die beispielsweise nach den ersten Gedanken beim Beantworten fragen, sind vergleichsweise ineffizient (vgl. Foddy, 1998; Prüfer & Rexroth, 2005). Generell sollten Probes keine korrekte Antwort suggerieren (Willis, 1994).

Wie bereits erwähnt, wird in der Literatur in Bezug auf erwachsene Probanden die Kombination von Lautem Denken und Probing als vorteilhaft beschrieben, da somit zunächst die Gedanken während des Urteilsprozesses durch Lautes Denken erfasst werden können und direkt im Anschluss mögliche Hypothesen in Bezug auf das verbale Material durch Probing geprüft werden können (vgl. Beatty & Willis, 2007; Conrad et al., 2000; Willis, 2005c). Dadurch wird eine inhaltliche Vertiefung erzielt, welche zugleich die Auswertung erleichtert. Schließlich kann mittels ausgewählter Probes Hintergrundinformation zu schwierig deutbaren Äußerungen beim Lauten Denken eingeholt werden. Kritisiert werden allerdings die fehlenden Standards bei der Auswertung der Daten – unabhängig davon, ob eine Kombination aus beiden Methoden erfolgt oder nicht (vgl. Beatty & Wills, 2007; Conrad et al., 2000). Deshalb wird gefordert, den Prozess bzw. die angewandten Methoden möglichst ausführlich darzustellen, um künftig aus den Forschungsarbeiten Standards ableiten zu können. In neueren Arbeiten wird dieser Forderung Rechnung getragen: Es zeigt sich ein deutlicher Trend von der früher teils *intuitiven* Auswertung – häufig während der Erhebung – zu einer systematischen Analyse unter Anwendung deskriptiver Kategoriensysteme (z. B.

Bowen, 2008; Conrad et al., 2000). Erste Formulierungen vager Standards finden sich bei Beatty & Willis (2007).

Es gibt wenig Literatur zum Einsatz von CT bei Kindern, Probing eingeschlossen (Leeuw et al., 2004; Woolley et al., 2004). In Studien, welche im letzten Jahrzehnt veröffentlicht wurden, wird Probing als eine Methode beschrieben, welche bei jungen Probanden adäquat umgesetzt werden kann und darüber hinaus hilfreiche Daten zur Validierung und Optimierung von Fragebögen liefert (Bowen, 2008; Woolley, Bowen & Bowen, 2006; Woolley et al., 2004). Die erwähnten Artikel stellen den Prozess der Erhebung und der Analyse transparent dar. Auch der Forderung, Erhebung und Analyse voneinander zu trennen (Conrad et al., 2000), wird nachgekommen. Insofern bieten diese Artikel eine hilfreiche Orientierung zur Entwicklung eines Interviewleitfadens sowie eines Kodiermanuals für die geplante Studie.

Eignung: Bewertung der Verlässlichkeit der Antwort

Mittels dieser Methode erfährt man etwas über die Sicherheit des Probanden in Bezug auf seine Antwort (sein Urteil). Das eigentliche Problem, welches einer wenig verlässlichen Antwort zugrunde liegt, bleibt dabei unerkannt. Insofern ist diese Methode nur in Kombination mit weiteren Methoden sinnvoll (Prüfer & Rexroth, 2005). Häufig wird die Bewertung der Antwortsicherheit als Probe in ein kognitives Interview integriert (vgl. Willis & Miller, 2011). Bei Kindern ist diese Technik unter Einbezug der Kenntnisse aus der Entwicklungspsychologie (vgl. Kapitel 4, insbesondere Piaget, 1982) als weniger effizient zu werten, da sie schwierige, komplexe Items vermutlich durch unzulässige Komplexitätsreduktionen vereinfachen und sich danach der Antwort wiederum sicher sind, obwohl das ursprüngliche Item schwierig war.

Eignung: Sortiertechniken

Sortiertechniken gelten im Allgemeinen als verlässlich und für die Probanden als angenehmes bzw. abwechslungsreiches Verfahren (vgl. Prüfer & Rexroth, 2005). Sie stellen jedoch große Anforderungen an den Versuchsleiter, da bereits im Vorhinein adäquate Kategorien konstruiert werden müssen, die möglichst keinen inhaltlichen Aspekt unberücksichtigt lassen (vgl. Prüfer & Rexroth, 2005). Gerade bei der Arbeit mit jungen Probanden erfordert diese Technik sehr viel Vorarbeit, um sich ein Bild über das Spektrum kindlicher Begriffsassoziationen zu machen – als Basis für die Kategorienkonstruktion. Als problematisch ist außerdem anzumerken, dass Karten[22] gerade bei Kin-

---

22 Sortiertechniken verlangen in der Regel das Sortieren von Karten, welche spezielle Begriffe (oder Bilder) enthalten. Im Bereich der Software-Entwicklung sind diese Techniken sehr verbreitet.

dern, deren Begriffsverständnis noch nicht gefestigt ist (vgl. Giest, 2003), sowohl unterstützende als auch irreführende Wirkung haben können: in Bezug auf den Interpretationsprozess beispielsweise, indem die jeweilige Karte als Impuls dient, das Item plötzlich anders zu interpretieren. Gleiches gilt für das Sortieren möglicher Indikatoren.

Eignung: Paraphrasieren

Durch das Paraphrasieren wird deutlich, welche Aspekte der Proband mit dem Item assoziiert. Es werden demnach vor allem Informationen in Bezug auf die erste Stufe des Antwortprozesses gesammelt. Über mögliche Probleme mit dem Item bei der Informationssuche, der Urteilsfällung und der Transformation des Urteils in eine passende Antwortkategorie gibt diese Methode keine Auskunft. Insofern ist auch diese Technik allein nicht ausreichend und sollte daher mit anderen kombiniert oder in Probing integriert werden – z. B. als Comprehension Probe (vgl. Prüfer & Rexroth, 2005). Bei jungen Probanden erweist sich die Technik allerdings als wenig effizient, da es ihnen schwer fällt, andere bzw. eigene Worte zu finden, um den Iteminhalt wiederzugeben. Häufig erfolgt eine nahezu wortgetreue Wiederholung des Items (vgl. Woolley et al., 2004).

Eignung: Antwortreaktionszeitmessungen

Die Messung zur Antwortreaktionszeit kann lediglich darüber Auskunft geben, wie lange die Probanden für die Bearbeitung eines Items benötigen. Im Anschluss werden Rückschlüsse auf die Schwierigkeit eines Items gezogen. Allerdings ist die Zeit, die benötigt wird, um ein Item zu beantworten, nicht immer und vor allem nicht nur von dessen Schwierigkeit abhängig. Zum Beispiel ist es denkbar, dass sich der Proband gerade bei Items, die er nicht versteht, an vorangegangenen, bereits beantworteten Items orientiert und vergleichsweise schnell eine Antwortkategorie ankreuzt. Insofern sollte die Methode nie allein angewandt werden. In der Kombination mit anderen Methoden wird das Messen von Antwortreaktionszeiten auch bei jungen Probanden eingesetzt (z. B. Woolley et al., 2004).

Konkretisierung der Erhebungsmethode

In Anbetracht der Kritik an den verschiedenen Methoden, wurde sich für Probing entschieden, da sich diese Methode bei jungen Probanden als ergiebigste Methode erwiesen hat. Dabei dienten die Forschungsarbeiten von Woolley, Bowen und Kollegen als Orientierung (Bowen, 2008, Woolley et al., 2004; Woolley et al., 2006). In den genannten Forschungsarbeiten wurde sich für ein kognitives Interview in vier Stufen entschieden. Die einzelnen Interview-stufen lassen sich wie folgt beschreiben:

1. Fordere das Kind auf, das Item laut zu lesen.
2. Frage das Kind, was das Item bedeutet oder was damit herausgefunden werden soll.
3. Fordere das Kind auf, die am besten passende Antwortkategorie zu wählen (zum Teil wurde auch zum Vorlesen der Kategorien aufgefordert).
4. Fordere das Kind auf, die gewählte Antwort zu begründen.

Wie aus den Studienberichten hervorgeht, lassen sich vor allem aus den Begründungen der Schüler (Interviewstufe 4, Process Probe in Bezug auf Interviewstufe 3) Rückschlüsse auf das Itemverständnis ziehen. Das Itemverständnis lässt sich demnach bei jungen Probanden nicht isoliert, also nicht völlig getrennt vom Urteilsprozess über das Paraphrasieren, erfassen. Bei einer Auswertung ist es deshalb von Bedeutung, neben der itembezogenen Urteilsfähigkeit auch Fehlertypen zu analysieren, um Aussagen über die Itemverständlichkeit tätigen zu können bzw. Fehler, die erst auf späterer Stufe im Antwortprozess erfolgen, entsprechend ausweisen zu können.

Auf die Stufe des lauten Lesens (Interviewstufe 1) wurde in dieser Forschungsarbeit verzichtet, da im Projekt EMU ohnehin vorgesehen ist, die Items durch den Testleiter jeweils vorlesen zu lassen. Schließlich ist beim Einsatz von Fragebögen in der Grundschule aus entwicklungspsychologischen Gründen stets das Vorlesen durch den Testleiter zu empfehlen, da nicht jedes Kind über die entsprechenden Lesefähigkeiten verfügt (vgl. Kapitel 5). Ferner verdeutlicht die Studie von Bowen (2008), dass Fehler aus dem eigenständigen Erlesen resultieren, welche beim Vorlesen durch den Testleiter ausbleiben.

Interviewstufe 2 erwies sich innerhalb der genannten Studien als wenig effizient. Wie bereits erwähnt, fiel es manchen Kindern schwer, eigene Worte zu finden, um das Item oder dessen Intention zu beschreiben. Deshalb kam es häufig zu einer wortgetreuen Wiederholung des ursprünglichen Items. Das eigentliche Ziel der zweiten Interviewstufe ist jedoch, herauszufinden, ob die Schüler das Item korrekt verstehen bzw. alle Begriffe in den Interpretationsprozess einbeziehen und diese wie intendiert deuten. Um einer reinen Wiederholung des Items vorzubeugen, wurde im Rahmen von Teilstudie I der Interviewprozess auf dieser Stufe modifiziert.

Anders als in den genannten Publikationen, in welchen Items aus Selbst-Report-Instrumenten Untersuchungsgegenstand waren, wurden in dieser Forschungsarbeit Items zur Einschätzung der Unterrichtsqualität untersucht. Aus diesem Grund waren weitere Modifikationsmaßnahmen notwendig, um einen konkreten Urteilsbezug herzustellen und die Interviews bzw. die Probes angemessen zu standardisieren.

Im Folgenden wird der Aufbau der kognitiven Interviews, welche in Teilstudie I durchgeführt wurden, beschrieben. Insgesamt werden drei Interviewstufen unterschieden. Da auf das selbstständige Lesen des Items durch die Probanden verzichtet wird, erfolgt die erste Probe, nachdem das Item durch den Interviewer vorgelesen wurde.

Interviewstufe 1 dient in erster Linie dazu, zu erfahren, inwieweit junge Probanden von sich aus realisieren, dass ein Item unbekannte Worte beinhaltet oder nicht (korrekt) verstanden wird. Sind teilnehmende Probanden in der Lage, unbekannte Begriffe zu benennen, kann die Information genutzt werden, um Verständnisprobleme und deren Ursachen zu identifizieren.

Interviewstufe 1: Selbstauskunft des Kindes zum Verständnis auf Wort- und Satzebene

Nachdem das Item durch den Versuchsleiter vorgelesen wurde, erfolgt zunächst die Frage nach dem Verständnis auf Wortebene: *Gibt es in diesem Satz ein Wort, das du nicht verstehst?*

Bei einer Bejahung wird der Proband jeweils aufgefordert, das oder die entsprechenden Wörter zu nennen. Die nächste Anschlussfrage zum Verständnis bezieht sich dann auf die Satzebene bzw. die Itemebene und lautet: *Kannst du den Satz trotzdem verstehen?* Schließlich kann es trotz eines unbekannten Wortes durchaus sein, dass das Kind das Gesamtverständnis des Items durch die anderen Worte korrekt antizipiert. Falls das Kind die Frage bejaht, wird es aufgefordert, den Satz in eigenen Worten wiederzugeben bzw. zu paraphrasieren, um zu sehen, wie das Kind das unbekannte Wort umschreibt bzw. ob es den Sinn tatsächlich antizipieren kann.

Bei einer Verneinung der ersten Frage zum Verständnis auf Wortebene, wird ebenfalls zum Verständnis auf Satzebene übergegangen: *Hast du den ganzen Satz verstanden?*

Einordnung der Probes in Anlehnung an Tabelle 6: *Comprehension Probe, Paraphrase Probe*

Mit diesen Probes lässt sich das Verständnis jedoch nicht hinreichend untersuchen. Schließlich ist es denkbar, dass ein Kind angibt, das Item verstanden zu haben, obwohl es das Item anders als intendiert interpretiert. Weil mittels Paraphrasieren Fehlinterpretationen von Kindern häufig ebenfalls unerkannt bleiben – aufgrund wortgetreuer Wiederholung trotz fehlerhafter Deutung – wird auf Paraphrasieren weitestgehend verzichtet. Paraphrasieren ist lediglich vorgesehen, wenn das Kind selbst realisiert ein Wort nicht zu verstehen und es dieses zwangsläufig beim Paraphrasieren umschreiben muss. Alternativ zum Paraphrasieren kommt Interviewstufe 2 zum Einsatz.

Interviewstufe 2: Begriffsverständnis (Benennung positiver und negativer Indikatoren)

Der Interviewer fragt nach positiven und negativen Indikatoren. Die Fragen werden eingeleitet durch: *Woran merkst du, dass...?* oder *Woran stellst du fest, dass...?* Würde das Item lauten *Ich habe im Unterricht gut zugehört*, lauten die Probes entsprechend: *Woran merkst du, dass du im Unterricht gut zugehört hast?* bzw. *Woran merkst du, dass du im Unterricht nicht gut zugehört hast?*.[23]

Auf dieser Interviewstufe wird das Kind demnach aufgefordert, sich selbst Beispiele zu überlegen, die zur Zustimmung oder zur Negation des Items führen würden.

Die Probe lässt sich keiner der in Tabelle 6 aufgelisteten Probing-Typen zuordnen. Deshalb wird eine neue Bezeichnung gewählt: *Example Probe*

Auch mit dieser Interviewstufe lässt sich das Itemverständnis (sowie die Urteilsfähigkeit) noch nicht hinreichend bestimmen. Schließlich ist es denkbar, dass Kinder ein (korrektes) Itemverständnis haben, jedoch verbal zu schwach sind, um ein Beispiel adäquat zu formulieren. Außerdem stellt das Generieren von Beispielen ohne Input für Kinder eine recht abstrakte Aufgabe dar. Das heißt, nur weil ein Kind nicht in der Lage ist, sich spontan selbst ein Beispiel auszudenken, darf nicht direkt auf Unverständnis (und zugleich mangelnde Urteilsfähigkeit) geschlossen werden. Um hinreichend Rückschlüsse auf das Itemverständnis ziehen zu können, wird eine dritte Stufe angeschlossen, die typische Unterrichtssituationen (Vignetten) vorgibt, welche von den Probanden unter Einbezug des jeweiligen Items beurteilt werden sollen.

Der Vorteil von Interviewstufe 2 liegt darin, zu erkennen, welche Indikatoren die Kinder von sich aus heranziehen würden, wenn ihnen keine Indikatoren durch ein Beispiel vorgegeben werden. Es ist denkbar, dass junge Probanden die wesentlichen Indikatoren innerhalb der Vignetten erkennen und

---

23 Die Items sowie die Fragen beziehen sich auf vergangenen Unterricht, da eine Unterrichtsbeurteilung in der Regel nicht während des Unterrichts stattfindet. Es kann also kein Präsens verwendet werden.

ins Rating entsprechend einbeziehen, jedoch im eigenen Beispiel unpassende Indikatoren heranziehen. Interviewstufe 2 liefert demnach zusätzliche Information über das naive Verständnis der Probanden in Bezug auf das jeweilige Item.

Auf Interviewstufe 3 kommen Process Probes in Kombination mit Vignetten, welche typische Unterrichtssituationen repräsentieren, zum Einsatz. Die Vignetten sollten so gewählt sein, dass die beschriebene Unterrichtssituation von den Kindern als *gewöhnliche* oder *mögliche* Unterrichtssituation wahrgenommen wird. Sie sollten daher den Kindern bekannte Unterrichtsmethoden, Sozialformen und Themen beinhalten. Um die Auswahl *typischer* Unterrichtssituationen sicher zu stellen, wurden die Vignetten unter Einbezug von Lehrern und Fachleitern erstellt.

Interviewstufe 3: Begriffsverständnis (Einbeziehen von Indikatoren)

Dem Proband wird jeweils eine typische Unterrichtssituation vorgestellt (standardisierte verbale Vignette), welche in den meisten Fällen ein eindeutiges Urteil im Sinne einer vollen Zustimmung oder Ablehnung zulässt (feinere Abstufungen im Sinne von *stimme eher zu* bzw. *stimme eher nicht zu* sind lediglich in seltenen Fällen möglich). Die Reihenfolge wird variiert, sodass der Proband nicht wissen kann, ob die zu bejahende oder zu negierende Vignette zuerst erfolgt.

Im Anschluss an die jeweilige Vignette wird das Kind zu einem Urteil unter Einbezug des entsprechenden Items aufgefordert. Um beim soeben gewählten Beispiel zu bleiben würde die Frage im Anschluss an die Vignette jeweils wie folgt lauten: *Hast du in der eben geschilderten Unterrichtssituation gut zugehört?*

Die nachfolgende Process Probe bezieht sich auf das jeweils gefällte Urteil, indem der Proband unmittelbar nach der jeweiligen Begründung gefragt wird: *Du hast mit ja (bzw. nein) geantwortet. Erkläre mir bitte warum? (Wie bist du zu dieser Antwort gekommen?)*

Einordnung der Probe in Anlehnung an Tabelle 6: *Process Probe*

Die Vignetten sollten eindeutig sein und jeweils möglichst beide Extrempole der Antwortmöglichkeiten beschreiben (in diesem Fall: *ja* bzw. *trifft zu* oder *nein* bzw. *trifft nicht zu*), um zu sehen, ob den Probanden beide Pole bekannt sind. Somit lässt sich untersuchen, ob Begriffe vollständig oder einseitig definiert sind. Es könnte beispielsweise sein, dass ein zentraler Begriff innerhalb eines Items über das Gegenteil definiert wird, also das Ausbleiben oder Eintreffen negativer Indikatoren. Würde *geduldig sein* beispielsweise ausschließlich über das Ausbleiben von hektischem Verhalten oder Zeitdruck definiert oder *freundlich sein* lediglich über das Ausbleiben unfreundlichen Verhaltens, so liegt keine umfassende Definition von *geduldig* und *freundlich* vor. Blieben Indikatoren für geduldiges oder freundliches Verhalten beim Beurteilen der Vignetten gänzlich unberücksichtigt, wäre dies ein Indiz für ein solches einseitiges Begriffsverständnis.

Bestand auf Grundlage der Tabelle zur angenommenen itembezogenen Urteilsschwierigkeit (siehe Anhang Kapitel 2.1) Anlass dazu, die Urteilsfähigkeit unter Einbezug einer weiteren, speziellen Situation zu testen, wurde eine Zusatzvignette konzipiert. Sie dient dazu, in der Tabelle angesprochene, mögliche Probleme ausschließen zu können. Bei Item 56 *Die Lehrkraft war bereit, uns bei Schwierigkeiten zu helfen* wird in der Tabelle beispielsweise thematisiert, dass der Begriff *Hilfe* im intendierten Sinn die *Hilfe zur Selbsthilfe* einschließt. Es ist denkbar, dass Kinder in einfachen Situationen das Anbieten und Erhalten von Hilfe und das Ausbleiben von Hilfe adäquat beurteilen können, indem sie ein gewisses Begriffsverständnis von *Hilfe* mitbringen. Für die Beurteilung von Unterrichtsqualität ist es darüber hinaus wichtig, die *Hilfe zur Selbsthilfe* als Hilfe anzuerkennen. Schließlich wird Lernen gefördert, indem Lehrkräfte lediglich so viel Hilfe als nötig geben bzw. das *Vorsagen* vermeiden. Schließt die Definition des Probanden Tipps seitens der Lehrkraft nicht ein, liegt kein Begriffsverständnis im intendierten Sinn vor. Um dies entsprechend prüfen zu können, musste zusätzlich zu einer Vignette in der gar keine Hilfestellung ersichtlich ist und einer Vignette in der Hilfe deutlich erkennbar ist, eine Vignette konzipiert werden, in welcher das Kind einen Tipp seitens der Lehrkraft erhält. Über das Heranziehen und Beurteilen der Indikatoren innerhalb der Vignetten kann indirekt auf das Begriffsverständnis geschlossen werden.

Zur Formulierung der Zusatzvignetten wurde ebenfalls auf die berufliche Erfahrung von Lehrkräften und Fachleitern zurückgegriffen. Einblicke in die Leitfadenkonzeption gibt das folgende Kapitel.

9.1.2.2 Erhebungsinstrument

Die Entscheidung, ein kognitives Interview unter Verwendung von Probing durchzuführen, erfordert einen Interviewleitfaden. Bei der Erstellung des Interviewleitfadens wurden die im vorangegangenen Kapitel beschriebenen Interviewstufen entsprechend berücksichtigt. Des Weiteren flossen Hinweise zur Leitfadenerstellung (Helfferich, 2011; Mayer, 2013), insbesondere Hinweise zum Interviewen von Kindern (Berkic & Schneewind, 2010; Heinzel, 2012; Kränzl-Nagl & Wilk, 2012; Schlee, 2007; Trautmann, 2010; Vogl, 2012) in die Konzeption ein.

Grundsätzlich werden Verhaltensmaximen wie *Wärme, Offenheit, Empathie* und *Geduld* auf Seiten des Interviewers gefordert (vgl. Berkic & Schneewind, 2010; Trautmann, 2010; Vogl, 2012). Wichtige konzeptionelle Aspekte für das Interviewen von Kindern werden im folgenden Text kurz zusammengefasst. Sich daraus ergebende Konsequenzen, welche im Rahmen der Leitfadenkonzeption entsprechend Beachtung fanden, sind jeweils durch Pfeile gekennzeichnet.

Schüler antizipieren bei Befragungen oder Interviews im Schulkontext in der Regel eine Prüfungssituation (z. B. Schlee, 2007). Deshalb sollte der Interviewer vor Beginn der Interviewhauptphase den Schülern klar machen, dass es in der Interviewsituation kein *richtig* oder *falsch* gibt und das Interview keine Prüfung darstellt. Des Weiteren ist es sinnvoll, den Schülern zu vermitteln, dass sie über spezielles Wissen verfügen, welches der Interviewer nicht besitzt, aber für ihn sehr wertvoll ist (Kränzl-Nagl & Wilk, 2012).

⮑ Vor Beginn der Hauptphase soll den Schüler verdeutlicht werden, dass sie über ein spezielles Wissen verfügen *(Ihr Schüler wisst besser als wir Erwachsene, welche Sätze ihr gut verstehen könnt und welche Sätze noch ein bisschen schwer sind)*. Die Schüler sollen explizit darauf hingewiesen werden, dass es keine falschen Antworten gibt.

Kinder in diesem Alter interpretieren Floskeln anders als Erwachsene. Eine Floskel, wie beispielsweise *Wie geht es dir?* wird von Kindern in der Regel als ernste Frage verstanden. Je nachdem, was das Kind auf dem Herzen hat und auf die Frage antwortet, ist es sowohl für den Interviewer als auch für das Kind schwierig, wieder zurück zum Leitfaden zu finden. Floskeln können demnach „den gesamten Interviewkorpus angreifen oder sogar zerstören" (Trautmann, 2010, S. 118).

⮑ Auf Floskeln (z. B. *Wie geht es Dir heute?*) soll verzichtet werden.

Es sollte zu Beginn Vertrauen aufgebaut werden (z. B. Schlee, 2007; Vogel, 2012). Hierbei sollte für Transparenz gesorgt werden, um die Ungewissheit und die Nervosität beim Kind zu reduzieren. Eine *Eisbrecher-Phase* sowie ein *Warming-Up* sind notwendig, um Vertrauen aufzubauen und ehrliche Antworten zu erhalten. Erfahrungsgemäß neigen Kinder im ersten Viertel zu einer raschen Antwort und zeigen eine Tendenz zum Ja-Sagen bzw. einen Akquieszenz-Bias (vgl. Trautmann, 2010, S. 98ff).

➲ Eine Eisbrecher-Phase sowie ein Warming-Up dienen der Vorbereitung auf den Dialog im Hauptteil. Es soll bereits in den Phasen des Eisbrechens und des Warming-Ups angestrebt werden, einen Dialog mit dem Kind zu führen.

Das Erinnern an eigene Erlebnisse kann den Wortfluss infolge der doppelten Belastung des Arbeitsgedächtnisses blockieren (vgl. Trautmann, 2010, S. 50). Darüber hinaus kann ein Erinnern negativ erlebter Aspekte den weiteren Verlauf des Interviews erheblich gefährden.

➲ Nachfragen zu positiv erlebten Ereignissen in jüngster Vergangenheit sollten nur bei Bedarf erfolgen. Das Erinnern an individuelle negative Erlebnisse soll nicht gefördert werden.

Wenn Kinder die Frage des Interviewers wiederholen (um sie sich zu merken und dabei nach Antworten zu suchen), sollte dieses *Looping* keinesfalls durch eine weitere Frage unterbrochen werden. Ferner sollte den Kindern stets genug Zeit zum Nachdenken eingeräumt werden (vgl. Trautmann, 2010, S. 50f).

➲ Der Interviewer soll sehr geduldig auf Antworten warten und nicht versuchen, den Kindern Antworten in den Mund zu legen.

Falls das Kind blockiert oder sich zunehmend „verheddert", sollte ihm eine *Luftholphase* gewährt werden und anschließend zu einem neuen Item übergegangen werden. Falls das Kind sehr müde ist oder selbst um Abbruch bittet, sollte das Interview sofort beendet werden (vgl. Trautmann, 2010, S. 70).

➲ Die kognitive und motivationale Kapazität des Kindes ist zu beachten und bei Bedarf sind Pausen zu gewähren. Gegebenenfalls ist das Interview abzubrechen. Das Beantworten aller Items soll nicht vehement einfordert werden (gegebenenfalls ein Item überspringen).

Auf Grundlage der konzeptionellen Aspekte sowie der methodischen Aspekte (vgl. Kapitel 9.1.2.1) wurde der Interviewleitfaden der Teilstudie entwickelt. Er beinhaltet einen allgemeinen Teil (Eisbrecherphase, Warming-Up, Verabschiedung) sowie einen separaten Interviewleitfaden für jedes einzelne Item. Der unique Leitfaden für jedes einzelne Item war notwendig, da für jedes Item passende verbale Vignetten generiert werden mussten. Die Leitfäden sind hoch standardisiert, d. h. sie unterscheiden sich lediglich in ihren Vignetten und geben den genauen Ablauf sowie die Formulierung der Probes vor. Der allgemeine Teil ist im Anhang in Kapitel 3.1 einzusehen. Skizzen zur Arbeitsphase, dem Herzstück des kognitiven Interviews, befinden sich ebenfalls im Anhang. Dabei wird an zwei Beispielitems, eines ohne und eines mit Zusatzvignette, exemplarisch für alle Items der Ablauf der Arbeitsphase dargestellt (siehe Anhang Kapitel 3.2).

Schulung der Interviewer

Die Interviewer (zwei Personen) wurden entsprechend dem Leitfaden trainiert. Das Training umfasste die Lektüre wichtiger Literatur (insbesondere Trautmann, 2010), das Einprägen des Leitfadens sowie das Üben des Leitfadens. Schwierige Situationen wurden jeweils reflektiert. Ebenso wurde das adäquate Reagieren in schwierigen Interviewsituationen eingeübt. Folgende Zusatzvereinbarungen zur Interviewführung wurden aufgrund der intensiven Auseinandersetzung mit dem Material getroffen:

a) Wenn ein Kind ein korrektes Beispiel generiert, das wesentliche Indikatoren abdeckt oder der folgenden Vignette gleicht, kann auf die Vignette verzichtet werden, da das Verständnis bereits durch das selbst generierte Beispiel ersichtlich wird.

b) Wenn innerhalb der ersten beiden Interviewstufen klar ersichtlich wird, dass das Kind das Item überhaupt nicht versteht, kann zum nächsten Item übergegangen werden. Dies ist eine Konsequenz aus der Erprobung: Dort hat sich gezeigt, dass ein Fortführen des Interviews in einem solchen Fall die Motivation der Probanden beeinträchtigt.

c) Sollten Arbeitsformen oder Themen innerhalb der Vignetten den Kindern nicht bekannt sein, muss der Interviewer spontan die Vignette entsprechend modifizieren.

d) *Confidence Probes* (vgl. Tabelle 7) sollen erfolgen, wenn das Kind zwischen den Polen (*stimme zu/ja* und *stimme nicht zu/nein*) hin und her wechselt oder sehr lange überlegt. Hiermit soll die jeweilige Ursache einer Unsicherheit erfasst werden.

e) *Specific Probes* (vgl. Tabelle 7) sind zugelassen, wenn es darum geht, eine Aussage des Kindes zu konkretisieren, weil sie ansonsten für den Interviewer bzw. später den Kodierer unverständlich ist (z.B. *Kannst du genauer erklären, was du mit ... meinst?*). Dabei sollte jedoch keine Antwort suggeriert werden.

f) Bei Item 00 erwiesen sich die *Example Probes* für die Schüler als zu schwer bzw. die Schüler fanden in der Regel keine eigenen Beispiele. Deshalb wird das *Paraphrasieren* bei diesem Item vorgezogen. Sollte es trotz der Komplexität des Items zu wortgetreuen Wiederholungen kommen, werden spezifische *Comprehension Probes* eingesetzt.

9.1.2.3 Auswertungsmethode(n)

Schritt 1: Transfer der verbalen Daten in ordinale Daten

Häufig werden die Informationen aus kognitiven Interviews zunächst durch den Interviewer in Form einer Zusammenfassung, welche die Erfahrungen bzw. die wahrgenommenen Probleme bezüglich des jeweiligen Items beinhaltet, festgehalten. In einem zweiten Schritt werden die Zusammenfassungen der einzelnen Interviewer in der Regel von einer weiteren Person oder einem Team analysiert, wobei eine Synthese der relevanten Aspekte erfolgt (vgl. Willis & Miller, 2011). Diese Form der Auswertung ermöglicht es, Probleme und eventuell auch Ursachen, sofern sie vom Interviewer in der Zusammenfassung festgehalten wurden, zu beschreiben. Diese Beschreibungen können im Anschluss zur Optimierung der Items verwendet werden. Die Anwendung eines Kodierschemas ermöglicht eine systematischere Auswertung, die beispielsweise Aussagen über die Variabilität von Verständnisfehlern, Fehlerhäufigkeiten in Bezug auf ein Item oder den Grad an Verständnis der Probanden in Bezug auf ein Item zulässt (vgl. Willis & Miller, 2011).

Um über die itembezogene Urteilsfähigkeit der Schüler die empirische inhaltliche Validität zu erforschen, ist eine systematische Auswertung der Daten unter Einbezug eines Kodierschemas notwendig. Dabei sollen die verbalen Daten in eine Skala zur itembezogenen Urteilsfähigkeit transformiert werden. Eine Analysemethode, welche diesen Anforderungen genügt, ist die *strukturierte qualitative Inhaltsanalyse* nach Mayring (2010b). Die Stärke dieser Analysetechnik gegenüber anderen Textinterpretationsverfahren besteht darin, „dass die Analyse in einzelne Interpretationsschritte zerlegt wird, die vorher festgelegt werden. Dadurch wird sie für andere nachvollziehbar und intersubjektiv überprüfbar" und letztendlich zur wissenschaftlichen Methode (Mayring, 2008, S. 53).

Qualitative Inhaltsanalyse nach Mayring

Mayring (2010b) unterscheidet insgesamt drei Techniken der Inhaltsanalyse, welche zum Teil einzeln oder kombiniert angewandt werden können: die *zusammenfassende Inhaltsanalyse*, die *strukturierte Inhaltsanalyse* und die *Explikation*. Die zusammenfassende Inhaltsanalyse dient der Reduktion des Textes auf seine relevanten Aspekte. Die strukturierte Inhaltsanalyse wird eingesetzt, um bestimmte Aspekte aus dem Material zu filtern oder das Material anhand bestimmter Kriterien einzuschätzen. Die Explikation unterstützt die beiden vorherigen Analysetechniken, indem zu einzelnen Textteilen zusätzliches Material einbezogen wird, welches dem Erklären oder Deuten der Textteile bzw. Analyseeinheiten dient (Mayring, 2010b, S. 65).

Bei der strukturierten Inhaltsanalyse differenziert Mayring (2010b) vier Subgruppen: (1) die *formale Strukturierung* filtert relevante Aspekte unter Beachtung zuvor festgelegter Ordnungskriterien und verleiht damit dem Datenmaterial eine formale Struktur, (2) die *inhaltliche Strukturierung* extrahiert bestimmte Inhalte aus dem Material und fasst diese zusammen, (3) die typisierende Strukturierung klassifiziert Typen, indem markante, typische Ausprägungen identifiziert und beschrieben werden, (4) die skalierende Strukturierung ermöglicht die Einschätzung des Materials nach Dimensionen in Skalenform (vgl. Mayring, 2010b, S. 66).

Konkretisierung der Auswertungsmethode

Die Urteilsfähigkeit sollte in Skalenform abgebildet werden, um auf Basis der Urteilsfähigkeit des Probanden den Grad der empirischen Inhaltsvalidität zu bestimmen. Zu diesem Zweck wurde die *skalierende Strukturierung* angewandt. In einem ersten Schritt wurde das *Ablaufmodell* bestimmt, im Anschluss das *Kodierschema*. Das Ablaufmodell präzisiert die Inhaltsanalyse, indem einzelne Analyseeinheiten festgelegt werden. Insbesondere für quantitative Analyseschritte, ist die Definition der Einheiten wichtig (Mayring, 2008, S. 53). Im Ablaufmodell wurden die Analyseeinheiten wie folgt definiert:

- Die *Auswertungseinheit* legt fest, welche Textteile jeweils nacheinander ausgewertet werden. Zunächst wird die Urteilsfähigkeit des Schülers zum jeweiligen Item eingeschätzt. Hierfür wird das Textmaterial, welches sich auf ein Item bezieht, als Auswertungseinheit definiert (Mesoebene). Alle Antworten zu den itembezogenen Probes sind in der Auswertungseinheit als Kodiereinheiten (Mikroebene) beinhaltet und werden in chronologischer Abfolge kodiert. Um die Urteilsfähigkeit eines Schülers über die sechs Items hinweg einzuschätzen, wird das gesamte Interview als übergeordnete Auswertungseinheit (Makroebene) verstanden. Die Einschätzung auf der Makroebene erfolgt jeweils, nachdem die Urteilsfähigkeit bezüglich der einzelnen Items kodiert ist.
- Die *Kodiereinheit* bestimmt den kleinsten Textbestandteil, der kodiert werden darf. In der folgenden Analyse stellt die Antwort des Probanden zur jeweiligen Probe die Kodiereinheit dar. Auf Basis der einzelnen Kodierungen zu den Probes wird die itembezogene Urteilsfähigkeit eingeschätzt.
- Die *Kontexteinheit* legt den größten Textbestandteil fest, der in eine Kodierung einbezogen werden darf. Als Regel für die folgende Auswertung gilt, dass sich zunächst streng auf die Kodiereinheit konzentriert wird, d. h. kein Kontext darüber hinaus einbezogen wird. Sollte es im Einzelfall

sinnvoll erscheinen, den Kontext auf die Antworten zu anderen Probes zu erweitern, wird diese Stelle markiert und im Auswertungsteam diskutiert. Gründe hierfür können unklare oder widersprüchliche Textpassagen sein. Der Einbezug des Kontexts erfordert eine Konsensentscheidung des Teams. Sind sich die Kodierer nicht einig, wird der Kontext nicht einbezogen. Die hohe Standardisierung soll die Vergleichbarkeit und Nachvollziehbarkeit erhöhen.

Zur Einschätzung der itembezogenen Urteilsfähigkeit der Schüler mit besonderem Augenmerk auf die Verständlichkeit der jeweiligen Items, wurde ein *fünfstufiges Kategoriensystem* entwickelt. Die Kategorien wurden zunächst deduktiv, d. h. anhand theoretischer Erwägungen, welche bereits in die Leitfadenerstellung eingeflossen sind, gebildet (z. B. *Welche Anzeichen sprechen für ein exaktes Itemverständnis? Was sind mögliche Anzeichen für Fehlinterpretationen? Welche Grade an Fehlinterpretation bzw. welche Grade an Itemverständnis sollten unterschieden werden?*). In einem zweiten Schritt wurde das Kategoriensystem am konkreten Material auf Anwendbarkeit und Vollständigkeit geprüft. Dabei zeigte sich, dass verschiedene Aspekte weiter ausdifferenziert oder neu hinzugenommen werden mussten. Beispielsweise wurde erst während des Materialdurchlaufs ersichtlich, dass Kinder in seltenen Fällen ein Item zwar inhaltlich verstehen können, das Item jedoch aufgrund eines Halo-Effekts völlig unabhängig vom tatsächlichen Verhalten der Lehrkraft beantworten. Ein Kind beispielsweise konnte das Item *Die Lehrkraft war freundlich zu mir* inhaltlich durchaus verstehen. Es war jedoch der Ansicht, dass alle Lehrkräfte per se freundlich sind – ganz gleich was sie tun. Das heißt, Freundlichkeit wird in diesem Zusammenhang als allgemeine Lehrereigenschaft in Form eines *traits* definiert. Dies verhindert eine differenzierte Urteilsfällung, indem das Urteil nicht mehr abhängig vom tatsächlichen, individuellen Lehrerverhalten, sondern von einem allgemeinen Gesamtbild von Lehrkräften gefällt wird. Ein Halo-Effekt wie der beschriebene, der auf einer naiven Definition von Schule oder Lehrer basiert (In der Schule wird immer etwas gelernt, Lehrer sind zu allen Schülern stets freundlich), wurde nachträglich als Indikator in das Kategoriensystem aufgenommen – wenngleich sich darüber diskutieren lässt, ob davon das Itemverständnis betroffen ist (*freundlich sein* wird als stabile Lehrereigenschaft interpretiert) und nicht vielmehr die weiteren Stufen im Antwortprozess. Die Diskussion soll an dieser Stelle nicht ausgeführt werden, da diese Studie nicht den Anspruch hat, isoliert das Itemverständnis zu erfassen (vgl. Kapitel 9.1.1). Es geht vielmehr darum, die Urteilsfähigkeit der Schüler unter besonderer Beachtung der Itemverständlichkeit zu erforschen, dabei jedoch sämtliche, auftretenden Fehler zu beschreiben und zu analysieren, d. h. die Information aus den verbalen Daten in Bezug auf die Urteilsfähigkeit möglichst umfassend zu beschreiben. Deshalb wurde in einem dritten Schritt das Kategoriensystem induktiv – im Sinne einer zusammenfassenden Inhaltsanalyse möglicher Problemfälle auf Basis des konkreten Materials – erweitert.

In einer neuen Kodierschleife (unter Einbezug von 10 % des Gesamtmaterials) erwiesen sich die Selektionskriterien und das Abstraktionsniveau als hinreichend, sodass keine weitere Revision bzw. Modifikation notwendig war. Das Kategoriensystem lässt sich als saturiert bezeichnen, da in jeder Kategorie eine Mindestanzahl an Fällen vertreten ist. Die Stufen 0–4 klassifizieren ein Urteil, welches in unterschiedlichen Schweregraden fehlerbehaftet ist. Das Kategoriensystem kann im Anhang eingesehen werden (siehe Anhang Kapitel 3.3). Grob lässt es sich wie folgt zusammenfassen: Kategorie 0 wird erteilt, wenn das Kind das Item gar nicht versteht, eine absurde Eigeninterpretation oder eine starke Reduktion des Inhalts vorliegt (d. h. mehr als ein Analysefehler vorliegt). Kategorie 1 hingegen bedeutet, dass die Iteminterpretation höchstens einen Analysefehler beinhaltet oder das Item zwar verstanden wird, jedoch ein Halo-Effekt oder ein Akquieszenz-Bias ein valides Urteil verhindert. Der Unterschied zu Stufe 0 besteht darin, dass das Item nicht völlig missverstanden wird. Ein Urteil im intendierten Sinn ist dennoch nicht möglich – d. h. selbst die einfachen Vignetten werden nicht korrekt beurteilt. Kategorie 2 wird zugeteilt, wenn einfache Situationen anhand des Items beurteilt werden können, in Bezug auf die Zusatzvignette jedoch kein Urteil im intendierten Sinn erfolgt. Werden die Kategorien 3 oder 4 kodiert, bedeutet dies, dass das Item im intendierten Sinn verstanden wurde und darüber hinaus keine sonstigen Urteilsfehler das Urteil bezüglich der Vignetten beeinträchtigen. Kategorie 4 grenzt sich von Kategorie 3 ab, indem es dem Kind auf Kategorie 4 möglich ist, neben dem korrekten Beantworten der Vignetten eigene passende Beispiele zu generieren.

Die Interviews wurden unter Beachtung von Transkriptionsregeln transkribiert und anschließend in die Software Maxqda eingelesen. Dabei wurden die einzelnen Fragen zu den Items jeweils strukturell vorkodiert, sodass beim Einlesen direkt ein Kodebaum zu jedem Item erstellt wurde (z. B. Item 1_ frage_1_2, siehe Abbildung 4). Der Kodebaum umfasst jeweils alle Kodiereinheiten des entsprechenden Items. Auf Grundlage der Kodiereinheiten wurde auf der Mesoebene die Urteilsfähigkeit in Bezug auf das jeweilige Item bestimmt (*skalierende Strukturierung*). Nachdem die Urteilsfähigkeit kodiert war, wurde zur Feinanalyse übergangen (vgl. Abbildung 4 oberes Feld). Dabei wurde auf die Analysefehler und Fehlinterpretationen in Bezug auf das jeweilige Item fokussiert (einbezogen werden alle Kodierungen zwischen 0 und 2, Kodierungen $\geq$ 3 sind per Definition fehlerfrei). Diese wurden zunächst markiert (interessante Textstelle_Fehler), in einem Memo spezifiziert und in

einem weiteren Schritt – nachdem alle Interviews kodiert waren – systematisiert. Ziel dabei war es, Probleme und Fehler zu typisieren, deren Ursachen
zu identifizieren und Optimierungsmöglichkeiten abzuleiten. Die Fehlertypen
wurden demnach vorwiegend induktiv sowie explorativ, d. h. aus dem Material heraus gebildet und als neuer Kode in den Kodebaum integriert (Fehlertypen). Die markierten Fehler (interessante Textstelle_Fehler) wurden anschließend den Fehlertypen zugeordnet. Hierbei wurde die typisierende
Strukturierung nach Mayring (2010b) angewandt.

Am Kodierprozess waren insgesamt drei Kodierer beteiligt, wobei ein Kodierer das gesamte Material kodierte und die beiden anderen jeweils Teile
davon. Die Kodierung eines Interviews zur Beurteilung des Itemverständnis-
ses wurde von jeweils zwei Kodierern – unabhängig voneinander – durchgeführt. Als Analysesoftware wurde Maxqda 10 verwendet. Die Kodierer wurden zuvor geschult, sowohl auf die Software als auch auf das Kodierschema
bzw. das Ablaufmodell. Während des Kodierens lagen den Kodierern ein Manual zur Software Maxqda und ein Kodiermanual vor, welches den Leitfaden,
itemspezifische Besonderheiten bei der Beurteilung sowie das Kategoriensystem beinhaltete (Kodiermanual siehe Anhang Kapitel 3.4). Die Intercoder-
Übereinstimmung beträgt 92–95 %. Neben dem prozentualen Maß wurde außerdem Kendalls Tau[24] berechnet. Auch diese Werte liegen im guten Bereich
($\tau = .93$ bis $\tau = .96$).

Um den Kodiervorgang zu konkretisieren und der Forderung nach Transparenz im Kodiervorgang gerecht zu werden (Beatty & Willis, 2007; Willis
& Miller, 2011), wird das Prozedere exemplarisch für jede Kategorie der Urteilsfähigkeit jeweils an einem Interview beschrieben. Neben dem Kodiervorgang soll auch das verbale Material vorgestellt werden, sodass der Leser einen Eindruck über Möglichkeiten und Limitationen bezüglich der erfassten
kognitiven Interviews gewinnen kann. Aus diesem Grund werden auch Interviews ausgewählt, welche sich zum Teil nicht einfach kodieren ließen, d. h.
welche zum Beispiel eine Kontextanalyse erfordern oder ein Interviewfehler ersichtlich wird. Um die gesamte Bandbreite an Items abzudecken, werden jeweils Items skizziert, welche von den Experten als *leicht verständlich*,
verständlich, *schwer verständlich* und *nicht verständlich* klassifiziert wurden
(vgl. Vorstudie I und Vorstudie II). Bei der Kodierung des ersten Items werden allgemeine Hinweise zum korrekten Lesen des Transkripts gegeben, auf
welche in den anschließenden Beispielen verzichtet wird.

---

24 Das Kategoriensystem weist ordinales Skalenniveau auf, weshalb zur Berechnung der
    Intercoder-Reliabilität Kendalls Tau verwendet wurde. Zu manchen Items liegen auf-
    grund des Designs nur wenige Einschätzungen vor. Deshalb wurde Kendalls Tau über
    alle Items hinweg anhand von Rater-Paarvergleichen bestimmt.

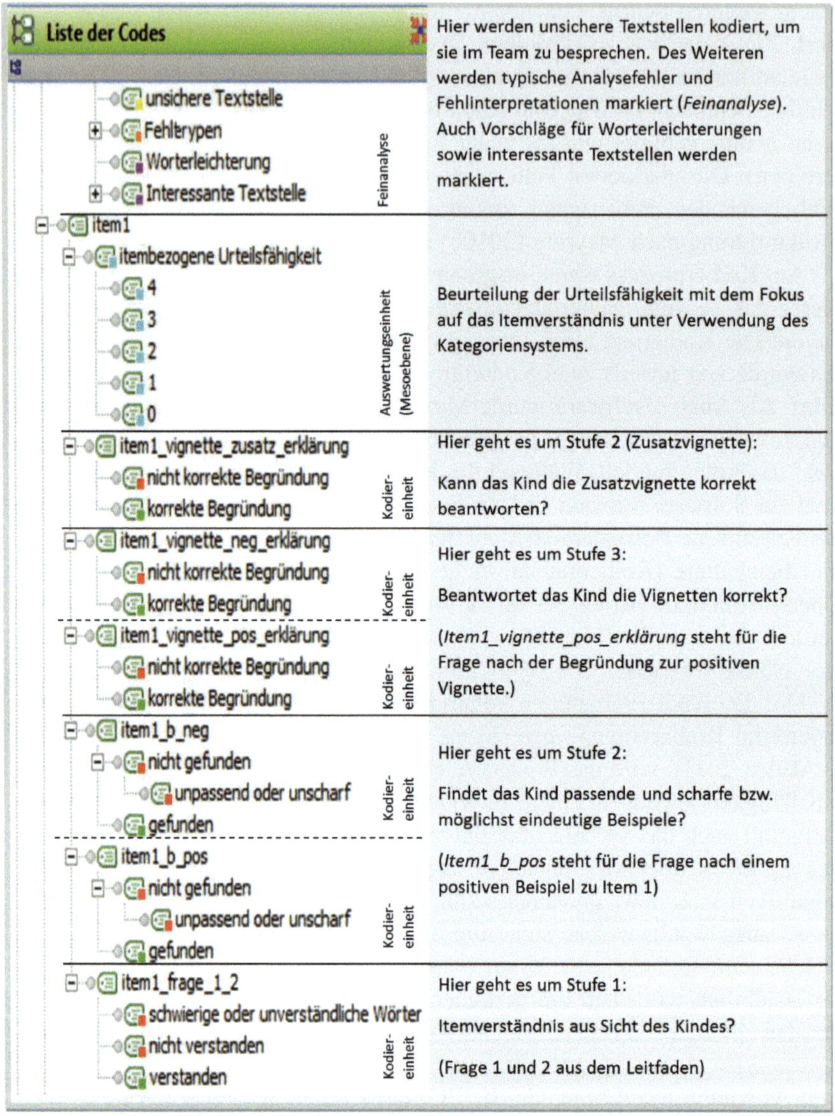

Liste der Codes	
⊙ unsichere Textstelle	
⊞ ⊙ Fehlertypen	*Feinanalyse*
⊙ Worterleichterung	
⊞ ⊙ Interessante Textstelle	

Hier werden unsichere Textstellen kodiert, um sie im Team zu besprechen. Des Weiteren werden typische Analysefehler und Fehlinterpretationen markiert (*Feinanalyse*). Auch Vorschläge für Worterleichterungen sowie interessante Textstellen werden markiert.

⊟ ⊙ item1	
⊟ ⊙ itembezogene Urteilsfähigkeit	
⊙ 4	
⊙ 3	Auswertungseinheit (Mesoebene)
⊙ 2	
⊙ 1	
⊙ 0	

Beurteilung der Urteilsfähigkeit mit dem Fokus auf das Itemverständnis unter Verwendung des Kategoriensystems.

⊟ ⊙ item1_vignette_zusatz_erklärung	
⊙ nicht korrekte Begründung	Kodiereinheit
⊙ korrekte Begründung	

Hier geht es um Stufe 2 (Zusatzvignette):

Kann das Kind die Zusatzvignette korrekt beantworten?

⊟ ⊙ item1_vignette_neg_erklärung	
⊙ nicht korrekte Begründung	Kodiereinheit
⊙ korrekte Begründung	

Hier geht es um Stufe 3:

Beantwortet das Kind die Vignetten korrekt?

⊟ ⊙ item1_vignette_pos_erklärung	
⊙ nicht korrekte Begründung	Kodiereinheit
⊙ korrekte Begründung	

(*Item1_vignette_pos_erklärung* steht für die Frage nach der Begründung zur positiven Vignette.)

⊟ ⊙ item1_b_neg	
⊟ ⊙ nicht gefunden	
⊙ unpassend oder unscharf	Kodiereinheit
⊙ gefunden	

Hier geht es um Stufe 2:

Findet das Kind passende und scharfe bzw. möglichst eindeutige Beispiele?

⊟ ⊙ item1_b_pos	
⊟ ⊙ nicht gefunden	
⊙ unpassend oder unscharf	Kodiereinheit
⊙ gefunden	

(*Item1_b_pos* steht für die Frage nach einem positiven Beispiel zu Item 1)

⊟ ⊙ item1_frage_1_2	
⊙ schwierige oder unverständliche Wörter	
⊙ nicht verstanden	Kodiereinheit
⊙ verstanden	

Hier geht es um Stufe 1:

Itemverständnis aus Sicht des Kindes?

(Frage 1 und 2 aus dem Leitfaden)

Abbildung 4: *Kodebaum zu Item 1 (exemplarisch für alle Items)*

Item 1: *Am Anfang der Stunde wurde geklärt, was in der Stunde gelernt werden soll.* (Einstufung der Experten: verständlich)

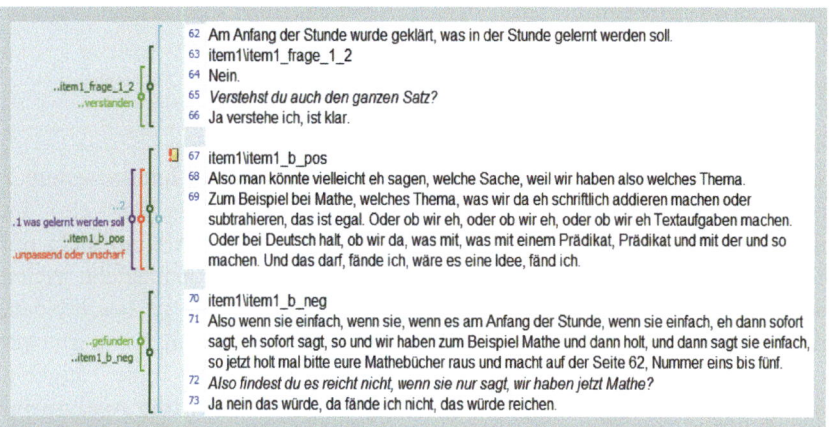

Abbildung 5: *Interviewauszug zu Item 1*

Die einzelnen Überschriften stehen für die im Leitfaden vorgegebenen Fragen und Vignetten. Sofern im Interview nicht von diesen abgewichen wurde, sind diese im Transkript in der Regel nicht zusätzlich aufgeführt. Eine Ausnahme stellt die zweite Frage der ersten Interviewstufe dar. Sie wurde zur besseren Lesbarkeit jeweils transkribiert, um beide Antworten voneinander abgrenzen zu können. Den Kodierern lag jeweils der Interviewleitfaden vor, um die Fragen sowie vorangegangene Vignetten nachvollziehen zu können (siehe Anhang Kapitel 3.4). Die ersten beiden Fragen beziehen sich auf das Itemverständnis aus Sicht des Kindes (*Gibt es in diesem Satz ein Wort, dass du nicht verstehen kannst? Hast du den ganzen Satz verstanden?*). Wie im Interviewauszug (vgl. Abbildung 5) ersichtlich wird, gibt das Kind an, das komplette Item zu verstehen (d. h. Negation Frage 1, Zustimmung Frage 2). Dementsprechend wird die Kodierung *verstanden* ausgewählt, indem die Antwort zum Verständnis des kompletten Items markiert wird und an entsprechender Stelle mit dem Itemkodebaum[25] verlinkt wird (vgl. Abbildung 6).

---

25 Im Kodebaum werden alle Kodes zum jeweiligen Item, d. h. über alle Kinder hinweg gesammelt, sodass später Aussagen über Häufigkeiten getätigt werden können.

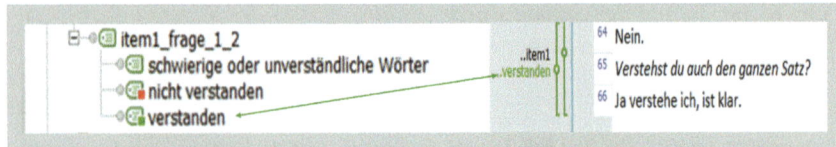

Abbildung 6: *Verlinkung der Kodiereinheit mit dem Kodierbaum*

Nun wird im Interview und so auch bei der Kodierung zu Interviewstufe 2 übergegangen (Example Probes: Beurteilung der jeweiligen Beispiele). Im positiven Beispiel des Kindes wird erkennbar, dass es dem Kind nicht um Lernzieltransparenz geht. Die Indikatoren, die das Kind heranzieht, zielen vielmehr darauf ab, die Beschäftigung in der Stunde näher zu beschreiben, nicht aber das damit verbundene Groblernziel. Es geht dem Kind weniger um das *Lernen* sondern vielmehr um das *Machen*, also die reine Tätigkeit. Das Beispiel muss demnach als *unpassend* kodiert werden (die Analyseeinheit ist wie oben bereits beschrieben mit der entsprechenden Stelle im Kodierbaum zu verlinken (*item1_b_pos unpassend oder unscharf*). Hätte das Kind in diesem Beispiel nicht das Wort *machen* verwendet, sondern beschrieben, dass beispielsweise das schriftliche Addieren *erlernt* oder *geübt* werden soll, wäre es als korrektes Beispiel zu kodieren. Das negative Beispiel des Kindes ist passend, weil die Lehrkraft dort ebenfalls kein Groblernziel benennt. Die Analyseeinheit ist erneut mit der entsprechenden Stelle im Kodierbaum zu verlinken (*item1_b_neg gefunden*). Da die beiden Beispiele Inhalte der Vignetten wiedergeben und bereits ersichtlich wird, dass hier ein Verständniseffekt auf Ebene der Zusatzvignette vorliegt (vgl. Anhang Kapitel 3.4, Kodiermanual Item 1), wurde im Interview im Sinne der Zusatzvereinbarungen zur Interviewführung auf die Vignetten verzichtet (vgl. Kapitel 9.1.2.2). Zieht man nun das Kategoriensystem und die itemspezifischen Kodierregeln heran (vgl. Anhang Kapitel 3.3 und 3.4), so wird deutlich, dass die Urteilsfähigkeit mit einer 2 zu beurteilen ist: Das Itemverständnis lässt sich weder als *absurd* noch als *gar nicht vorhanden* oder *völlig falsch* bzw. *ohne erkennbare Logik* (Kategorie 0) bezeichnen, da lediglich *ein* Analysefehler ersichtlich ist, indem das Wort *gelernt* mit *gemacht* gleichgesetzt wird. Die Ursache kann auf fehlendes didaktisch-methodisches Hintergrundwissen zurückgeführt werden, da dem Kind das Wissen fehlt, um ein Groblernziel korrekt zu definieren bzw. es von einer reinen Beschäftigung abzugrenzen. Den Beispielen liegt durchaus eine kindliche Logik zugrunde. Das Kind unterscheidet bereits zwischen einer reinen Klärung des Ablaufs bzw. der Nennung eines Arbeitsauftrages oder des Faches ohne konkreten inhaltlichen Bezug und einer Klärung der konkreten inhaltlichen Beschäftigung. Das Kind kann Situationen, in denen das Lernziel klar expliziert wird, von einer Situation, in der weder ein Lernziel noch eine Beschreibung des Stundenthemas erfolgt, anhand des Items beurteilen. Situationen hingegen, in welchen lediglich das Stundenthema konkretisiert wird, nicht jedoch das Lernziel, werden falsch beurteilt (d.h. Kategorie 2 anstelle von 1). Weil noch keine Trennung zwischen konkretem Inhalt (schriftliches Subtrahieren *machen*) und Lernziel (schriftliches Subtrahieren *lernen*) ersichtlich wird, gilt das Item dennoch als nicht verstanden (d.h. Kategorie 2 anstelle einer höheren Kategorie). Mit dieser Prozedur ist die skalierende strukturierende Inhaltsanalyse in Bezug auf dieses Item und dieses Interview vollzogen. In einem weiteren Schritt folgt die Feinanalyse, da das Itemverständnis als *fehlerhaft* kodiert wurde (Kodierung ≤ 2). Als Fehlerursache wurde die Fehlinterpretation des Wortes *lernen* im Sinne von *machen* identifiziert. Der Fehler wird markiert, benannt *(was gelernt wird, wird gleichgesetzt mit was gemacht wird)* und in den Kodierbaum aufgenommen (zunächst unter interessante Textstelle_Fehler, vgl. lila Kode in Abbildung 5). Ob diese Fehlinterpretation eine alterstypische Fehlinterpretation darstellt, konnte erst geprüft werden, nachdem alle Interviews entsprechend kodiert und somit auf Ebene der Kodierungen vergleichbar waren. Auch die Bestimmung der Fehlertypen erfolgte an späterer Stelle – auf Basis der markierten Fehler.

Im Interviewauszug ist ein Memo (Typ Ausrufezeichen) zu erkennen (vgl. Abbildung 7). Dieser Memotyp wurde eingesetzt, um Fehler, die der Kodierer identifiziert hat, näher zu beschreiben oder auf eine Kontextanalyse hinzuweisen. In diesem Fall wurde der Fehler näher beschrieben (vgl. Abbildung 7). Weitere Memos (z.B. Typ Fragezeichen) wurden beispielsweise bei unsicheren Textstellen verwendet, um die jeweilige Frage oder das jeweilige Problem festzuhalten.

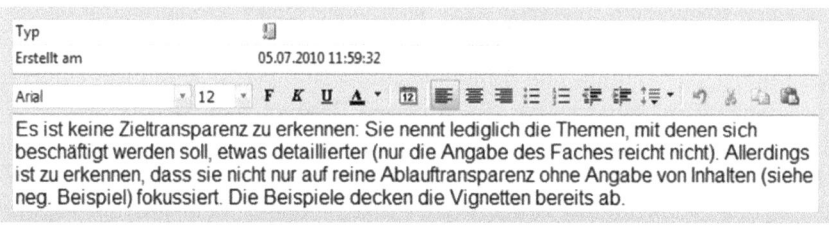

Abbildung 7: *Memo zu Item 1*

Item 3: *Wenn die Lehrerin eine Frage gestellt hat, hatte ich genug Zeit zum Nachdenken*[26]. (Einstufung der Experten: verständlich)

Abbildung 8: *Interviewauszug zu Item 3*

Auf Interviewstufe 1 sind beide Fragen verbalisiert, weil der Interviewer im Interview die Reihenfolge getauscht hat (was kein Problem darstellt). Aus den Antworten geht hervor, dass das Kind selbst keine unverständlichen Wörter identifiziert und angibt, das komplette Item zu verstehen (Kodierung: *verstanden*). Das positive Beispiel ist zunächst aus dem Kontext heraus, d. h. ohne den Bezug zum folgenden Text, nicht ganz scharf. Grund hierfür ist die Perspektive „lässt uns ein bisschen Zeit". Es wird nicht ersichtlich, ob das Kind meint „sie gibt uns und damit auch mir Zeit". Ferner wird nicht explizit auf „genug Zeit" eingegangen. Im nächsten Beispiel zeigt sich jedoch, dass die Ich-Perspektive durchaus eingenommen wird, sofern dem Kind nicht genug Zeit gegeben wird. Im negativen Beispiel unterbricht die Lehrerin den Denk- bzw. Antwortprozess des Kindes mit „ja danke" und lässt ihm keine Chance die Antwort zur formulieren. Die zu geringe Zeit, um fertig zu denken bzw. um das Gedachte letztendlich zu formulieren, ist ein korrekter Negativ-Indikator und somit ist das Beispiel korrekt (Kodierung: *Beispiel ne-*

---

26 Da die Lehrkräfte der teilnehmenden Klassen überwiegend weiblich waren und hier Originaltexte zitiert werden, wird die weibliche Form verwendet.

gativ *gefunden*). Nach Absprache im Team wurde hier die Kontextanalyse zugelassen und das positive Beispiel, welches zunächst für sich allein als *unscharf* definiert wurde, wurde folglich als *gefunden* kodiert. Die Information, dass hier eine Kontextanalyse (interne Explikation) angebracht schien und zugelassen wurde, kann dem Memo entnommen werden (vgl. Abbildung 9).

Abbildung 9:   *Memo zu Item 3*

Da das negative Beispiel der negativen Vignette gleicht, wird auf die negative Vignette im Interview verzichtet (Zusatzvereinbarungen zur Interviewführung, vgl. Kapitel 9.1.2.2). Das positive Beispiel hingegen ist weniger eindeutig und die positive Vignette im Leitfaden ist wesentlich komplexer, sodass auf diese nicht verzichtet werden kann. Aus der Antwort des Kindes geht hervor, dass es die Vignette mittels des Items richtig einschätzt und das Urteil logisch begründet. Allerdings zeigt sich hier, dass das Interview nicht optimal abläuft. Das Kind nennt zunächst lediglich einen Indikator als Begründung („lässt ein bisschen Zeit"). Danach weist der Interviewer indirekt auf den zweiten Indikator hin, welchen das Kind anschließend bestätigt. Die Optimalform des Interviews sähe hingegen so aus, dass der Interviewer eine Probe folgender Art verwendet: „Ist das der einzige Grund für dein Urteil (deine Antwort) oder gibt es noch etwas anderes, woran du festgestellt hast, dass du in dieser Situation genug Zeit zum Nachdenken hattest?". An diesem Beispiel wird deutlich, dass trotz Schulung Interviewerfehler nicht gänzlich verhindert werden konnten. Für die Auswertung ergeben sich zwei Möglichkeiten: Das Interview zu diesem Item aus der Analyse auszuschließen oder trotz des nicht ganz optimalen Interviewablaufs eine Kodierung vorzunehmen. Da bereits zuvor zwei Beispiele vom Kind selbst generiert wurden, wird sich hier entschieden, mit der Auswertung fortzufahren. Auch die Zusatzvignette wird vom Kind richtig beantwortet, indem das Kind erkennt, dass die Lehrkraft ihm durchaus Zeit zum Nachdenken gewährt, das Kind lediglich nicht aufpasst und folglich die Zeit nicht nutzt. Insofern werden sowohl die Analyseeinheit zur Zusatzvignette als auch die zur positiven Vignette mit der Kodierung *korrekte Begründung* versehen. Die Beurteilung der Urteilsfähigkeit ist auf dieser Grundlage recht einfach: Es wurde kein Fehler kodiert, die Vignetten sind korrekt beurteilt und begründet, das Kind hat selbst passende

Beispiele generiert und gibt an, das Item zu verstehen. Folglich wird Kategorie 4 kodiert. Eine Feinanalyse in Bezug auf Fehler ist hier nicht erforderlich (bzw. nicht möglich, da kein Fehler vorliegt).

Item 4: *Ich habe mich in der Stunde wohlgefühlt.*
(Einstufung der Experten: leicht verständlich)

Abbildung 10: *Interviewauszug zu Item 4*

Wie aus den Antworten zu Interviewstufe 1 hervorgeht, gibt das Kind an, das Item zu verstehen (Kodierung: *verstanden*). Auf Interviewstufe 2 äußert das Kind äquivalent zu Stufe 1 zunächst, die gestellte Frage verstanden zu haben. Deshalb wiederholt der Interviewer die Frage in leicht abgewandelter Form erneut. Dem Kind gelingt es nicht, selbst ein positives Beispiel zu generieren (Kodierung: *nicht gefunden*). Ein negatives Beispiel hingegen formuliert es auf Anhieb und nutzt dabei verschiedene, adäquate Indikatoren (Kodierung: *gefunden*). Da die negative Vignette andere Indikatoren einbezieht, werden dennoch sowohl die positive als auch die negative Vignette auf Interviewstufe 3 abgefragt. Die Urteile sowie die ausgewählten Indikatoren in den jeweiligen Begründungen sind jeweils angemessen (Kodierung: *korrekte Begründung*). Um die itembezogene Urteilsfähigkeit zu kodieren, werden die Kodierungen auf den einzelnen, für das Rating wesentlichen, Interviewstufen zusammengefasst: Es liegt kein Fehler vor, die Vignetten wurde beide richtig beantwortet (Zusatzvignette existiert für dieses Item nicht), allerdings konnte das Kind nur ein Beispiel (negatives Beispiel) generieren. Folglich wird die itembezogene Urteilsfähigkeit mit Kategorie 3 bewertet. Da auch in diesem Interview kein Fehler identifiziert wurde, wird keine Feinanalyse vorgenommen.

Item 62: *Die Aufgaben hatten etwas mit meinem Leben zu tun.*
(Experteneinschätzung: schwer verständlich)

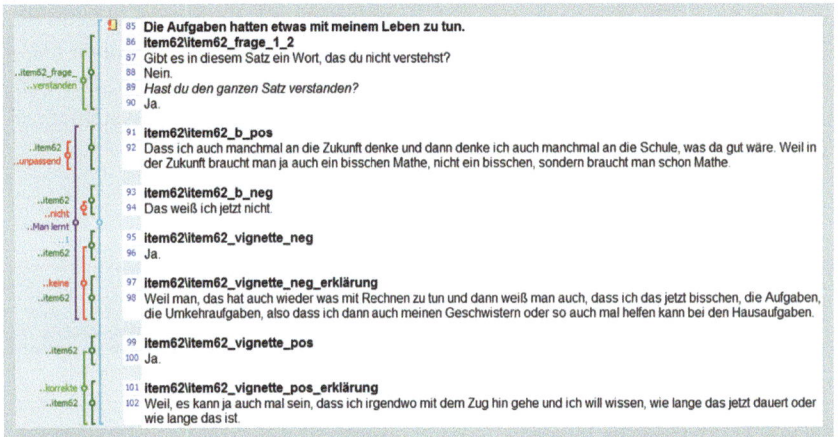

Abbildung 11: *Interviewauszug zu Item 62*

Auf Interviewstufe 1 gibt das Kind an, das Item zu verstehen (Kodierung: *verstanden*). Auf Interviewstufe 2 kann das Kind kein negatives Beispiel generieren (Kodierung: *nicht gefunden*). Das positive Beispiel entspricht nicht dem intendierten Sinn des Items, indem nicht auf Alltagsnähe fokussiert wird, sondern auf künftigen Nutzen (Kodierung: *unpassend oder unscharf*). Da das Beispiel nicht der Vignette gleicht, werden beide Vignetten abgefragt. Die positive Vignette wird korrekt beantwortet und auch korrekt begründet, indem der Alltagsbezug explizit genannt wird („dass ich irgendwo mit dem Zug hin gehe und ich wissen will"; Kodierung: *korrekte Begründung*). Die negative Vignette beurteilt das Kind nicht im intendierten Sinn. Die Indikatoren, die die Begründung einschließt, sind für das Urteil auf Basis des Items nicht angemessen (Kodierung: *keine korrekte Begründung*). Wie im positiven Beispiel geht es nicht um Alltagsnähe bzw. den Bezug zum aktuellen Leben, sondern um den Nutzen in der Zukunft. Um die itembezogene Urteilsfähigkeit zu kodieren, werden die Kodierungen auf den einzelnen für das Rating wesentlichen Stufen zusammengefasst: Lediglich eine Vignette wird richtig beantwortet, es wird kein passendes Beispiel generiert und es wird ein Verständniseffekt identifiziert: Anstelle von Alltagsbezug im Hier und Jetzt geht es dem Kind mehr um den Nutzen schulischen Lernens – eher unabhängig von der Alltagsnähe der Aufgaben. Dies führt dazu, dass das Kind schulische Aufgaben bzw. schulisches Lernen per se als lebensnah beurteilt, obwohl sie keinen direkten Bezug zum Alltag aufweisen. Das Kind stellt einen Bezug zur Zukunft her. Das Verständnis des Kindes sowie auch die Begründung sind nicht absurd und lassen durchaus eine kindliche Logik erkennen. Insofern wird die itembezogene Urteilsfähigkeit mit Kategorie 1 beurteilt. Bei der Feinanalyse ist zunächst der Fehler zu markieren, zu benennen (*Man lernt für die Zukunft*) und unter *interessante Textstelle* einzuordnen. Der Fehler wird im Memo näher beschrieben (vgl. Abbildung 12). Die Systematisierung der Fehler erfolgt an späterer Stelle.

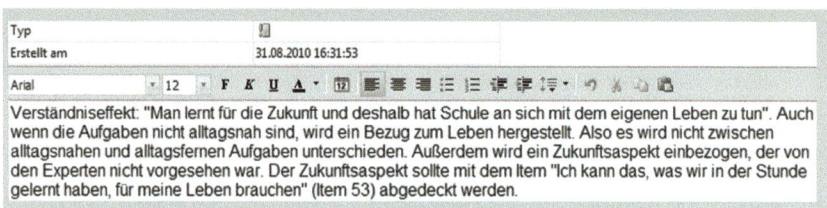

Abbildung 12: Memo zu Item 62

Item 00: Wir Schüler bewerten unsere eigene Arbeit anhand von Merkmalen und Kriterien, die wir im Unterricht entwickelt haben (Kompetenzraster). (Experteneinschätzung: nicht verständlich)

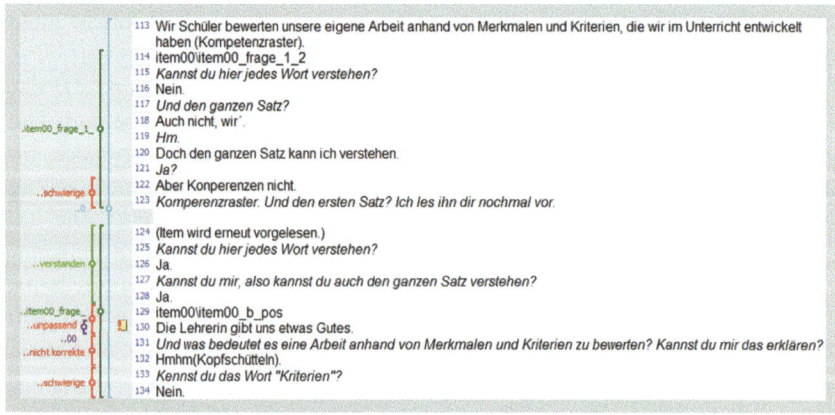

Abbildung 13: *Interviewauszug zu Item 00*

Das Kind gibt an, das Wort Kompetenzraster nicht zu verstehen (Kodierung: *schwierige Wörter*). Bei der Leitfadenerstellung wurde davon ausgegangen, dass Kompetenzraster kein Begriff ist, den ein durchschnittlicher Grundschüler versteht. Um dem Item dennoch eine Chance zu geben, wurde entschieden, die itembezogene Urteilsfähigkeit ohne Beachtung des Begriffs Kompetenzraster vorzunehmen. Wenn also lediglich der Begriff Kompetenzraster als unbekannt genannt wird, wird das Item ohne den Zusatz in Klammern erneut verlesen und Interviewstufe 1 wird wiederholt. Das Kind gibt an, jedes Wort und den kompletten Satz zu verstehen (Kodierung: *verstanden*). Das positive Beispiel ist als völlig unpassend zu werten (Kodierung: *unpassend oder unscharf*). Auf die Follow-up-Probe des Interviewers hin zeigt sich, dass das Kind den Inhalt des Items nicht näher erläutern kann und außerdem das Wort Kriterien nicht kennt (*Kodierung: schwierige Wörter*). Im Interview folgen keine weiteren Probes zu diesem Item, da bereits deutlich wurde, dass das Kind den Inhalt des Items nicht begreift. Das Itemverständnis ist als *absurd* einzustufen. Es ist keine Logik zu erkennen und somit muss hinsichtlich der itembezogenen Urteilsfähigkeit Kategorie 0 kodiert werden. Im Zuge der Feinanalyse wird der Fehler als absurde Eigeninterpretation bzw. unzulässige Komplexitätsreduktion beschrieben (vgl. Abbildung 14), wobei das positive Beispiel zunächst als *interessante Textstelle* markiert wird.

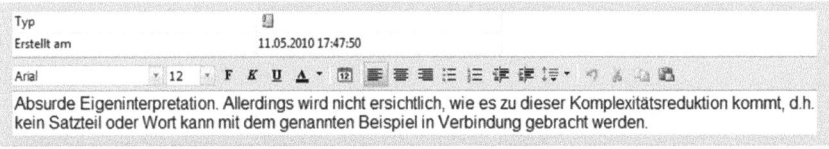

Abbildung 14: *Memo zu Item 00*

Da dieses Item sich im Zuge der Pilotierung als problematisch erwies, wurde beschlossen, anstelle der Example Probes zum Paraphrasieren aufzufordern (vgl. Zusatzvereinbarungen zur Interviewführung Kapitel 9.1.2.2). In diesem Fall eignet sich das Paraphrasieren, da die Komplexität des Items die wortgetreue Wiedergabe erschwert. Falls eine recht wortgetreue Wiedergabe erfolgt, werden spezifische Comprehension Probes angewandt. Der Kodiervorgang bleibt im Wesentlichen derselbe, wie das folgende Interview, als ein letztes Beispiel für den Kodierprozess, verdeutlicht.

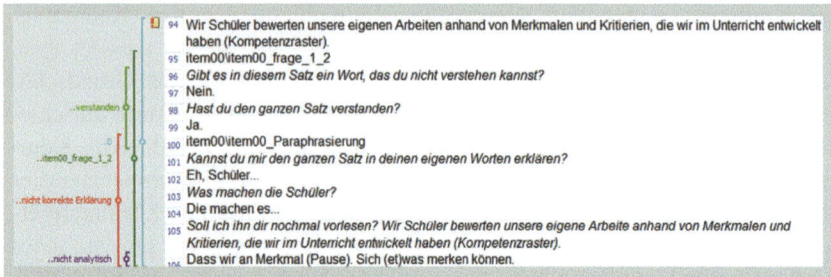

Abbildung 15: *Interviewauszug zu Item 00*

Das Kind gibt an, den Satz zu verstehen (Kodierung: *verstanden*). Die Wiedergabe des Items in eigenen Worten fällt dem Kind jedoch schwer: In den ersten beiden Anläufen bricht das Kind den begonnen Satz jeweils ab. Der Interviewer liest dem Kind als Hilfestellung das Item erneut vor. Danach paraphrasiert das Kind das Item, jedoch nicht im intendierten Sinn, sondern völlig abweichend vom eigentlichen Inhalt. Folglich wird auch hier auf ein weiteres Probing zu diesem Item verzichtet. Bezüglich der itembezogenen Urteilsfähigkeit ist Kategorie 0 zu kodieren. Im Zuge der Feinanalyse wird der Fehler als absurde Eigeninterpretation bzw. unzulässige Komplexitätsreduktion beschrieben (vgl. Abbildung 16), wobei die Paraphrasierung des Kindes als *interessante Textstelle* markiert wird.

Typ	🗐	
Erstellt am	17.06.2010 16:52:42	
Arial	▾ 12 ▾ **F** *K* U̲ A̲ ▾ ⬜ ⬛ ≣ ≣ ≣ ≣ ≣ ≣ ≣ ≣ ▾ ↻ ✂ 🗋 🗐	

Der Satz ist für das Kind so komplex, sodass es zunächst den Satz nicht in eigenen Worten widergeben kann. Das Kind kann die Beschäftigung, also was die Schüler machen, nicht in Worte fassen (in beiden Anläufen nicht). Nachdem der Satz ein zweites Mal vorgelesen wurde, nutzt das Kind das Wort Merkmal als Anker und gibt dem Satz eine völlig neue, absurde Bedeutung. Synkretismus: Unzulässige Komplexitätsreduktion.

Abbildung 16: *Memo zu Item 00*

Schritt 2: Feinanalyse der Fehler (Systematisierung)

Wie bereits beschrieben, wurden alle Textpassagen, die bezüglich der itembezogenen Urteilsfähigkeit in eine Kategorie ≤ 2 eingestuft wurden, in der Feinanalyse auf die Fehlerursache(n) untersucht. Hierbei wurde der Fehler zunächst näher beschrieben (zusammenfassende Inhaltsanalyse) und unter *interessante Textstelle* eingeordnet. Die gesammelten Fehler wurden in einem nächsten Schritt systematisiert, d. h. mittels der typisierenden Strukturierung auf Gemeinsamkeiten und Unterschiede untersucht, um Fehlertypen zu abstrahieren. In Bezug auf das vorherige Fehlerbeispiel (vgl. Abbildung 16), wurde als Fehlertyp *Verbalismus* identifiziert, da eine unzulässige Komplexitätsreduktion vorliegt, aus welcher eine absurde Eigeninterpretation resultiert.

Schritt 3: Auswertung der quantifizierten Daten

Nachdem das verbale Datenmaterial mittels der skalierenden Strukturierung, wie soeben dargestellt, kodiert und in eine ordinale Struktur transferiert wurde, wurden weitere Analysen mit SPSS durchgeführt. Die quantifizierten Daten wurden zunächst deskriptiv ausgewertet, um anhand der itembezogenen Urteilsfähigkeit der getesteten Schüler Aussagen über die Validität der Items zu machen. Des Weiteren wurde regressionsanalytisch untersucht, inwieweit das Itemverständnis von der Klassenstufe, dem Migrationshintergrund, dem Geschlecht und der durch die Lehrer eingeschätzten Deutschleistung abhängt. Unter Verwendung von Korrelationsanalysen wurde geprüft, inwieweit die Satzlänge und die Satzkomplexität einen Einfluss auf die Urteilsfähigkeit der Schüler haben.

9.1.2.4 Setting, Umfang und Stichprobe

Im Bereich von CT fehlen noch immer Standards in Bezug auf verschiedene Schlüsselparameter – Stichprobe und Umfang einbezogen (vgl. Beatty & Willis, 2007). Als grundlegende Voraussetzung wird beschrieben, die Items bzw. die Aufgaben an den tatsächlichen Adressaten zu testen und demographische Daten, wie zum Beispiel das Geschlecht, das Alter und die Herkunft, einzubeziehen (vgl. Beatty & Willis, 2007, S. 295f). Die aktuelle Praxis von CT basiert auf der Annahme, dass die relevantesten Probleme bereits unter Einbezug kleiner Stichproben identifiziert werden (vgl. Beatty & Willis, 2007, S. 295f). Prüfer und Rexroth (2005, S. 16f) geben als Richtmaß 5 bis 15 Interviews an. Ein vergleichbares Maß nennen Willis und Miller (2011, S. 336) mit ca. 10 Probanden. Es wird empfohlen, auf Basis der ersten 10 Probanden die Items zu überarbeiten und die Modifikation in mindestens einer zweiten Runde an einer weiteren Stichprobe zu testen (Beatty & Willis, 2007; Willis, 2005; Willis & Miller, 2011). Im Rahmen dieser Forschungsarbeit wurden in einer ersten Runde die von den Experten selektierten Items auf mögliche Fehler überprüft, wobei insbesondere auf die Itemverständlichkeit (Stufe 1 im Antwortprozess, Interpretation) fokussiert wurde. Diese erste Runde stellt die qualitative Teilstudie der ersten Hauptstudie dar. Eine zweite Runde fand im Rahmen der zweiten Hauptstudie statt. Das Design zur Itemprüfung wurde in der zweiten Runde verändert, um den Fokus auf weitere Probleme im Antwortprozess auszuweiten (siehe Hauptstudie II).

Der Einbezug von rund 60 Items in der ersten Runde erforderte eine – zumindest in absoluten Zahlen gesprochen – größere Stichprobe. Der Grund hierfür ist, dass nicht jedes Kind zu allen selektierten Items befragt werden kann (vgl. Pilotierung, Vorstudie III). Um jedes Item im oben empfohlenen Umfang prüfen zu können, ist eine Stichprobe zwischen 70 und 90 Schülern erforderlich.

Stichprobe

Die Stichprobe umfasst 86 Schüler aus 14 verschiedenen Klassen und 3 unterschiedlichen Grundschulen. Die Schüler besuchten zum Zeitpunkt der Erhebung das dritte oder vierte Schuljahr. Das durchschnittliche Alter der teilnehmenden Schüler betrug zum Testzeitpunkt 9,3 Jahre (*SD* = 0,69). Der Anteil weiblicher Probanden liegt mit 58 % etwas über der realen Verteilung an deutschen Grundschulen. Um die Items auch an Kindern mit Migrationshintergrund testen zu können, wurden bewusst städtische Schulen (darunter eine sogenannte Brennpunktschule) ausgewählt. Fast ein Drittel der teilnehmenden Schüler hat einen Migrationshintergrund (31 %). Die Lehrkräfte wurden gebeten, mindestens vier bis acht Schüler für die Interviews vom Unterricht zu befreien, jeweils ein bis zwei Schüler mit starker, zwei bis vier Schüler mit durchschnittlicher und ein bis zwei Schüler mit schwacher Deutschleistung. Da nicht alle Schüler eine Teilnahmeberechtigung (Unterschrift der Eltern) vorweisen konnten, war diese Einteilung nicht immer möglich.

Umfang

Insgesamt flossen 59 Items in die Untersuchung ein (siehe Anhang Kapitel 1.2). Jedes Kind wurde in der Regel zu sechs Items befragt (jeweils zwei aus den Schwierigkeitsstufen *leicht verständlich* und *verständlich*, sowie jeweils eines aus den Schwierigkeitsstufen *schwer verständlich* und *nicht verständlich*). Da die Items ungleich auf die Kategorien verteilt sind, folgt daraus eine häufigere Testung der schwierigeren Items. Diese ungleiche Testhäufigkeit wurde als sinnvoll erachtet, da sie ermöglicht, schwierigere Items umfangreicher zu testen. Die Beschränkung auf sechs Items ergab sich aus der Pilotierung des Interviewleitfadens (vgl. Kapitel 8.3). Als Kontrollvariablen wurden das Geschlecht, der Migrationshintergrund (erfasst über die gesprochene[n] Sprache[n] zu Hause nach Angabe des Kindes), die Klassenstufe und die Deutschleistung (eingeschätzt durch die Lehrkraft auf einer dreistufen Likert-Skala: schwach, durchschnittlich, stark) erhoben. Um eine möglichst große

Stichprobe zu gewinnen, wurde auf einen Test zum Sprach- und Hörverstehen sowie zum allgemeinen Begriffswissen verzichtet. Schließlich steht die Frage, ob die Urteilsfähigkeit vom Begriffswissen sowie von anderen sprachlichen Fähigkeiten und Fertigkeiten abhängt, nicht im Zentrum der Untersuchung. Aus diesem Grund wurde sich zur Erfassung sprachlicher Kompetenzen auf die eingeschätzte Deutschleistung durch die jeweiligen Lehrkräfte beschränkt.

Setting

Die Interviews fanden in den jeweiligen Schulen statt, meist in kleinen Räumen wie beispielsweise einem Förderraum. Die Schüler wurden für die Studie im Umfang des Interviews vom Unterricht befreit, bzw. dieser wurde so geplant, dass ein Fehlen von ca. 20 Minuten nicht problematisch war. Die Pausen wurden als Erhebungszeitraum ausgespart, um systematische, motivationale Einflüsse zu vermeiden. Die Interviews wurden jeweils aufgezeichnet (Audio Camcorder und Laptop).

9.1.3 Ergebnisse

9.1.3.1 Deskriptive Auswertung

a) Itembezogene Urteilsfähigkeit der Schüler

Die itembezogene Urteilsfähigkeit der Schüler variiert sowohl pro Item als auch über die sechs Items gemittelt. Tabelle 7 verdeutlicht jeweils die Minimal- und Maximalwerte bzw. die Spannweite zwischen den Extremwerten. Interindividuelle Unterschiede bezüglich der itembezogenen Urteilsfähigkeit sind außerdem anhand ausgewählter Beispiele aus dem verbalen Datenmaterial durch die Tabellen 8 und 9 illustriert. Die Antworten sind hinsichtlich der Qualität jeweils in aufsteigender Reihenfolge dargestellt.

Tabelle 7: *Spannweite der itembezogenen Urteilsfähigkeit der Schüler pro Item*

Nr	Item	0	1	2	3	4
Item 1	Am Anfang der Stunde wurde geklärt, was in der Stunde gelernt werden soll.					
Item 2	Es wurde geklärt, wie es in der nächsten Stunde weitergehen soll.					
Item 3	Wenn meine Lehrerin eine Frage gestellt hat, hatte ich genug Zeit zum Nachdenken.					
Item 4	Ich habe mich in der Stunde wohl gefühlt.					
Item 5	Ich habe in der Stunde gut zugehört.					
Item 6	Ich habe die Arbeitsaufträge sofort verstanden.					
Item 7	Gute Beispiele haben mir beim Verstehen geholfen.					
Item 8	Die Lehrerin hat darauf geachtet, dass wir laut und verständlich sprechen.					
Item 9	Die Lehrerin hat Wörter verwendet, die ich nicht verstanden habe.					
Item 10	Meine Klassenkameraden waren nett zu mir.					
Item 11	Die Lehrerin hat sich um mich gekümmert.					
Item 12	Ich konnte mit meinen Klassenkameraden gut zusammen arbeiten.					
Item 13	Die Lehrerin war freundlich zu mir.					
Item 14	Ich konnte in meinem eigenen Tempo arbeiten.					
Item 15	Ich konnte mir meine eigenen Aufgaben aussuchen.					
Item 16	Ich konnte Aufgaben auf meine Art lösen.					
Item 17	Ich durfte selbst nach Lösungen suchen.					
Item 18	Ich hatte die gleichen Aufgaben, wie alle anderen auch.					
Item 19	Die Lehrerin hat in der Stunde gut erklärt.					
Item 20	Ich habe mit meinem Nachbarn über andere Dinge geredet.					
Item 21	Ich war manchmal abgelenkt.					
Item 22	Die Lehrerin wusste immer, was in der Klasse passiert ist.					
Item 23	Mir war es zu laut.					
Item 24	Ich wurde beim Arbeiten gestört.					
Item 25	Die Lehrerin musste viel schimpfen.					
Item 26	Es gab klare Regeln, an die ich mich halten musste.					

Nr	Item	0	1	2	3	4
Item 27	Mir war die ganze Stunde über klar, was ich tun sollte.					
Item 28	Ich hatte meine Sachen griffbereit und musste nicht lange suchen.					
Item 29	Der Unterricht hat pünktlich begonnen.					
Item 30	Die ganze Stunde wurde zum Lernen genutzt.					
Item 31	Ich musste zwischendurch warten, bis es weitergeht.					
Item 32	Was wir in der Stunde durchgenommen haben, habe ich verstanden.					
Item 33	Wer Hilfe brauchte, konnte sich Tipps oder Hilfsmaterialien holen.					
Item 34	Ich wurde gelobt.					
Item 35	Ich habe in der Stunde angestrengt nachgedacht.					
Item 36	Ich fand diese Stunde interessant.					
Item 37	Ich habe in der Stunde etwas dazu gelernt.					
Item 40	Ich habe mehrere Sätze am Stück gesprochen.					
Item 41	Ich habe neue Wörter gelernt.					
Item 42	Es gaben Aufgaben/ Fragen, bei denen ich richtig nachdenken musste.					
Item 43	Ich habe mich gelangweilt.					
Item 44	Die Lehrerin hat uns auf früher gelernten Stoff hingewiesen, der für die Stunde wichtig war.					
Item 45	Ich habe konzentriert mitgearbeitet.					
Item 46	Ich habe etwas zum Thema gesagt.					
Item 47	Wir durften sagen, was wir zum Thema schon wissen.					
Item 49	Ich konnte selbstständig nach Lösungen suchen.					
Item 50	Die Lehrerin hat mich ermutigt, eigene Lösungswege zu finden.					
Item 51	Ich konnte eigenen Ideen in den Unterricht einbringen.					
Item 52	Ich fand die Aufgaben interessant.					
Item 53	Ich kann das, was ich in der Stunde gelernt habe, für mein Leben brauchen.					
Item 54	Ich hatte Angst, einen Fehler zu machen.					
Item 55	Meine Lehrerin war hilfsbereit.					
Item 56	Meine Lehrerin war bereit, mir bei Schwierigkeiten zu helfen.					

Nr	Item	0	1	2	3	4
Item 57	Die Lehrerin war geduldig.					
Item 58	Ich konnte mit meiner Lehrerin auch mal lachen.					
Item 59	Ich glaube, meiner Lehrerin hat die Stunde gefallen/ Spaß gemacht.					
Item 60	Ich habe mich über Lob gefreut.					
Item 62	Die Aufgaben hatten etwas mit meinen Leben zu tun.					
Item 00	Wir Schüler bewerten unsere eigene Arbeit anhand von Merkmalen und Kriterien, die wir im Unterricht selbst entwickelt haben.					

Tabelle 8: *Interindividuelle Unterschiede in den Antworten (Beispiel 56)*

Beispiel 1: *Die Lehrerin war bereit mir bei Schwierigkeiten zu helfen*

(Item 56)

Wie in Kapitel 7.1.2 beschrieben, ist es für die kompetente Beurteilung eines lernförderlichen Klimas wichtig, sämtliche Hilfestellungen der Lehrkraft, auch Tipps, als Hilfe zu interpretieren bzw. wahrzunehmen. Inwiefern Schüler dies tun, wurde mit der Zusatzvignette geprüft (vgl. Anhang Kapitel 3.2)

Antwort Schüler a)	*„Nein. Weil wenn er sagt, ich soll mir selber praktisch helfen, dann muss ich ja erst ein Wörterbuch holen, aufschlagen, als wenn ich halt meinen Lehrer fragen kann."*
Antwort Schüler b)	*„Ja, sie war hilfsbereit. Weil sie ja auch schon sagt, guck in deinem Wörterbuch nach. Weil, wenn sie es nicht gemacht hätte und hätte gesagt, Pech gehabt, dann schreib doch mit Fehler, vielleicht hast du dann deine schlechte Note, dann wäre es nicht lieb."*
Antwort Schüler c)	*„Also vielleicht eh, sie hat mir jetzt sofort, sie macht jetzt halt, die, eine Lehrerin ist ja da, um auch, um was, dass die Kinder was lernen, ja. Und nicht, dass man ihnen was vorsagt. Und deshalb hat sie es mir auch nicht gesagt, sondern ich soll dann mal selber nachgucken. Sie hat mir trotzdem geholfen."*

Tabelle 9: *Interindividuelle Unterschiede in den Antworten (Item 00)*

Beispiel 2: Wir Schüler bewerten unsere eigene Arbeit anhand von Merkmalen und Kriterien, die wir im Unterricht entwickelt haben (Kompetenzraster).

(Item 00)

Hier wurden die Schüler gefragt, ob sie das Item paraphrasieren können:

Kannst du mir den Satz in eigenen Worten erklären?

Antwort Schüler d)	*„Das wir an Merkmal (Pause). Sich was merken können."*
Antwort Schüler e)	*„Also wenn wir zum Beispiel ein Schleichdiktat gemacht haben und wir müssen das selber verbessern, dann also dann machen wir das ja."*
Antwort Schüler f)	*„Also die Schüler tun ihr, also tun ihre Arbeit selber korrigieren mit Kriterien, was das sind ja Sachen, da steht drauf, was man gut macht, was man machen soll, was nicht so gut ist. Also da kann man immer nach nachgucken, was man zum Beispiel falsch gemacht hat. Und das tut man damit korrigieren."*
Antwort Schüler g)	*„Also wir Schüler sollen unsere Arbeit bewerten an Merkmalen und Kriterien. Zum Beispiel die Buchvorstellung, die bewerten wir auch selber und dann gibt es den Daumen und dann sagt man, was sie gut fanden. Und dann gab es noch die Glühbirne, das sind Tipps, die man dann beim nächsten Mal machen kann oder Kriterien dann."*

Es gab auch Schüler, die angegeben haben, das Item nicht zu verstehen.

Schüler h)	*„Ich verstehe drei Wörter nicht. Den Satz auch nicht"*
Schüler i)	*„Mhmhh (Kopfschütteln). Das ist etwas für Erwachsene."*

Die einzelnen Abstufungen hinsichtlich der Urteilsfähigkeit sind primär für die Analyse der Items von Bedeutung. Dort spielt insbesondere das itembezogene Fehlerausmaß – Häufigkeit und Intensität – eine wesentliche Rolle. Hierzu gibt es für jedes Item einen Wert auf einer Skala von 0 bis 4. Um Aussagen über die itembezogene Urteilsfähigkeit der Schüler machen zu können, interessiert vielmehr, ob ein Schüler ein korrektes Urteil fällen konnte oder nicht bzw. wie viele Items er im intendierten Sinn beurteilen konnte. Hierzu ist es notwendig, die Variable itembezogene Urteilsfähigkeit zu dichotomisieren, indem die jeweils fehlerbehafteten Urteile (Kategorien 0, 1, 2) und die jeweils korrekten Urteile (Kategorien 3, 4) zusammengefasst werden. So ergeben sich pro Schüler und Item die Werte 0 und 1. Bildet man für jeden Schüler aus allen 6 Items einen Score (Mittelwert über alle 6 Items, aggregierte diochotomisierte Urteilsfähigkeit auf Individualebene), so können die Werte theoretisch zwischen 0 und 1 liegen. Empirisch variieren die Werte zwischen .17 und 1.00. Der Wert von .17 verdeutlicht, dass es dem entsprechenden Schüler lediglich möglich war eines von sechs Items im intendierten Sinn zu beurteilen, während der Wert von 1.0 auf sechs korrekt beurteilte Items schließen lässt. Mittelt man die Werte über alle Schüler (aggregierte dichotomisierte Urteilsfähigkeit auf Stichprobenebene), so ergibt sich $M = .54$ ($SD = .18$). Die Häufigkeitsverteilung kann im Anhang eingesehen werden (Kapitel 3.5). Die itembezogene dichotomisierte Urteilsfähigkeit pro Item auf Stichprobenebene veranschaulicht Abbildung 17.

Schüler, welche ein Item nicht im intendierten Sinn verstehen oder beurteilen konnten (Kategorie 0–2), gaben in Bezug auf die Comprehension Probes mehrheitlich (zu 69 %) an, das Item zu verstehen. Waren keine Fremdworte oder Fachbegriffe enthalten, wie beispielsweise bei Item 1 oder Item 62, gaben nahezu alle Schüler an (Item 1: 100 %, Item 62: 95 %), das Item zu verstehen, obwohl kein Schüler das Item korrekt interpretieren konnte. In beiden Fällen wurde jeweils ein Wort anders als im intendierten Sinn verstanden (vgl. Feinanalyse, 9.1.4.2). Waren hingegen selten benutzte Worte oder Fachbegriffe enthalten, wie in Item 44 und Item 00, realisierten deutlich mehr Schüler die Schwierigkeit des Items und gaben bereits bei den Comprehension Probes an, das Item nicht zu verstehen (Item 44: 38 %, Item 00: 69 %). Zugleich zeigt sich bei diesen Items eine verstärkte Tendenz zum Synkretismus und Verbalismus, sofern Schüler angaben, die Items zu verstehen.

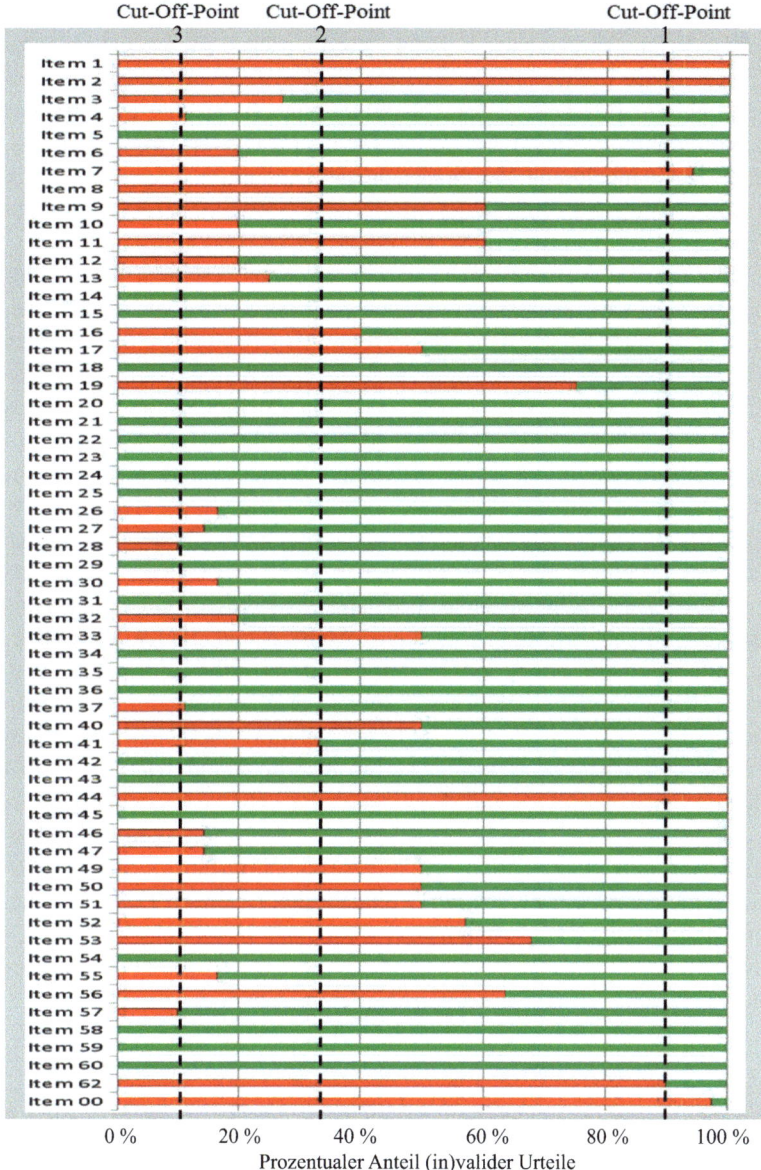

Abbildung 17: *Itembezogene Urteilsfähigkeit der Schüler (dichotomisiert)*

b) Validität der Items

Um von der Urteilsfähigkeit der Schüler Aussagen über die Itemvalidität zu tätigen, müssen die Items entsprechend klassifiziert werden. Anders als beispielsweise bei der Beurteilung der Reliabilität eines Items oder Fragebogens liegen zur Beurteilung der Validität keine genauen Richtwerte vor. Für Items, deren empirische inhaltliche Validität sich nicht unmittelbar aus der Grafik ablesen lässt, indem sie vollständig grün (oder vollständig rot) eingefärbt sind, wurden deshalb Cut-off-Points bestimmt (siehe Abbildung 17).

Wie Abbildung 17 verdeutlicht, sind sowohl Items vertreten, die von allen befragten Schülern im intendierten Sinn beurteilt wurden als auch Items, die von keinem oder nahezu keinem der befragten Schüler im intendierten Sinn beurteilt wurden (Cut-off-Point 1; ≥ 90 % Fehleranteil). Bei diesen beiden extremen Ausprägungen lässt sich direkt ein Rückschluss auf die Itemtauglichkeit ziehen bzw. direkt eine Klassifikation in die Kategorien *valide* im Sinne von verständlich bzw. *invalide* im Sinne von nicht verständlich vornehmen. In die Kategorie *invalide* fallen insgesamt 6 Items, in die Kategorie *valide* insgesamt 22 Items. Zwischen Cut-off-Point 1 und 2 liegen alle Items, deren Fehleranteil größer als 33 % und kleiner als 90 % ist. Diese Items werden als *unzureichend valide* bezeichnet, da auf Basis dieser Items mindestens ein Drittel der teilnehmenden Schüler kein Urteil im intendierten Sinn fällte. Insgesamt sind in dieser Kategorie 15 Items vertreten. Alle Items, die höchstens einen zehnprozentigen Fehleranteil aufweisen (Cut-off-Point 3), werden als *hinreichend valide* klassifiziert. In dieser Kategorie befinden sich insgesamt 2 Items. Alle Items, die zwischen Cut-off-Point 2 und 3 liegen werden vorläufig als *eingeschränkt valide* bezeichnet. Es sind insgesamt 14 Items. Sie werden erst unter Einbezug der Ergebnisse der Feinanalyse, also der Fehlerbeschreibung und Identifikation der Fehlerursache, in die Kategorie *unzureichend valide* oder *ausreichend valide* eingeordnet – je nach Fehlerursache, -intensität und absoluter Fehlerhäufigkeit. Abbildung 18 gibt einen Überblick über das kodierte Fehlerausmaß, indem die jeweiligen Kategorien der itembezogenen Urteilsfähigkeit farblich unterschieden werden.

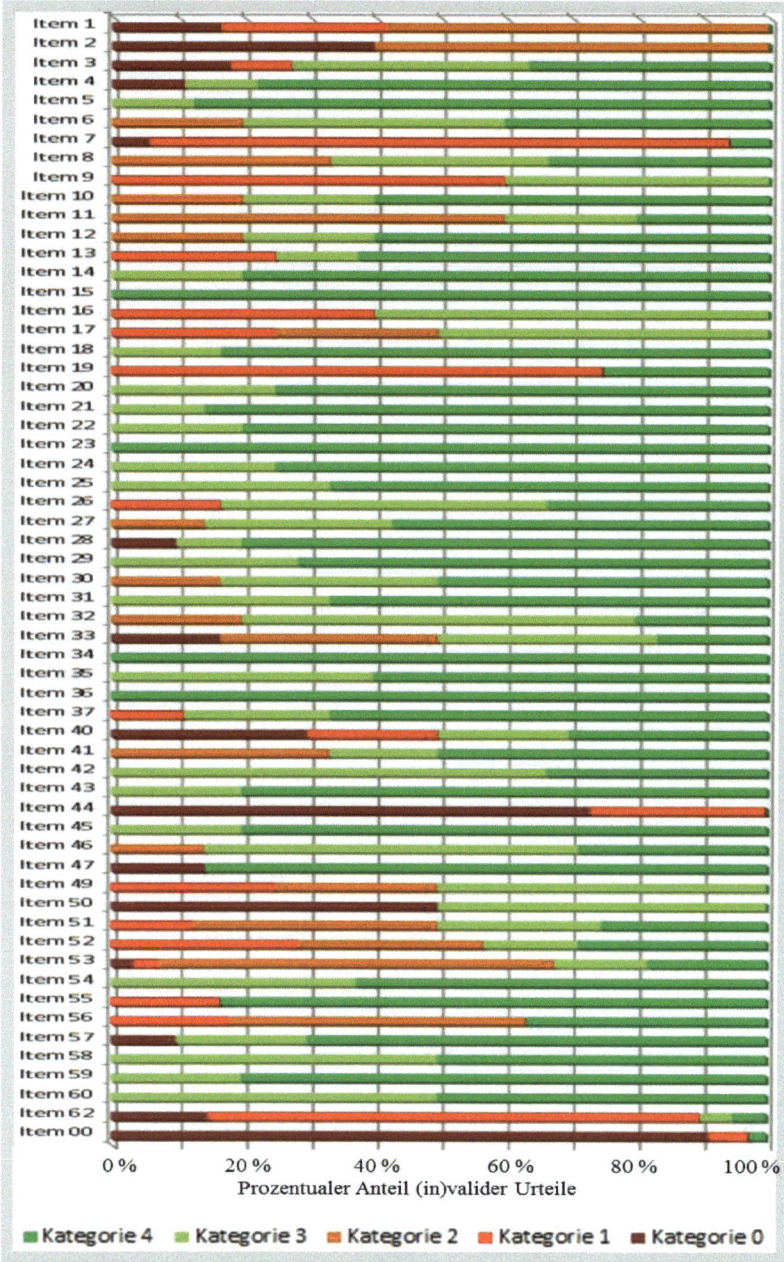

Abbildung 18: *Kodiertes Fehlerausmaß pro Item*

9.1.3.2 Ergebnisse der Feinanalyse

In der Feinanalyse wurden – wie im vorherigen Kapitel veranschaulicht – Fehlertypen identifiziert bzw. aufgetretene Fehler beschrieben und systematisiert. Die Ergebnisse der gesamten, itembezogenen Feinanalyse sind in Form einer 14-seitigen Tabelle zusammengefasst, welche im Anhang eingesehen werden kann (siehe Anhang Kapitel 3.6). Im Folgenden werden zunächst die über alle Items hinweg identifizierten Probleme und Fehler skizziert (siehe Tabelle 10). Im Anschluss wird exemplarisch anhand von Auszügen aus der Ergebnistabelle der itembezogenen Feinanalyse erklärt, wie die Tabelle zu lesen ist und wie die endgültige Itemklassifikation vorgenommen wurde. Abschließend wird die aus der Feinanalyse resultierende endgültige Itemklassifikation dargestellt.

Tabelle 10: *Typisierung der Fehler (bzw. Probleme)*

Anmerkung: *Kursive Schrift* kennzeichnet die Gesprächsanteile des Interviewers.

	Problemtyp	Definition
a)	Unsicherheit im Begriffsverständnis (Begriffsverständnis ist korrekt)	Ungewissheit bezüglich der eigenen Begriffsdefinition führt zu einer Nachfrage an den Interviewer, wobei das eigene, richtige Verständnis in der Frage bereits beinhaltet ist.

Ankerbeispiel: Es gab Regeln, an die ich mich halten musste (Item 26)

Welche Regeln, Klassenregeln?
Ja (Pause). Hast du den Satz verstanden? (Itemwiederholung).
Ja.
Jetzt auch jedes Wort?
Ja.

	Fehlertyp	Definition
b)	Kein Itemverständnis (keine Interpretation trotz Begriffsverständnis)	Das komplette Item wird nicht verstanden, obwohl dem Kind die einzelnen Begriffe bekannt sind. Es wird keine Interpretation vorgenommen.

Ankerbeispiel: Die Aufgaben hatten etwas mit meinem Leben zu tun (Item 62)

Gibt es ein Wort, das du nicht verstehst?
Ne. Ich versteh den Satz aber nicht so richtig.
Den Satz? Ich lese ihn noch einmal vor (Item wird wiederholt)
Ach, mit meinem Leben, das ist total schwer. Ich weiß das nicht wie.
Kannst nicht so richtig was damit anfangen?
Hm mmhh (Kopfschütteln).

Fehlertyp	Definition
c) Kein Begriffsverständnis (keine Interpretation)	Das Kind kennt (mind.) einen Begriff nicht und kann infolge dessen das Item nicht interpretieren.

Ankerbeispiel: Ich hatte meine Sachen griffbereit und musste nicht lange suchen (Item 28).

Gibt es ein Wort, das du nicht verstehst?
Eigentlich habe ich alle verstanden, aber das mit dem Griff.
Griffbereit?
Ja.
Kannst du den Satz trotzdem verstehen?
Nein.

Fehlertyp	Definition
d) Kein hinreichendes Begriffsverständnis	Die Begriffsdefinition erfolgt über das Ausschließen negativer Indikatoren (lediglich 1 Pol im Begriffsverständnis verankert).

Ankerbeispiel: Meine Lehrerin war freundlich zu mir (Item 13).

Woran merkst du, dass eine Lehrerin freundlich zu dir ist?
Dass sie mich nicht ankreischt.

(+ Bei der positiven Vignette werden keine positiven Indikatoren identifiziert.)

Fehlertyp	Definition
e) Vom intendierten Sinn abweichendes Begriffsverständnis	Begriff wird anders als intendiert interpretiert oder nicht ausschließlich wie intendiert.

Ankerbeispiel: Die Aufgaben hatten etwas mit meinem Leben zu tun (Item 62)

Woran merkst du, dass die Aufgaben etwas mit deinem Leben zu tun haben?
Also, wenn es um mich geht, um meine Haut oder meine Knochen.
Woran merkst du, wenn die Aufgaben nichts mit deinem Leben zu tun haben?
Wenn es zum Beispiel um Holz geht, dann hat das mit meinem Leben nichts zu tun.

(=> Leben wird nicht als Alltag interpretiert, sondern mehr organismisch im Sinne von zu meinem Organismus gehörend).

Fehlertyp	Definition
f) Vom intendierten Sinn abweichendes Itemverständnis	Item wird anders als intendiert interpretiert, weil zwischen den Zeilen etwas ergänzt wird, was nicht vorgesehen ist.

Ankerbeispiel: Die Lehrerin hat Wörter verwendet, die ich nicht verstanden habe (Item 9)

Der Satz wird interpretiert in als: *Die Lehrerin hat Wörter verwendet, die ich zu Beginn nicht verstanden habe.*
Anzeichen: Die positive Vignette, in der die Lehrkraft neue Fachbegriffe einführt, erklärt und das Kind diese nach der Erklärung versteht, wird negiert:

Weil sie hat ja trotzdem Wörter benutzt, nur weil sie die erklärt hat, heißt es ja nicht, dass ich sie trotzdem am Anfang nicht verstanden habe.
Erst am Ende?
Ja.

Fehlertyp	Definition
g) Unzulässige Komplexitätsreduktion (Synkretismus)	Ein Wort (oder mehrere Wörter) werden bei der Itemanalyse übergangen und bei der Urteilsfindung nicht berücksichtigt.

Ankerbeispiele: Ich habe mehrere Sätze am Stück gesprochen (Item 40)

Woran merkst du, dass du viele Sätze am Stück gesprochen hast?
Vielleicht wenn ich in Deutsch eine Geschichte schreibe.
(=> *gesprochen* bleibt unberücksichtigt)

Woran merkst du, dass du viele Sätze am Stück gesprochen hast?
Wenn ich in Mathe das Ergebnis so machen in einen Satz machen würde, dann würde ich sagen ja.
(=> *mehrere Sätze* und *am Stück* bleiben unberücksichtigt).

Fehlertyp	Definition
h) Unzulässige Komplexitätsreduktion (Verbalismus)	Die Eigeninterpretation des Kindes weicht stark vom intendierten Sinn ab und stellt eine Komplexitätsreduktion dar.

Ankerbeispiel: Wir Schüler bewerten unsere eigene Arbeit anhand von Merkmalen und Kriterien, die wir im Unterricht entwickelt haben (Kompetenzraster) (Item 00)

Interviewer bittet das Kind den Satz zu paraphrasieren bzw. den Inhalt in eigenen Worten wiederzugeben:
Dass wir an Merkmal (Pause). Sich was merken können.

Fehlertyp	Definition
i) Eingeschränkte Urteilsfähigkeit infolge fehlenden Wissens um relevante Indikatoren.	Aufgrund von fehlendem didaktisch-methodischen Hintergrundwissens kann das Item nicht im intendierten Sinn beurteilt werden (wesentliche Indikatoren sind unbekannt).

Ankerbeispiel: Die Lehrerin hat in der Stunde gut erklärt (Item 19)

Woran stellst du fest, dass deine Lehrerin gut erklärt hat?
Wenn ich es verstehe.
Woran stellst du fest, dass deine Lehrerin nicht gut erklärt hat?
Wenn ich es nicht verstehe oder wenn sie nichts erklärt.

Fehlertyp	Definition
j) Akquieszenz-Bias	Es wird vorrangig auf Indikatoren fokussiert, welche eine Zustimmung zum Item ermöglichen.

Ankerbeispiel: Meine Klassenkameraden waren nett zu mir (Item 10)

Die Zusatzvignette wird bejaht: Obwohl ein Klassenkamerad nicht nett ist (er tritt mehrfach gegen das Bein), wird nur der positive Indikator ins Urteil eingebunden (die Hilfe einer Mitschülerin). Begründung zur Zusatzvignette:

Dass sie mir helfen.
Okay und wer hilft dir in dem Beispiel?
Ja, die Caroline.

Fehlertyp	Definition
k) Halo-Effekt	Lehrkräften oder Schulen werden allgemeine Funktionen oder Eigenschaften zugeschrieben, welche das Urteil im speziellen Fall überlagern. D. h. es erfolgt kein differenziertes Urteil bzw. die Urteilsfähigkeit ist durch den Halo-Effekt eingeschränkt.

Ankerbeispiel 1: Die Lehrerin war freundlich zu mir (Item 13)

Die negative Vignette, in der die Lehrkraft den Schüler nicht ausreden lässt und ihn anschreit, wird bejaht:

Sie ist freundlich.
Warum?
Weil dann meint sie das nur gut. Die meint es immer gut mit uns.
Könnte man sagen, dass sie in diesem Moment unfreundlich handelt, aber eben so handeln muss?
Nein, trotzdem freundlich.

Ankerbeispiel 2: Ich kann das, was wir in der Stunde gelernt haben, für mein Leben brauchen (Item 53)

Alles was man in der Schule lernt, kann man für sein Leben brauchen. Alles ist wichtig für wenn man älter ist.

Wie Tabelle 10 veranschaulicht, konnten insgesamt 10 unterschiedliche Fehlertypen sowie ein Problemtyp abstrahiert und somit differenziert werden; die *Unsicherheit im Begriffsverständnis* muss nicht zwangsläufig zu einem Fehlurteil führen – weshalb dieser Typ als *Problem* und nicht als Fehler deklariert ist. Welche Fehler bei welchen Items aufgetreten sind, ist der Tabelle zur Feinanalyse im Anhang zu entnehmen (siehe Anhang Kapitel 3.6). Der prozentuale Fehleranteil geht aus Abbildung 17 und 18 hervor.

Die Analyse der Fehler gibt Aufschluss darüber, welche Schwachstelle(n) das jeweilige Item aufweist. Auf Grundlage der Fehleridentifikation lassen sich Modifikationsmöglichkeiten für das Item ableiten, sofern das Fehlerspektrum gering ist und die Fehlerursache durch kleine Veränderungen als behebbar angenommen wird. An fünf Beispielen[27] wird exemplarisch dargestellt, welche Konsequenzen aus der Feinanalyse resultieren können und welche Informationen die Tabelle zur itembezogenen Feinanalyse liefert.

---

27 Es werden fünf Beispiele präsentiert, um jeweils ein Beispiel für die unterschiedlichen Einstufungen der Itemvalidität zu skizzieren.

Tabelle 11: *Auszug aus der Tabelle zur Feinanalyse (Beispiel 1)*

Item 44 Die Lehrerin hat uns auf früher gelernten Stoff hingewiesen, der für die Stunde wichtig war.		Ursprüngl. Einstufung: schwer verständlich
Fehler- bezeichnung	c) Kein Begriffsverständnis (keine Interpretation). e) Vom intendierten Sinn abweichendes Begriffsverständnis i) Eingeschränkte Urteilsfähigkeit infolge fehlenden Wissens um relevante Indikatoren	
Fehler- spezifikation	Der Begriff Stoff ist für viele Schüler unbekannt. Das Wort hingewiesen wird häufig im Sinne von *wiederholt* interpretiert. D. h. wenn die Lehrkraft beispielsweise in der dritten Klasse das 1x1 wiederholt, so wird das Item bejaht. Aufgrund von fehlendem didaktisch-methodischen Hintergrundwissens können die Kinder nicht einschätzen, ob der Stoff für die Stunde wichtig ist oder nicht. Hierzu fehlen ihnen Indikatoren.	
Deskriptive Itemstatistik	Klassifikation: *invalide*	
Feinanalyse	Klassifikation *invalide* wird bestätigt.	Endgültige Einstufung: invalide
Optimierungs- möglichkeit	keine	Item wird gestrichen

Item 44 wurde ursprünglich von den Experten als *schwer verständlich* eingestuft. Keiner der getesteten Schüler konnte unter Verwendung dieses Items ein Urteil im intendierten Sinn abgeben (vgl. Abbildung 17). Wie Tabelle 11 verdeutlicht, wurden die Fehler *c, e* und *i* identifiziert. Analog zum Fehlerspektrum werden innerhalb der Fehlerspezifikation drei Fehlerursachen unterschieden. Insbesondere das fehlende Hintergrundwissen lässt sich durch Itemmodifikationen nicht beheben, sodass keine Optimierungsmöglichkeiten gesehen wurden. Die aus der deskriptiven Itemanalyse resultierende Klassifikation *invalide* wurde durch die Feinanalyse bestätigt. Das Item wurde aus dem Itempool ausgeschlossen.

Tabelle 12: *Auszug aus der Tabelle zur Feinanalyse (Beispiel 2)*

Item 9 **Die Lehrerin hat Wörter verwendet, die ich nicht verstanden habe.**		Ursprüngl. Einstufung: verständlich
Fehler- bezeichnung	f) Vom intendierten Sinn abweichendes Itemverständnis.	
Fehler- spezifikation	Den Schülern war nicht klar, dass sich der Relativsatz auf das Verständnis nach der Stunde bezieht. Wenn die Lehrkraft Fachbegriffe verwendet und zugleich für den Schüler verständlich erklärt, wird das Item dennoch bejaht. D. h. einige Schüler interpretieren das Item wie folgt: *Die Lehrerin hat Wörter verwendet, die ich zu Beginn nicht verstanden habe* – anstelle von *... die ich auch jetzt noch nicht verstanden habe.*	
Deskriptive Itemstatistik	Klassifikation: *unzureichend valide*	
Feinanalyse	Klassifikation *unzureichend valide* wird bestätigt.	Endgültige Einstufung: unzureichend valide
Optimierungs- möglichkeit	Die Lehrerin hat Wörter benutzt, die ich auch jetzt noch nicht verstanden habe.	Optimiertes Item wird erneut geprüft.

Item 9 wurde ursprünglich von den Experten als *verständlich* eingestuft. Ca. 60 % der getesteten Schüler konnte unter Verwendung dieses Items kein Urteil im intendierten Sinn abgeben (vgl. Abbildung 17). Wie Tabelle 12 verdeutlicht, wurde Fehler *f* identifiziert; weitere Fehler traten nicht auf (d. h. geringes Fehlerspektrum). Das Item wurde in der ursprünglichen Form auch nach der Feinanalyse als *unzureichend valide* klassifiziert und dementsprechend aussortiert. Anhand der Fehlerspezifikation wird die Fehlerursache ersichtlich – die fehlende Explikation des zeitlichen Urteilsbezugs. Der zeitliche Urteilsbezug konnte durch eine leichte Modifikation des ursprünglichen Items konkretisiert werden. Das modifizierte Item wurde als eine aus der Fehleranalyse abgeleitete Optimierungsmöglichkeit festgehalten und in der nächsten Studie auf Validität geprüft.

Tabelle 13: *Auszug aus der Tabelle zur Feinanalyse (Beispiel 3)*

Item 46 Ich habe etwas zum Thema gesagt.		Ursprüngl. Einstufung: verständlich
Fehler-bezeichnung	e) Vom intendierten Sinn abweichendes Begriffsverständnis	
Fehler-spezifikation	*Zum Thema* wird nicht ausschließlich auf inhaltliche Beiträge beschränkt. Das Fragen, ob man die Arbeitsblätter austeilen kann, wird auch als thematischer Beitrag betrachtet.	
Deskriptive Itemstatistik	Klassifikation: *eingeschränkt valide*	
Feinanalyse	Klassifikation *hinreichend valide* wird vorgenommen.	Endgültige Einstufung: hinreichend valide
Optimierungs-möglichkeit	keine	
Kommentar	Da ein solcher Bias sich überhaupt nur bei dem Schüler, der die Frage nach dem Austeilen der Arbeitsblätter gestellt hat, ergeben kann, wird das Item als hinreichend valide betrachtet.	Item bleibt erhalten.

Item 46 wurde ursprünglich von den Experten als *verständlich* eingestuft. Ca. 13 % der getesteten Schüler konnte unter Verwendung dieses Items auf Stufe der Zusatzvignette kein Urteil im intendierten Sinn abgeben (Fehler ist ausschließlich orange markiert, vgl. Abbildung 18). Wie Tabelle 13 verdeutlicht, wurde Fehler *e* identifiziert; weitere Fehler traten nicht auf (d.h. geringes Fehlerspektrum). Anhand der Fehlerspezifikation wird die Fehlerursache ersichtlich: *zum Thema* wird nicht ausschließlich auf inhaltliche Beiträge bezogen (auch die Frage, ob man die Arbeitsblätter austeilen darf, wird ins Urteil integriert). Cut-off-Point 3 wurde nur knapp überschritten, weshalb das Item nach der deskriptiven Itemanalyse als *eingeschränkt valide* eingestuft wurde. Wie der Kommentar verdeutlicht, beschränkt sich die ohnehin recht geringe Fehlerwahrscheinlichkeit außerdem auf die Schüler, die in einer Stunde überhaupt eine solche Frage stellen. Aus diesen Gründen wurde Item 46 nach der Feinanalyse als *hinreichend valide* klassifiziert und blieb in der ursprünglichen Form für die zweite Hauptstudie erhalten.

Tabelle 14: *Auszug aus der Tabelle zur Feinanalyse (Beispiel 4)*

Item 13 Die Lehrerin war freundlich zu mir.		Ursprüngl. Einstufung: leicht verständlich
Fehler- bezeichnung	d) Kein hinreichendes Begriffsverständnis k) Halo-Effekt	
Fehler- spezifikation	Zum Teil wird freundlich sein, lediglich durch das Ausbleiben von unfreundlichem Verhalten beschrieben. D. h., die Kinder können eher beurteilen, ob jemand unfreundlich ist oder nicht und nur bedingt, ob jemand tatsächlich freundlich ist. Ein Kind gibt außerdem an, dass eine Lehrkraft per se freundlich ist, da Lehrkräfte – egal was sie auch tun – es immer gut meinten.	
Deskriptive Itemstatistik	Klassifikation: *eingeschränkt invalide*	
Feinanalyse	Klassifikation *eingeschränkt valide* wird bestätigt.	Endgültige Einstufung: eingeschränkt valide
Optimierungs- möglichkeit	keine	
Kommentar	Da mit dem Item durchaus erfasst wird, ob sich jemand unfreundlich oder nicht unfreundlich verhält, sollte es beibehalten bleiben. Die negative Formulierung des Items wird nicht vorgeschlagen, da sie vermutlich auf wenig Akzeptanz seitens der Lehrkräfte stoßen würde.	Item bleibt erhalten.

Item 13 wurde ursprünglich von den Experten als *leicht verständlich* eingestuft. Ca. 23 % der getesteten Schüler konnte unter Verwendung dieses Items kein Urteil im intendierten Sinn abgeben (vgl. Abbildung 17). Wie Tabelle 14 verdeutlicht, wurden die beiden Fehlertypen *d* und *k* identifiziert. Anhand der Fehlerspezifikation wird die Fehlerursache ersichtlich: Einige Kinder ziehen zur Urteilsfindung lediglich das Ausbleiben negativer Indikatoren heran und ein Kind unterliegt einem Halo-Effekt. Cut-off-Point 3 wurde überschritten, weshalb das Item nach der deskriptiven Itemanalyse als *eingeschränkt valide* eingestuft wurde. Wie der Kommentar verdeutlicht, liefert das Item trotz des nicht hinreichenden Begriffswissens einiger Kinder relevante Informationen in Bezug auf das *lernförderliche Klima* in der Klasse, selbst wenn das Urteil bei einigen Kindern lediglich auf dem Vorkommen bzw. Ausbleiben von negativen Indikatoren basiert. Der Halo-Effekt tritt lediglich einmal auf. Aus diesen Gründen wurde Item 13 nach der Feinanalyse auch weiterhin als *eingeschränkt valide* klassifiziert und blieb in der ursprünglichen Form für die zweite Hauptstudie erhalten. *Eingeschränkt valide* bedeutet in diesem Zusammenhang, das Item ist hilfreich, misst jedoch nicht exakt das, was es messen soll. Deshalb sind die Nutzer des Instruments auf die genannte Einschränkung später hinzuweisen, indem transparent gemacht wird, dass bei einigen Schülern das Urteil *war freundlich* eher als *war nicht unfreundlich* zu interpretieren ist. Man könnte das Item umformulieren in: *Die Lehrerin war unfreundlich zu mir.* Dieses Item würde aber höchst wahrscheinlich auf wenig

Akzeptanz in der Praxis stoßen, weshalb diese Modifikation nicht als Optimierung vorgeschlagen wurde.

Tabelle 15: *Auszug aus der Tabelle zur Feinanalyse (Beispiel 5)*

Item 3 Wenn meine Lehrerin eine Frage gestellt hat, hatte ich genug Zeit zum Nachdenken.		Ursprüngl. Einstufung: verständlich
Fehler- bezeichnung	g) Unzulässige Komplexitätsreduktion (Synkretismus)	
Fehler- spezifikation	*Genug* und *ich* bleiben unberücksichtigt, d.h. es wird lediglich beurteilt, ob die Lehrkraft der Klasse *ein bisschen* Zeit lässt.	
Deskriptive Itemstatistik	Klassifikation: *eingeschränkt valide*	
Feinanalyse	Klassifikation *unzureichend valide* wird vorgenommen.	Endgültige Einstufung: unzureichend invalide
Optimierungs- möglichkeit	Ich hatte immer genug Zeit zum Überlegen.	
Kommentar	Selbst die einfachen Vignetten werden von knapp 30 % nicht adäquat beurteilt. Auf die beiden Analyseeinheiten *ich* und *genug* kann nicht verzichtet werden, da sie wesentliche Informationsträger des Items darstellen. Da Konditionalsätze ohnehin für Kinder schwierig sind, wird die Satzstruktur vereinfacht und die Satzlänge gekürzt.	Optimiertes Item wird erneut geprüft.

Item 3 wurde ursprünglich von den Experten als *verständlich* eingestuft. Ca. 28 % der getesteten Schüler konnte unter Verwendung dieses Items kein Urteil im intendierten Sinn abgeben (vgl. Abbildung 17) – selbst bei den einfachen Vignetten. Wie Tabelle 15 verdeutlicht, wurde der Fehlertyp g identifiziert. Anhand der Fehlerspezifikation wird die Fehlerursache ersichtlich: es werden die Worte *ich* und *genug* übergangen. Wie der Kommentar veranschaulicht, sind diese beiden Worte für das Urteil über Unterrichtsqualität relevant. Eine Ursache für den Synkretismus wird in der Satzkomplexität und -länge vermutet. Ob eine Reduktion der Satzkomplexität und -länge Synkretismus verhindert, wurde in der nächsten Studie geprüft, indem das optimierte Item getestet wurde. Das ursprüngliche Item, welches laut deskriptiver Analyse als eingeschränkt valide eingestuft wurde, wurde nach der Feinanalyse als unzureichend valide klassifiziert und gestrichen.

Abbildung 19 und 20 verdeutlichen die relativen Häufigkeiten der endgültigen Itemklassifikationen und der Fehlertypen. Eine Übersicht über die Einstufung der einzelnen Items sowie über die identifizierten Fehlertypen pro Item findet sich im Anhang in Kapitel 3.7 und 3.8.

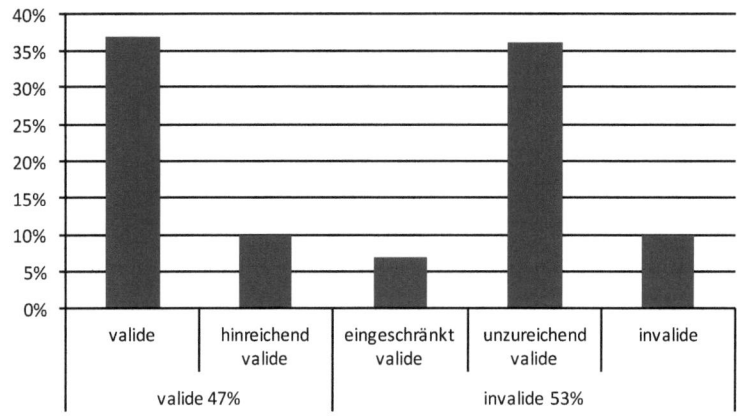

Abbildung 19: *Endgültige Itemklassifikation*

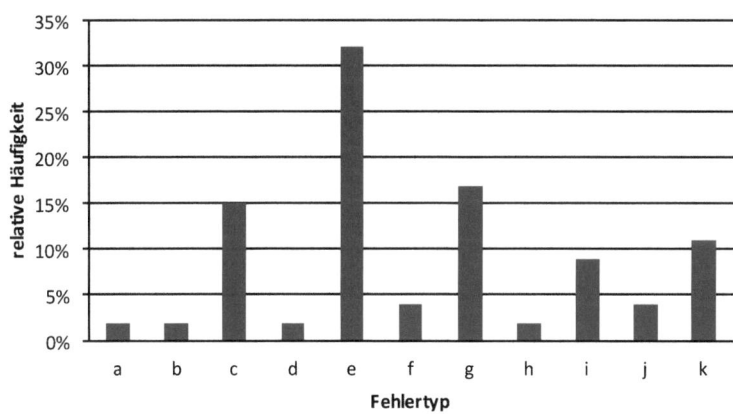

Anmerkung: Die relative Häufigkeit bezieht sich in dieser Abbildung darauf, bei wie vielen Items der jeweilige Fehlertyp identifiziert wurde – ungeachtet der Häufigkeit desselben Fehlers pro Item.

Abbildung 20: *Relative Häufigkeiten der Fehlertypen*

9.1.3.3 Korrelative Auswertung

Zusammenhang zwischen der Itemlänge und der Itemvalidität

Um zu analysieren, ob ein Zusammenhang zwischen der Länge der Items und der Klassifikation der Itemvalidität besteht, wurden bivariate, nichtparametrische Korrelationen durchgeführt (*Spearmans Rho*), da die Klassifikation der Itemvalidität lediglich ordinales Skalenniveau aufweist. Die Itemlänge wurde zum einen über die Wortanzahl und zum anderen über die Buchstabenanzahl operationalisiert, woraus zwei unterschiedliche Maße resultieren. Die Klassifikation der Itemvalidität korreliert in vergleichbarem Ausmaß mit der Wortanzahl und mit der Buchstabenanzahl hochsignifikant negativ (vgl. Tabelle 16). Die Zusammenhänge sind jedoch insgesamt als gering zu interpretieren. Es werden rund 16 % der Gesamtvarianz über die Itemlänge aufgeklärt.

Tabelle 16: *Korrelativer Zusammenhang zwischen Itemlänge und Itemvalidität*

	Wortanzahl	Buchstabenanzahl
Klassifikation der Validität	-.41**	-.43**

** Die Korrelation ist auf dem .01 Niveau signifikant (einseitig)
$N = 59$, Korrelationskoeffizient: Spearmans Rho (r_s)

Wie die Feinanalyse verdeutlicht (siehe Anhang Kapitel 3.6), beinhaltet Item 00 Fachbegriffe. Da es zugleich mit Abstand das längste Item ist, wurde die Korrelation unter Ausschluss von Item 00 erneut berechnet. Der Zusammenhang sinkt erwartungsgemäß, bleibt jedoch hochsignifikant (Wortanzahl $r_s = -.38$, Buchstabenanzahl $r_s = -.40$). Als kritische Grenze erweist sich in dieser Studie eine Itemlänge von 10 Wörtern. Alle Items, die eine Länge von mehr als 10 Wörtern aufweisen, befinden sich in der Klassifikation *nicht valide*.

Zusammenhang zwischen der Satzkomplexität der Items und der Itemvalidität

Um zu analysieren, ob ein Zusammenhang zwischen der Satzkomplexität der Items und der Klassifikation der Itemvalidität besteht, wurden ebenfalls bivariate nichtparametrische Korrelationen durchgeführt. Die Satzkomplexität wurde bestimmt, indem einfache Sätze von komplexen Sätzen (Hypotaxe und Parataxe) unterschieden wurden. Aufgrund der Kombination von ordinaler Variable und dichotomer Variable wurde der Zusammenhang über den Korrelationskoeffizienten Gamma bestimmt.[28] Es ergab sich kein signifikanter Zusammenhang.

9.1.3.4 Regressionsanalytische Auswertung

Für die Regressionsanalysen wurde die aggregierte, dichotomisierte, itembezogene Urteilsfähigkeit als abhängige Variable verwendet. Grund hierfür ist, dass diese Variable exakt darin unterscheidet, wie viele Items im intendierten Sinn beurteilt werden konnten und damit genau die Information beinhaltet, die für die Regressionsanalysen wichtig ist. Neben der metrischen, abhängigen Variable (aggregierte, dichotomisierte, itembezogene Urteilsfähigkeit) werden als unabhängige Variablen die Klassenstufe, das Geschlecht, der Migrationshintergrund und die Deutschleistung jeweils als Dummy-Variablen in die lineare, multiple Regression eingeschlossen.[29]

Unter Kontrolle bzw. Konstanthaltung der integrierten unabhängigen Variablen erweist sich lediglich der Effekt der Deutschleistung als signifikant. Das Regressionsmodell lässt sich demnach auf die Deutschleistung reduzieren, da weitere im Modell beinhaltete unabhängige Variablen keinen signifikanten Einfluss zeigten. Mit dem reduzierten Modell lassen sich 8,3 % der Gesamtvarianz auflösen (p = .02). Der unstandardisierte Regressionskoeffizient zeigt einen Anstieg von 0.16 (SD = .05) für Schüler mit starker Deutschleistung im Vergleich zu Schülern mit schwacher Deutschleistung. Dies bedeutet, dass starke Schüler im Vergleich zur Referenzgruppe rund ein Item mehr im intendierten Sinn beurteilen konnten. Der Effekt für Schüler mit mittlerer Deutschleistung zur Referenzgruppe liegt bei b = .08 und ist nicht signifikant.

---

28 Die rangbiseriale Korrelation sowie Somers d und Kims d scheiden als Maß jeweils aus, da die Klassifikation der Validität keine singuläre ordinale Variable darstellt, sondern Rangklassen ausdrückt.

29 Die Deutschleistung wurde lediglich auf einer dreistufigen Skala durch die Lehrkraft eingeschätzt (schwach, durchschnittlich, stark), sodass eine Behandlung als metrische Variable ausgeschlossen ist. Da von besonderem Interesse ist, ob eine schwache Deutschleistung einen Einfluss auf die gemessene Urteilsfähigkeit hat, werden die schwachen Schüler als Referenzgruppe ausgewählt.

Tabelle 17: *Einfluss der Deutschleistung auf die Urteilsfähigkeit*

	b	SE	β	p
Konstante	.46	.04		<.001
Deutschleistung_Dummy schwach als Referenz zu stark	.16	.05	.43	.005
Deutschleistung_Dummy schwach als Referenz zu mittel	.08	.05	.21	.158

$N = 80$ (bei einem Schüler konnte die Leistung nicht eingeschätzt werden, da er erst neu in die Klasse kam, zu fünf Schülern liegen nicht alle sechs Werte zur itembezogenen Urteilsfähigkeit vor.)

9.1.4 Diskussion

Mit Teilstudie I der ersten Hauptstudie sollte die itembezogene Urteilsfähigkeit von Grundschülern in Bezug auf die selektierten Items untersucht werden, um anhand der Validität der Schülerurteile Aussagen über die Validität der Items zu machen. Schwerpunktmäßig sollte das korrekte Itemverständnis bzw. die korrekte Iteminterpretation erforscht werden – also Stufe 1 des Antwortprozesses nach Tourangeau (1984).

Es existieren bereits zahlreiche Instrumente zur Erfassung der Unterrichtsqualität aus der Perspektive von Grundschülern. Obwohl Studien aus dem Bereich der Sozialforschung auf Iteminterpretationsprobleme bei Grundschülern hinweisen (vgl. Kapitel 6), existieren bislang keine Studien, die auf entsprechende Interpretationsfehler und andere Urteilsfehler im Bereich von Schülerfeedback zur Unterrichtsqualität fokussieren. In der vorliegenden Studie wurde die itembezogene Urteilsfähigkeit unter Verwendung kognitiver Interviews mithilfe von verbalen Vignetten untersucht. Des Weiteren wurden Fehlertypen aus dem verbalen Material abstrahiert. Anhand der itembezogenen Urteilsfähigkeit und der analysierten Fehler wurde auf die Itemvalidität geschlossen.

In Kapitel 9.1.4.1 werden die Befunde in Bezug auf die Forschungsfragen und Hypothesen der Studie inhaltlich diskutiert. Abschließend erfolgt in Kapitel 9.1.4.2 eine methodische Diskussion der Ergebnisse. Hierbei wird auf Einschränkungen der Interpretierbarkeit der vorliegenden Resultate eingegangen. Des Weiteren werden Schlussfolgerungen für zukünftige Studien gezogen und es erfolgt ein Ausblick auf Teilstudie II.

9.1.4.1 Inhaltliche Diskussion

Empirische inhaltliche Validität (Altersadäquatheit) der Items und Fehlertypen

Primäre Zielsetzung dieser Studie war es, die itembezogene Urteilsfähigkeit der Schüler zu bestimmen und damit Aussagen über die Validität der Items zu tätigen. Im Hinblick auf die ZFF₁ (*Verstehen Grundschüler Items aus gängigen Feedbackinstrumenten im intendierten Sinn?*) weisen die Ergebnisse der Studie auf erhebliche Interpretationsprobleme der Schüler in Bezug auf zahlreiche Items hin. Als häufigster Fehler wurde mit 32 % Fehlertyp e identifiziert. Bei einem Drittel der Items hatten die Schüler demzufolge Probleme, einen im Item beinhalteten Begriff im intendierten Sinn zu interpretieren. Unzulässige Komplexitätsreduktionen, indem ein Wort oder mehrere Wörter übergangen werden (Fehlertyp g) oder absurde Eigeninterpretationen getätigt werden (Fehlertyp h), stellen den zweithäufigsten Fehler dar. Davon sind 19 % der getesteten Items betroffen. Insofern gilt ZFF₁H₁ (*Es lassen sich Anzeichen von Synkretismus und Verbalismus finden*) als verifiziert, wobei die Form des Synkretismus häufiger angetroffen wurde als die Form des Verbalismus. Die dritthäufigste Fehler (Fehlertyp c) zeichnet sich dadurch aus, dass die teilnehmenden Schüler einen Begriff nicht kannten und demzufolge das Item nicht interpretieren konnten. Er trat bei 15 % der getesteten Items auf. Obwohl auch Fehler analysiert wurden, die erst nach der Iteminterpretation eintreten (z. B. Fehlertyp j: Akquieszenz-Bias und Fehlertyp k: Halo-Effekt), wurden die meisten Fehler auf der Stufe der Iteminterpretation identifiziert. Zusammenfassend lässt sich in Bezug auf die erste Forschungsfrage festhalten, dass bei rund der Hälfte der Items Verständnisprobleme aufgetreten sind. Dieser Befund ist konform zu Ergebnissen aus der Sozialforschung. Dort wurde bei der Itemvalidierung unter Verwendung von CT ebenfalls als hauptsächliche Fehlerursache die Fehlinterpretation der Items identifiziert (vgl. Bowen, 2008; Woolley et al., 2004; Willis, 2005). Auf Grundlage der vorliegenden Studie dürfen die Ergebnisse jedoch nur in Anbetracht des gewählten Designs interpretiert werden. Das heißt, über das tatsächliche Verhältnis von Fehlern auf Stufe eins und den weiteren Stufen im Antwortprozess können keine Aussagen gemacht werden, weil in dieser Studie insbesondere auf die Iteminterpretation fokussiert wurde. Wesentliche Herausforderungen des Urteilsprozesses, wie eine Anpassung des Urteils an ein mehrstufiges Antwortformat oder das Einbeziehen von Indikatoren in Bezug auf eine konkrete Stunde, blieben in dieser Studie bewusst außen vor. Hauptstudie II bezieht die weiteren Stufen ein. Um Fehler auf den weiteren Stufen gezielt untersuchen zu können, wurden in dieser Studie zunächst Items gefiltert, die für die Schüler verständlich sind.

Die primäre Zielsetzung der Studie, die von den Experten als inhaltsvalide klassifizierten Items empirisch auf ihre inhaltliche Validität zu prüfen, wurde erfüllt: Die Kapitel 3.7 und 3.8 im Anhang geben einen Überblick über die auf Basis der Studie als altersadäquat eingestuften Items, Itemoptimierungen und die jeweils identifizierten Fehlertypen.

Voraussagekraft von inhaltlichen Validierungen durch Experten

Insgesamt wurden rund 53 % der Items als *nicht valide* im Sinne von *nicht im intendierten Sinn beurteilbar* klassifiziert (vgl. Abbildung 19). Abzüglich des durch die Experten als invalide kategorisierten Items, konnte knapp über die Hälfte der durch die Experten als valide eingestuften Items von den teilnehmenden Schülern nicht im intendierten Sinn beurteilt werden (51,7 %). Dies ist als ein deutliches Indiz dafür zu interpretieren, dass die empirische inhaltliche Validität der Items über die Experteneinschätzung nicht vorhergesagt werden konnte. Ein möglicher Grund hierfür ist, dass bezüglich der Itementwicklung für junge Probanden noch relativ wenige konkrete Regeln vorliegen, an denen sich bei der Fragebogenerstellung orientiert werden kann. Inwieweit allgemein gültige Regeln zur Itementwicklung aus der Forschung abgeleitet werden können, ist allerdings fraglich, da der inhaltliche Bezug bzw. der Urteilsgegenstand selbst vermutlich einen großen Einfluss auf die Urteilsfähigkeit der Probanden nimmt. Durch experimentelle Studien könnte untersucht werden, inwieweit allgemein gültige Regeln oder Richtlinien zur Orientierung abgeleitet werden können. So wäre es beispielsweise interessant zu erfahren, ob sich in anderen Studien mit anderem Kontext bzw. Urteilsgegenstand ebenfalls eine Wortanzahl von 10 als kritische Grenze erweist.

In Bezug auf die weit verbreitete Form der inhaltlichen Validierung durch Experten bedeutet dieser Befund, dass zumindest im Bereich der Unterrichtsqualität diese Methode nicht ausreicht, um Items oder einen Fragebogen zu validieren. Anlässlich der ZFF$_{II}$ (*Wie gut sagt eine [augenscheinliche] inhaltliche Validierung durch Experten die empirische inhaltliche Itemvalidität voraus?*) lassen die Ergebnisse folgenden Schluss zu: Die Effizienz einer inhaltlichen Validierung durch Experten in Bezug auf das Sondieren invalider bzw. altersunangemessener Items muss auf Grundlage der vorliegenden Studie als äußerst gering eingestuft werden. ZFF$_{II}$H$_1$ (*Die empirische inhaltliche Validität [Altersadäquatheit] der Items lässt sich durch die Validierung der Experten nicht adäquat vorhersagen*) gilt als bestätigt. Dies bedeutet nicht, dass auf inhaltliche Validierungen dieser Art verzichtet werden sollte. Im Gegenteil, inhaltliche Validierungen sind sehr wichtig, um Items auszuwählen, die den Urteilsgegenstand inhaltlich angemessen repräsentieren. Sie reichen aber nicht aus, um die empirische inhaltliche Validität vorherzusagen. Um einen Fragebogen für junge Probanden zu validieren, bedarf es demnach mehr als einer inhaltlichen Validierung durch Experten. Zu diesem Ergebnis kamen auch Woolley und Kollegen (2004), nachdem dort die Experten ebenfalls nicht in der Lage waren, zuverlässig altersadäquate Items zu entwickeln. Bowen kommt deshalb zu folgendem Fazit: „In the absence of cognitive testing, even the simplest of items cannot be assumed to yield valid responses from children" (Bowen, 2008, S. 8). Auch in der vorliegenden Studie erwiesen sich Items, die von den Experten als leicht verständlich eingestuft wurden, als invalide Items. Von der augenscheinlichen Validität kann demnach nicht auf die tatsächliche Validität geschlossen werden.

Items, welche als nicht valide klassifiziert wurden, sind wortwörtlich oder leicht modifiziert in zahlreichen Feedbackbögen enthalten (vgl. Kodiermanual im Anhang Kapitel 3.4). Insofern sollten gängige Feedbackinstrumente unbedingt überarbeitet werden.

Fehlertypen und Fehlerursachen

Auch die zweite Zielsetzung (FF2), Fehlertypen zu abstrahieren, Fehlerursachen zu identifizieren und mögliche Optimierungsvorschläge abzuleiten, ließ sich mittels der gewählten Erhebungs- und Auswertungsmethoden – insbesondere durch die Feinanalyse – umsetzen. Zum Teil waren die Optimierungsmöglichkeiten offensichtlich und recht einfach durch den Austausch von Begriffen umzusetzen (wie beispielsweise bei Item 56, indem das Wort *Hilfe* durch *Tipp* ersetzt wurde). Andere Items hingegen wiesen mehrere Fehlerursachen parallel auf, sodass eine Optimierung nicht möglich schien (z. B. Item 00). Sofern die Ursache mangelnde Kenntnisse hinsichtlich relevanter Indikatoren infolge fehlenden methodisch-didaktischen Hintergrundwissens war, ließ sich das Item ebenfalls nicht optimieren (z. B. Item 44). Die Fehlerursachen waren recht vielfältig, wie die Anzahl an identifizierten Fehlertypen bereits verdeutlicht (vgl. Tabelle 10). Insofern ist es nicht verwunderlich, dass sich über den Zusammenhang zwischen Itemlänge und klassifizierter Itemvalidität nur ca. 16 % der Gesamtvarianz aufklären lässt. Schließlich ist ein Zusammenhang zwischen der Itemlänge und der Fehlerhäufigkeit nur bei bestimmten Fehlertypen anzunehmen. So ist beispielsweise denkbar, dass längere Items die Wahrscheinlichkeit für Synkretismus oder die Wahrscheinlichkeit, ein Wort falsch zu interpretieren, erhöhen. Im Gegensatz dazu ist ein Zusammenhang zwischen der Itemlänge und einem Halo-Effekt oder einem Akquieszenz-Bias eher nicht bzw. nicht in gleichem Ausmaß zu erwarten. Da manche Fehler sehr selten aufgetreten sind, konnten jedoch keine Korrelationen auf Basis der Fehlertypen berechnet werden.

Der – wenn auch geringe – Zusammenhang zwischen Itemlänge und klassifizierter Itemvalidität sollte künftig bei der Entwicklung von Items beachtet werden. Als kritische Grenze hinsichtlich der Itemlänge wurde in dieser Studie eine Wortanzahl von 10 identifiziert. Dieses Resultat kann jedoch lediglich als vage Richtschnur betrachtet werden. Um repräsentative Aussagen über die *adäquate Itemlänge* oder über *kritische Grenzen* machen zu können, bedarf es experimenteller Studien, in denen die Itemlänge unter Konstanthaltung verschiedener Bedingungen systematisch variiert wird. Während erste Hinweise auf die Gültigkeit von ZFF1H11 (*Je länger ein Item, desto höher der Anteil an Fehlern*) gefunden wurden, muss auf Grundlage der vorliegenden Daten ZFF1H111 (*Je komplexer die Satzstruktur eines Items, desto höher der Anteil an Fehlern*) als falsifiziert gelten. Möglicherweise liegt der Grund dafür, dass kein signifikanter Zusammenhang zwischen Satzkomplexität und Fehlerhäufigkeit gefunden wurde, an der dichotomen Operationalisierung. Es wurden lediglich einfache und komplexe Sätze unterschieden. Vielleicht wäre es sinnvoll in künftigen Studien bestimmte Formen von Hypotaxen und Parataxen zu unterscheiden. Es gibt erste Indizien, dass mit Konditionalsätzen eine höhere Fehleranfälligkeit einhergeht (vgl. Bowen 2008; Woolley et al., 2004). Auch in der vorliegenden Studie wurde das Item, welches als einziges eine konditionale Satzstruktur beinhaltet, als invalide klassifiziert. Allerdings lässt sich auf Grundlage eines Items keine Aussage über die Eignung einer Satzstruktur tätigen. Aufgrund der geringen Anzahl von Items bezüglich bestimmter Strukturtypen, war in dieser Studie keine feinere Differenzierung möglich. Sofern Studien das Ziel verfolgen, allgemeine Regeln zur Itementwicklung zu erforschen, sollte eine differenziertere Operationalisierung diesbezüglich vorgenommen werden und mittels eines experimentellen Designs eine systematische Variation der Strukturtypen erfolgen.

Urteilsfähigkeit der Schüler

Hinsichtlich der itembezogenen Urteilsfähigkeit der Schüler zeigen sich interindividuelle Unterschiede. Sie wurden im Vergleich einzelner Schülerinterviews zum selben Item (vgl. Tabelle 8 und 9), über die Bandbreite der Minimal- und Maximalwerte der itembezogenen Urteilsfähigkeit (vgl. Tabelle 7) sowie die Streuung der aggregierten itembezogenen Urteilsfähigkeit deutlich. ZFF1H1v (*Bei den Schülern gibt es hinsichtlich der itembezogenen Urteilsfähigkeit interindividuelle Unterschiede*) gilt deshalb als bestätigt. Die interindividuellen Unterschiede sollten theoretisch insbesondere durch sprachliche Fähigkeiten und Fertigkeiten (wie beispielsweise das allgemeine Begriffswissen und den Wortschatz) beeinflusst werden. Schwerpunkte der Studie waren, die empirische inhaltliche Itemvalidität zu erforschen und Fehler im Urteilsprozess zu identifizieren. In diesem Rahmen war es nicht möglich, zusätzlich standardisierte Tests hinsichtlich sprachlicher Kompetenzen einzusetzen. Deshalb wurde als ein Indiz für sprachliche Kompetenzen die Deutschleistung durch die Einschätzung der Lehrkräfte erfasst. Zusätzlich wurde die Klassenstufe, das Geschlecht und der Migrationshintergrund erhoben, um zu sehen, inwieweit diese Variablen einen Einfluss auf die Urteilsfähigkeit nehmen. Lediglich die Deutschleistung zeigt einen signifikanten Einfluss und klärt ca. 9 % der Varianz auf. Der Einfluss wäre eventuell größer, wenn nicht die allgemeine Deutschleistung eingeschätzt worden wäre, sondern auf sprachliche Leistungen fokussiert worden wäre.[30] Erwartungsgemäß hatte das Geschlecht keinen Einfluss. Auch die Klassenstufe und der Migrationshintergrund zeigten keine signifikanten Effekte. Die Ergebnisse verdeutlichen, dass die selektierten Items für beide Klassenstufen vergleichbar schwer bzw. leicht waren und somit ein Instrument für den Einsatz in *beiden* Klassenstufen entwickelt werden kann – ungeachtet des Anteils an Migranten in den jeweiligen Klassen.

Schüler, welche ein Item nicht im intendierten Sinn verstehen oder beurteilen konnten, waren sich des eigenen Unvermögens in 69 % der Fälle nicht bewusst. Das heißt, sie haben bei den Comprehension Probes jeweils angegeben, das komplette Item zu verstehen. ZFFₗHᵥ (*Die Mehrheit der Schüler entwickelt inadäquate Eigeninterpretationen [auf Begriffs- oder Itemebene], sind sich der Unzulänglichkeit der Interpretation aber nicht bewusst*) gilt hiermit als verifiziert. Untersuchungen bei erwachsenen Probanden, die Unterrichtsqualität anhand von Items beurteilten, zeigen, dass selbst Erwachsene Interpretationsprobleme zum Teil nicht wahrnehmen – allerdings in geringerem Ausmaß (Praetorius, 2012). Interpretationsprobleme sowie weitere Probleme in Bezug auf den Urteilsprozess lassen sich demnach nicht hinreichend über Comprehension Probes erfassen – nicht im Erwachsenenbereich und noch weniger im Kinderbereich. Bei der Pilotierung von Fragebögen für junge Probanden werden dennoch am Ende des Fragebogens häufig Fragen zur Itemverständlichkeit angehängt (*z.B. Gab es Items, die Du nicht verstanden hast? Wenn ja, welche?*). Vermeintlich ökonomische Validierungstechniken, wie die eben genannte, sind auf Basis der vorliegenden Resultate als wenig zielführend zu beschreiben und dienen somit nicht der Validierung von Instrumenten – insbesondere nicht bei jungen Probanden. Deshalb sollte künftig, um Verständnisprobleme aufzudecken, ein umfassendes Probing, vergleichbar zu dieser Studie, erfolgen.

---

30 Methodische Einschränkungen in Bezug auf die Interpretation der Ergebnisse werden unter Kapitel 9.1.5.2 diskutiert.

9.1.4.2 Methodische Diskussion

In der vorliegenden Studie wurden kognitive Interviews unter Verwendung von Probing zur Untersuchung von Problemen im Antwortprozess, insbesondere auf der Stufe der Iteminterpretation, untersucht. Die Literatur zu Cognitive Testing in Bezug auf junge Probanden ist noch recht rar (Leeuw et al., 2004; Woolley et al., 2004). Zur Konzeption der Studie wurde sich an Studien bzw. Artikeln aus der Sozialforschung orientiert (Bowen, 2008; Woolley et al., 2004; Woolley et al., 2006). Das Design wurde an den Untersuchungsgegenstand angepasst und leicht modifiziert. Zur Auswertung wurde die strukturierte Inhaltsanalyse verwendet, wobei ein Kategoriensystem für eine möglichst standardisierte Kodierung entwickelt wurde.

Zur Aussagekraft der gewählten Erhebungsmethode und des Erhebungsumfangs

Wie bereits erwähnt (vgl. Kapitel 9.1.2), sind verbale Probes im Rahmen kognitiver Interviews nicht unproblematisch: Zum einen gibt es Probes, die sich gerade bei der Arbeit mit jungen Probanden weniger ergiebig erweisen, wie beispielsweise Comprehension Probes (Paraphrasieren eingeschlossen). Zum anderen bergen Process Probes, bei denen der Proband im Nachhinein zu den Gründen seines Urteils befragt wird, die Gefahr von Verzerrungen. Das heißt, in Bezug auf Process Probes ist nicht klar, inwieweit berichtete Gründe den tatsächlichen Gründen entsprechen. Je weniger standardisiert die Interviews sind, desto höher ist außerdem das Verzerrungspotential in Bezug auf Interviewereffekte.

Im Rahmen der vorliegenden Studie wurden hochstandardisierte Interviews durchgeführt, um Interviewereffekte zu reduzieren und die Auswertung aufgrund der besseren Vergleichbarkeit des Materials zu erleichtern. Comprehension Probes wurden verwendet, um zu prüfen, in welchem Ausmaß das eigene Unvermögen, das Item korrekt zu verstehen, von den teilnehmenden Schülern realisiert wird. Bislang existieren hierzu keine konkreten Angaben in der Literatur. Das Ausmaß erwies sich mit durchschnittlich 69 % als sehr hoch. Die Resultate dieser Studie schlussfolgernd, führen Comprehension Probes in diesem Kontext mehrheitlich in die Irre und stellen somit für die Arbeit mit Kindern definitiv keine adäquate Methode dar, sofern ausschließlich Comprehension Probes angewandt werden. Da sich das Paraphrasieren in den Studien von Woolley und Kollegen (2004) als wenig effizient erwies, wurde auf das Paraphrasieren der Items in der vorliegenden Studie in der Regel verzichtet (Ausnahme: Item 00). Vielmehr wurden die Probanden aufgefordert, jeweils ein positives und ein negatives Beispiel in Bezug auf das Item zu generieren. Anhand dieser Example Probes kann nicht direkt auf das Itemverständnis geschlossen werden, da es für junge Probanden keine leichte Aufgabe darstellt, ein eigenes Beispiel zu formulieren. Das heißt, wenn ein Proband kein Beispiel formulieren kann, bedeutet dies nicht direkt, dass er das Item nicht versteht bzw. anhand des Items kein Urteil fällen kann. Example Probes reichen also nicht aus, um die itembezogene Urteilsfähigkeit zu erfassen. Die Example Probes sollten insbesondere folgende Funktion erfüllen: Sie sollten Indikatoren, welche Schüler direkt von sich aus nennen und zuordnen können, erfassen, um naive, kindliche Interpretationen möglichst unverzerrt abzubilden. Während der Auswertung erwiesen sich die Example Probes sehr hilfreich, da sie erheblich zur Identifikation der Fehlerursache beitrugen und sich das kindliche Itemverständnis unter Einbezug der Example Probes differenzierter beschreiben ließ. Es kamen Fehlinterpretationen zum Vorschein, die sich unter Nutzung von Vignetten und Process Probes allein nicht derart klar hätten identifizieren lassen. Außerdem gab es vereinzelt Schüler, die die Vignetten korrekt beurteilen konnten, jedoch bei den eigenen Beispielen von sich aus unpassende Indikatoren heranzogen – Anzeichen auf Fehlinterpretationen, welche ausschließlich aufgrund der Example Probes identifiziert wurden. Die Process Probes erwiesen sich erwartungsgemäß, das heißt konform zu den Berichten von Woolley und Kollegen (2004), als sehr aussagekräftig. Mittels der Vignetten konnte der Bezug zum Unterricht hergestellt werden bzw. der Urteilsgegenstand konkretisiert werden. Die Auswahl der Vignetten lässt sich insgesamt gesehen als passend und altersadäquat einstufen (nur eine Vignette bereitete Probleme, da sie für die Kinder zu schwierig schien). In sehr wenigen Fällen mussten Vignetten aufgrund einer für den Schüler unbekannten Situation modifiziert werden. Die Zusatzvignetten erwiesen sich als sehr hilfreich, um gezielt mögliche itemspezifische Schwierigkeiten zu untersuchen, auf welche Vorstudie II aufmerksam machte (vgl. Anhang Kapitel 2.1). Methodisch wäre es als problematisch zu betrachten, wenn die Zusatzvignetten stets zur Verifikation der angenommenen itembezogenen Urteilsschwierigkeit geführt hätten. In diesem Fall wäre der Vorwurf berechtigt, dass allein der Gebrauch von Zusatzvignetten über die Itemklassifikation entscheidet. In der Studie zeigte sich jedoch, dass Items trotz Zusatzvignette als valide und hinreichend valide eingestuft wurden.

Zusammenfassend lässt sich die gewählte Struktur des kognitiven Interviews als effizient und empfehlenswert für Validierungsstudien bei jungen Probanden beschreiben. Obwohl die Comprehension Probes allein wenig aussagekräftig sind, sollte nicht auf diese verzichtet werden. Rund ein Drittel der Kinder konnte fremde Begriffe identifizieren. Die Methode bietet demnach keine hinreichende, aber durchaus *zusätzliche* Information.

In Anbetracht der Zielsetzung, Items ausfindig zu machen, die die Schüler adäquat interpretieren bzw. verstehen, spielen die eingangs genannten Verzerrungen eine untergeordnete Rolle. Denn die Ergebnisse der Studie werden lediglich dahingehend interpretiert, dass die als valide klassifizierten Items für die teilnehmenden Schüler verständliche Items darstellen. Es wird nicht gefolgert, dass die Schüler damit auch ein valides Urteil über den eigenen Unterricht abgeben. In Hauptstudie II wurde deshalb geprüft, ob Grundschüler anhand der auf Basis dieser Studie als (hinreichend) valide klassifizierten Items ein (hinreichend) valides Urteil über die Unterrichtsqualität einer konkreten Stunde fällen können. Die Verzerrungsproblematik, inwieweit berichtete Begründungen den tatsächlichen Begründungen entsprechen, wird deshalb erst in der nächsten Studie diskutiert.

Zur Festlegung des Erhebungsumfangs wurde sich an den Richtlinien aktueller Literatur orientiert. Ein Item wurde im Schnitt an 14 Schülern getestet. Es ist äußert fraglich, ob anhand der recht geringen Anzahl an Probanden pro Item eine repräsentative Aussage über die Verständlichkeit bzw. die Validität der Items gefällt werden kann. Blair und Conrad (2011) weisen darauf hin, dass manche Probleme in Bezug auf den Antwortprozess unter Umständen erst spät ersichtlich werden und das Aufdecken von Fehlern mit der Stichprobengröße zunimmt. Außerdem betonen Ackermann & Blair (2006), dass auch ein selten auftretendes Problem im Rahmen von CT zu Validitätseinbußen des Instruments führen kann:

> Problem frequency is of interest because the less frequent a problem is, the more interviews that are required to identify it. The frequency of a problem is unrelated to its impact in each instance on measurement error. Therefore, it is possible to have a low frequency problem that causes a high level of measurement error. (Ackermann & Blair, 2006, S. 4001)

Der Alpha-Fehler – die fälschliche Annahme der Nullhypothese bzw. die fälschliche Annahme, dass die Items valide sind – ist bei der hier vorliegenden geringen Stichprobe als hoch einzustufen. Deshalb wurden die als verständlich bzw. valide klassifizierten Items sowie die optimierten Items erneut in Hauptstudie II, an einer größeren Anzahl an Probanden, getestet. Items, welche sich anhand der bisherigen Stichprobe als nicht valide erwiesen und nicht optimiert werden konnten, werden von einer erneuten Prüfung ausgeschlossen. Es wird davon ausgegangen, dass Probleme, die bereits an einer kleinen Stichprobe ersichtlich werden, durchaus als ernst zu nehmende Probleme interpretiert werden dürfen. Schließlich ist die Wahrscheinlichkeit für den Beta-Fehler – die Nullhypothese fälschlicherweise zu verwerfen – in diesem Kontext als weitaus kleiner einzuschätzen.

Zur Aussagekraft der gewählten Analysemethode und des Kategoriensystems
Es wurde auf Formen der Inhaltsanalyse nach Mayring (2010b) zurückgegriffen – die skalierende strukturierende Inhaltsanalyse zur Klassifikation der
itembezogenen Urteilsfähigkeit, die zusammenfassende Inhaltsanalyse und
die typisierende strukturierende Inhaltsanalyse zur Bildung von Fehlertypen.
Die genannten Analysen basieren auf vergleichsweise klaren Vorgaben hinsichtlich der Konzeption und Verwendung von Kodiersystemen. Es gab nur
wenige Fälle, bei denen ein Item nicht kodiert werden konnte,[31] was für die
Güte der Kodiersysteme spricht.

Die Stufen des Kategoriensystems, welches für die skalierende Inhaltsanalyse entwickelt wurde, erwiesen sich als Basis für die Analyse der Itemtauglichkeit, der Fehlertypen und Fehlerursachen als sehr hilfreich. Während es
für die Item- und die Fehleranalyse durchaus von zentraler Bedeutung war,
ob ein Item nicht interpretiert wurde oder ob der Schüler das Item – in dem
Glauben es zu verstehen – interpretierte und dennoch die intendierte Bedeutung geringfügig verfehlte, ist diese Differenzierung für die Bestimmung der
individuellen Urteilsfähigkeit der Schüler weniger sinnvoll. Hinsichtlich der
Beurteilung der Urteilsfähigkeit eines Schülers ist es sogar fraglich, ob das
Realisieren des eigenen Unvermögens, ein Item zu verstehen, geringer bewertet werden sollte als ein fehlerhaftes Verständnis. Letztendlich ist für die Beurteilung der Urteilsfähigkeit der Schüler ausschlaggebend, ob der Schüler
ein Item verstanden hat bzw. ob er ein fehlerfreies Urteil fällen konnte. Aus
diesem Grund wurde die Variable zur Bestimmung der individuellen, itembezogenen Urteilsfähigkeit dichotomisiert. Die aggregierte, itembezogene Urteilsfähigkeit (dichotomisiert) gibt an, wie viele Items ein Schüler im intendierten Sinn beurteilen konnte. Diese Variable weist allerdings eine Schwäche
auf, da nicht alle Schüler zu Items mit empirisch gleicher itembezogener Urteilsschwierigkeit befragt wurden und demnach ein Vergleich der aggregierten, itembezogenen Urteilsfähigkeit nicht unproblematisch ist. Der Grund für
diese Problematik liegt darin, dass zu den selektierten Items bei der Konzeption der Studie noch keine empirischen Werte zur Urteilsschwierigkeit vorlagen. Deshalb wurde die Einstufung der Schwierigkeiten von Experten vorgenommen (angenommene itembezogene Urteilsschwierigkeit, vgl. Kapitel
8.2). Diese entspricht jedoch nicht den tatsächlichen, empirischen Werten zur
Urteilsschwierigkeit der Items. Deshalb basieren die Regressionsanalysen auf
einer anfechtbaren Basis und sollten nur mit Vorsicht interpretiert werden.
Hinzu kommt, dass die Deutschleistung lediglich über die Einschätzung der

---

31 Insgesamt waren sechs Interviews von einem solchen Ausfall betroffen. Gründe hierfür waren, dass die Kategorien nicht eindeutig auf das verbale Material bezogen werden
konnten – teils lag die Ursache hierfür in einem Interviewerfehler.

Lehrkraft auf einer dreistufigen Skala erhoben wurde. Wäre es das grundlegende Ziel einer Untersuchung, die Urteilsfähigkeit der Schüler möglichst exakt zu erfassen, müsste ein anderes Design gewählt werden. Sinnvoll wäre es hierfür, die Items in einem ersten Schritt – beispielsweise durch die angewandte Methode – zu pilotieren. In einem zweiten Schritt müssten diese Daten Rasch-skaliert werden und anhand der empirischen Werte zur Urteilsschwierigkeit sortiert werden. In einem dritten Schritt müsste dann auf Basis der Rasch-skalierten, empirischen Werte zur Urteilsschwierigkeit der Items die Itemzuweisung erfolgen. Primäres Ziel der vorliegenden Studie war es jedoch nicht, die *itemübergreifende* Urteilsfähigkeit der Schüler exakt zu messen, sondern vielmehr über die Urteilsfähigkeit in Bezug auf ein Item Aussagen über die empirische inhaltliche Validität genau dieses Items zu tätigen. Hierzu eignete sich die gewählte Methode sehr gut. Von der gerade diskutierten Einschränkung ist die Aussage, dass interindividuelle Unterschiede in der Urteilsfähigkeit der getesteten Schüler bestehen, nicht betroffen. Schließlich konnte die Spannbreite der itembezogenen Urteilsfähigkeit anhand von Urteilen zum gleichen Item verdeutlicht werden, da im Schnitt ca. 14 Schülerurteile zu einem Item vorliegen.

Ausblick

Bislang erwies sich CT im Kontext der vorliegenden Studie als sehr effizient, um Items, welche Schüler nicht adäquat beurteilen können, und Fehlerursachen zu identifizieren. Die Methode war jedoch sowohl bezüglich der Erhebung als auch der Auswertung sehr aufwendig. In der folgenden Teilstudie wurde deshalb geprüft, inwieweit eine faktorielle Validierung zu konformen bzw. vergleichbaren Ergebnissen führt (Teilstudie II). Würden über die faktorielle Validierung beispielsweise sämtliche invaliden Items identifiziert, wären damit zwar noch nicht die Fehlerursachen geklärt, aber der Umfang an CT ließe sich erheblich einschränken: In diesem Fall müssten lediglich die auf Grundlage einer Faktorenanalyse als *faktoriell invalide* ermittelten Items nachfolgend mit CT geprüft werden, um die Fehlerursachen herauszufinden und Optimierungsmöglichkeiten abzuleiten. Kognitive Tests bezüglich der *faktoriell validen* Items könnte man sich also sparen.

9.2 Teilstudie II

Es gibt eine Vielzahl an Fragebögen zur Unterrichtsqualität, welche lediglich inhaltlich validiert sind (vgl. Schneider & Bodensohn, 2008). Wie in Teilstudie I verdeutlicht, ist der Einsatz dieser Validierungsmethode nicht ausreichend, um ein Instrument für valide zu erklären. CT als zusätzliche Validierungsmethode erwies sich als sehr effizient, um Interpretationsprobleme sowie weitere Probleme bei der Beantwortung von Items zu identifizieren. Allerdings erfordern kognitive Interviews im Umfang der zuvor beschriebenen Studie sehr viel Zeit und damit auch erhebliche Kosten. Inwieweit die faktorielle Validierung im Rahmen einer Pilotierung, unter Verwendung einer kleinen Stichprobe, ausreichend Informationen liefert, um invalide Items zu identifizieren, wurde anhand von Teilstudie II überprüft. Hierzu wurde auf den Strukturierungsansatz von Klieme zurückgegriffen, da die faktorielle Validität dieses Ansatzes durch die Annahme eines reflektiven Konstrukts empirisch nachweisbar ist (z. B. Fauth et al., 2014; Klieme et al., 2009; Rakoczy, 2006; Seidel et al., 2006).

9.2.1 Fragestellung

Mittels der faktoriellen Validierung wurde der dritten zentralen Forschungsfrage der vorliegenden Arbeit nachgegangen:

ZFF$_{III}$)   *Sind Grundschülerratings zur Unterrichtsqualität strukturvalide?*

Unter Anbetracht der Tatsache, dass einige für die Schüler nicht verständliche Items als Indikatoren des Modells beinhaltet sind, wurde vermutet, dass sich das postulierte Faktorenmodell unter Einbezug aller im Fragebogen beinhalteten Items nicht nachweisen lässt. Anhand von Nachbesserungen über den Ausschluss strukturell invalider Items sollte die postulierte Struktur jedoch in Anlehnung an bisherige Studien (z. B. Fauth et al, 2014) abbildbar sein. Da zum Teil durch die Items recht heterogene Aspekte der Basisdimension erfasst werden, wurden keine hohen Ladungen erwartet. Auf Basis dieser Argumentation wurde folgende Hypothese formuliert:

ZFF$_{III}$H$_1$)   *Das postulierte Modell sollte sich nach geringfügigen Nachbesserungen empirisch abbilden lassen.*

Während es den Experten nicht möglich war, zuverlässig die Altersadäquatheit von Items vorherzusagen, lagen sie mit ihrer Einschätzung, dass Item 00 für Kinder nicht verständlich sei, richtig. Inwieweit dieses Item sowie weitere in Teilstudie I als invalide klassifizierten Items in der Faktorenanalyse auffällig werden, sollte geprüft werden. Über den Vergleich der Resultate der Experteneinschätzung, der ersten Teilstudie und der zweiten Teilstudie sollen Aussagen über die Effizienz der verschiedenen Validierungsmethoden getroffen werden. Somit stand die vierte zentrale Forschungsfrage im Fokus der Untersuchung:

ZFF_{IV}) *Genügen faktorielle Validierungen, um Items zu identifizieren, die Schüler nicht im intendierten Sinn beurteilen können?*

Wie in Kapitel 4 bereits beschrieben, könnte eine Hypothese in beide Richtungen formuliert werden. Zum einen sollten fehlerhaft interpretierte Items auch statistisch auffällig werden, wenn sie nicht das intendierte Kriterium erfassen und somit keinen Indikator des latenten Konstrukts darstellen. Es ist jedoch ebenfalls denkbar, dass ein Item trotz Fehlinterpretation noch ein Indikator des latenten Konstrukts darstellt. Des Weiteren könnte ein Konsistenzmotiv oder die Orientierung am vorausgegangen Item eine Ladung in die gewünschte Richtung erzeugen. Alle genannten Möglichkeiten schienen plausibel. Deshalb wurde keine gerichtete Hypothese formuliert.

Selbst wenn Items für Kinder verständlich sind und von Experten als inhaltlich valide klassifiziert wurden, ist das keine Garantie für den empirischen Nachweis von faktorieller Validität. Beispielsweise können sogenannte Wording-Effekte zu Interkorrelationen der Fehler führen und somit dem Modell schaden. Auch Items, welche auf mehrere Faktoren laden bzw. Nebenladungen aufweisen, können den Modellfit verschlechtern. Diese Aspekte werden in der Regel erst durch eine Faktorenanalyse ersichtlich. Aus diesem Grund wurde neben den zentralen Forschungsfragen folgende zusätzliche Forschungsfrage aufgestellt:

FF₂) *Erweisen sich die in Teilstudie I als (hinreichend) valide klassifizierten Items als strukturvalide?*

Im Projekt EMU sollte aus Gründen der Akzeptanz ein Instrument konzipiert werden, welches vorwiegend oder ausschließlich positiv gepolte Items beinhaltet. Aufgrund des identifizierten Akquieszenz-Bias könnte es jedoch von Vorteil sein, nicht gänzlich auf negativ gepolte Items zu verzichten. Die Teilstudie sollte deshalb auch erste Hinweise liefern, inwieweit negativ gepolte Items in einem Feedbackinstrument zur Unterrichtsqualität mit überwiegend positiv gepolten Items aus psychometrischer Sicht Probleme bereiten. Diesbezüglich wurde folgende zusätzliche Forschungsfrage formuliert:

FF3)   *Beeinträchtigt die negative Polung die Strukturvalidität der negativ gepolten Items?*

Wie Studien aus anderen Bereichen zeigen (z. B. Rauch, Schweizer & Moosbrugger, 2007) und Lehrbücher beschreiben (z. B. Moosbrugger & Kelava, 2012), kann die postulierte Faktorenstruktur durch die Hinzunahme negativer Items beeinträchtigt werden. Deshalb wurde folgende Hypothese formuliert:

FF3H1)   *Die negativ gepolten Items erweisen sich als problematisch, indem sie nicht auf das postulierte Konstrukt laden.*

9.2.2 Methode

Im folgenden Text werden die Methoden und das Testinstrument beschrieben. Des Weiteren werden Angaben zu Setting, Umfang und Stichprobe gemacht. Sowohl die Erhebungs- als auch die Auswertungsmethode gelten als Standardverfahren in der empirischen Bildungsforschung. Deshalb wird auf eine ausführliche Vorstellung dieser Methoden verzichtet.

9.2.2.1 Methoden und Testinstrument

Um eine faktorielle Validierung der Items vornehmen zu können, wurden empirische Daten benötigt. Aus den Vorstudien resultierte lediglich ein Itempool. Deshalb wurde zunächst aus dem Itempool – bestehend aus den von den Experten gefilterten Items – ein Fragebogen konzipiert. Sowohl bei der Konzeption des Fragebogens für Teilstudie II als auch zur Überprüfung der strukturellen Validität wurde sich an den Basisdimensionen nach Klieme und Kollegen (2001; 2006) orientiert.

In einem ersten Schritt wurde der Itempool entsprechend der drei Basisdimensionen strukturiert. Es ließen sich nicht alle Items den Basisdimensionen zuordnen. Dennoch war die Anzahl an Items innerhalb der Basisdimensionen zu groß, um in Anbetracht des Umfangs einen altersangemessenen Fragebogen für Grundschüler zu konzipieren. Um die Anzahl der Items zu reduzieren, boten sich zwei Optionen: a) eine bestimmte Anzahl an Items pro Basisdimension zu streichen oder b) die Erhebung auf eine Basisdimension zu beschränken. Unter Alternative a) müssen Items gestrichen werden, ohne auf objektive Regeln zurückgreifen zu können. Die Reduktion müsste somit nach Zufallsprinzip erfolgen. Beim anschließenden Vergleich der beiden Validierungsmethoden könnte die zufällige oder auch willkürliche Selektion als Ursache für divergierende Ergebnisse nicht ausgeschlossen werden. Deshalb wurde Variante b) vorgezogen, eine Basisdimension auszuwählen und diese vollständig[32] zu prüfen.

Es befindet sich nur ein Item im Itempool, welches von allen Experten einstimmig als invalide bezeichnet wurde. Um auch dieses Item unter Verwendung von Faktorenanalysen prüfen zu können, wurde die entsprechend zugehörige Basisdimension – Schülerorientierung und unterstützendes Unterrichtsklima – als Grundlage für die Konzeption des Fragebogens ausgewählt. Ein weiteres Argument für die Verwendung dieser Dimension wurde in der langen Tradition der Klassenklimaforschung gesehen.

Der Schülerfragebogen zur ausgewählten Basisdimension umfasst insgesamt 15 Items (siehe Anhang Kapitel 4.1), zwei davon negativ gepolt. Die Schülereinschätzungen wurden anhand einer vierstufigen Likert-Skala vorgenommen (stimme nicht zu/stimme eher nicht zu/stimme eher zu/stimme zu).

Hinsichtlich der Auswertung wurde sich für die konfirmatorische Faktorenanalyse entschieden, da bereits Vorannahmen bezüglich der faktoriellen Struktur bestehen. Außerdem bietet die konfirmatorische Faktorenanalyse im Vergleich zur exploratorischen weitere Vorteile: Messmodelle der klassischen Testtheorie können gezielt miteinander verglichen werden und es lassen sich latente Dimensionen modellieren. Des Weiteren ist die konfirmatorische Faktorenanalyse im Vergleich zur exploratorischen als restriktiveres Verfahren zu bezeichnen, indem Doppel- bzw. Nebenladungen der Items nicht zugelassen werden. Aufgrund dieser Restriktion entspricht eine konfirmatorisch bestätigte Faktorenstruktur in der Regel mehr den Grundannahmen der klassischen Testtheorie als eine exploratorisch identifizierte Faktorenstruktur.

Die Basisdimension *Schülerorientierung und unterstützendes Lernklima* sollte sich in Bezug auf Klieme und Kollegen (2001, 2006) eindimensional abbilden lassen. Theoretisch wäre, da die Basisdimension zwei grundlegende Aspekte beinhaltet, auch eine zweifaktorielle Struktur, das heißt eine Differenzierung der Faktoren *Schülerorientierung* und *Unterstützendes Lernklima*, möglich. Deshalb wurde der für diese Studie entwickelte Fragebogen in einem ersten Schritt auf Eindimensionalität geprüft. In einem zweiten Schritt wurde die zweite theoretisch mögliche Struktur zugrunde gelegt. Anschließend wurde die Modellgüte der beiden Messmodelle über den Chi-Quadrat-

---

32 Bei Items, die annähernd auf den gleichen Aspekt fokussieren, wurde eines der Items ausgewählt, um nicht artifiziell die Ladungen und die Reliabilität zu erhöhen. (z. B. *Die Lehrerin war bereit, mir bei Schwierigkeiten zu helfen* und *Die Lehrerin war hilfsbereit*).

Differenzentest verglichen. Die beiden Modelle, die geprüft wurden, werden durch die Abbildungen 21 und 22 dargestellt.

Die Analysen wurden mit Mplus durchgeführt. Zur Schätzung der freien Parameter (Faktorladungen und Fehlervarianzen) wird der ML-Schätzer verwendet.

9.2.2.2 Setting, Umfang und Stichprobe

Bei der Pilotierung eines Fragebogens ist es wichtig, diesen möglichst unter den Bedingungen zu testen, unter welchen auch der spätere Einsatz erfolgen soll. Die Pilotierung fand deshalb im Feld, also in Grundschulklassen statt. Wie bei Pilotierungen bzw. Validierungsstudien üblich, wurde der Fragebogen an einer kleinen Stichprobe getestet (vgl. Kapitel 4.5.2). Schließlich soll herausgefunden werden, ob die häufig angewandte faktorielle Validierung auf Individualebene unter Einbezug weniger Klassen tatsächlich ein ökonomisches Verfahren darstellt. Das Verhältnis von Variablenanzahl und Stichprobengröße sollte mindestens 1:5, besser noch 1:10 betragen (Kline, 1998, S. 112). Das Mindestmaß wurde durch die rekrutierte Stichprobe erfüllt: Die Stichprobe umfasst insgesamt 7 Klassen aus 3 verschiedenen Grundschulen. Die teilnehmenden 124 Schüler gehörten jeweils der dritten oder vierten Klassenstufe an. Die Lehrkräfte wurden zuvor instruiert, den Bogen entsprechend einzuführen.

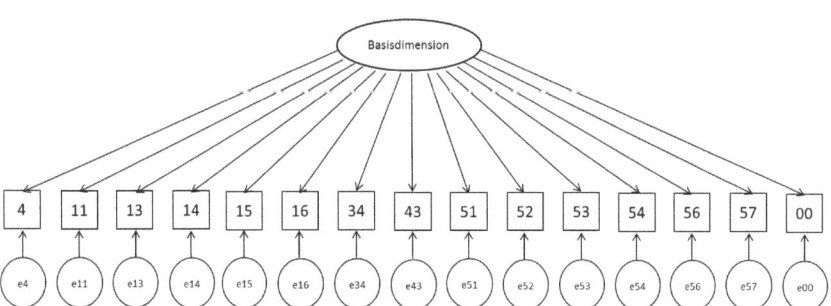

Abbildung 21: *Eindimensionales Modell*

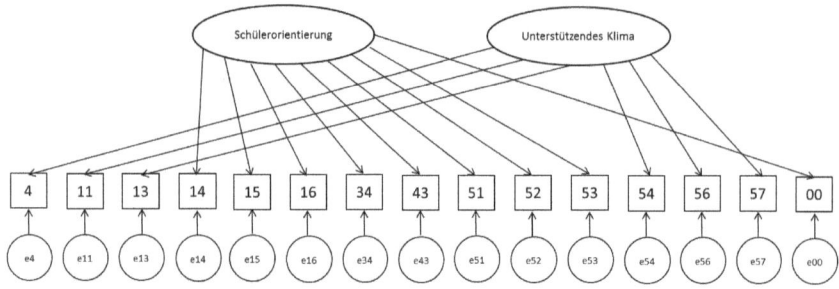

Abbildung 22: *Zweidimensionales Modell*

9.2.3 Ergebnisse

Deskriptive Statistiken

Eine Übersicht der Mittelwerte und der Standardabweichungen der Items findet sich im Anhang in Kapitel 4.2. Die Mittelwerte der Items liegen in den meisten Fällen über dem theoretischen Mittelwert. Den geringsten Mittelwert mit 1.68 weist Item 15 (*Ich konnte mir meine Aufgaben selbst aussuchen*) auf. Den höchsten Mittelwert mit 3.65 erzielt Item 13 (*Die Lehrerin war freundlich zu mir*). Die Standardabweichungen, welche zwischen 0.80 und 1.26 liegen, verdeutlichen, dass die Schülereinschätzungen zum Teil deutlich voneinander abweichen. Sieht man sich die Standardabweichungen pro Klasse an, lassen sich diese als ähnlich hoch beschreiben. Lediglich in einer Klasse kommt es durchweg zu homogeneren Einschätzungen.

Faktorenanalysen

Das eindimensionale Modell ließ sich zunächst nicht verifizieren, da vier Items Probleme bereiten: Die beiden negativ gepolten Items, Item 43 und Item 54, laden nicht angemessen auf den postulierten Faktor (.21 und -.09). Zwei weitere Items, Item 51 und Item 16, weisen Residualkorrelationen auf. Nachdem die vier Items aus dem Modell entfernt wurden, ergibt sich ein akzeptabler Modellfit (vgl. Tabelle 18). Um die Güte des Modells zu beschreiben, wird neben der $\chi2$-Test-Statistik auf drei weitere Gütemaße rekurriert.

Die $\chi2$-Test-Statistik bewertet das Ausmaß an Diskrepanz zwischen theoretischer und empirischer Kovarianzmatrix über einen Likelihood-Ratio-test ($\chi2$-Goodness-of-Fit-Test). Wenn die modelltheoretisch restringierte und die empirische (unrestringierte) Kovarianzmatrix nicht voneinander abweichen, d.h. keine unerklärten Varianzanteile (Residuen) vorhanden sind, liegt eine hohe Modellgüte vor. Die $\chi2$-Test-Statistik prüft, ob die Nullhypothese (Residuen = null) angenommen werden darf bzw. zu verwerfen ist. Als problematisch gilt die hohe Sensitivität gegenüber der Stichprobengröße. Große Stichproben können dazu führen, dass selbst unbedeutende Unterschiede zwischen theoretischer und empirischer Kovarianzmatrix signifikant werden (Hu & Bentler, 1995, S. 77f), während bei kleinen Stichproben bedeutsame Abweichungen zum Teil nicht entsprechend gewichtet werden (Arbuckle, 2005, S. 492). Deshalb sollte zusätzlich die relative Test-Statistik (χ^2-Wert/df) betrachtet werden (Wheaton, Muthén, Alwin & Summers, 1977, S. 99), wobei Werte ≤ 3 als akzeptables Güteniveau gelten (Carmines & McIver, 1981, S. 80). Für einen liberaleren Schwellenwert von ≤ 5 sprechen sich Wheaton und Kollegen aus (1977, S. 99).

Der Root Mean Square Error of Approximation (RMSEA) prüft die Abweichung eines optimalen theoretischen Modells von der Grundgesamtheit, wenn diese verfügbar wäre. Dies ist ein grundlegender Unterschied zur Chi-Quadrat-Test-Statistik, welche sich stets auf die vorliegende Stichprobe bezieht. Verzerrungen durch die Stichprobengröße und die Modellkomplexität werden jeweils rechnerisch korrigiert (Hair, Black, Babin, Anderson & Tatham, 2006, S. 748). Zur Bestimmung der akzeptablen globalen Güte haben sich die von Brown und Cudeck (1993) vorgeschlagenen Werte etabliert: Werte unter .05 sprechen für eine gute Modellanpassung und Werte bis zur Schwelle von .08 können als akzeptable Modellanpassung interpretiert werden (Brown & Cudeck, 1993, S. 144). Hu & Bentler (1999, S. 1) setzen den Schwellenwert bei .06 an. Der Comparative Fit-Index (CFI) misst die Verbesserung der Anpassungsgüte bei der Transformation von einem Basismodell zum relevanten Modell und zählt damit zu den *inkrementellen Anpassungsmaßen*. Er ist normiert und kann Werte zwischen null und eins annehmen. Werte über .90 weisen auf eine gute Anpassungsgüte des relevanten Modells in Relation zum Basismodell hin (Backhaus, Erichson, Plinke & Weiber, 2006, S. 381; Hair et al., 2006, S. 749; Homburg & Baumgartner, 1995, S. 168). Hu und Bentler (1999, S. 27) fordern sogar einen Wert von .95. Vorteile des CFI liegen darin, dass er nicht systematisch mit der Stichprobe korreliert und sich darüber hinaus als relativ robust in Bezug auf komplexe Modelle erweist (Hu & Bentler, 1998, S. 446; Marsh, Balla & Hau, 1996, S. 346f). Der Tucker Lewis Index (TLI) gehört ebenfalls zu den inkrementellen Anpassungsmaßen und misst die Anpassungsgüte in Relation zum Basismodell. Er ist jedoch nicht normiert und kann daher auch Werte außerhalb von null und eins annehmen. Die Stichprobengröße und die Modellkomplexität haben nur einen geringen Einfluss auf den TLI (Hu & Bentler, 1998, S. 446). Auch hier wird ein Schwellenwert von .90 (Homburg & Baumgartner, 1995, S. 168) bzw. von .95 (Hu & Bentler, 1999, S. 27) gefordert.

Tabelle 18: *Fitindizes des eindimensionalen Modells*

Modell	χ^2	df	CFI	TLI	RMSEA
1 Faktor	56.39	44	.94	.92	.06

*$p < .05$, **$p < .01$, $N = 81$.

Die bereits als problematisch beschriebenen Items erweisen sich auch im zweidimensionalen Modell als ungeeignet. Nachdem die vier Items aus dem Modell entfernt wurden, ist der Modellfit als sehr gut zu bezeichnen (vgl. Tabelle 19). Da das eindimensionale Modell und das zweidimensionale Modell genestet sind, kann über den Chi-Quadrat-Differenzen-Test überprüft werden, ob durch die zweidimensionale Modellierung eine empirisch signifikante Verbesserung erzielt wird. Der Chi-Quadrat-Differenzen-Test bestätigt für das zweidimensionale Modell einen signifikant besseren Fit (vgl. Tabelle 19).

Tabelle 19: *Fitindizes im Vergleich (eindimensionales vs. zweidimensionales Modell)*

Modell	χ^2	df	CFI	TLI	RMSEA	$\Delta\chi^2$	Δdf
1 Faktor	56.39	44	.94	.92	.06		
2 Faktoren	43.08	43	1.00	1.00	.01	13.31**	1

*$p < .05$, **$p < .01$, $N = 81$.

Bislang wurden die Messmodelle als kongenerische Messmodelle spezifiziert, indem jeweils eine Ladung pro Faktor auf eins fixiert wurde und die sonstigen Parameter frei variieren durften. Restriktionen über die Modellierung eines tau-äquivalenten Messmodells, also die Annahme gleicher Ladungen, erweisen sich als adäquat (vgl. Tabelle 25). Das kongenerische Modell erzielt zwar bessere Fitindizes; im Chi-Quadrat-Differenzen-Test wird diese augenscheinliche Verbesserung jedoch nicht signifikant. Weitere Restriktionen über die Modellierung eines essentiell tau-parallelen Messmodells führen in Bezug auf die empirische Datenmatrix zu keinem akzeptablen Fit.

Tabelle 20: *Fitindizes im Vergleich (Messmodellcharaktere)*

Modell	χ^2	df	CFI	RMSEA	$\Delta\chi^2$	Δdf
tau-äquivalent	58.75	52	.97	.96	.04	
kongenerisch	43.08	43	1.00	1.00	.01	15.67	9

*$p < .05$, **$p < .01$, $N = 81$.

Dem getesteten Fragebogen können demnach ein tau-äquivalentes sowie ein kongenerisches Messmodell mit zwei Faktoren zugrunde gelegt werden. Unter Annahme des tau-äquivalenten Messmodells korrelieren die Faktoren zu r = .78 und die standardisierten Ladungen der Items betragen .55. Obwohl generell eher empfohlen wird, das restriktivere Modell anzunehmen, sofern das liberalere Modell die Daten nicht signifikant besser beschreibt, soll in diesem Kontext auch das kongenerische Messmodell vorgestellt werden. Denn im kongenerischen Modell dürfen die Landungen frei variieren, was im Rahmen dieser Studie in Bezug auf die Güte der einzelnen Items eine wichtige Informationsquelle darstellen kann. Die beiden Faktoren korrelieren unter Annahme des kongenerischen Modells zu r = .72. Die standardisierten Ladungen der einzelnen Items sind in Tabelle 21 aufgeführt.

Tabelle 21: *Standardisierte Ladungen der Indikatoren (kongenerisches Messmodell)*

Faktor 1 Unterstützendes Klima		Faktor 2 Schülerorientierung	
Item	Ladung (λ)	Item	Ladung (λ)
ITEM4	.77	ITEM14	.40
ITEM13	.60	ITEM15	.44
ITEM11	.69	ITEM34	.72
ITEM56	.70	ITEM52	.59
ITEM57	.42	ITEM53	.45
		ITEM00	.61

Für die berichteten Analysen wurden Missings, wie es die Voreinstellung von M-Plus vorsieht, listenweise ausgeschlossen. Dadurch reduzierte sich die Stichprobe auf N = 81. Da der listenweise Fallausschluss zu einer drastischen Reduktion der Stichprobe führte, wurden die Berechnungen erneut unter Verwendung des in Mplus implementierten Schätzverfahrens *full information maximum likelihood* (FIML) durchgeführt. Dabei konnten die berichteten Modelle repliziert werden, wobei die Ladungen sich zum Teil verringerten.

Konformität der Ergebnisse von Teilstudie I und Teilstudie II

Von den vier Items, welche sich in Teilstudie II als strukturell invalide erwiesen, wurden in Teilstudie I zwei als valide und zwei als nicht valide klassifiziert. Auch bei den Items, die sich auf Basis der Faktorenanalyse als strukturell valide Items bezeichnen lassen, liefert Teilstudie I zum Teil divergente Ergebnisse hinsichtlich der Itemvalidität. Abbildung 23 verdeutlicht, welche

Items innerhalb des zweidimensionalen Modells im Rahmen von Teilstudie I als nicht valide eingestuft wurden. Hierbei wird auf das kongenerische Messmodell zurückgegriffen, weil dort die Ladungen der Items frei geschätzt wurden.

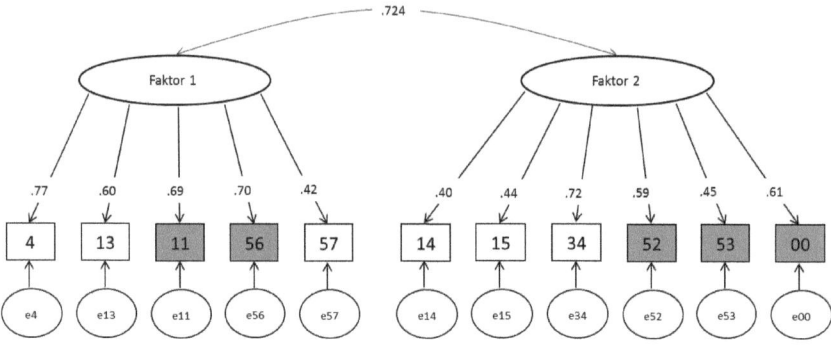

Anmerkung: Items, welche in Teilstudie 1 als nicht valide klassifiziert wurden, sind grau eingefärbt.

Abbildung 23: *Kongenerisches Messmodell*

9.2.4 Diskussion

Mit Teilstudie II der ersten Hauptstudie sollte die strukturelle Validität von Grundschülerurteilen auf Itemebene untersucht werden. Faktorenanalysen gelten im Rahmen von Fragebogenvalidierungen als Standardverfahren. Bei Pilot- bzw. Validierungsstudien sind die Stichproben in der Regel recht klein. Im Schulkontext führt dies häufig dazu, dass zur Pilotierung von Schülerfragebögen die Mehrebenenstruktur missachtet wird (Lüdtke et al., 2007, S. 2). Inwieweit Faktorenanalysen unter Verwendung einer kleinen Stichprobe geeignet sind, um Aussagen über die Validität eines Feedbackinstruments für Grundschüler zu tätigen, war grundlegendes Ziel der vorliegenden Studie. Über den Vergleich von Teilstudie I und II sollte herausgefunden werden, in welchem Ausmaß CT notwendig ist, um Fragebögen zu validieren bzw. zu optimieren.

In Kapitel 9.2.4.1 werden die Befunde zunächst in Bezug auf die dritte zentrale Forschungsfrage und die dazugehörige Hypothese (ZFFIIIHI) ohne Einbezug von Teilstudie I inhaltlich diskutiert. Die methodische Diskussion unter Berücksichtigung der methodischen Fragestellungen erfolgt in Kapitel 9.2.4.2. Hierbei wird unter Einbezug von Teilstudie I auf Einschränkungen der Interpretierbarkeit der vorliegenden Resultate sowie auf die Effizienz der gewählten Validierungsmethode eingegangen. Abschließend werden in Kapitel 9.2.4.3 Konsequenzen für die Forschung und die Schulpraxis beschrieben.

9.2.4.1 Inhaltliche Diskussion

Unter Ausschluss von vier Items lässt sich die Basisdimension *Unterstützendes Lernklima und Schülerorientierung* zwar eindimensional abbilden, der Chi-Quadrat-Differenzen-Test verdeutlicht jedoch, dass das zweidimensionale Modell die Daten signifikant besser beschreibt. ZFFⅢHⅠ (*Das postulierte Modell sollte sich nach geringfügigen Nachbesserungen empirisch abbilden lassen*) kann somit einerseits als verifiziert betrachtet werden, da das eindimensionale Modell durchaus einen akzeptablen Fit erreicht, andererseits zeigt sich, dass durch die Modellierung von zwei Faktoren die Passung zu den empirischen Daten verbessert wird. Das heißt, in Bezug auf die vorliegenden Daten erscheint es sinnvoller, die beiden innerhalb der Basisdimension beinhalteten Aspekte als einzelne Faktoren zu betrachten. Laut der Fitindizes kann sowohl ein kongenerisches als auch ein tau-äquivalentes Messmodell zugrunde gelegt werden.

Die inhaltlichen Schwerpunkte des Fragebogens werden durch die beiden extrahierten Faktoren abgebildet. Verdeutlicht dies, dass Grundschüler die beiden inhaltlichen Schwerpunkte des Fragebogens bei der Urteilsfällung differenzieren und valide beurteilen können? Häufig wird über die faktorielle Validität auf die Güte des Messinstruments und zugleich die Güte der Urteile geschlossen, indem beispielsweise eine Schlussfolgerung wie die folgende gezogen wird: *Die Probanden konnten mittels des eingesetzten Instruments ein valides und differenziertes Urteil über das postulierte Konstrukt abgeben.* Eine solche Schlussfolgerung würde in diesem Zusammenhang bedeuten, dass es auch Grundschülern möglich ist, ausgewählte Aspekte der Unterrichtsqualität, operationalisiert nach Klieme und Kollegen (2001; 2006), zu beurteilen. Inwieweit diese Schlussfolgerung auf Grundlage der vorliegenden Daten haltbar ist, wird in der methodischen Diskussion erörtert.

9.2.4.2 Methodische Diskussion

Ob die identifizierte faktorielle Struktur für die Validität der Schülerurteile spricht, soll im folgenden Text unter Einbezug der methodischen Forschungsfragen diskutiert werden.

Identifikation der in Teilstudie I als nicht valide klassifizierten Items

Im Fragebogen waren sieben Items beinhaltet, welche in Teilstudie I als nicht valide klassifiziert wurden. Von diesen sieben Items erwiesen sich in Teilstudie II lediglich zwei Items als strukturell invalide. Insofern muss ZFF$_{IV}$ (*Erweisen sich Items, welche in Teilstudie I als invalide klassifiziert wurden, im Rahmen einer faktoriellen Validierung ebenfalls als invalide?*) negiert werden. Fünf problematische Items wurden unter Verwendung von Faktorenanalysen nicht identifiziert. Inwiefern die Missachtung der Mehrebenenstruktur hierbei eine Rolle spielt, lässt sich anhand der vorliegenden Stichprobe nicht prüfen. Eine Korrektur des Standardfehlers über den Befehl TYPE = COMPLEX war nicht möglich, da sieben Cluster (hier Schulklassen) nicht ausreichen, um zuverlässige bzw. interpretierbare Ergebnisse zu erhalten. Fest steht allerdings, dass Faktorenanalysen auf Individualebene in diesem Kontext eine Prüfung der Items durch CT nicht ersetzen und sich auch der Umfang von CT durch eine vorgeschaltete Faktorenanalyse nicht reduzieren lässt.

Schaut man sich die Resultate der Feinanalyse sowie die deskriptiven Statistiken der fünf Items an, welche laut Teilstudie II als strukturvalide gelten, in Teilstudie I jedoch als nicht valide klassifiziert wurden, lassen sich mögliche Gründe für die Divergenz der beiden Studienresultate erkennen:

Der Mittelwert von Item 11 (*Die Lehrerin hat sich um mich gekümmert*) liegt nahe dem theoretischen Mittelwert. Insofern kann davon ausgegangen werden, dass das Item in vergleichbarem Maße sowohl Zustimmung als auch Ablehnung erhalten hat. Anhand der empirischen Schwierigkeiten ist das Item im Rahmen von Teilstudie II als viertschwierigstes Item einzustufen. Würde das Item im intendierten Sinn beantwortet (*Die Lehrerin trägt Sorge um mich, wenn auch eher passiv, indem sie ab und an nach mir schaut*), würde man eine geringere Schwierigkeit erwarten. Die Schwierigkeit spricht für das in der Feinanalyse identifizierte Problem, dass die Schüler *sich kümmern* als eine aktive Handlung interpretieren, die über ein reines Nachsehen und Vergewissern, ob alles in Ordnung ist, hinausgeht. Demzufolge ziehen die Schüler für ihr Urteil eher die aktive Hilfeleistung der Lehrkraft als Indikator heran. Indem der Indikator des passiven Sorgetragens vernachlässigt wird, erhöht sich die Schwierigkeit des Items. Wird, wie in diesem Fall, ein Indikator vernachlässigt, muss daraus nicht folgen, dass das Item nicht mehr auf das Konstrukt lädt. Schließlich zählt der verwendete Indikator *aktive Hilfeleistung der Lehrkraft* ebenfalls zum Konstrukt *unterstützendes Lernklima*. Ein ähnliches Phänomen ergibt sich bei Item 00 (*Wir Schüler bewerteten unsere eigene Arbeit anhand von Merkmalen und Kriterien, die wir im Unterricht entwickelt haben [Kompetenzraster]*). Der Mittelwert dieses Items trifft mit 2.47 nahezu exakt den theoretischen Mittelwert. Insofern ist auch hier von etwa gleichen Anteilen der Zustimmung und Ablehnung auszugehen. Die Mehrheit der Schüler hat im Rahmen von Teilstudie I die Bedeutung dieses Items stark reduziert und nahm in etwa folgende Iteminterpretation vor: *Wir Schüler kontrollierten unsere Arbeit selbst.* Diese Interpretation entspricht nicht mehr dem ursprünglichen Item. Die selbstständige Kontrolle eigener Ergebnisse bzw. der eigenen Arbeit kann jedoch als Indikator für Schülerorientierung angenommen werden, da die Schüler in diesem Fall in den Prozess der Ergebniskontrolle im Sinne der Schülerorientierung einbezogen werden. In Bezug auf dieses Item ist zunächst fraglich, weshalb das eine Drittel Schüler, welches in Teilstudie I angab, das Item aufgrund von Fremdwörtern gar nicht zu verstehen, keine Auswirkung auf die Ladung hat. Schaut man sich die starke Reduktion der Fälle aufgrund des listenweisen Fallausschlusses an und in einem zweiten Schritt die fehlenden Werte pro Item, so fällt auf, dass die Mehrheit der Missings durch Item 00 zustande kommen (siehe Anhang Kapitel 4.2). Ein knappes Viertel der befragten Schüler hat dieses Item nicht beantwortet, was ähnlich der relativen Häufigkeit an Schülern ist, die in Teilstudie I angaben, das Item nicht zu verstehen. Insofern kann anhand der Missings auf ein Verständnisproblem in Bezug auf dieses Item geschlossen werden.[33] Fehler, die während des CT weniger häufig vorkamen, wie beispielsweise Verbalismus bei Item 00, führen im Rahmen der Faktorenanalyse scheinbar zu keiner Beeinträchtigung der Itemgüte. Item 56 (*Meine Lehrerin war bereit, mir bei Schwierigkeiten zu helfen*) erweist sich innerhalb von Teilstudie II als ein Item mit geringer Schwierigkeit. Der Itemmittelwert von 3.52 verdeutlicht, dass dem Item in der Regel zugestimmt wurde. Im Zuge der Feinanalyse in Teilstudie I wurde ersichtlich, dass einige Schüler die Anleitung zur Selbsthilfe durch die Lehrkraft nicht als hilfsbereite Aktion interpretieren. Wenn in den teilnehmenden sieben Klassen solche Situationen innerhalb der zu beurteilenden Stunde ausblieben, kann die Faktorenanalyse gar keinen Hinweis auf ein solches Problem liefern. Selbst wenn entsprechende Situationen nur vereinzelt bei wenigen Schülern vorkamen, fallen diese Urteile vermutlich bei der Analyse nicht ins Gewicht bzw. wirken sich nur geringfügig auf die Ladung aus. Item 52 (*Ich fand die Aufgaben interessant*) wurde in Teilstudie I als invalides Item klassifiziert, weil die Schüler das Wort *Aufgabe* nicht im intendierten Sinn interpretierten bzw. nicht von *Thema* abgrenzten. Auch wenn die einzelnen Aufgaben weniger interessant waren, das Thema der Stunde jedoch schon, bejahten die Schüler das Item. Das bedeutet, Grundschüler beurteilen anhand des Items mehrheitlich, ob die Stunde für sie interessant war. Sich am Interesse der Schüler zu orientieren – sowohl in der

---

33 Dieses Verständnisproblem hat jedoch – selbst unter Verwendung des Schätzverfahrens FIML – keine bedeutsame Auswirkung auf die Itemgüte, da die Ladung im akzeptablen Bereich liegt.

Wahl der Inhalte als auch in der Wahl der Aufgabengestaltung – stellt einen Aspekt der Schülerorientierung dar. Insofern ist es nachvollziehbar, dass dieses Item auf das Konstrukt lädt, wenngleich es nicht exakt das misst, was es ursprünglich messen sollte. Item 53 (*Ich kann das, was wir in der Stunde gelernt haben, für mein Leben brauchen*) weist eine recht geringe Schwierigkeit und einen relativ hohen Mittelwert auf (3.18). Die Feinanalyse in Teilstudie I ergab, dass die Mehrheit der Schüler dem Item unabhängig vom Stundeninhalt infolge eines Halo-Effekts[34] zustimmen würde, womit sich die geringe Itemschwierigkeit erklären lässt. Wenige Schüler machten in Teilstudie I ihre Entscheidung vom Fach abhängig (das heißt, wer beispielsweise Schriftsteller werden will, hält unter Umständen Mathematik für weniger wichtig). Nur ca. ein Drittel der Schüler schaffte es, ein differenziertes Urteil abzugeben, indem der konkrete Stundeninhalt ins Urteil einbezogen wurde.

Wie die Resultate der beiden Studien zeigen, sind Grundschüler durchaus in der Lage Aspekte eines *Unterstützenden Lernklimas* sowie der *Schülerorientierung* einzuschätzen. Auf Itemebene erfolgt das Urteil jedoch zum Teil nicht im intendierten Sinn und somit sind die Urteile auf Itemebene nur bedingt valide, indem die Schüler nicht immer das ursprüngliche Item beurteilen, sondern teilweise eine uminterpretierte Version. Anhand der Faktorenanalyse lässt sich demnach im Rahmen dieser Studie zwar auf die Urteilsfähigkeit in Anbetracht der extrahierten Faktoren schließen, nicht aber auf die Validität der Urteile auf Itemebene. Und selbst diese Interpretation der Ergebnisse unterliegt weiteren Einschränkungen. Die Faktoren werden durch zum Teil neu interpretierte Items gemessen, was zu einer Einschränkung der inhaltlichen Validität führen kann. Des Weiteren wurden vier Indikatoren entfernt, um eine gute Modellanpassung zu erhalten. Auch hieraus können Einschränkungen bezüglich der inhaltlichen Validität resultieren, da das Konstrukt unter Umständen durch die Reduktion nicht mehr vollständig bzw. umfassend genug abgebildet wird (Hildebrandt & Temme, 2006, S. 13). Des Weiteren weisen einige Indikatoren selbst in den Modellen mit einem guten Fit recht geringe Ladungen auf. Auch unter der Annahme, dass diese eingeschränkte Reliabilität der Messung aus der Erfassung heterogener Aspekte resultiert, sind Faktorladungen unter .5 als kritisch einzustufen. Insofern lässt sich auf Basis dieser Studie lediglich, wie zuvor bereits vorsichtig angedeutet, auf die Urteilsfähigkeit der Grundschüler *zu ausgewählten Aspekten* eines *Unterstützenden Lernklimas* sowie der *Schülerorientierung* schließen. Mit den von den Experten selektierten Items scheint ihnen eine umfassende so-

---

34 Wie in der Feinanalyse bereits erwähnt, ist es unter Umständen kritisch, hier von einem Halo-Effekt zu sprechen. Denn die Grundschule versteht sich als eine Schule in der die Grundbildung, also Lesen, Schreiben, Rechnen, vermittelt wird. Insofern ist es naheliegend, dass dort vermittelte Inhalte für das Leben brauchbar sind.

wie reliable Beurteilung der inhaltlichen Schwerpunkte der Basisdimension nach Klieme und Kollegen (2001, 2006) jedoch nicht möglich, da (1) Items entfernt werden mussten, (2) die Iteminterpretation Schwächen aufweist und (3) die zum Teil geringen Itemladungen die Reliabilität der Messung beeinträchtigen.

Identifikation strukturell invalider Items, welche in Teilstudie I als valide klassifiziert wurden

Zwei Items, welche innerhalb der Faktorenanalysen Probleme bereiteten, gelten laut Teilstudie I als für die Schüler verständliche Items. Kein Schüler zeigte Probleme, die Items im intendierten Sinn zu interpretieren sowie die Vignetten korrekt zu beantworten. FF2 (*Erweisen sich die in Teilstudie I als [hinreichend] valide klassifizierten Items als strukturvalide?*) ist deshalb zu negieren. Weder in der Identifikation invalider Items noch in der Identifikation valider Items liefern die beiden Validierungsmethoden konforme Ergebnisse. Ein Grund für die strukturelle Invalidität der für die Schüler verständlichen Items könnte die negative Polung der beiden Items sein. Wie bereits andere Studien zeigten, kann die negative Polung durchaus ein Problem hinsichtlich des Nachweises struktureller Validität darstellen (z. B. Rauch, Schweizer & Moosbrugger, 2007). Hypothesenkonform zu FF3H1 (*Die negativ gepolten Items erweisen sich als problematisch, indem sie nicht auf das postulierte Konstrukt laden*) laden die negativ gepolten Items unangemessen auf das postulierte Konstrukt. Noch kann allerdings nicht gänzlich ausgeschlossen werden, dass neben der Polung auch andere Ursachen für die Invalidität der Items verantwortlich sein können. Schließlich wurde mit Teilstudie I auf die erste Stufe des Antwortprozesses fokussiert. Es ist demnach nicht ausgeschlossen, dass auf den weiteren Stufen Fehler im Urteilsprozess auftreten können – unabhängig von der Polung des Items. Hauptstudie II geht dieser Frage nach. Erst im Anschluss lässt sich beurteilen, ob die negative Polung als alleinige Ursache angenommen werden kann.

Welche Konsequenzen sich aus den eben beschriebenen Diskrepanzen ergeben, wird im Folgenden diskutiert.

9.2.4.3 Konsequenzen für die Schulpraxis und die Forschung

In diesem Kapitel wird erörtert, welche Folgen es für die interne und externe Evaluation sowie die Forschung mit sich bringt, wenn Fragebögen rein faktoriell validiert werden. Des Weiteren wird diskutiert, ob auf negativ gepolte Items aufgrund von struktureller Invalidität verzichtet werden sollte.

Mögliche Auswirkungen strukturvalider, nicht im intendierten Sinn interpretierter Items

Im Rahmen der internen und der externen Schulevaluation, ist die Identifikation von fehlinterpretierten Items eine wichtige Angelegenheit, insbesondere wenn Rückmeldungen itembasiert erfolgen. Schließlich leiten Lehrkräfte auf Basis der Rückmeldungen Interventionen ab (bzw. unterlassen diese bei einer entsprechend guten Beurteilung). Wird nicht exakt das beantwortet, was gefragt wird, so sind Interventionen, die gezielt an den Schwachstellen ansetzen und durch das Testinstrument auf Itemebene ermittelt wurden, nicht möglich. Es wären demnach höchstens Rückmeldungen auf Faktorebene möglich. Damit geht ein enormer Verlust an Information einher. Außerdem ist auch die Rückmeldung auf Faktorebene kritisch zu betrachten, indem die Messung nicht der ursprünglichen Operationalisierung entspricht.

Für das Projekt EMU, bei welchem Unterrichtsqualität anhand eines Fragebogens aus drei verschiedenen Perspektiven erhoben wird und die Resultate die Basis für anschließende Reflexionsgespräche darstellen, ist es wichtig, dass von allen Beteiligten die Items entsprechend gleich verstanden werden. Ansonsten macht eine Methodentriangulation wenig Sinn: Diskrepanzen wären nicht auf eine unterschiedliche Wahrnehmung, sondern vielmehr auf eine unterschiedliche Interpretation der Items zurückzuführen. Für das Projekt sollten die Items deshalb für Grundschüler im intendierten Sinne verständlich sein.

In Bezug auf Forschungsprojekte könnte man argumentieren, dass es weniger bedeutsam ist, wenn ein Item auf ein Konstrukt lädt, obwohl es nicht im intendierten Sinn verstanden wird. Denn in der Forschung werden in der Regel Zusammenhänge einzelner Konstrukte und keine Zusammenhänge auf Itemebene analysiert. Demnach erfolgen die Aussagen auch auf Ebene der Konstrukte oder Faktoren. Auf der anderen Seite erwartet man von Forschungsprojekten, dass sie sich an wissenschaftlichen Standards orientieren. Aus diesem Blickwinkel kann es durchaus kritisch betrachtet werden, wenn Items von den Probanden nicht im intendierten Sinn interpretiert werden und somit nicht valide sind. Schließlich entspricht die Messung in diesem Fall nicht exakt der zugrunde gelegten Operationalisierung, was mit einer Einschränkung der Inhaltsvalidität einhergeht. Basiert ein Forschungsprojekt auf einem Modell, welches zwar faktoriell validiert ist, jedoch zum Teil Items beinhaltet, die nicht im intendierten Sinn verstanden bzw. beurteilt werden, sind Aussagen über die Ausprägung eines Konstrukts unter Bezugnahme auf die ursprüngliche Operationalisierung nur bedingt möglich.

Mögliche Auswirkungen durch das Entfernen strukturell invalider Items aus dem Modell

Wie bereits erwähnt, kann es durchaus problematisch sein, Items zur Optimierung der Modellgüte aus der Modellspezifikation zu entfernen. Wird die repräsentative Kongruenz der inhaltlichen Domäne(n) des Konstrukts infolge der Itemreduktion nicht mehr erzielt, muss dies bei der Interpretation der Ergebnisse unbedingt berücksichtigt werden – sowohl in der Schulpraxis als auch in der Forschung. Wünschenswert wären deshalb zunächst eine Optimierung der Items innerhalb des Fragebogens und eine erneute Messung. Schließlich ist ein Item, welches nicht auf das postulierte Konstrukt lädt, zunächst lediglich ein Indiz für die Untauglichkeit des Items und nicht unmittelbar auch für die Untauglichkeit des postulierten Konstrukts. Erst wenn ausgeschlossen ist, dass Itemalternativen zu einem akzeptablen Modell-Fit führen, sollte am Konstrukt oder der Urteilsfähigkeit der Probanden im Hinblick auf entsprechende Aspekte des Konstrukts gezweifelt werden. Itemspezifische Urteilsprobleme lassen sich anhand der Faktorenanalysen nicht identifizieren. Im Hinblick auf die Optimierung ist es deshalb notwendig, auf Validierungsmethoden aus dem Bereich von CT zurückzugreifen. Insofern lässt sich auf Basis der vorliegenden Befunde bei der Konzeption von Fragebögen zum Einsatz im Bereich der Schulevaluation oder der Schulforschung dazu raten, die inhaltliche Validität möglichst nicht durch ein unreflektiertes Streichen problematischer Items einzuschränken, sondern sich vielmehr um die Optimierung der problematischen Items und damit der Instrumente zu bemühen.

Erweisen sich negativ gepolte Items, welche als inhaltlich valide und für Grundschüler verständlich klassifiziert wurden, als strukturell invalide, sollte zunächst geprüft werden, ob die Items zu Problemen im Antwortprozess führen und deshalb das Konstrukt nicht adäquat repräsentieren. Ist dies ausgeschlossen, liegt es nahe, als Ursache die negative Polung anzunehmen. Im Bereich der internen Evaluation kann es unter Umständen sinnvoll sein, auf negative Items zu verzichten, sofern die Akzeptanz der Lehrkräfte, das Instrument zu nutzen, durch das Vorkommen negativer Items sinkt. Im Rahmen der externen Evaluation und der Forschung wäre zunächst zu prüfen, ob durch ein Instrument mit rein positiven Indikatoren das Verzerrungspotential steigt, indem der Akquieszenz-Bias zunimmt. Würde der Verzicht auf negativ gepolte Items das Verzerrungspotential erhöhen, sollten negativ gepolte Items nicht einfach gestrichen werden. In diesem Fall wäre es in künftigen Forschungsvorhaben sinnvoll, mittels methodischer Maßnahmen zu prüfen, ob eine spezielle Beachtung der negativ gepolten Items hilfreich sein kann bzw. zu einer Optimierung des Modells führen kann. Beispielsweise können systematische Einflüsse, welche aus der negativen Polung resultieren, über geeignete Erweiterungen des Messmodells isoliert werden (Hildebrandt & Temme, 2006, S. 22). Über die Modellierung eines Methodenfaktors, der systematische Fehler bündelt bzw. Residualvarianz aufklärt, kann ein Methodeneffekt entsprechend kontrolliert werden.

9.3 Fazit

Die erste Hauptstudie abschließend erfolgt eine Zusammenfassung der wichtigsten Resultate aus beiden Teilstudien. Des Weiteren wird in einem Ausblick dargestellt, welche Implikationen sich für die Schulpraxis und die Forschung ableiten lassen und welche weiteren Schritte im Rahmen der vorliegenden Forschungsarbeit notwendig sind.

Zusammenfassung

Die beteiligten Grundschüler erwiesen sich in beiden Teilstudien als fähig, grundlegende Aspekte der Unterrichtsqualität zu beurteilen. Eine umfassende Einschätzung im Hinblick auf die ausgewählten Qualitätskriterien nach Helmke (2012) sowie die Basisdimension *Unterstützendes Lernklima und Schülerorientierung* nach Klieme und Kollegen (2001, 2006) war ihnen jedoch anhand der von den Experten ausgewählten Items nicht möglich. Inwieweit die auf Basis von Teilstudie I vorgenommene Itemoptimierung dazu führt, dass Grundschüler weitere Aspekte valide einschätzen können, werden die Resultate von Hauptstudie II zeigen.

In Teilstudie I konnte gezeigt werden, dass CT auch bei der Arbeit mit Kindern eine effiziente Validierungsmethode für Fragebögen darstellt, sofern die richtige Technik gewählt wird. Comprehension Probes sind bei alleiniger Verwendung nicht zielführend. Eine inhaltliche Validierung durch Experten stellt zwar eine wichtige Basis im Prozess der Fragebogenkonzeption dar, reicht jedoch nicht aus, um altersadäquate Items für junge Probanden zu selektieren. Ungefähr die Hälfte der von den Experten als valide klassifizierten Items, erwies sich in Teilstudie I als für die Schüler nicht im intendierten Sinn verständlich oder beurteilbar und damit als nicht valide. Auch im Rahmen einer faktoriellen Validierung (Teilstudie II) blieben Items, die in Teilstudie I mehrheitlich für Grundschüler nicht im intendierten Sinn verständlich waren, unerkannt und wurden als strukturvalide ausgewiesen.

Durch die konkrete Beschreibung sowie die Typisierung von Fehlern in Teilstudie I wurden die Fehlerursachen ersichtlich. Diese Erkenntnis konnte genutzt werden, um Items entsprechend zu optimieren. Insgesamt wurden 10 Fehlertypen und ein Problemtyp identifiziert.

Ausblick

Auf Grundlage von Teilstudie I erscheint es zwingend notwendig, Schüler-feedbackinstrumente, welche zur Erfassung der Unterrichtsqualität in der Grundschule eingesetzt werden, umfassend zu validieren – das heißt unter Verwendung verschiedener Validierungsmethoden. Ohne den Einsatz von CT scheint es nicht möglich, die Altersadäquatheit der Items und damit die Validität des Instruments hinreichend zu bestimmen. CT sollte deshalb *zusätzlich* eingesetzt werden, da CT nur bedingt Aussagen über die inhaltliche Validität[35] und nur bedingt Vorhersagen über die strukturelle Validität zulässt. Allerdings sprechen die Ergebnisse von Teilstudie I und II dafür, dass sich nach einer inhaltlichen Validierung und einer Validierung durch CT die faktorielle Validität für positiv gepolte Items recht gut vorhersagen lässt. Schließlich erwiesen sich alle positiv gepolten Items, welche durch die Experten und das CT als valide klassifiziert wurden, auch im Rahmen der faktoriellen Validierung als strukturvalide. Durch Faktorenanalysen kann der Umfang von CT nicht minimiert werden. Insofern scheint es sinnvoll, nach einer inhaltlichen Validierung die selektierten Items mittels CT zu prüfen und zu optimieren und erst dann eine faktorielle Validierung vorzunehmen.[36]

Instrumente, welche bereits im Zuge der internen und externen Evaluation in Verwendung sind, aber nicht über CT validiert wurden, sollten nachträglich mittels CT validiert werden. Denn Teilstudie I gibt Anlass dazu, deren Validität in Frage zu stellen. Nicht nur, weil in der Regel keine umfangreiche Validierung stattfand, sondern auch, weil Items, die in diesen Fragebögen zum Teil beinhaltet sind, sich als nicht valide erwiesen.

Wie bereits diskutiert, ist die Aussagekraft von CT bei einer geringen Stichprobe, insbesondere was die Klassifikation valider Items anbelangt, eingeschränkt. Deshalb wurden die Items, welche bislang als valide klassifiziert wurden, in einer weiteren Validierung mittels CT geprüft.

---

35 CT prüft lediglich die *empirische* inhaltliche Validität in Sinne der Verständlichkeit und Beurteilbarkeit der Items.
36 Sofern das postulierte Konstrukt reflektiv ist. Bei formativen Konstrukten sind Faktorenanalysen ungeeignet.

10 Hauptstudie II

Hauptstudie II fokussiert erneut auf die itembasierte Urteilsfähigkeit der Grundschüler und damit auf die Validität der für die Studie ausgewählten Items. Im Unterschied zu Hauptstudie I steht diesmal nicht die Iteminterpretation bzw. die Verständlichkeit der Items im Zentrum der Untersuchung; vielmehr werden gezielt alle Stufen des Antwortprozesses bei der Analyse von Problemen und Fehlern in den Blick genommen. Um die itembasierte Urteilsfähigkeit zu erforschen, wurden erneut kognitive Interviews eingesetzt. Als Außenkriterium zur Validierung der Schüleraussagen wurden Videos bzw. Videoratings über den Urteilsgegenstand, eine konkrete Unterrichtsstunde, herangezogen.

10.1 Fragestellung

Ziel der zweiten Hauptstudie war es, zu eruieren, inwieweit Grundschüler anhand der Items, welche innerhalb der ersten Hauptstudie als (hinreichend) valide klassifiziert oder auf Basis der Feinanalyse optimiert wurden, ein valides Urteil in Bezug auf eine konkrete Stunde fällen können. Dabei wurde unter anderem der fünften zentralen Forschungsfrage nachgegangen:

ZFFv)   *Lassen sich bei der Einschätzung von Unterrichtsqualität Probleme im Urteils- bzw. Antwortprozess identifizieren?*

Die fünfte zentrale Forschungsfrage wurde im Rahmen dieser Studie in sechs untergeordnete Forschungsfragen ausdifferenziert. Diese beziehen sich jeweils auf einzelne Stufen im Antwortprozess bzw. auf deren Bewältigung. Die untergeordneten Forschungsfragen sind in Tabelle 22 unter Bezug auf die Stufen des Antwortprozesses dargestellt.

Wie bereits in Hauptstudie I verdeutlicht, ist es nicht möglich, die erste Stufe des Antwortprozesses isoliert, das heißt ohne das itembezogene Urteil zu erfassen. Erst über die Begründung lassen sich Rückschlüsse auf die Iteminterpretation ziehen. Dadurch ist auch ein nachträgliches Isolieren von Stufe 1 nur bedingt möglich. Ähnlich verhält es sich mit den anderen Stufen. Insbesondere die Stufen 2 und 3 sind über kognitive Interviews im Anschluss an das Urteil nicht sauber zu trennen, da über die Urteilsbegründung nicht (oder nur begrenzt) herausgefunden werden kann, ob Fehler bereits auf der Stufe der Erinnerung oder erst auf der Stufe des Urteilens eintreten.

Forschungsfrage		Stufe im Antwortprozess
ZFFV.I)	*Ziehen Grundschüler für ihr Urteil in Bezug auf das Item angemessene Indikatoren heran?*	Stufe 1
ZFFV.II)	*Erinnern Grundschüler für das Urteil relevante Situationen?*	Stufe 2
ZFFV.III)	*Beziehen sich Grundschüler in ihrem Urteil auf den vorgegebenen zeitlichen Referenzrahmen (eine konkrete Stunde)?*	Stufe 2 und 3
ZFFV.IV)	*Urteilen Grundschüler aus der vom Item vorgegebenen Perspektive?*	Stufe 2 und 3
ZFFV.V)	*Gelingt Grundschülern das Gewichten und Aggregieren?*	Stufe 3
ZFFV.VI)	*Können Grundschüler ihr Urteil auf einer vierstufigen Likert-Skala ausdrücken?*	Stufe 4

Aus bisherigen Studien geht hervor, dass Verständnisprobleme einen substantiellen Fehleranteil darstellen (Bowen, 2008; Willis, 2005). Da die Items, welche in Hauptstudie II einbezogen werden, in Hauptstudie I als verständlich (valide) klassifiziert wurden oder auf Basis der Feinanalyse optimiert wurden, sollte der Anteil an Verständnisproblemen gering sein. Schließlich wird in der Literatur davon ausgegangen, bereits anhand einer kleinen Stichprobe Verständnisfehler hinreichend zu erfassen (vgl. Beatty & Willis, 2007, S. 295f; Prüfer & Rexroth, 2005, S. 16f). Des Weiteren sollte der Anteil problematischer Items insgesamt geringer sein als in Hauptstudie I, da Verständnisfehler einen substantiellen Fehleranteil ausmachen und durch die Vorauswahl der Items Verständnisfehler erheblich minimiert sein sollten. Insofern wurden in Bezug auf die grundlegende Frage nach der Validität der selektierten Items unter Einbezug bisheriger Befunde folgende Hypothesen aufgestellt:

ZFFvHi) *Anhand der Mehrheit der Items fällen die Schüler ein hinreichend valides Urteil über eine konkrete Stunde.*

ZFFvHii) *Die in Hauptstudie I als verständlich klassifizierten Items erweisen sich auch in Hauptstudie II als verständlich.*

Auf Basis der itembezogenen Urteilsfähigkeit der Schüler sollten schließlich die letzten beiden zentralen Forschungsfragen der vorliegenden Forschungsarbeit beantwortet werden:

ZFFVI) *Sind Grundschülerratings über die Unterrichtsqualität einer konkreten Stunde veridikal (realitätsgetreu)?*

ZFFVII) *Können Grundschüler ausgewählte Qualitätsmerkmale der Unterrichtsqualität per Fragebogen hinreichend valide[37] einschätzen?*

Neben den zentralen Forschungsfragen wurde zusätzlich zwei methodischen Fragestellungen nachgegangen:

Es wurde untersucht, ob über die Antwortzeit auf die itembezogene Urteilsschwierigkeit und insbesondere auf die Validität der Items geschlossen werden kann.

FF4) *Hängt die Antwortzeit mit der itembezogenen Urteilsschwierigkeit und der Itemvalidität zusammen?*

Im Rahmen von CT gilt die Antwortzeitmessung als eine Methode, um auf problematische bzw. schwierige Items aufmerksam zu werden bzw. die Itemvalidität zu prüfen (vgl. Prüfer & Rexroth, 2005). Es wird angenommen, dass aufgrund einer längeren Antwortzeit auf eine höhere itembezogene Urteilsschwierigkeit geschlossen werden kann. Wie bereits in Kapitel 9.1.2 diskutiert, ist jedoch fraglich, ob bei der Beurteilung von Unterrichtsqualität hohe Zusammenhänge zwischen der Itemvalidität und der Antwortzeit zu erwarten sind. Schließlich sollte die Antwortzeit insbesondere von der Anzahl an Ereignissen abhängen, die erinnert und ins Urteil einbezogen werden. Werden viele Ereignisse erinnert und ins Urteil einbezogen, heißt dies nicht direkt, dass das Item problematisch ist. Wenngleich ein Item, zu welchem viele Situationen vorliegen, größere Herausforderungen hinsichtlich des Erinnerns und des Aggregierens mit sich bringt. Kurze Antwortzeiten müssen nicht zwangsläufig für ein Item sprechen, welches leicht zu beurteilen ist. Im Gegenteil, es könnte sogar der Fall sein, dass Schüler relevante Indikatoren in Bezug auf ein Item nicht wahrnehmen, folglich auch nicht erinnern, somit eine rationale Urteilsgrundlage fehlt und deshalb ein spontanes Urteil erfolgt (z. B. indem sich an vorausgegangenen Items orientiert wird). Aus den genannten Gründen

---

37 Da Ratings per Fragebogen in der Regel nicht verzerrungsfrei sind, wird die Formulierung hinreichend valide gewählt. Unter hinreichend valide sind Einschätzungen zu verstehen, welche zwar minimale Fehleranteile aufweisen, aber dennoch sowohl für die Forschung als auch die Praxis als aussagekräftige Datenbasis dienen können.

wurde in diesem Kontext kein hoher Zusammenhang zwischen der Antwortzeit und der durch die qualitative Inhaltsanalyse ermittelten Maße zur itembezogenen Urteilsschwierigkeit und zur klassifizierten Itemvalidität erwartet.
Somit wurden folgende Hypothesen formuliert:

FF4H1)   *Es besteht lediglich ein mittlerer Zusammenhang zwischen*
           Antwortzeit und itembezogener Urteilsschwierigkeit.

FF4H2)   *Es besteht lediglich ein mittlerer Zusammenhang zwischen*
           Antwortzeit und klassifizierter Itemvalidität.

Neben der Vorhersagekraft der Antwortzeit wurde außerdem die Vorhersagekraft der Beurteilerübereinstimmung in Bezug auf die itembezogene Urteilsschwierigkeit und die Itemvalidität untersucht.

FF5)   *Hängt die Beurteilerübereinstimmung mit der itembezogenen*
         Urteilsschwierigkeit und der Itemvalidität zusammen?

Die Übereinstimmung von Schüler- und Beobachterurteil sollte ein Maß für
die Validität des Schülerurteils darstellen, sofern dieselbe konkrete Stunde
sowohl für die Schüler als auch die Beobachter den Urteilsgegenstand darstellt.[38] Allerdings ist zu bedenken, dass ein Schülerurteil, welches auf Basis fehlerhaft ausgewählter Indikatoren zustande kommt und somit inhaltlich
nicht dem Beobachterurteil gleicht, dennoch zur Wahl der gleichen Antwortkategorie führen kann. Insofern wurde keine sehr hohe oder exakte Übereinstimmung der itembezogenen Urteilsschwierigkeit und der Itemvalidität
erwartet. Auf Basis dieser Argumentation wurden folgende Hypothesen aufgestellt:

FF5H1)   *Es besteht ein hoher Zusammenhang zwischen Beurteilerüber-*
           einstimmung und itembezogener Urteilsschwierigkeit.

FF5H2)   *Es besteht ein hoher Zusammenhang zwischen Beurteilerüber-*
           einstimmung und klassifizierter Itemvalidität.

Des Weiteren wurde erforscht, ob bei den negativ gepolten Items, welche
sich in Hauptstudie I (Teilstudie II) als *nicht strukturvalide* erwiesen, Probleme im Urteilsprozess ersichtlich werden. Schließlich konnte FF3) *Beeinträchtigt die negative Polung die Strukturvalidität der negativ gepolten Items?* in
Hauptstudie I noch nicht hinreichend beantwortet werden.

---

38   Liegt dem Schülerurteil – anders als dem Beobachterurteil – ein längerer Referenzrah-
     men zugrunde, sind Abweichungen aufgrund der unterschiedlichen Urteilsbasis und des
     daraus folgenden Stichprobeneffekts nicht auszuschließen (vgl. Clausen, 2002).

10.2 Methode

In Hauptstudie II wurde auf die Resultate und Erfahrungen von Hauptstudie I sowohl hinsichtlich der Erhebungs- und Auswertungsmethodik als auch in Bezug auf die Konzeption des Testinstruments zurückgegriffen. Die qualitative Validierung in Form von *Cognitive Testing* und der *Inhaltsanalyse nach Mayring* wurden bereits ausführlich dargestellt (vgl. Kapitel 9.1.2), sodass sich in diesem Kapitel hinsichtlich der Erhebungs- und Auswertungsmethoden kürzer gefasst wird.

Um die Forschungsfragen zu untersuchen, wurde jeweils in einer dritten und einer vierten Klasse eine Unterrichtsstunde videografiert. Direkt im Anschluss an die Unterrichtsstunde wurden fokussierte[39], kognitive Interviews mit den Schülern durchgeführt. Dabei füllten die Schüler einen Feedbackbogen zur Unterrichtsqualität aus, wobei sie jeweils nach dem Markieren der Antwortkategorie gebeten wurden, ihr Urteil zu begründen. Die Schülerurteile sowie die Begründungen wurden mit einer Videoaufzeichnung bzw. einem Videorating verglichen, um zu prüfen, inwieweit der Referenzrahmen eingehalten wurde und inwieweit ein veridikales Urteil vorliegt. Die Auswertung erfolgte über die Inhaltsanalyse nach Mayring (2010b). Im Folgenden werden die einzelnen Schritte sowie die Testinstrumente konkret beschrieben.

10.2.1 Erhebungsmethode(n)

Kognitive Interviews

Um die itembezogene Urteilsfähigkeit zu untersuchen, wurden standardisierte, kognitive Interviews durchgeführt. Diese Methode hat sich bereits in Hauptstudie I bewährt und wird in der Literatur bei jungen Probanden empfohlen (vgl. Kapitel 9.1.2.1). Hinsichtlich des Interviewaufbaus und des Leitfadens wurden aus verschiedenen Gründen Änderungen vorgenommen: (1) Da lediglich Items einbezogen wurden, welche auf Basis von Hauptstudie I als verständlich angenommen wurden, wurde auf Comprehension Probes und Example Probes zunächst verzichtet. (2) Um zu prüfen, ob anhand der Items eine konkrete Unterrichtsstunde beurteilt werden kann, wurde anstelle von Vignetten eine konkrete Unterrichtsstunde als Urteilsgegenstand herangezogen. Das Interview wurde aus den genannten Gründen auf die dritte Interviewstufe des Interviewaufbaus aus Hauptstudie I beschränkt. Zentrales Moment stellte also die Frage nach der Urteilsbegründung dar, die Process

---

39 Fokussierte Interviews beziehen sich auf ein bestimmtes Erlebnis, hier die erlebte Unterrichtsstunde.

Probe. Anhand der Begründung sollten Rückschlüsse auf die Passung der Begründung zum *Iteminhalt*, zum *Referenzrahmen* des Fragebogens, zur *Perspektive* des jeweiligen Items und zum gewählten *Antwortformat* gezogen werden. Weitere Probes waren lediglich bei einzelnen Items oder in bestimmten Situationen vorgesehen. Darauf wird bei der Erläuterung des Interviewleitfadens näher eingegangen (siehe Kapitel 10.2.2 *Erhebungsinstrumente*).

Videografie

Gegenüber der gängigen Umsetzung von CT kann der Vorwurf erhoben werden, dass ein Kriterium zur äußeren Validierung fehlt. In der Regel wird lediglich untersucht, ob der Denkprozess oder die Begründung des Probanden in logischer Beziehung zum Item stehen und der intendierten Interpretation entsprechen. Inwieweit Probanden bei der Antwortfindung reale, relevante Ereignisse einbeziehen und inwieweit sie den zeitlichen Referenzrahmen berücksichtigen, bleibt in der Regel offen. Das heißt, es könnte sein, dass die Antwort eines Probanden zwar logisch ist, aber nicht veridikal, weil die genannten Indikatoren eventuell nicht der Realität entsprechen. Aus diesem Grund wurden Unterrichtsvideos als Außenkriterium zur Validierung herangezogen, wobei die Übereinstimmung des jeweiligen Schülerurteils mit dem Beobachterurteil als ein Maß zur Bestimmung der Validität des Schülerurteils verwendet wurde. Anhand der Videos wurde überprüft, ob die Begründungen der Schüler der Realität entsprechen bzw. ob die Schüler tatsächlich in der Stunde vorgefallene Ereignisse in den Urteilsprozess einbeziehen oder aber Aspekte nennen, die in der Stunde gar nicht vorgekommen sind. Das technische Equipment sowie die Kamerapositionierung werden in Kapitel 10.2.4 näher beschrieben.

10.2.2 Erhebungsinstrumente

Als Erhebungsinstrumente der Studie sind a) der Interviewleitfaden und b) der Schülerfragebogen zu nennen. Beide werden im Folgenden kurz beschrieben.

Interviewleitfaden

Bei der Konzeption des Interviewleitfadens wurde sich an den bereits für Hauptstudie I herausgearbeiteten Richtlinien für Interviews mit Kindern orientiert (vgl. Kapitel 9.1.2.2). Der Leitfaden beinhaltete erneut eine Eisbrecherphase sowie ein Warming-Up, um die jungen Probanden entsprechend auf den Dialog vorzubereiten und die *Tendenz zum Ja-Sagen* abzubauen. Ein separater Leitfaden für jedes einzelne Item war in dieser Studie nicht notwendig, da keine Vignetten zu den einzelnen Items generiert werden mussten. Der Leitfaden war hoch standardisiert, das heißt, es gab genaue Anweisungen hinsichtlich des Ablaufs, der Probes sowie der Formulierungsmöglichkeiten. Die Arbeitsphase des Interviews basierte in der Regel lediglich auf einer Process Probe (*Du hast ... eingekreist. Erkläre mit bitte warum*). Je nach Antwort des Kindes und je nach Item waren weitere Probes vorgesehen (vgl. die Gesprächsbausteine der Arbeitsphase im Anhang, Kapitel 5.1). Beispielsweise wurde nach beobachtetem Hin- und Herspringen des Probanden zwischen Antwortkategorien nach der Urteilssicherheit gefragt (Confidence Probe), nachdem der Proband das Urteil gefällt hat. War ein Urteil gefühlsbasiert, wurde nicht weiter nachgehakt. Das heißt, Antworten wie beispielsweise, *das weiß ich einfach; das fühle ich so*, wurden stehen gelassen und waren zulässig. Schließlich sollte der Urteilsprozess möglichst unverfälscht erfasst werden. Erfolgte eine längere Denkpause nach der Process Probe, obwohl die Antwort zügig auf dem Fragebogen eingekreist wurde, folgte die Frage: *Hast du die Antwort einfach gefühlt?* Hiermit sollte verhindert werden, dass das Kind ein logisches Urteil nachträglich erzwingt. Antwortete ein Schüler mit *zum Beispiel* wurde gefragt, ob es noch weitere Gründe für sein Urteil gab, da *zum Beispiel* ein Anzeichen für das Vorkommen weiterer Indikatoren ist. Bei Antworten, die lediglich das Item paraphrasieren oder lediglich allgemeine Begründungen ohne den Einbezug konkreter Ereignisse beinhalten, wurde nach einem konkreten Beispiel gefragt (Example Probe). Ansonsten wurde versucht, die Antwort des Schülers möglichst wenig zu beeinflussen, das heißt, Fragen wie beispielsweise *fallen dir noch weitere Gründe für deine Antwort ein?* wurden unterlassen. Denn solche Probes könnten dazu führen, dass das Kind nachträglich nach weiteren Gründen sucht, die jedoch mit dem eigentlichen Urteil nichts zu tun haben.[40]

Der Ablauf des Interviews bzw. die einzelnen Phasen sind im Anhang in Kapitel 5.1 einzusehen. Zu Beginn der Arbeitsphase betonte der Interviewer, dass sich der Fragebogen ausschließlich auf die letzte Unterrichtsstunde bezieht. Im weiteren Interviewverlauf erinnerte der Interviewer bei Bedarf an diese Instruktion, um zu verhindern, dass sie in Vergessenheit gerät. Schließlich sollte in dieser Studie geprüft werden, inwiefern ein Schüler in der Lage ist, eine konkrete Stunde als zeitliche Einheit zu begreifen und von vorherigen Stunden bei der Urteilsfällung abzugrenzen. Es sollte nicht geprüft werden, ob er sich an die anfängliche Instruktion erinnern kann. Ana-

---

40 Auf Basis dieses Interviewleitfadens ist es durchaus möglich, dass ein Schüler nicht alle Indikatoren nennt, die er in sein Urteil einbezogen hat. Diese Art von Verzerrung ist nicht zu umgehen, wenn das Risiko, nachträglich Gründe zu formulieren, die nicht zum Urteil bewogen haben, minimiert werden soll.

log zur ersten Hauptstudie las der Interviewer dem Probanden zunächst das entsprechende Item vor. Nachdem ein Item beantwortet wurde, erfolgte die Process Probe. Es bestünde theoretisch auch die Möglichkeit, zunächst den kompletten Fragebogen ausfüllen zu lassen und erst im Anschluss nach den einzelnen Gründen zu fragen – also die Process Probes erst nach dem Beantworten des kompletten Fragebogens anzuwenden. Diese Option stellt jedoch erschwerte Bedingungen an den Probanden, da er sich nach dem Beantworten aller Items wieder auf die einzelnen Urteile besinnen muss. Die Process Probe direkt nach jeder Antwort anzuschließen, hat den Vorteil, dass die Gründe für das Urteil noch im Arbeitsspeicher präsent sind.[41] Da bei dieser Variante von weniger Verzerrungen auszugehen ist (vgl. Kapitel 9.1.2), wurde sich im Rahmen von Hauptstudie II für diese Vorgehensweise entschieden.

Schulung der Interviewer

Die Interviewer (sechs Personen) wurden entsprechend auf den Leitfaden geschult. Das Training umfasste das Einprägen sowie das Üben des Leitfadens. Besonderer Stellenwert wurde auf die zusätzlichen Probes gelegt. Schwierige Situationen wurden jeweils reflektiert. Ebenso wurde das adäquate Reagieren in schwierigen Interviewsituationen eingeübt. Um eine möglichst standardisierte Messung der Antwortzeiten zu ermöglichen, wurden die Interviewer darauf geschult, direkt nachdem eine Antwortkategorie durch den Schüler markiert wurde mit der Process Probe zu starten.

Es wurde vereinbart, dass dem Interviewer jeweils eine Fragebogenversion vorliegt, in der die Items, die spezielle Probes erfordern, entsprechend farblich hervorgehoben sind. Gegen Ende des Trainings wurde das spezielle Setting *Schule*[42] angesprochen. Dabei wurde erarbeitet, wie mit Störfällen umgegangen wird (z.B. wenn eine Lehrkraft oder ein Schüler einer anderen Klasse anklopft und das Interview stört, etc.). Es wurde sich dafür entschieden, Interviewprobleme oder Störungen, die während eines Interviews auftreten, auf einem entsprechenden Vordruck jeweils festzuhalten.

Fragebogen

Die Basis für den Fragebogen bildeten die als hinreichend valide klassifizierten Items sowie die optimierten Items aus der ersten Hauptstudie. In Anlehnung an das Projekt EMU wurden Items zu fünf Qualitätskriterien der

---

41 Sofern die Gründe dem Probanden überhaupt bewusst sind (vgl. Kapitel 9.1.2)
42 Für die Interviews werden zahlreiche Räume benötigt, um möglichst direkt nach der Unterrichtsstunde ohne große Verzögerungen jeden Schüler interviewen zu können. Es ist damit zu rechnen, dass Räume, welche im normalen Schulalltag beispielsweise als Förderraum oder Bibliothek genutzt werden, trotz Ankündigung eventuell von Schülern oder Lehrkräften aufgesucht werden.

Prozessqualität (*Klassenführung, lernförderliches Klima, Motivierung, Aktivierung, Strukturierung*) ausgewählt. Außerdem wurde der *Umgang mit Heterogenität* als weiteres Qualitätsmerkmal einbezogen, da diesem Kriterium gerade in der Grundschule als einem Ort der Vielfalt besondere Bedeutung zukommt (vgl. Kapitel 8.1). Des Weiteren wurde der Bereich *Bilanz* aufgegriffen, um den Ertrag der Stunde aus Schülersicht zu dokumentieren. Der Aspekt Sprachförderung wurde nicht integriert, da sich die entsprechenden Items bereits in Hauptstudie I als invalide erwiesen und keine Optimierungsmöglichkeiten gesehen wurden. Hinsichtlich der Items aus dem aktuellen Itempool, welche den gleichen Aspekt erfassen, wurde jeweils nur eines in den Fragebogen aufgenommen, um eine für Grundschüler adäquate Länge zu erzielen. Der gesamte Fragebogen umfasst insgesamt 37 Items, davon 24 Items, die sich in Hauptstudie I als verständlich erwiesen, 12 optimierte Items und ein neu generiertes Item[43] (siehe Tabelle zur Itemauswahl im Anhang, Kapitel 5.2).

Als Antwortformat diente eine vier-stufige Likert-Skala (*nein/eher nein/ eher ja/ja*). Eine differenzierte Beurteilung unter Verwendung einer höheren Anzahl an Antwortkategorien (größer als fünf Kategorien) ist für Grundschüler unpassend (vgl. Kapitel 4.4). Um die Tendenz zur Mitte zu reduzieren, wurde sich gegen eine ungerade Anzahl an Antwortkategorien entschieden. Durch Schattierungen wurden die einzelnen Items voneinander abgetrennt, um den Schülern das Orientieren auf dem Fragebogen zu vereinfachen. Die Interpretation des Antwortformats wurde ebenfalls optisch unterstützt, indem der Grad an Zustimmung durch die Füllung der Kästchen dargestellt ist (vgl. Abbildung 24).

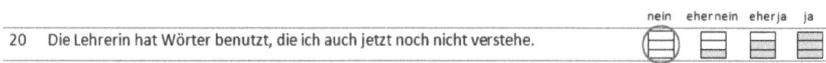

	nein	ehernein	eherja	ja
20 Die Lehrerin hat Wörter benutzt, die ich auch jetzt noch nicht verstehe.				

Abbildung 24: *Visualisierung des Antwortformats*

Das Item *Die Lehrerin hat Wörter benutzt, die ich auch jetzt noch nicht verstehe* ist gerade für Lehrkräfte, die in Klassen mit hohem Migrantenanteil arbeiten, enorm wichtig. Im Rahmen der ersten Hauptstudie war anhand der ersten Version des Items einigen Schülern kein Urteil im intendierten Sinn möglich. Um den Schülern das Urteil anhand des optimierten Items zu erleichtern, wurde das Item bereits bei der Fragebogenhandhabung in Form eines Beispielitems eingeführt. Bei folgendem Item *Mir waren die Regeln klar (Klassenregeln/Stundenregeln)* wurde im Team diskutiert, ob der Zusatz in

---

43   Ein Item wurde neu generiert, um einen Indikator für Methodenvariation bzw. Monotonie ins Instrument aufzunehmen.

Klammern tatsächlich eine Erleichterung darstellt. Deshalb wurde das Item in beiden Versionen, das heißt einmal mit und einmal ohne Zusatz, getestet. Der Fragebogen ist im Anhang in Kapitel 5.3 einzusehen.

10.2.3 Auswertungsmethode(n)

Die Analyse der Daten erfolgte in verschiedenen Analyseschritten und basiert auf einer entsprechenden Datenaufbereitung. Im Folgenden werden die einzelnen Maßnahmen und Schritte entsprechend ihrer chronologischen Reihenfolge kurz skizziert.

Aufbereitung der Daten
Bevor die Video- und Audiodateien ausgewertet werden konnten, waren verschiedene, vorbereitende Maßnahmen notwendig: Die beiden Videos sowie die beiden Tonspuren der jeweiligen Stunde wurden unter Verwendung der Software Videograph synchronisiert und im Anschluss transkribiert. Dies erleichterte die Auswertung, insbesondere wenn einzelne Schüleraussagen erst nach mehrmaligem Hinhören verstanden werden oder erst nach mehrmaligem Hinsehen einem Schüler zugeordnet werden können. Bei der Erstellung der Transkriptionsregeln für die Videodateien wurde sich an der DESI- und UFO-Videostudie orientiert. Die Interviews wurden ebenfalls transkribiert und durch Vorkodierungen strukturiert. Durch die Vorkodierungen wurden beim Einlesen der Interviews die Kontexteinheiten bereits dem entsprechenden Itemkodebaum zugeordnet (vgl. Kuckartz, 2010). Inhaltliche Kodierungen erfolgten erst nach der Transkription. Weitere Transkriptionsregeln wurden aufgestellt, um die Auswertung in Anlehnung an das Kategoriensystem zu vereinfachen. Beispielsweise wurden Signalwörter für die dem Urteil zugrunde liegende Perspektive (z. B. ich, wir, mich, man, etc.) durch Großbuchstaben optisch hervorgehoben, um das Kodieren der Passung zwischen gewählter und itemimmanenter Perspektive zu erleichtern. Zeitwörter (z. B. heute, oft, immer, gestern, etc.) wurden durch Fettdruck akzentuiert, um das Kodieren bezüglich der Kategorie Referenzrahmen zu vereinfachen. Die vollständigen Transkriptionsregeln sowie die Regeln zur Vorkodierung sind im Anhang in Kapitel 5.4 skizziert.

Im Zuge der Datenaufbereitung wurden außerdem die Antwortzeiten erfasst und per Vorkodierung in Maxqda eingelesen. Nachdem das jeweilige Item vorgelesen wurde (Startpunkt), wurde die Zeit bis zum Beginn der Process Probe gestoppt (Endpunkt). Die Interviewer wurden im Rahmen der Interviewerschulung dazu angehalten, direkt nachdem die gewählte Antwortkategorie durch den Schüler markiert wurde, die Process Probe anzusetzen (vgl. Kapitel 10.2.2).

Schritt 1: Videorating (Transfer der audiovisuellen Daten in Ordinalskalenniveau)

Um die Schülerurteile zu validieren, wurde die dem Urteil jeweils zugrundeliegende Unterrichtsstunde videografiert und zur Auswertung entsprechend in Videograph aufbereitet (vgl. Aufbereitung der Daten). Der Abgleich der Schülerinterviews mit den Unterrichtsvideos setzte eine Auswertung der Videos unter Einbezug der Items des Schülerfragebogens voraus. Die Mehrzahl der Items innerhalb des Schülerfragebogens war aus der Ich-Perspektive formuliert, das heißt, jeder Schüler sollte in der Regel den Unterricht aus seiner individuellen Sichtweise beurteilen. Aus diesem Grund war ein Abgleich mit einem Beobachterurteil, welches bei der Beurteilung der Unterrichtsqualität die gesamte Schülerschaft einbezieht, wie allgemein üblich bei Videoauswertungen, nicht zielführend. Eine Übereinstimmung zwischen Beobachter- und individueller Schülereinschätzung konnte in diesem Kontext nur erwartet werden, wenn der Beobachter den Unterricht mit Fokus auf den jeweiligen Schüler beurteilt. Das heißt, der Beobachter musste jeweils einschätzen, ob der entsprechende Schüler beispielsweise aktiv bei der Sache war und sich mit eigenen Beiträgen am Unterricht beteiligt hat. Ein Urteil über die Aktivierung oder Beteiligung der Schüler im Mittel hingegen stellte in diesem Zusammenhang kein adäquates Maß für den Abgleich dar. Somit wurde für die Videoratings die gesamte Unterrichtsstunde jeweils unter Fokus auf einen Schüler als Analyseeinheit definiert. Die beiden Videos waren demzufolge entsprechend der teilnehmenden Schüler, also jeweils zwanzigmal, auszuwerten und zu beurteilen. Items, welche lediglich auf die Lehrkraft gerichtet waren (z. B. *Die Lehrerin wusste immer, was in der Klasse passiert*) oder ein aggregiertes Schülerurteil erforderten (z. B. *Wir durften sagen, was wir zum Thema schon wissen*), stellten diesbezüglich Ausnahmen dar und wurden auf Basis einer Unterrichtsbeobachtung ohne Fokus auf einen speziellen Schüler eingeschätzt.

Des Weiteren wurden direkt im Anschluss an das Videorating die jeweiligen Begründungen des Schülers dichotom im Hinblick auf die Logik (*logisch/unlogisch*) und den Referenzrahmen (*innerhalb/außerhalb*) eingestuft. Die Einschätzungen dienten der anschließenden Interviewanalyse als zusätzliche Information im Falle strittiger Entscheidungen.

Ratingmanual

Bei der Konzeption des Ratingmanuals wurde sich am EMU-Manual von Praetorius und Kollegen (Praetorius, 2012) orientiert. Das Ratingmanual der vorliegenden Studie umfasst allgemeine Hinweise zum Rating sowie zu den Qualitätsbereichen des Fragebogens. Des Weiteren sind positive und negative Indikatoren bezüglich der einzelnen Items aufgelistet und spezielle Regelungen im Hinblick auf einzelne Items formuliert. Das Manual kann im Anhang in Kapitel 5.5 eingesehen werden.

Ablauf des Ratings

Um zu erforschen, inwieweit die Schüler relevante Indikatoren einbeziehen oder auch vernachlässigen, ist es notwendig, dass die Beobachter möglichst umfassend die für das Urteil relevanten Indikatoren notieren und ins Urteil einbeziehen. Aus diesem Grund wurde entschieden, alle fünf Minuten die Videobeobachtung in Videograph zu stoppen und jeweils ein *Zwischenrating* durchzuführen. Hierbei wurden die Items dichotom (*ja/nein*) eingeschätzt. Des Weiteren wurden entsprechende Notizen getätigt, um relevante Ereignisse sowie Indikatoren unter Auflistung des Zeitpunktes festzuhalten. Nachdem das ganze Video beobachtet war, wurde auf Basis der Zwischenratings ein Gesamturteil auf einer vierstufigen Likert-Skala – äquivalent zum Schülerfragebogen – gefällt.

Die Ratings wurden jeweils unabhängig von zwei geschulten Ratern durchgeführt. Im Anschluss wurden abweichende Beurteilungen diskutiert. Dabei wurde ein Konsensentscheid angestrebt, um mit einer entsprechenden Masterdatei mit vollständiger Datenmatrix weiter arbeiten zu können. Um zu ermöglichen, dass den Ratern bei der Diskussion der Fall und das entsprechende Video noch präsent sind, fanden die Ratings jeweils parallel statt. Die Resultate wurden direkt im Anschluss verglichen und diskutiert.

Jede Sequenz durfte bei Bedarf beliebig oft wiederholt werden (auch während der Diskussion). Während der Ratings stand jedem Rater das Ratingmanual zur Verfügung. Außerdem lagen jedem Rater die entsprechenden Ratingbögen sowie ein Zusatzblatt für weitere Notizen jeweils im A3-Format vor (siehe Anhang Kapitel 5.5).

Ratertraining

Insgesamt wurden vier Rater geschult. Das Ratertraining umfasste folgende Teilbereiche: a) Veranschaulichung des gesamten Studiendesigns und der grundlegenden Zielsetzung, b) Durchsicht des Schülerfragebogens, c) Zuordnung der Items zu den Qualitätsmerkmalen nach Helmke (2012), d) Erarbeitung der positiven und negativen Indikatoren, e) Einführung in die allgemeinen Regelungen zum Rating, f) Diskussion über die speziellen Regelungen bezüglich einzelner Items, g) Thematisieren von Urteilsfehlern, h) Erläuterung der Software Videograph und i) zwei Probedurchläufe mit anschließender Diskussion. Im Rahmen des Trainings wurde festgelegt, dass nach der Videoanalyse einer gesamten Unterrichtsstunde eine Pause von mindestens 10 Minuten eingehalten wird, da der Ratingprozess ein hohes Maß an Aufmerksamkeit und Konzentration erfordert.

Die Interrater-Übereinstimmung liegt pro Raterpaar zwischen 85 % und 87 %. Die Interrater-Reliabilität[44] wurde erneut mit dem nonparametrischen Korrelationskoeffizienten Kendalls Tau berechnet. Der Korrelationskoeffizient liegt pro Raterpaar zwischen $\tau = .90$ und $\tau = .96$. Dissens zwischen den Ratern lag in 13 % bis 15 % der Fälle vor. Im Zuge der Diskussion konnte in allen Fällen ein Konsensentscheid erzielt werden.

Schritt 2: Interviewkodierung (Transfer der verbalen Daten in Nominalskalenniveau)

Eine gezielte Untersuchung der itembezogenen Urteilsfähigkeit der Schüler sowie der Itemvalidität, setzt eine systematische Auswertung der Interviewdaten unter Einbezug eines Kategorien- und Kodierschemas voraus. Aus diesem Grund wurde zur Analyse der Daten erneut die strukturierende Inhaltsanalyse nach Mayring (2010b), insbesondere die skalierende Strukturierung, angewandt (nähere Beschreibung siehe Kapitel 9.1.2.3).

Die itembezogene Urteilsfähigkeit wurde im Rahmen dieser Studie in Bezug auf die in Kapitel 10.1 genannten Forschungsfragen untersucht. Die formulierten Forschungsfragen erforderten ein hierarchisch angelegtes Kategoriensystem, welches auf oberster Ebene hinsichtlich der Passung des Urteils verschiedene Kategorien unterscheidet und auf zweiter Ebene die möglichen Ausprägungen der jeweiligen Kategorien differenziert. Auf oberster Hierarchieebene wurden unter Einbezug der Forschungsfragen folgende Kategorien unterschieden: *Perspektive, Referenzrahmen, Logik, Beurteilerübereinstimmung, Veridikalität, Antwortformat.*

Kategoriensystem und Kodebäume

Das Kategoriensystem wurde analog zu Hauptstudie I zunächst deduktiv entwickelt und in einem weiteren Schritt im Rahmen der ersten Kodierschleife induktiv ergänzt. Nach der ersten Erprobung im Zuge der ersten Ko-

---

44 Die Interrater-Reliabilität wurde über Paarvergleiche berechnet, da zu jedem Schüler lediglich zwei Ratereinschätzungen vorlagen. Auf Itemebene wurde die Interrater-Reliabilität ebenfalls geprüft, sofern ein Raterpaar mehr als 15 Beobachten pro Item vorweisen konnte. Auf Itemebene schwankt der Korrelationskoeffizient τ zwischen .77 und 1.0.

dierschleife waren keine weiteren Modifikationen notwendig. Das gesamte Kategoriensystem gilt als saturiert, da in jeder Kategorie eine Mindestanzahl an Fällen vertreten ist. Das Kategoriensystem umfasst auf der ersten Hierarchieebene sechs Kategorien. Die sechs Kategorien beinhalten jeweils zwischen drei und sechs Subkategorien. Die Begründungen der Schüler wurden demzufolge hinsichtlich sechs verschiedener Kategorien auf Validität geprüft. Die einzelnen Kategorien werden nun samt ihrer Subkategorien vorgestellt. Die Indikatoren, anhand derer eine Kodierung auf Ebene der Subkategorien vorgenommen wurde, werden im Text nicht umfassend, sondern lediglich beispielhaft beschrieben. Eine umfassende Darstellung der Indikatoren bietet das Kodiermanual (siehe Anhang Kapitel 5.6).

Kategorie: Perspektive

Anhand dieser Kategorie wird geprüft, inwieweit die Begründung des Urteils aus der korrekten Perspektive erfolgt. Das heißt, die vom Schüler gewählte Urteilsperspektive wird mit der durch das Item geforderten Urteilsperspektive verglichen. Das Kategoriensystem unterscheidet auf der zweiten Ebene sechs Subkategorien. Die Subkategorien stellen mögliche Ausprägungen der Kategorie *Perspektive* dar. Die Subkategorie *Korrekte Perspektive* liegt vor, wenn die gewählte Urteilsperspektive und die geforderte Urteilsperspektive identisch sind. Die Subkategorie *Falsche Perspektive* ist vorhanden, wenn abweichend von der geforderten Urteilsperspektive geurteilt wird, also zum Beispiel ein Urteil aus der Wir-Perspektive anstelle der Ich-Perspektive erfolgt. Die Subkategorie *Perspektivmix* ist ebenfalls ein Anzeichen für einen Urteilsfehler, indem z.B. das Urteil nicht ausschließlich aus der eigenen Perspektive erfolgt, sondern Perspektiven vermischt werden. Die Subkategorie *Generalisierung* kennzeichnet Begründungen, welche Worte wie *jeder* oder *alle* einschließen und ausdrücken, dass ein Sachverhalt für alle gleich ist (z. B. *Jeder findet es spannend, wenn er experimentieren darf. Also war die Stunde spannend und deshalb auch interessant.*). Implizit erfolgt hierbei der Rückschluss, dass es auch für die antwortende Person so sein muss. Das Urteil ist deshalb nicht als fehlerhaft einzustufen. Bei Subkategorie *Vermeiden einer Perspektive* enthält die Begründung keinerlei Bezugswort oder es wird der Begriff *man* verwendet (z. B. *Also, bei Gedichten kann man eigentlich so gut wie nur dazulernen, weil es ist ja immer wieder was neues, man erfährt, welches Wort sich auf was reimt*). Auch diese Subkategorie ist kein Indiz für ein fehlerhaftes Urteil. Abbildung 25 gibt einen Überblick über die einzelnen Subkategorien, wobei die Farbe Grün korrekte Urteile in Bezug auf die erste Hierarchiestufe symbolisiert und Farbe Rot jeweils falsche. Hellblau gefärbte Subkategorien sind nicht unmittelbar korrekt, aber auch nicht falsch. Des

Weiteren verdeutlicht die Abbildung eine weitere, bislang unerwähnte Subkategorie. Die Subkategorie *Nicht beurteilbar* ist innerhalb eines jeden Kodebaums integriert, um später den Anteil an Begründungen zu berechnen, welche anhand des vorliegenden Kategoriensystems in Bezug auf das verbale Datenmaterial nicht kodiert werden konnten. Hierbei wird unterschieden, ob das Kategoriensystem nicht greift oder ein Interviewerfehler vorliegt und eine Kodierung verhindert.[45]

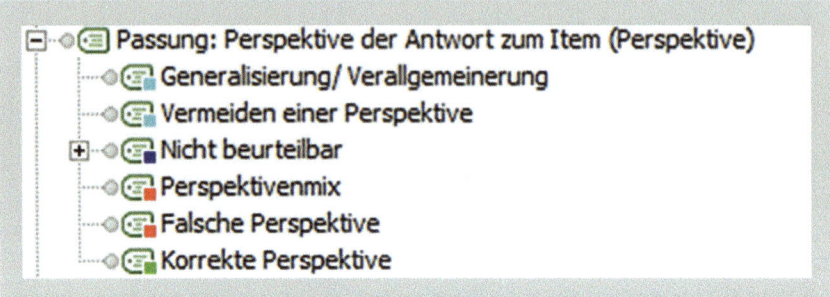

Abbildung 25: *Kodebaum zur Kategorie Perspektive*

Kategorie: Referenzrahmen

Hier wird der Fokus auf den zeitlichen Urteilsbezug gerichtet. Es wird untersucht, ob es dem Schüler bei der Urteilsfällung gelingt, sich ausschließlich auf Ereignisse der konkreten Stunde zu beziehen.[46] Die Subkategorie *Korrekter Referenzrahmen* liegt vor, wenn sich der Schüler innerhalb der Begründung auf die letzte Stunde bezieht. Weist die Begründung einen zeitlichen Bezugsrahmen auf, der über die konkrete Einzelstunde hinausgeht (*Größerer Referenzrahmen*), ist jeweils zu prüfen, ob das Urteil infolgedessen als fehlerhaft betrachtet werden muss. Im Falle einer Generalisierung (z. B. *Unsere Klasse ist eigentlich immer so laut.*) wird sich zwar auf die konkrete Stunde bezogen (*so laut* im Sinne von *so laut wie in der Stunde*), aber es wird zusätzlich der Bezug zu vorherigen Stunde hergestellt, indem etwas als andauernder Zustand beschrieben wird (Signalwort: *immer*). In einem solchen Fall ist das Urteil nicht als fehlerhaft zu klassifizieren und in Sub(sub)kategorie

---

45 Diese Kategorie wird bei der Beschreibung der weiteren Kategorien nicht erneut erläutert.
46 In dieser Studie soll geprüft werden, ob es dem Schüler gelingt, den Referenzrahmen einzuhalten – also ob er eine einzelne Stunde von vorherigen Stunden zeitlich abgrenzen und isoliert betrachten kann. Es soll nicht geprüft werden, wie lange sich ein Schüler an die Instruktionsanweisung erinnern kann. Deshalb soll der Interviewer bei Bedarf an die Instruktionsanweisung (der Fragebogen bezieht sich auf die letzte Stunde) erinnern.

Zulässig/Generalisierung einzuordnen. Wird hingegen der Bezug zu einzelnen Vorkommnissen aus früheren Stunden ersichtlich (*Manchmal tut sie auch ... oder Außerdem hat sie schon einmal ...*), die sich innerhalb der konkreten Stunde nicht ereignet haben, ist der Urteilsbezug als fehlerhaft zu bezeichnen und Sub(sub)kategorie *Unzulässig* zu klassifizieren.

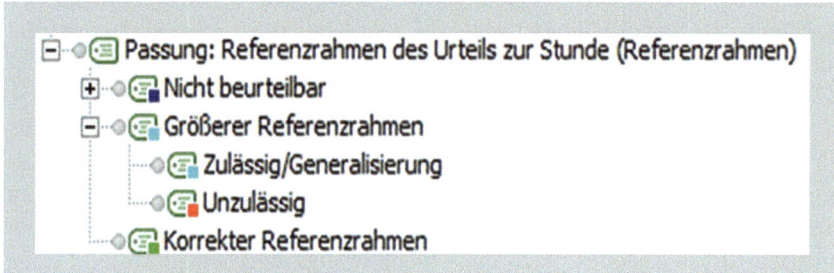

Abbildung 26: *Kodebaum zur Kategorie Referenzrahmen*

Kategorie: Logik

Mit dieser Kategorie wird die Begründung des Schülers auf ihre Logik in Bezug zum jeweiligen Item untersucht – nicht aber in Bezug zur jeweiligen Stunde. Das heißt, es wird lediglich beurteilt, ob die genannten Indikatoren in logischem Bezug zum Item stehen; es wird nicht bewertet, ob die genannten Indikatoren auch tatsächlich in der Stunde vorkamen oder ob alle vorkommenden Indikatoren ins Urteil einbezogen wurden.[47] Die Subkategorie *Logische Begründung* liegt vor, sofern die Begründung als itemkonform bezeichnet werden kann und somit für das Item angemessene Indikatoren beinhaltet sind. Die Subkategorie *Unlogische Begründung* ist vorhanden, wenn die Begründung als nicht itemkonform im intendierten Sinn zu bezeichnen ist. Dieser Subkategorie wurde während der ersten Kodierschleife eine weitere Kategorie untergeordnet: *Besondere Itemproblematik*. Dieser Sub(sub)kategorie werden alle Begründungen zugeordnet, die durchaus logisch sind, die Logik aber nicht dem intendierten Sinn des Items entspricht. Ein Beispiel soll diesen Sachverhalt verdeutlichen: Das Item *Wer Hilfe brauchte, konnte sich Lernhilfen holen*, sollte sich lediglich auf Hilfen im Sinne von *Hilfsmateria-*

---

47 Im Unterschied zur ersten Hauptstudie kann beim Vernachlässigen einzelner Indikatoren innerhalb der Begründung nicht unmittelbar auf eine fehlerhafte bzw. unvollständige Begriffsdefinition geschlossen werden. Denn bei der Beurteilung einer kompletten Unterrichtsstunde spielen, anders als zuvor, Vergessenseffekte sowie eine selektive Wahrnehmung eine zusätzliche Rolle. Jede Begründung, die korrekte Indikatoren einbezieht, wird als logisch kodiert. Inwiefern das Urteil der Realität entspricht, wird unter der Kategorie *Veridikalität* geprüft.

lien beziehen. Von vielen Schülern wurde das Item nicht im intendierten Sinn interpretiert, indem deren Definition des Begriffs *Lernhilfe* auch die *Hilfe der Lehrkraft* einbezog. Dieser Fehler ist der Itemambiguität geschuldet (doppeldeutiger Begriff beinhaltet). Die zusätzliche Unterscheidung hat den Vorteil, zwischen zwei grundlegend verschiedenen Ursachen von Fehlurteilen zu differenzieren: a) dem Unvermögens des Probanden und b) der Zweideutigkeit des Items. In beiden Fällen erfolgt eine rote Kodierung, da in Bezug auf die intendierte Bedeutung des Items fehlerhaft geurteilt wird (siehe Abbildung 27).

Kann ein Schüler das Urteil nicht bewusst logisch begründen und gibt als Grund an, das Urteil aus dem Gefühl heraus gefällt zu haben, so ist die Kategorie Logik nicht beurteilbar und die entsprechende Sub(sub)kategorie zu wählen (*Aus dem Gefühl heraus*). Denn ein gefühlsbasiertes Urteil oder ein auf Heuristiken basiertes Urteil muss nicht zwangsläufig unlogisch sein; es ist durchaus möglich, dass unbewusst Indikatoren herangezogen werden, die für das Urteil relevant sind.[48]

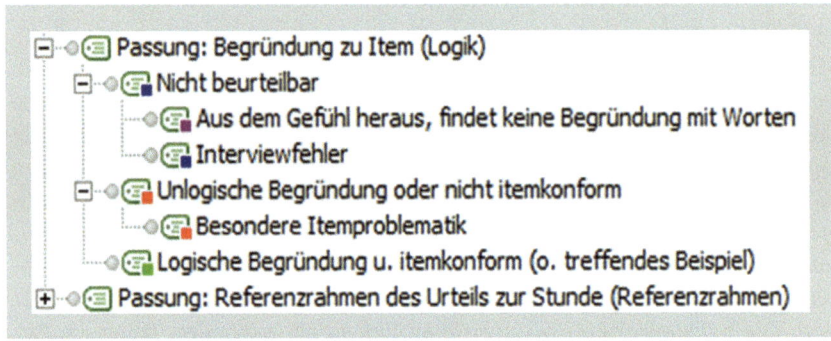

Abbildung 27: *Kodebaum zur Kategorie Logik*

Kategorie: Beurteilerübereinstimmung

Diese Kategorie fokussiert auf die Übereinstimmung zwischen Schüler- und Raterurteil. Hierbei werden die Subkategorien *Dissens* und *Konsens* unterschieden. Die Subkategorie *Konsens* liegt vor, wenn Rater und Schüler jeweils ein zustimmendes Urteil oder jeweils ein ablehnendes Urteil in Be-

---

48 In solchen Fällen kann keine der sechs Hauptkategorien beurteilt werden, weil das Kategoriensystem nicht greift. Um diese Fälle jedoch zu filtern, wurde entschieden, innerhalb der Kategorie *Logik* einen Subkode einzurichten. Schließlich kann *gefühlsbasiert* als ein Indikator für die dem Urteil zugrundeliegende Logik angenommen werden, auch wenn in diesem Fall die Güte nicht beurteilbar ist und lediglich die Urteilsfindung beschrieben werden kann (gefühlsbasiertes Urteil – Logik ungeklärt).

zug auf das Item fällen. Das heißt, der Grad an Ablehnung oder Zustimmung wird im Zuge dieser ersten Kategorisierung, indem die vierstufige Skala dichotomisiert betrachtet wird, nicht berücksichtigt. Die Subkategorie *Dissens* ist folglich definiert als eine Abweichung von Schüler- und Raterurteil auf der dichotomisierten Rating-Skala.[49] Erst in einem weiteren Schritt erfolgt eine differenzierte Klassifikation der Beurteilerübereinstimmung. Im Falle von *Konsens* wird zwischen den Sub(sub)kategorien *Exakt* (im Falle eines identischen Urteils auf der vierstufigen Likert-Skala) und *Mäßig* unterschieden, wobei auch die mäßige Übereinstimmung als korrektes Urteil gewertet wird. Bei *Dissens* wird in einem nächsten Schritt geprüft, inwieweit der Fehler tatsächlich dem Schülerurteil anzulasten ist. Im Fragebogen sind Items beinhaltet wie bspw. *Ich habe mich in der Stunde gelangweilt.* Solche hochinferenten und stark subjektiv geprägten Items sind für einen außenstehenden Beobachter schwieriger zu beurteilen als niedriginferente Items wie bspw. *Ich habe etwas zum Thema beigetragen.* Auch wenn es Indikatoren gibt, welche die Einschätzung des Interesses oder der Langeweile erleichtern, sind Aspekte wie Langeweile oder Interesse nur bedingt von außen beurteilbar. Liegt bei subjektiv geprägten und hochinferenten Items Dissens vor und eine logische Begründung des Schülers, so wird in der Regel *Raterbias* kodiert.[50] Schülerbias wird hingegen kodiert, wenn der Urteilsfehler im Schülerurteil ersichtlich wird (z. B. durch das Vernachlässigen wichtiger Indikatoren). Kann anhand des Videomaterials und der verbalen Daten nicht beurteilt werden, ob der Fehler dem Schüler oder dem Rater anzulasten ist, wird die Sub(sub)kategorie *Nicht Beurteilbar* kodiert.[51]

---

49 Es wurde sich aus zwei Gründen bewusst gegen das konservativere Maß, die exakte Untereinstimmung auf der vierstufigen Likert-Skala, entschieden: a) die Schüler nehmen aktiv am Unterricht teil und können allein deshalb, ungeachtet ihrer allgemeinen Urteilsfähigkeit, nicht so exakt urteilen wie ein Rater, der ein auf Zwischenratings basiertes Gesamturteil fällt, b) exakte Übereinstimmung liegt selbst bei Sekundarstufenschülern und Beobachtern sowie zwischen Beobachtern nicht vor und sollte deshalb auch nicht in Bezug auf Grundschüler erwartet werden.

50 Eine Ausnahme stellen offensichtlich vernachlässigte Indikatoren dar (z. B. wenn das Kind sich über Langeweile explizit beschwert und im Anschluss urteilt, dass es gar nicht gelangweilt war).

51 Der Unterschied zur Subkategorie *Nicht Beurteilbar* (blau) besteht darin, dass anhand der Daten durchaus beurteilt werden kann, dass Dissens vorliegt, lediglich der Fehler nicht lokalisiert werden kann bzw. weder der Schüler- noch der Beobachterperspektive eindeutig zugeordnet werden kann.

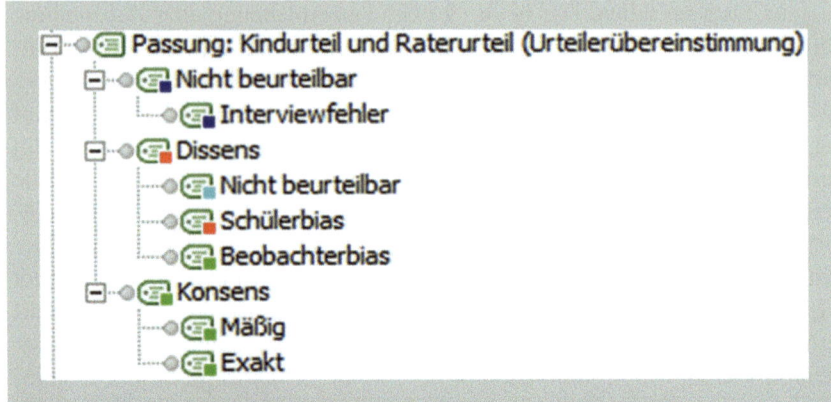

Abbildung 28: *Kodebaum zur Kategorie Beurteilerübereinstimmung*

Kategorie: Veridikalität

Die Beurteilerübereinstimmung sagt lediglich etwas über die Übereinstimmung des Resultats aus, liefert jedoch keine Hinweise auf die inhaltliche Übereinstimmung. Das heißt, ein Schüler kann eventuell auf Basis einer unlogischen Begründung oder nicht der Realität entsprechenden Begründung zum gleichen Urteil – in Form der gleichen Antwortkategorie – wie die Rater gelangen. Deshalb ist es notwendig, neben der Urteilsübereinstimmung die *Veridikalität* des Urteils zu untersuchen. Anhand dieser Kategorie wird geprüft, ob die Begründung des Schülers konform zu den tatsächlichen Ereignissen der Stunde ist und das darauf basierende Urteil als realitätsgetreu bezeichnet werden kann, also den Ereignissen der Stunde gerecht wird. Spiegelt die Begründung des Schülers für das Urteil relevante Geschehnisse der Stunde wider, ohne wesentliche Ereignisse zu vernachlässigen oder deren Bedeutung in ungerechtfertigter Weise zu gewichten, liegt die Subkategorie *Spiegel der Stunde* vor. Wird hingegen eine wichtige Situation vernachlässigt oder nicht der Realität angemessen gewichtet, entspricht die Begründung nicht der Realität und somit der Subkategorie *Kein Spiegel der Stunde*. Um Fehlurteile in diesem Kontext differenziert betrachten zu können, sind der Subkategorie *Kein Spiegel der Stunde* die genannten Fehler in Form von Sub(sub)-kategorien untergeordnet (Vernachlässigen von Indikatoren/Situationen, Keine korrekte Gewichtung/Aggregation). Sofern ein Indikator vernachlässigt wird und anhand des verbalen Materials offensichtlich erkennbar ist, dass der Schüler diesen Indikator lediglich vernachlässigt, weil er sich an die Situation nicht erinnert, wird die Kodiereinheit mit dem Kode *Unvollständige Erinnerung* versehen (Subkategorie von *Vernachlässigen von Indikatoren/Situ-*

258

ationen, verbirgt sich hinter dem Pluszeichen). Diese Kodierung ermöglicht es, zusätzliche Informationen, die das verbale Material preisgibt, möglichst umfassend zu berücksichtigen. Die Unterscheidung darf jedoch nicht dahingehend interpretiert werden, dass die Sub(sub)kategorie *Vernachlässigen von Indikatoren/Situationen* nur Fälle beinhaltet, in denen die Indikatoren zwar erinnert, aber ignoriert werden. In diesen Fällen lässt sich vielmehr die Ursache der Vernachlässigung (Ignorieren oder unvollständige Erinnerung) anhand des verbalen Materials nicht identifizieren. Fantasieren die Schüler, indem sie Situationen in die Stunde hineinprojizieren, die gar nicht stattgefunden haben oder beziehen sich die Schüler auf einzelne Situationen außerhalb des Referenzrahmens, so ist das Urteil ebenfalls nicht realitätsgetreu in Bezug auf die konkrete Stunde. Diesen Fall beschreibt Sub(sub)kategorie *Fantasievolle oder außerhalb des Referenzrahmens liegende Erinnerung.*

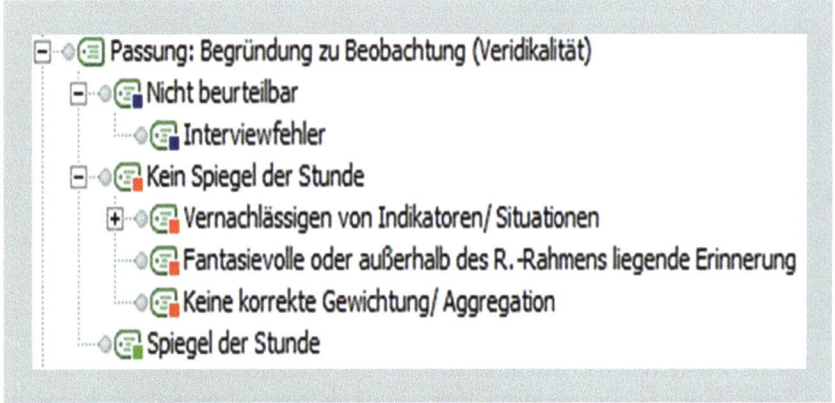

Abbildung 29: *Kodebaum zur Kategorie Veridikalität*

Kategorie: Antwortformat

Anhand der Kategorie Antwortformat wird untersucht, ob die Schüler mit dem Antwortformat zurechtkommen. Es wird geprüft, inwieweit die gewählte Antwortkategorie zur Begründung passt. Sofern die gewählte Antwortkategorie und die Begründung exakt übereinstimmen, liegt die Subkategorie *Exakte Passung* vor. Wird trotz einer Begründung, welche ein zustimmendes Urteil in Bezug auf das Item ausdrückt, eine Antwortkategorie ausgewählt, welche Ablehnung symbolisiert, stehen Begründung und Antwortkategorie im Widerspruch zueinander. Solche Fälle werden der Subkategorie *Widerspruch* zugeordnet. Liegt hingegen kein Widerspruch, aber dennoch eine leichte Abweichung vor, indem beispielsweise die Begründung keine Einschränkung enthält

und das gewählte Antwortformat lediglich eingeschränkte Zustimmung ausdrückt, wird die Passung als mäßig bezeichnet. Die entsprechende Subkategorie lautet *Mäßige Passung*. Bei einer mäßigen Übereinstimmung wird in diesem Kontext das Urteil immer noch als ein für die Lehrkraft aussagekräftiges
Feedback angesehen und somit nicht als Fehler klassifiziert.

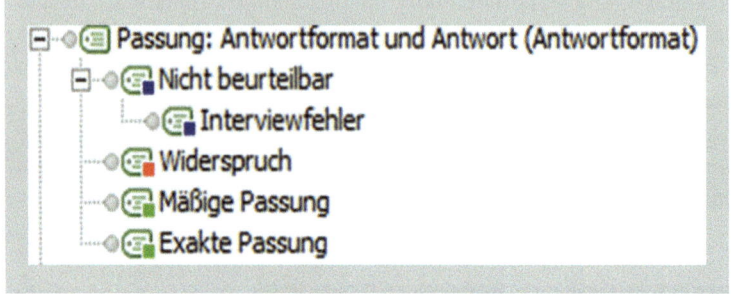

Abbildung 30: *Kodebaum zur Kategorie Antwortformat*

Definition der Analyseeinheiten

Im folgenden Text wird das Ablaufmodell skizziert. Das Ablaufmodell präzisiert den Analyseprozess, indem einzelne Analyseeinheiten festgelegt werden.
Die Analyseeinheiten wurden für die vorliegende Studie wie folgt definiert:

- Auswertungseinheit: Unter Einbezug des Kodierschemas wurde untersucht, inwieweit Grundschüler anhand der selektierten Items ein valides
  Urteil über die Unterrichtsqualität einer konkreten Stunde fällen können.
  Hierfür wurde das Textmaterial Item für Item und Proband für Proband
  ausgewertet. Das Textmaterial, welches sich auf ein Item und einen Probanden bezieht, wurde als Auswertungseinheit auf der Mikroebene definiert. Erst nachdem alle Items zu einem Probanden ausgewertet sind,
  wurde zum nächsten Interview übergegangen. Das heißt, ein komplettes Interview stellte die Auswertungseinheit auf der Makroebene dar. Es
  wurde sich gegen eine itemzentrierte Auswertung entschieden. Eine itemzentrierte Kodierung erfordert, dass nach der Kodierung eines Items zum
  nächsten Interview übergegangen wird, um dort das gleiche Item zu kodieren. Die personenzentrierte Kodierung, bei der das Interview zu einer
  Person die Auswertungseinheit auf der Makroebene darstellt, bietet zwei
  entscheidende Vorteile: a) Bei Bedarf können Kontexteinheiten berücksichtigt werden, da das ganze Interview als übergeordnete Einheit betrachtet wird und b) der Interviewer kann sich auf die sprachlichen Be-

sonderheiten eines Schülers besser einstellen, da nicht permanent von Schüler zu Schüler gesprungen werden muss.

- Eine Antwort eines Probanden auf eine Probe stellte die Kodiereinheit dar. Die *Kodiereinheit* bestimmt den kleinsten Textbestandteil, der kodiert werden darf. In der Regel stellte die Antwort auf die Process Probe die Kodiereinheit dar, weil vorwiegend Process Probes angewandt wurden und nur bei bestimmten Items und in bestimmten Situationen weitere Probes erfolgten.

- Die *Kontexteinheit* legt den größten Textbestandteil fest, der in eine Kodierung einbezogen werden darf. Als Regel für die vorliegende Auswertung galt, dass alle weiteren Probes, welche sich auf ein Item beziehen, in den Kodierprozess einbezogen werden. Erschien es im Einzelfall sinnvoll, den Kontext auf die Antworten zu weiteren Items auszuweiten, wurde diese Stelle markiert und im Auswertungsteam jeweils diskutiert. Gründe hierfür waren unklare oder widersprüchliche Textpassagen. Der Einbezug des Kontexts erforderte eine Konsensentscheidung des Teams. Waren sich die Kodierer nicht einig, wurde der Kontext nicht einbezogen.

- *Mehrfachkodierungen* waren auf der obersten Ebene erlaubt bzw. gefordert, indem jede Kategorie in Bezug auf die Kodiereinheit kodiert wurde. Innerhalb der Kategorie waren Doppelkodierungen jedoch verboten. Die Subkodes sind insofern als trennscharfe Kodierungen zu betrachten.

Der Analyseprozess anhand des Kodierschemas

Neben den genannten Kategorien und den Vorkodierungen der Items wurden weitere Kodes während des Kodierprozesses berücksichtigt. Diese sind weitestgehend im Zuge der ersten Kodierschleife entstanden. Ein Teil diente den Kodierern, um beispielsweise Fälle zu kennzeichnen, die im Team diskutiert werden sollen oder die mit ein paar Tagen Abstand erneut kodiert werden sollen (zum Überprüfen der Intracoder-Reliabilität bei schwierigen Fällen). Der andere Teil lieferte zusätzliche Informationen, die für die Auswertung und die Präsentation des verbalen Materials von besonderem Interesse sind. Beispielsweise wurde kodiert, wenn Schüler nach der Begründung ihr Urteil revidierten, wenn Schüler von sich aus angaben, das Item nicht zu verstehen oder Interviewpassagen interessante Sichtweisen verdeutlichten. Das gesamte Kodiersystem ist in Abbildung 31[52] zusammengefasst dargestellt.

---

52 Die Abbildung gibt das originale Kodiersystem aus Maxqda wieder. Dort wird die alternative Schreibweise von Kode genutzt.

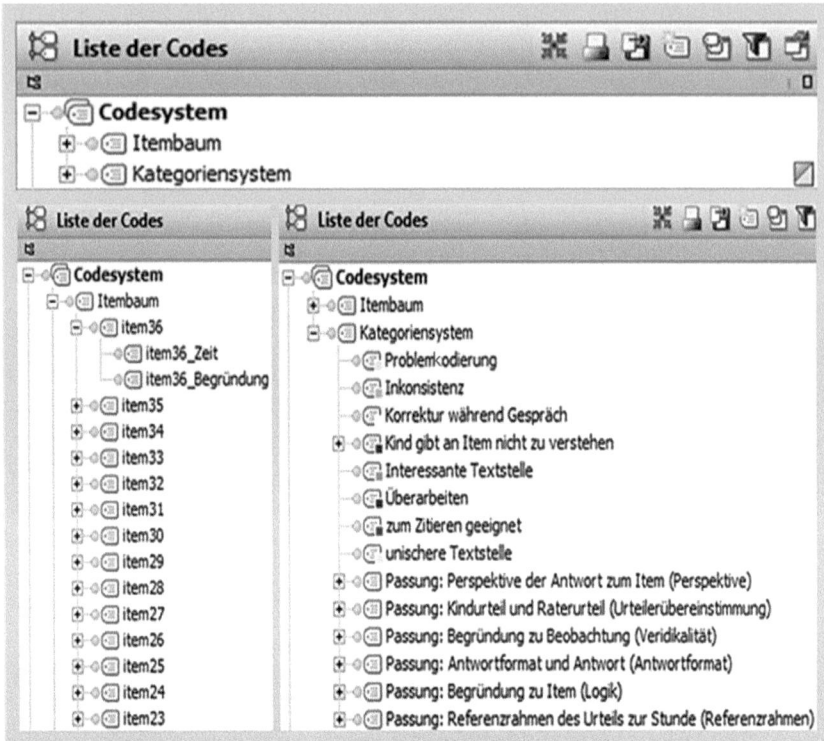

Abbildung 31: *Kodiersystem der zweiten Hauptstudie*

Schulung der Kodierer

Die Kodierer wurden entsprechend auf den Kodierprozess geschult, wobei die Software nicht erneut erklärt werden musste, da die Kodierer bereits in Hauptstudie I als Kodierer tätig waren. In einem ersten Schritt wurde die intendierte Bedeutung der Items veranschaulicht. In einem zweiten wurden das Ablaufmodell der Analyse verdeutlicht und die einzelnen Kategorien anhand des Kodiermanuals besprochen. Diese wurden jeweils an einem Beispiel angewandt. Im Anschluss wurde diskutiert, welche Änderungen im besagten Beispiel zu einer Änderung der Kodierung führen würden. In einem dritten Schritt wurden die zusätzlichen Kodes sowie die Verwendung von Memos erläutert. Die Schulung abschließend, wurde in einem vierten Schritt ein komplettes Interview im Team kodiert, wobei sich die Kodierer bei jedem Item abwechselten und der aktive Kodierer den Kodierprozess durch *Lautes Denken* begleitete. Das Resultat wurde stets im Anschluss diskutiert. Noch ein weiteres Interview wurde zur Schulung der Kodierer verwendet. Hierbei ko-

262

dierte jeder für sich und im Anschluss erfolgte erneut ein Abgleich und eine Diskussion der Ergebnisse. Während des Kodierprozesses lag den Kodierern sowohl das Kodiermanual als auch das Videorating inklusive der Raternotizen vor.

Exemplarische Kodierung

Die Kodierung wird im Folgenden unter Einbezug der im Rahmen der Kodierung unterschiedenen Itemtypen exemplarisch an Interviewauszügen aus dem Deutschunterricht der vierten Klasse und Interviewauszügen aus dem Sachunterricht der dritten Klasse veranschaulicht (siehe Tabelle 24 bis 30). Die ausgewählten Beispiele können als repräsentative Interviewauszüge in Bezug auf das verbale Datenmaterial betrachtet werden und sollen dem Leser einen Eindruck über das der Studie zugrunde liegende Datenmaterial vermitteln.[53] Durch die ausführliche Darstellung soll dem Aspekt der Transparenz in Bezug auf die Auswertung Rechnung getragen werden. Eine weitere, detaillierter dargestellte Beispielkodierung kann bei Bedarf im Anhang eingesehen werden (siehe Anhang Kapitel 5.7). Insgesamt zählt das Kodiersystem rund 6000 vorgenommene Kodierungen. Die Intercoder-Reliabilität liegt in Bezug auf die sechs Kategorien im guten Bereich (vgl. Tabelle 23).

Tabelle 23: *Intercoder-Reliabilität*

Kategorie	Prozentuale Übereinstimmung*	Cohen's Kappa*[54]
Perspektive	95 %	.96 (*SD* = .03)
Referenzrahmen	95 %	.93 (*SD* = .04)
Logik	93 %	.94 (*SD* = .04)
Beurteilerübereinstimmung	94 %	.94 (*SD* = .02)
Veridikalität	93 %	.93 (*SD* = .03)
Antwortformat	93 %	.75 (*SD* = .09)

* 25 % des verbalen Materials wurde doppelt kodiert, der Rest jeweils einfach.

---

53 Reale Namen wurden aus Datenschutzgründen innerhalb der hier ausgewählten Beispiele durch fiktive Namen ersetzt.
54 Das Kategoriensystem weist weder metrisches noch ordinales Skalenniveau auf. Insofern wurde die Bestimmung der Reliabilität über Cohen's Kappa vorgenommen, da der Koeffizient bei Nominalskalenniveau eingesetzt werden kann. Nach Grewe und Wentura (1997, S. 111) gelten Werte $\geq$ .75 als gut bis ausgezeichnet. Da die Anzahl an Doppelkodierungen lediglich 25 % beträgt und damit die Fallanzahl pro Item recht gering ist, wurde die Reliabilität über alle Items hinweg bestimmt.

Itemtyp: *Ich-Perspektive (niedriginferent)*

Beispielitem: *Ich habe etwas zum Thema beigetragen.*

> Interviewauszug, 3. Klasse, Sachunterricht, Thema Strom
> item33\item33_Begründung
> *Du hast eher ja eingekreist, erkläre mir bitte warum. (Process Probe)*
> „Weil, ICH habe ja schon was gesagt, halt nicht so viel."
> Mmh, ok. Weißt du noch was du gesagt hast? (Example Probe)
> „Dass der Heinrich Göbel die Glühbirne erfand und dann der, das war
> 1854."

Tabelle 24: *Kodierung Beispiel 1*

Kategorie	Subkategorie (Subkode)	Indikator
Perspektive	Korrekte Perspektive	ICH
Referenzrahmen	Korrekter Referenzrahmen	Vergangenheit, Beispiel aus der Stunde
Logik	Logische Begründung u. itemkonform	Begründung enthält passenden Indikator, Item ist korrekt interpretiert
Beurteilerüberein-stimmung	Mäßig[55]	Schüler: eher ja (3) Beobachter: ja (4)
Veridikalität	Spiegel der Stunde	Abgleich mit Raternotizen: Schüler trägt genau einmal etwas zum Thema bei (Heinrich Göbel erfand 1854 die Glühbirne).
Antwortformat	Exakte Passung	Einschränkung hinsichtlich der Zustimmung (*halt nicht so viel*)

---

55 Das Ratingmanual verlangt bei *einem* Beitrag bereits volle Zustimmung, da ein Beitrag als *etwas* gewertet wird, sofern sich der Beitrag auf das Thema bezieht. Das Schülerurteil ist in diesem Fall etwas strenger.

Itemtyp: *Ich-Perspektive (mittelinferent)*

Beispielitem: *Ich wusste immer, was ich tun sollte.*

Interviewauszug, 3. Klasse, Sachunterricht, Thema Strom
item30\item30_Begründung
Du hast ja eingekreist, kannst du mir erklären warum? *(Process Probe)*
„Weil ähm, sie hat es **immer** deutlich erklärt und hat es auch **immer** so erklärt, dass WIR das verstanden haben. Und hat auch **immer**, wenn sie was erklärt gehabt hatte, ob jetzt noch JEMAND Fragen hat und wenn KEINER mehr eine Frage hatte, wo halt, haben WIR das halt gemacht."

Tabelle 25: *Kodierung Beispiel 2*

Kategorie	Subkategorie (Subkode)	Indikator
Perspektive	Generalisierung	KEINER, WIR im Sinne von ALLE, (d. h. sich selbst einge-schlossen)
Referenzrahmen	Korrekter Referenzrahmen	Durch die Vergangenheit wird der Bezug zur Stunde deutlich
Logik	Logische Begründung u. itemkonform	Begründung enthält passen-de Indikatoren (Verständliche Erklärung, Fragen stellen zur Vergewisserung, Umsetzung des Arbeitsauftrags)
Beurteilerüberein-stimmung	Dissens (Schülerbias)	Schüler: ja (4) Beobachter: eher nein (2)
Veridikalität	Kein Spiegel der Stunde (Vernachlässigen von Indi-katoren)	Abgleich mit Raternotizen: Der Schüler setzt einen Arbeitsauftrag nicht in der richtigen Reihenfolge um. Die Lehrkraft muss es ihm erneut erklären.
Antwortformat	Exakte Passung	Die Begründung enthält keine Einschränkung, d. h. volle Zustim-mung erkennbar (immer erklärt, gemacht).

Itemtyp: *Ich-Perspektive (hochinferent)*

Beispielitem: *Ich habe mich in der Stunde wohl gefühlt.*

Interviewauszug, 4. Klasse, Deutschunterricht, Thema Gedichte
item7\item7_Begründung
Du hast eher ja eingekreist, erkläre mir bitte warum. (Process Probe)
„Weil als ICH das Gedicht vorgelesen habe, hatte ICH ein bisschen Angst, dass die anderen vielleicht lachen oder so. Das passiert **manchmal**, aber das war dann halt nicht so."
Okay, aber das war der einzige Moment, an dem du dich nicht so wohl gefühlt hast?
„Ja."

Tabelle 26: *Kodierung Beispiel 3*

Kategorie	Subkategorie (Subkode)	Indikator
Perspektive	Korrekte Perspektive	ICH
Referenzrahmen	Korrekter Referenzrahmen	Vergangenheit, Beispiel aus der Stunde
Logik	Logische Begründung u. itemkonform	Begründung enthält passenden Indikator, Item ist korrekt interpretiert
Beurteilerüberein-stimmung	Mäßig	Schüler: eher ja (3) Beobachter: ja (4)
Veridikalität	Spiegel der Stunde	Abgleich mit Raternotizen: Schüler trägt das Gedicht vor. Gefühlszustand kann nicht exakt beobachtet werden, wird als wahr angenommen.
Antwortformat	Exakte Passung	Einschränkung hinsichtlich der Zustimmung (eine Situation wird als Einschränkung genannt, ein bisschen)

Itemtyp: *Wir-Perspektive (niedriginferent)*

Beispielitem: *Wir durften sagen, was wir zum Thema schon wissen.*

Interviewauszug, 3. Klasse, Sachunterricht, Thema Strom
Item28\item28_Begründung
Du hast ja eingekreist, kannst du mir erklären warum? *(Process Probe)*
„Weil, die Frau Huber hatte ja die Batterie aufgestellt und hat die ähm die Glühlampe noch hingelegt und da durften WIR halt dazu sagen was WIR noch wissen."

Tabelle 27: *Kodierung Beispiel 4*

Kategorie	Subkategorie (Subkode)	Indikator
Perspektive	Korrekte Perspektive	WIR
Referenzrahmen	Korrekter Referenzrahmen	Vergangenheit, Beispiel aus der Stunde
Logik	Logische Begründung u. itemkonform	Begründung enthält passenden Indikator, Item ist korrekt interpretiert
Beurteilerüberein-stimmung	Exakt	Schüler: ja (4) Beobachter: ja (4)
Veridikalität	Spiegel der Stunde	Abgleich mit Raternotizen: L fordert S zu Beginn der Stunde im SK durch einen stummen Impuls (Batterie, Glühlampe) auf, ihr bisheriges Wissen preiszugeben.
Antwortformat	Exakte Passung	Volle Zustimmung, keine Ein-schränkung beinhaltet

Itemtyp: *Lehrerfokus (niedriginferent)*

Beispielitem: *Die Lehrerin hat viel geschimpft.*

Interviewauszug, 3. Klasse, Sachunterricht, Thema Strom
item21\item21_Begründung
Okay, du hast nein eingekreist. Kannst du mir erklären warum? (Process Probe)
Ja, weil die Frau Huber hat **heute** wirklich nicht geschimpft. ICH habe, ICH habe halt ziemlich gute Ohren und habe das halt gehört. ICH höre halt **sehr oft**, wenn sie schimpft.

Tabelle 28: *Kodierung Beispiel 5*

Kategorie	Subkategorie (Subkode)	Indikator
Referenzrahmen	Korrekter Referenzrahmen	Vergangenheit, heute
Logik	Logische Begründung u. itemkonform	Begründung enthält passenden Indikator, Item ist korrekt interpretiert
Beurteilerüberein-stimmung	Exakt	Schüler: nein (1) Beobachter: nein (1)
Veridikalität	Spiegel der Stunde	Abgleich mit Videonotizen: Die Lehrkraft schimpft in der Stunde gar nicht, wird auch kein einziges Mal laut.
Antwortformat	Exakte Passung	Die Begründung enthält keine Einschränkung und drückt volle Ablehnung aus.

268

Itemtyp: *Lehrerfokus (mittelinferent)*

Beispielitem: *Die Lehrerin wusste immer, was in der Klasse passiert.*

Interviewauszug, 4. Klasse, Deutschunterricht, Thema Gedichte
item20\item20_Begründung
Du hast eher ja eingekreist. Kannst du mir bitte erklären, warum?
„Weil also sie war ja **immer** bei der Sache und hat **immer** zugeschaut, was die machen. Aber man kann eigentlich nicht **immer** dabei sein und gucken, was die machen also.
Also wenn man sich mit einem Kind unterhält oder so, dann dreht man ja auch **manchmal** der Klasse den Rücken zu und dann kann man schon, aber nicht so gut, wie wenn man vorne steht. Frau Mayer hat, tut schon so, nicht nur vorne sitzen und gucken, was WIR machen, sondern geht auch hin und beantwortet die Fragen und so, das finde ICH gut."

Tabelle 29: *Kodierung Beispiel 6*

Kategorie	Subkategorie (Subkode)	Indikator
Referenzrahmen	Korrekter Referenzrahmen[56]	Vergangenheit (war immer bei der Sache und hat immer zugeschaut)
Logik	Logische Begründung u. itemkonform	Begründung enthält passende Indikatoren, Item ist korrekt interpretiert
Beurteilerüberein-stimmung	Dissens (Schülerbias)	Schüler: eher ja (3) Beobachter: eher nein (2)
Veridikalität	Kein Spiegel der Stunde (Indikatoren werden vernachlässigt)	Der Lehrkraft entgehen Schülerstörungen, die der Schüler nicht einbezieht bzw. wahrnimmt.[57]
Antwortformat	Exakte Passung	Einschränkung hinsichtlich der Zustimmung ersichtlich (kann man schon, aber nicht so gut, eigentlich nicht immer)

---

56 Die Generalisierung erfolgt erst, nachdem konkret auf die Stunde eingegangen wurde (zur Unterstützung der Aussage). Deshalb wird dies als *Korrekter Referenzrahmen* beurteilt.

57 Es wird sich gegen die Kodierung *Keine korrekte Gewichtung* entschieden, da im Video deutlich wird, dass das Kind durch das eigene Involviertsein ins Unterrichtsgeschehen (z. B. die Arbeit am Gedicht) Störungen der anderen Mitschüler nicht im tatsächlichen Ausmaß wahrnimmt.

Itemtyp: *Lehrerfokus (hochinferent)*

Beispielitem: *Ich glaube, meiner Lehrerin hat die Stunde gefallen.*

> *Interviewauszug, 4. Klasse, Deutschunterricht, Thema Gedichte*
> item9\item9_Begründung
> Okay, du hast eher ja eingekreist. Kannst du mir erklären warum? (Process Probe)
> Weil vielleicht hat SIE SICH ein bisschen geärgert, dass die Jungs ein bisschen Quatsch gemacht haben. Aber ICH glaube, sonst war es eigentlich ganz okay.
> *Und kannst du mir erklären, warum ihr die Stunde gefallen hat? (Example Probe)*
> Also WIR waren relativ leise im Verhältnis zu den anderen Stunden und so viel haben WIR von IHR nicht gewollt und da hat SIE SICH, glaube ICH auch gemerkt, dass es sehr viele verstanden haben. Und das freut die meisten Lehrer, wenn SIE merken, die Schüler haben es verstanden.

Tabelle 30: *Kodierung Beispiel 7*

Kategorie	Subkategorie (Subkode)	Indikator
Referenzrahmen	Korrekter Referenzrahmen	Vergangenheit, Beispiel aus der Stunde
Logik	Logische Begründung u. itemkonform	Begründung enthält passenden Indikator, Item ist korrekt interpretiert
Beurteilerüberein-stimmung	Mäßig	Schüler: eher ja (3) Beobachter: ja (4)
Veridikalität	Spiegel der Stunde	Abgleich mit Raternotizen: Rater notieren ebenfalls die Freude über die geleistete Arbeit der Schüler (Gedichte).
Antwortformat	Exakte Passung	Einschränkung hinsichtlich der Zustimmung (eine Situation wird als Einschränkung genannt, ein bisschen)

Schritt 3: Deskriptive Auswertung

Mit der Transformation der verbalen Daten in Nominalskalen-Niveau ließ sich die Validität der Schülerurteile unter Einbezug der jeweiligen Kategorien anhand von Häufigkeiten beschreiben. Der jeweilige Anteil an kodierten Fehlern stand im Zentrum der Auswertung. Die deskriptive Auswertung fand auf drei unterschiedlichen Analyseebenen statt. Entsprechend dieser Ebenen werden im Ergebnisteil die Befunde berichtet: (1) bei der Analyse auf *Mikroebene* wird zum einen der Fehleranteil pro Kategorie und Item beschrieben und zum anderen werden auf individueller Ebene Unterschiede in der Urteilsfähigkeit zwischen den Schülern aufgezeigt, (2) bei der Analyse auf *Mesoebene* wird der Fehleranteil über alle Kategorien hinweg pro Item geschildert, (3) bei der Analyse auf *Makroebene* wird der Fehleranteil zum einen pro Kategorie über alle Items hinweg und zum anderen über alle Kategorien und Items hinweg dargestellt.

Schritt 4: Feinanalyse

Im Rahmen der Feinanalyse wurden die Items, die über einen hohen Fehleranteil bzw. über einen Fehleranteil oberhalb des Cut-off-Points verfügen, auf deren Fehlerursache(n) analysiert. Als Basis diente die Analyse der Fehlerhäufigkeiten auf Mikroebene. Daraus ging bereits hervor, ob Fehler über die Kategorien verteilt vorliegen oder Fehlerdomänen ersichtlich sind. Zusätzlich wurde die zusammenfassende Inhaltsanalyse angewandt.

Schritt 5: Zusammenhangsanalysen in Bezug auf die eingesetzten Analysemethoden

Die gesamte Auswertung abschließend wurden die verschiedenen, im Rahmen dieser Studie eingesetzten Methoden auf Konformität geprüft. Als Maß für die Konformität der Ergebnisse wurden korrelative Zusammenhänge berechnet.

10.2.4 Setting, Umfang und Stichprobe

In der Literatur zu CT wird empfohlen, auf Basis der ersten 10 Probanden die Items zu überarbeiten und die Modifikation in mindestens einer zweiten Runde an einer weiteren Stichprobe zu testen (Beatty & Willis, 2007; Willis, 2005; Willis & Miller, 2011). Die erste Runde der Validitätsprüfung im Sinne von CT wurde mit Hauptstudie I abgeschlossen. Eine zweite Prüfung erfolgte in Hauptstudie II auf Basis einer neuen Stichprobe und eines veränderten Settings. Im Folgenden werden das Setting, der Umfang und die Stichprobe jeweils kurz skizziert.

Setting

Die Untersuchung fand in einer dritten und einer vierten Klasse zweier städtischer Grundschulen in Rheinland-Pfalz statt. Als Erhebungszeitpunkt wurde sich für die dritte Schulstunde entschieden, um sicherzustellen, dass vor dem Test bereits Unterricht erfolgt und danach noch genügend Zeit für die Interviews bleibt. Würde die erste Stunde des Schultages als Urteilsgegenstand ausgewählt, so könnte nicht hinreichend untersucht werden, inwieweit es den Schülern gelingt, die zu beurteilende Stunde von anderen Stunden des Schultages abzugrenzen. Des Weiteren wurde festgesetzt, dass jeweils Unterricht in einem Hauptfach gefilmt wird. Gemeinsam mit den teilnehmenden Lehrkräften und den Schulleitungen wurde ein Raumbelegungsplan erstellt sowie die gesamte Organisation der Studie geplant. Insgesamt standen bei jedem Test fünf separate Räume für die geplanten Interviews zur Verfügung – mehr Räume ließen sich nicht organisieren. Die Stunde, welche auf die jeweils videografierte Stunde folgte, wurde von den Lehrkräften so gestaltet, dass die Schüler problemlos 20 Minuten fehlen und direkt wieder ins Unterrichtsgeschehen einsteigen konnten.

Die teilnehmenden Lehrkräfte wurden zuvor vom Versuchsleiter instruiert, die Studie in ihrer Klasse entsprechend vorzubereiten. Zentrale Aspekte hinsichtlich der Vorbereitung waren ein Gespräch über den Nutzen von Schülerfeedback, ein Gespräch über den Zweck der Studie, das Betonen der Anonymität der Studie und das Erklären der Handhabung des Fragebogens. Die Handhabung des Fragebogens wurde jeweils am Schultag vor der Untersuchung in den Klassen durch die Lehrkräfte anhand eines Overhead-Projektors erarbeitet und eingeübt. Neben Item 20 (*Die Lehrerin hat Wörter benutzt, die ich auch jetzt noch nicht verstehe*) wurden hierzu weitere Beispielitems ausgewählt, welche jedoch anders als Item 20 nicht im aktuellen Fragebogen beinhaltet sind (z. B. *Ich habe in der Stunde Quatsch gemacht*). Dadurch sollte verhindert werden, dass durch Beispiele im Erarbeitungsprozess ein ungewolltes Priming hinsichtlich der zu prüfenden Items entsteht.

Um die Schüler später den Interviews zuordnen zu können bzw. diese im Video wiederzuerkennen, wurde jedem Schüler eine ID in Form einer Nummer von 1 bis 20 zugeteilt. Diese Nummern wurden den Schülern umgehängt, sodass sie von vorn als auch von hinten ersichtlich war. Gefilmt wurde mit zwei Kameras. Eine Kamera hatte den Fokus auf die Lehrkraft gerichtet und eine jeweils auf die komplette, teilnehmende Schülerschaft. Während des Videografierens wurden Schüler, welche nicht an der Studie teilnehmen durften, so platziert, dass sie während der Stunde nicht im Bild waren. Über zwei Mikrofone wurde jeweils der Ton aufgezeichnet: ein mobiles Mikrofon, welches die Lehrkraft angesteckt bekam und ein festes Mikrofon, welches relativ mittig im Klassenraum platziert wurde.

Umfang

Insgesamt wurden zwei Unterrichtsstunden á 50 Minuten videografiert – eine Deutschstunde in einer vierten Klasse und eine Sachunterrichtsstunde in einer dritten Klasse. Aus zwei Gründen wurde sich entschieden, nicht alle Items an jedem teilnehmenden Schüler zu prüfen: (1) Um die Interviews möglichst rasch im Anschluss an die videografierte Unterrichtsstunde unter Nutzung der fünf zur Verfügung gestellten Räume durchführen zu können, sollte die Interviewzeit pro Schüler möglichst im Durchschnitt nicht über 20 Minuten andauern. (2) Aus der Pilotierung zu Hauptstudie I ging hervor, dass die Schüler sich über einen Zeitraum bis zu 25 Minuten gut auf ein kognitives Interview einlassen können, längere Interviews unter Nutzung von mehr Items sich jedoch als anstrengend für die Schüler erwiesen. Eine Pilotierung des Interviewleitfadens von Hauptstudie II ergab, dass die erste Seite des Fragebogens (19 Items) in einer Zeitspanne von 15 bis 25 Minuten zu realisieren ist, die zweite Seite jedoch nicht mehr. Deshalb wurden zwei Fragebogenversionen konzipiert, von denen jeweils die erste Seite Gegenstand des kognitiven Interviews war und die zweite jeweils vom Schüler selbst ausgefüllt wurde. Die Versionen unterscheiden sich lediglich in der Anordnung der Items (siehe Anhang Kapitel 5.3). Dieses Vorgehen ermöglichte es, jedes Item an der Hälfte der teilnehmenden Schüler aus jeder Klasse zu testen. Die Schüler wurden der Fragebogenversion zufällig zugeordnet. Um prüfen zu können, ob die daraus resultierenden Schülergruppen sich in ihrem Urteilsvermögen signifikant unterscheiden, wurde ein Ankeritem jeweils auf Seite eins der beiden Fragebögen platziert.[58]

Stichprobe

Der Fragebogen wurde an 2 Schulklassen, an jeweils 20 Schülern aus der dritten und vierten Klassenstufe getestet. Somit wurde jedes Item an einer Stichprobe von 20 Schülern, 10 aus der dritten und 10 aus der vierten Klasse, geprüft. Die Stichprobenanzahl liegt damit über dem üblichen Maß von rund 10 Probanden (vgl. Beatty & Willis, 2007, S. 295f; Prüfer und Rexroth, 2005, S. 16f; Willis und Miller; 2011, S. 336). Der Anteil an teilnehmenden Mädchen liegt mit 52,5 % nur geringfügig über dem Anteil an teilnehmenden Jun-

---

58 Auf weitere Ankeritems wurde verzichtet, da jedes Ankeritem die Testanzahl an Items reduziert.

gen. Insgesamt weisen rund 30 % der teilnehmenden Schüler einen Migrationshintergrund auf.

Auf die Erhebung weiterer demographischer Schülerdaten wurde in dieser Studie verzichtet, da bereits in Hauptstudie I der Einfluss demographischer Daten geprüft wurde und das Erheben weiterer Schülerdaten zu einer Reduktion der Stichprobe führen kann. Ziel war es, möglichst alle Schüler der Klasse zu filmen und zu interviewen. Bis auf eine Ausnahme, gaben alle Eltern ihre Einwilligung zur Studienteilnahme ihres Kindes unter den gegebenen Bedingungen. Die Angaben zur Stichprobengröße sind um diese Ausnahme bereits bereinigt.

10.3 Ergebnisse

Zunächst erfolgt eine deskriptive Darstellung der Ergebnisse, welche aus der skalierenden Strukturierung resultieren (Kapitel 10.3.1, vgl. Schritt 3 der Datenauswertung in Kapitel 10.2.3). Im Anschluss werden die Resultate der Feinanalyse zusammengefasst (Kapitel 10.3.2, vgl. Schritt 4 der Datenauswertung in Kapitel 10.2.3). Der Ergebnisteil schließt mit der Veranschaulichung der Zusammenhänge zwischen den eingesetzten Erhebungsmethoden (Kapitel 10.3.3., vgl. Schritt 5 der Datenauswertung in Kapitel 10.2.3).

10.3.1 Deskriptive Statistiken

Wie bei der Beschreibung der Analysemethoden verdeutlicht (vgl. Kapitel 10.2.3), können die Daten auf unterschiedlichen Analyseebenen durch deskriptive Statistiken dargestellt und verglichen werden. Die Ergebnisse werden nachfolgend, beginnend auf der Makroebene, auf allen drei Analyseebenen skizziert.

Makroebene: Relative Häufigkeiten

Als erstes wird der Anteil kodierter Fehler, dem Anteil an Kodierungen gegenübergestellt, welche auf korrekte und zulässige Urteile in Bezug auf die jeweilige Kategorie hinweisen. Abbildung 32 veranschaulicht das prozentuale Verhältnis der unter Anwendung des Kategoriensystems vorgenommenen Kodierungen über alle Items und Kategorien hinweg. Insgesamt konnten 91 % des verbalen Materials anhand des konzipierten Kategoriensystems kodiert werden. Unter *Methodenproblematik* wurden alle Urteile zusammengefasst, bei denen im Falle von Dissens zwischen Beobachter- und Schülerurteil keine eindeutige Fehlerzuschreibung vorgenommen werden konnte. Solche Fälle sind mit 1 % äußert selten vertreten. In 6 % der Fälle lag entweder eine Begründung vor, die keine eindeutigen Indikatoren in Bezug auf die jeweilige Kategorie beinhaltete, oder sie war gefühlsbasiert und konnte deshalb unter Verwendung kognitiver Methoden nicht beurteilt werden. Interviewfehler[59] verhinderten in 2 % der Fälle eine Kodierung. Insgesamt wurden 72 % der Urteile als eindeutig korrekte Urteile im Hinblick auf die jeweilige Kategorie klassifiziert. Weitere 5 % weisen minimale Verzerrungen auf und werden hier unter *Tendenz korrekt* zusammengefasst. Darunter fallen alle Kodierungen, die in Bezug auf die Kategorie Antwortformat auf eine mäßige Passung hinweisen. Urteile, welche sich auf Basis des Kategoriensystems nicht als eindeutig korrekt identifizieren ließen, jedoch nicht fehlerhaft sind, gelten als *zulässig* und sind mit 6 % vertreten. Das sind im Wesentlichen die Urteile, die in Bezug auf die Kategorien Referenzrahmen und Perspektive keinen konkreten Urteilsbezug, sondern vielmehr eine Generalisierung erkennen ließen. Alle drei zuletzt genannten Kodierungen gelten im Sinne des Kategoriensystems als fehlerfrei. Fehlerfreie Kodierungen in Bezug auf die jeweiligen Kategorien sind demnach insgesamt mit einem Anteil von 83 % vertreten. Kodierungen, die auf einen Urteilsfehler in Bezug auf eine Kategorie schließen lassen, nehmen einen Anteil von 8 % ein.[60]

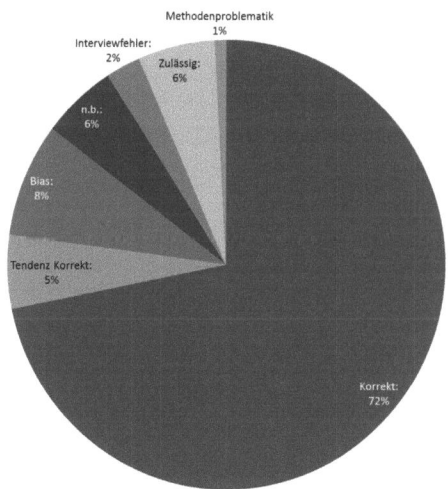

Abbildung 32: *Relative Häufigkeiten der Kodierungen auf der Makroebene*

---

59 Da in dieser Studie die Kodierer auch als Interviewer tätig waren, wurde der Begriff Interviewerfehler durch Interviewfehler ersetzt.
60 Die klassenbezogene Auswertung ergibt keine nennenswerten Veränderungen. Der Fehleranteil liegt bei den Drittklässlern bei 7.49 % und bei den Viertklässlern bei 8.31 %.

Diese Ergebnisdarstellung verdeutlicht, dass unter Einbezug aller Items die Begründungen der teilnehmenden Schüler im Hinblick auf die verschiedenen Kategorien mehrheitlich als fehlerfrei klassifiziert wurden. Anhand dieser Auswertung lässt sich jedoch noch nichts über die Urteilsfähigkeit der Schüler in Bezug auf den Fragebogen aussagen und demzufolge auch keine Aussage über die Validität des Fragebogens tätigen. Denn zu jedem Item wurde jedes Schülerurteil hinsichtlich sechs verschiedener Kategorien auf Aspekte der Validität geprüft (vgl. Kapitel 10.2.3). Gelingt es einem Schüler in fünf Kategorien fehlerfrei zu urteilen, jedoch in einer Kategorie nicht, ist das Urteil in Bezug auf das Item in seiner Gesamtheit dennoch verzerrt. Bezieht man diesen Aspekt in die Auswertung auf der Makroebene mit ein, indem alle Begründungen, die einen Fehler enthalten jeweils als fehlerhaft klassifiziert werden, ergibt sich ein anderes Bild. Unter diesen Bedingungen sind 23% der Begründungen fehlerbehaftet. Auch mit dieser Information lässt sich noch wenig über die Validität des Fragebogens aussagen, da unklar ist, ob sich die Fehler auf alle Items verteilen oder bestimmte Items besonders von Urteilsfehlern betroffen sind. Deshalb sind Auswertungen auf der Meso- und Mikroebene notwendig. Zunächst soll jedoch über eine weitere Auswertung auf der Makroebene die Fehlerhäufigkeit pro Kategorie über alle Items hinweg verglichen werden, um einen Eindruck darüber zu gewinnen, innerhalb welcher Kategorien die meisten Fehler aufgetreten sind. Abbildung 33 verdeutlicht die absoluten und relativen Häufigkeiten der Kodes in Bezug auf die einzelnen Kategorien bzw. Subkategorien. Innerhalb der Kategorien liegt der relative Fehleranteil jeweils zwischen 1–16 %. Die Kategorie mit dem geringsten relativen Fehleranteil stellt die Kategorie Perspektive dar. Die Kategorie Veridikalität weist den größten relativen Anteil an kodierten Fehlern auf.

276

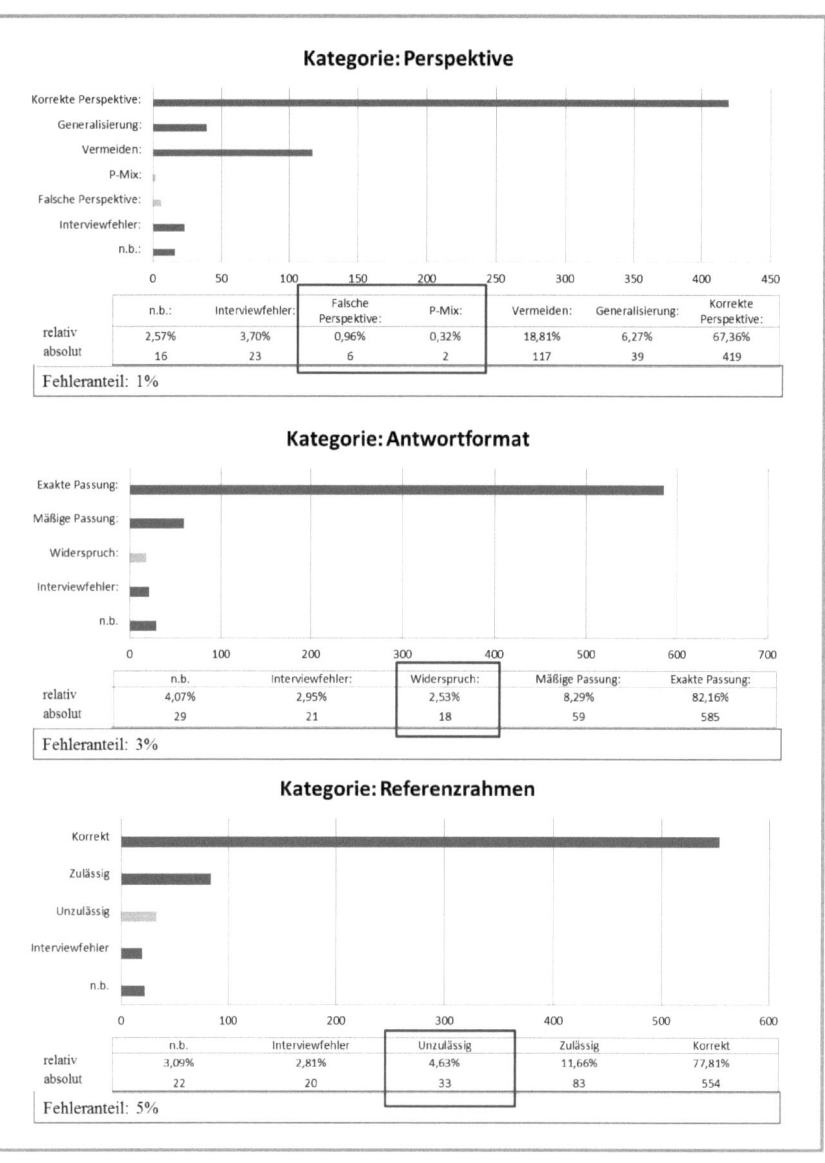

Kategorie: Perspektive

	n.b.:	Interviewfehler:	Falsche Perspektive:	P-Mix:	Vermeiden:	Generalisierung:	Korrekte Perspektive:
relativ	2,57%	3,70%	0,96%	0,32%	18,81%	6,27%	67,36%
absolut	16	23	6	2	117	39	419

Fehleranteil: 1%

Kategorie: Antwortformat

	n.b.	Interviewfehler:	Widerspruch:	Mäßige Passung:	Exakte Passung:
relativ	4,07%	2,95%	2,53%	8,29%	82,16%
absolut	29	21	18	59	585

Fehleranteil: 3%

Kategorie: Referenzrahmen

	n.b.	Interviewfehler	Unzulässig	Zulässig	Korrekt
relativ	3,09%	2,81%	4,63%	11,66%	77,81%
absolut	22	20	33	83	554

Fehleranteil: 5%

277

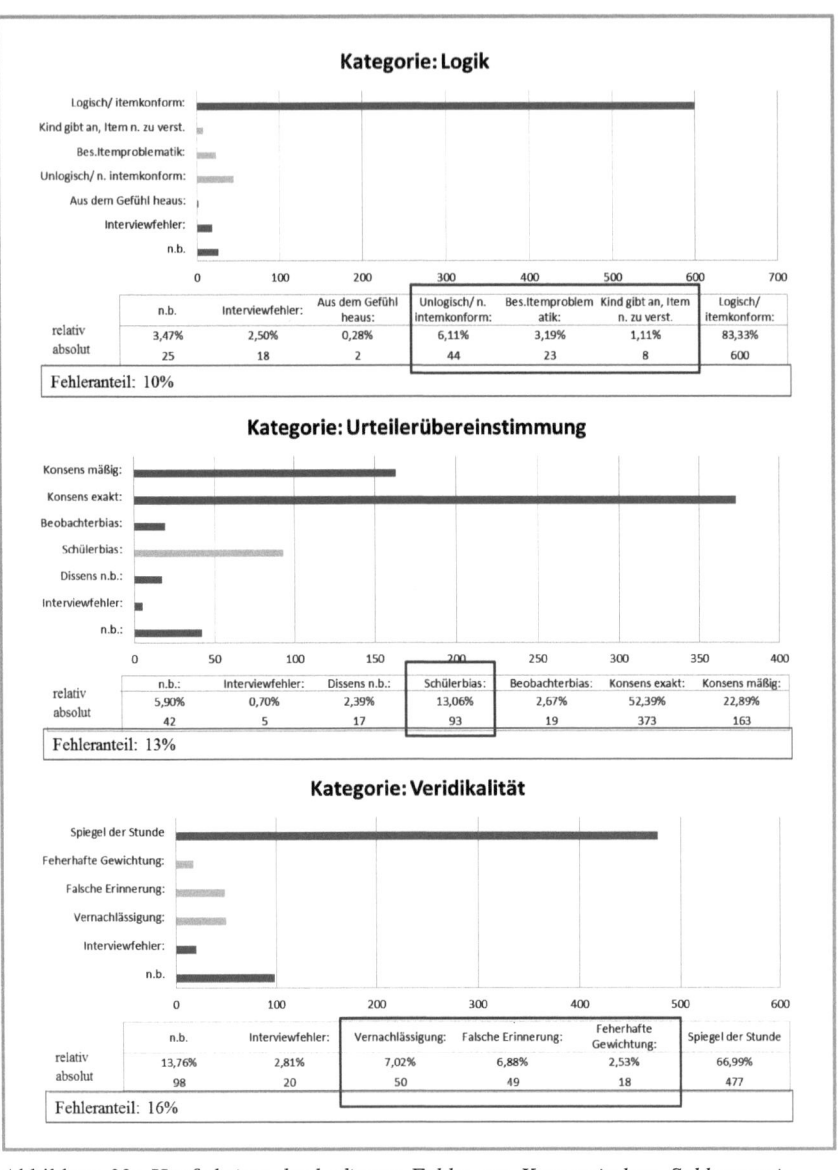

Kategorie: Logik

	n.b.	Interviewfehler:	Aus dem Gefühl heaus:	Unlogisch/n. intemkonform:	Bes.Itemproblem atik:	Kind gibt an, Item n. zu verst.	Logisch/ itemkonform:
relativ	3,47%	2,50%	0,28%	6,11%	3,19%	1,11%	83,33%
absolut	25	18	2	44	23	8	600

Fehleranteil: 10%

Kategorie: Urteilerübereinstimmung

	n.b.:	Interviewfehler:	Dissens n.b.:	Schülerbias:	Beobachterbias:	Konsens exakt:	Konsens mäßig:
relativ	5,90%	0,70%	2,39%	13,06%	2,67%	52,39%	22,89%
absolut	42	5	17	93	19	373	163

Fehleranteil: 13%

Kategorie: Veridikalität

	n.b.	Interviewfehler:	Vernachlässigung:	Falsche Erinnerung:	Feherhafte Gewichtung:	Spiegel der Stunde
relativ	13,76%	2,81%	7,02%	6,88%	2,53%	66,99%
absolut	98	20	50	49	18	477

Fehleranteil: 16%

Abbildung 33: *Häufigkeiten der kodierten Fehler pro Kategorie bzw. Subkategorie*

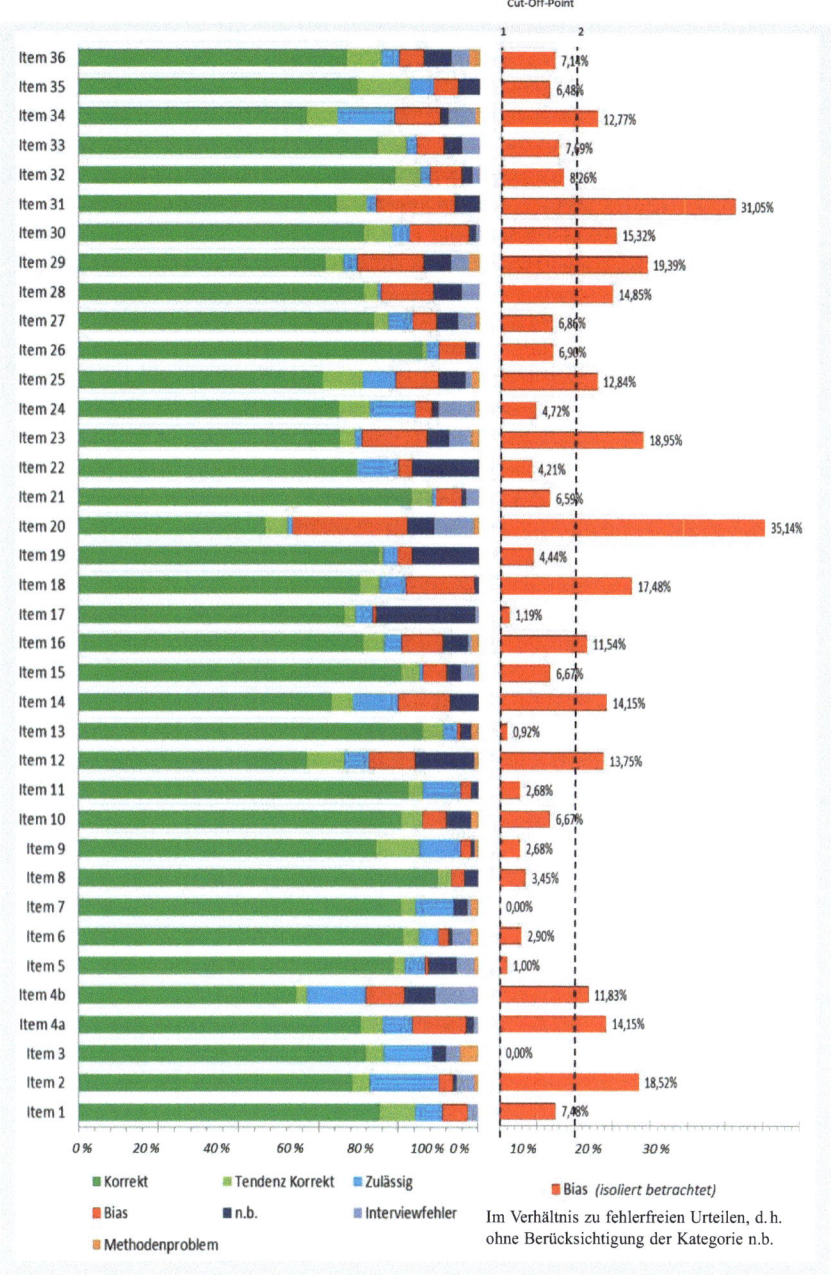

Abbildung 34: *Relative Fehlerhäufigkeiten (rot) pro Item*

Mesoebene: Relative Häufigkeiten

Die Auswertung der Fehlerhäufigkeiten pro Item über alle Kategorien hinweg ermöglicht einen ersten Eindruck über die Urteilsfähigkeit der teilnehmenden Schüler im Hinblick auf die Items und somit zugleich über die itembezogene Urteilsschwierigkeit[61]. Abbildung 34 veranschaulicht im linken Teil die Häufigkeiten korrekter, fehlerfreier und fehlerhafter Begründungen bezüglich aller Kategorien sowie die nicht beurteilbaren Fälle pro Item. Im rechten Teil ist der Fehleranteil pro Item isoliert und ausschließlich im Verhältnis zu fehlerfreien Urteilen dargestellt. Der Maßstab wurde hierzu verändert, um die Unterschiede zwischen den Items in Bezug auf die itembezogene Urteilsschwierigkeit hervorzuheben.[62]

Einen ersten Hinweis in Bezug auf die Validität der einzelnen Items ergibt die vorläufige Kategorisierung der Items anlässlich ihrer relativen Fehlerhäufigkeiten. Hierzu wurden zwei Cut-Off-Points gesetzt (vgl. Abbildung 34). Bei insgesamt zwei Items existiert kein Fehleranteil. Sie wurden direkt als valide eingestuft. Items, welche einen Fehleranteil ≤ 10 % aufweisen, wurden analog zu Hauptstudie I, als *hinreichend valide* klassifiziert. Das Kriterium für diese Klassifikation erfüllen 20 Items. Alle Items mit einem Fehleranteil > 10 % werden auf Basis der relativen Fehlerhäufigkeiten vorläufig als *nicht valide* eingestuft – insgesamt 15 Items. Diese erste Klassifikation liefert keine genauen Hinweise bezüglich der Urteilsfehler pro Urteil. Würden alle Schüler in Bezug auf ein Item jeweils in fünf Kategorien das Item korrekt beurteilen, hinsichtlich einer Kategorie jedoch nicht, läge der relative Fehleranteil bei ca. 17 %. Solche Items würden bislang zu Recht als nicht valide eingestuft. Gesetzt den Fall, dass das eben geschilderte Szenario bei der Hälfte der teilnehmenden Schüler auftritt und die andere Hälfte der Schüler das Item vollkommen korrekt beurteilt, wären die Hälfte der Schülerurteile verzerrt. Anhand der obigen Klassifikation würde das Item jedoch vermeintlich als hinreichend valide klassifiziert. Aus diesem Grund wurde zusätzlich geprüft, wie viele Begründungen pro Item mindestens eine Kodierung aufweisen, die auf ein fehlerbehaftetes Urteil hinweist. Diese wurden mit den Begründungen, welche in Bezug auf jede Kategorie als fehlerfrei gelten, ins Verhältnis gesetzt. Durch die stärkere Gewichtung einzelner Urteilsverzerrungen innerhalb der

---

61 Mit Urteilsschwierigkeit ist in diesem Kontext die Schwierigkeit für die Schüler gemeint, ein Item korrekt zu beantworten. Je höher der Fehleranteil, desto höher die itembezogene Urteilsschwierigkeit.

62 Hinsichtlich der beiden Fragebogengruppen liegen in Bezug auf das Ankeritem keine Unterschiede hinsichtlich der Itemschwierigkeit vor (Unterschied ≤ 1 %). Während sich auf der Makroebene keine Unterschiede zwischen den Klassenstufen zeigten, sind auf der Mesoebene durchaus Unterschiede in Bezug auf die itembezogenen Urteilsschwierigkeiten erkennbar. Deshalb wird bei der Feinanalyse die Variable Klasse einbezogen, um zu eruieren, inwieweit Fehler klassenspezifisch aufgetreten sind.

Begründungen sollten jedoch liberalere Cut-Off-Points gesetzt werden: Wie Abbildung 33 zeigt, werden die meisten Urteilsverzerrungen in der Kategorie Veridikalität verortet. Dieses Phänomen ist leicht nachvollziehbar, da die Beobachter im Vergleich zu den Schülern, sich allein auf das Beobachten konzentrieren konnten und ihnen die Zwischenratings als Gedächtnisstütze dienten: Anhand der Notizen konnten die Beobachter im Nachhinein weitgehend nachvollziehen, was in der Stunde tatsächlich vorgefallen ist. Das Urteil der Schüler kann eine solch exakte Einschätzung in dieser Kategorie nicht leisten und ist deshalb zwangsläufig etwas ungenauer und somit verzerrter. Darüber hinaus sind selbst bei erwachsenen Probanden und geschulten Ratern Urteile nicht gänzlich fehlerfrei (Praetorius et al., 2012), sodass ein gewisses Fehlerausmaß akzeptiert werden sollte. Orientiert man sich an Cronbachs Alpha als einem Maß für die Reliabilität, so wird ab .8 von einer guten und ab .7 von einer akzeptablen internen Konsistenz gesprochen. Demnach werden Abweichungen von bis zu .3 akzeptiert. Auch wenn sich das Maß für die Reliabilität nur bedingt mit dem Maß für die Validität der vorliegenden Studie vergleichen lässt, wurden ähnlich liberale Cut-Off-Points gesetzt. Urteile bis zu einem Verzerrungsanteil von 25 % werden vorläufig als *hinreichend valide* betrachtet. Die endgültige Einschätzung erfolgt im Rahmen der Feinanalyse[63].

Durch die konservativere Prüfung der Validität ergeben sich in Bezug auf die itembezogene Urteilsschwierigkeiten leichte Veränderungen, indem die Ränge einzelner Items variieren (siehe Anhang Kapitel 5.8). Die Klassifikation der Items bleibt jedoch exakt identisch.[64]

Mikroebene: Relative Häufigkeiten

Pro Item unterscheiden sich die Fehlerhäufigkeiten nicht nur in ihrer Gesamtheit, sondern auch in ihrer Verteilung in Bezug auf die sechs Kategorien (siehe Anhang Kapitel 5.9). Die Häufigkeitsverteilung auf der Mikroebene diente der Feinanalyse als Basis, um Fehlerdomänen oder Auffälligkeiten in Bezug auf einzelne Items zu identifizieren. Da der Bericht über die Feinanalyse die Resultate der Analysen auf der Mikroebene berücksichtigt, werden diese hier nicht separat beschrieben.

Die personenbezogene Auswertung pro Item steht nicht im Zentrum der vorliegenden Studie, da bereits in Hauptstudie I interindividuelle Unterschie-

---

63 Erst in der Feinanalyse wird ersichtlich, welche Fehler im Hinblick auf die Items dominieren und welche Fehlerursachen zugrunde liegen.
64 Während die konservativere Prüfung ein wichtiges Maß zur Bestimmung der Itemvalidität darstellt, lässt sich die itembezogene Urteilsschwierigkeit anhand der ersten Methode besser beschreiben, da dort berücksichtigt wird, wie viele Verzerrungen pro Begründung und Item vorliegen. Methode zwei hingegen berücksichtigt lediglich, ob eine Verzerrung pro Begründung und Item vorliegt und unterscheidet nicht hinsichtlich des Verzerrungsausmaßes pro Begründung.

de in Bezug auf die Urteilsfähigkeit deutlich wurden. Dennoch soll im Rahmen der Ergebnispräsentation nicht unerwähnt bleiben, dass auch in Hauptstudie II interindividuelle Unterschiede in Bezug auf die itembezogene Urteilsfähigkeit bestehen. Abbildung 35 illustriert die Spannbreite der Urteilsfähigkeit anhand des Dokumentenporträts eines Schülers mit geringer itembezogener Urteilsfähigkeit[65] und eines Schülers mit hoher itembezogener Urteilsfähigkeit.

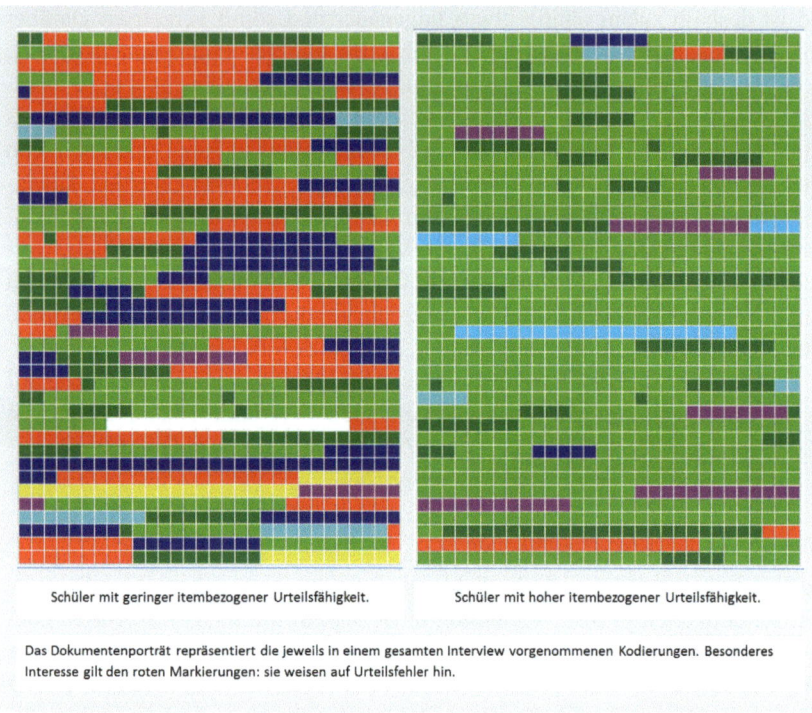

Schüler mit geringer itembezogener Urteilsfähigkeit.   Schüler mit hoher itembezogener Urteilsfähigkeit.

Das Dokumentenporträt repräsentiert die jeweils in einem gesamten Interview vorgenommenen Kodierungen. Besonderes Interesse gilt den roten Markierungen: sie weisen auf Urteilsfehler hin.

Abbildung 35: *Interindividuelle Unterschiede in Bezug auf die itembezogene Urteilsfähigkeit* (Dokumentenportraits)

---

65 Insgesamt wurden drei Schüler mit einem vergleichbaren Dokumentenportrait identifiziert. Das heißt, insgesamt drei der teilnehmenden Schüler verfügen über eine derart geringe Urteilsfähigkeit, dass ihnen bei der Mehrheit der Items kein fehlerfreies Urteil möglich war.

10.3.2 Ergebnisse der Feinanalyse

Alle Items wurden im Rahmen der Feinanalyse unter Einbezug ihrer Häufigkeiten auf Fehlerdomänen und Fehlerursachen analysiert. Des Weiteren wurden besondere Auffälligkeiten, wie z. B. die Dominanz der Kodierung *Zulässig* gegenüber der Kodierung *Korrekt*, berücksichtigt. Der Gesamtfehleranteil eines Items stellt dabei ein Maß für die Verzerrung des gesamten Urteils dar, während der Fehleranteil pro Kategorie Hinweise auf mögliche systematische Verzerrungen gibt. Sofern Fehler eine Systematik aufwiesen, indem sie sich innerhalb einer Kategorien bündelten, wurde diese Systematik unter Einbezug des verbalen Materials spezifiziert. Durch die inhaltliche Analyse der Fehler wurde neben dem allgemeinen Verzerrungsausmaß zusätzlich das Gewicht der Verzerrung berücksichtigt, um die Items endgültig zu klassifizieren. Folglich wurde im Rahmen der Feinanalyse bestimmt, wie schwer die kodierten Fehler das Urteil beeinflussen und inwieweit das Urteil trotz Fehler noch interpretiert werden kann bzw. inwieweit es noch Aussagekraft besitzt. Die Ergebnisse der Feinanalyse sind in den Tabellen 31 und 32 zusammengefasst und werden im folgenden Text kurz beschrieben (für eine ausführlichere Darstellung der Ergebnisse siehe Anhang Kapitel 5.10).

Endgültige Itemklassifikation

Lediglich ein Item gilt ohne jegliche Einschränkungen als *valide*. Insgesamt 22 Items wurden als *hinreichend valide* klassifiziert, da ihr Fehleranteil entweder gering ist oder der Fehleranteil durch gezielte Erklärungen bei der Einführung des Fragebogens als entsprechend reduzierbar angenommen wird. Als eingeschränkt valide wurden drei Items klassifiziert, da deren Fehleranteil aufgrund eines systematischen Fehlers über dem Grenzwert liegt, das Schülerurteil aber dennoch unter Berucksichtigung der Urteilsverzerrung interpretiert werden kann. Ein Beispielitem hierfür ist *Die Lehrerin wusste immer, was in der Klasse passiert.* Es zeigte sich, dass zahlreiche Schüler im Vergleich zu den Beobachtern ein milderes Urteil fällten (Schülerbias) und deren Begründungen keinen Spiegel der Stunde darstellten. Als Fehlerursache wurde das Involviertsein der Schüler ins Unterrichtsgeschehen identifiziert: Im Vergleich zu den Beobachtern ist es den Schülern aufgrund ihrer aktiven Mitarbeit im Unterricht nicht möglich gewesen, jegliches Lehrerhandeln wahrzunehmen und zu speichern (geschweige denn zu notieren). Es wurde sich dafür entschieden, das Item trotz des daraus resultierenden Mildeeffekts beizubehalten, da es Lehrkräften als Alarmfunktion dienen kann: Sollte ein Schülerurteil nicht gut ausfallen, ist dies ein deutlicher Hinweis für eine beeinträchtigte Qualität der Klassenführung, insbesondere des Bereichs Withitness/Allgegenwärtigkeit. Insgesamt 11 Items wurden als nicht valide eingestuft, wovon vier Items aufgrund der Erkenntnisse aus der Feinanalyse optimiert werden konnten.

Tabelle 31: *Endgültige Itemklassifikation*

Klassifikation	Definition	Anzahl	
valide	Items, welche keinerlei Auffälligkeiten oder Fehler aufweisen.		1
hinreichend valide	Items, deren Fehleranteil unter dem Grenzwert liegt und bei denen keine Systematik bezüglich der Fehlerursachen erkennbar ist.	(14)	22[66]
	Items, deren Fehleranteil unter dem Grenzwert liegt und deren systematische Fehleranteile oder Auffälligkeiten durch kurze Erklärungen bei der Einführung des Fragebogens reduziert oder vermieden werden können.	(4)	
	Items, deren Fehleranteil unter dem Grenzwert liegt, es jedoch mit einer geringen systematischen Verzerrung zu rechnen ist (z.B. ein systematischer Mildeeffekt).	(2)	
	Items, deren Fehleranteil über dem Grenzwert liegt und deren systematische Fehleranteile durch kurze Erklärungen bei der Einführung des Fragebogens reduziert werden können.	(1)	
eingeschränkt valide	Items, deren Fehleranteil über dem Grenzwert liegt und deren Ergebnis unter Beachtung der systematischen Verzerrung interpretierbar ist.		3
nicht valide	Items, deren Fehleranteil über dem Grenzwert liegt und deren dazugehörige Schülerurteile infolge der Fehler nicht interpretiert werden können (und keine kurze Erläuterung den Fehleranteil drastisch reduzieren kann).		11

Weitere Erkenntnisse in Bezug auf die Urteilsfähigkeit der Schüler

Die Urteilsfähigkeit der Schüler lässt sich anhand der Ergebnisse aus der Feinanalyse als abhängig von der *Itemstruktur*, von dem zu *beurteilenden Aspekt* und von der *Instruktion beschreiben:* Sechs Items, welche auf Basis

---

66 Hier wurde das Item *Die Lehrerin hat Wörter benutzt, die ich auch jetzt noch nicht verstehe* mit eingerechnet. Da es bei der Fragebogeneinführung erklärt wurde, gilt es folglich nur unter Voraussetzung der Erklärung als hinreichend valide. Eine Einstufung in die Subkategorien ist bei diesem Item nicht möglich, da unklar ist, ob ohne Erklärung ein systematischer Fehleranteil gefunden worden wäre und ob der Fehleranteil unterhalb oder oberhalb des Grenzwertes liegen würde.

von Hauptstudie I hinsichtlich der *Itemstruktur* optimiert wurden, erwiesen sich in Hauptstudie II als hinreichend valide; weitere zwei Items werden als hinreichend valide angenommen, wenn zuvor eine kurze Erläuterung bei der Fragebogeneinführung erfolgt (siehe Anhang Kapitel 5.10). Demnach haben Modifikationen der Itemstruktur einen Einfluss auf die itembezogene Urteilsschwierigkeit, indem durch die Veränderung der Itemstruktur in Hauptstudie II ein besseres Itemverständnis erzielt wurde.

Verschiedene *Aspekte* konnten nur bedingt von den teilnehmenden Grundschülern beurteilt werden. Gründe hierfür sind mangelnde Selbstreflexion, das Involviertsein ins Unterrichtsgeschehen, fehlendes methodisch-didaktisches Hintergrundwissen, die Überschätzung eigener Kompetenzen und ein unvollständiges Begriffsverständnis (vgl. Tabelle 32). Stark subjektiv geprägte und damit hochinferente Items wie beispielsweise *Mir war es zu laut* oder *Ich habe mich die ganze Zeit wohl gefühlt* konnten die Schüler zum Teil valider als die Beobachter beantworten.

Tabelle 32: *Beispiele für eine aspektbezogene Urteils(in)kompetenz*

Aspekt	Item	Ursache
Kognitive Aktivierung	Es gab Fragen oder Aufgaben, bei denen ich richtig nachdenken musste.	Überschätzung eigener Kompetenzen
Withitness/Allgegenwärtigkeit	Die Lehrerin wusste immer, was in der Klasse passierte.	Involviertsein ins Unterrichtsgeschehen
Freundlichkeit der Lehrkraft	Die Lehrerin war freundlich zu mir.	Unvollständiges Begriffsverständnis
Eigene Ablenkung	Ich war manchmal abgelenkt.	Mangelnde Fähigkeit zur Selbstreflexion (evtl. aufgrund des Involviertseins ins Unterrichtsgeschehen)
Unterrichtsfluss	Ich musste zwischendurch warten, bis es weitergeht.	Fehlendes methodisch-didaktisches Hintergrundwissen (evtl. fehlende Vergleichsmöglichkeiten: Was gilt als Wartezeit im Unterricht? Was sind adäquate Wartezeiten? Was ist eine sinnvolle Beschäftigung?)

Eine ausführliche *Instruktion* wird auf Basis der Lehrerrückmeldungen im abschließenden Gespräch als wichtige Voraussetzung angenommen. Nach Einschätzung der Lehrkräfte war die Einführung des Fragebogens am Overheadprojektor sehr hilfreich, um einem fehlerhaften Ankreuzverhalten vorzubeugen. Mögliche Konflikte beim Ausfüllen des Bogens hätten die Schüler, so die Rückmeldung der Lehrkräfte, ohne ausführliche Besprechung intuitiv anders gelöst (z. B. *Kann ich auch die Mitte einkreisen, wenn ich denke, dass die Antwort eher so mittel ist?* oder *Darf ich auch zweimal einkreisen, wenn ich mir nicht ganz sicher bin?*). Die farbliche Markierung sowie die Füllung der Kästchen als Symbol für den Zustimmungsgrad stellte für die Schüler – nach eigener Angabe – eine Hilfestellung bei der Orientierung auf dem Fragebogen dar. Dennoch zeigte sich während der Interviewauswertung, dass die Schüler, wenn auch in wenigen Fällen, aufgrund von Problemen bei der Orientierung ihre Antworten verbessern mussten. Eine weitere Ursache für die Korrektur von Antworten stellt die Reflexion über das eigene Urteil im Rahmen der Begründung dar (vgl. Tabelle 33).

Tabelle 33: *Häufigkeit von Antwortkategoriekorrekturen*

Fehler	Ankerbeispiel	Häufigkeit
Zeilensprung	**item10parallel**[67] *Hm, also eher nein, n' bisschen.* Achtung, jetzt bist du in der gleichen Zeile gelandet wie eben. *Ohja.* Das musst du verbessern. *Durchstreichen!* Ganz genau und einmal unten drunter. **parallel Ende**	9
Pole vertauscht	**item29parallel** *Nein, musste eigentlich nicht warten.* Vorsicht, das heißt ja. Hier drüben, genau. **parallel Ende**	6
Formatierungs-fehler	**item23\item23_Begründung** Jetzt hast du eher nein angekreuzt, warum? *Weil SIE MICH **in der Stunde**, also, halt nicht gelobt hat.* *Oh! Ich meinte nein, weil SIE hat MICH ja überhaupt nicht gelobt und eher nein heißt ja, dass SIE MICH ein bisschen gelobt hat.* (Korrektur).	10

67 Unter dem Kode *parallel* wurde alles festgehalten, was nach dem Vorlesen des Items durch den Interviewer bis zum Einkreisen der Antwort durch den Schüler geäußert wurde. Zum Teil kam es dabei zu einer Art Lautem Denken der Schüler.

10.3.3 Zusammenhänge bezüglich der unterschiedlichen Methoden

Die gesamte Auswertung abschließend werden korrelative Zusammenhänge als Maß für die Konformität der im Rahmen der Studie eingesetzten Methoden berichtet. Insgesamt lassen sich drei Analysemethoden unterscheiden: a) Qualitative Inhaltsanalyse, b) Antwortzeitmessung und c) Beurteilerüberein-stimmung. Die Stärke des Zusammenhangs[68] lässt sich zwischen den alternativen Methoden als gering beschreiben. Zwischen den alternativen Methoden und dem endgültigen Resultat der qualitativen Inhaltsanalyse existieren jeweils mittlere Korrelationen (vgl. Tabelle 34). Hohe (negative) Zusammenhänge ergeben sich lediglich zwischen den Fehlerhäufigkeiten, das heißt der itembezogenen Urteilsschwierigkeit, und der Beurteilerübereinstimmung.

Tabelle 34: *Korrelative Zusammenhänge der angewandten Methoden*

	Antwortzeitmessung	Qualitative Inhaltsanalyse			
		Fehlerhäufigkeiten (prozentualer Anteil an kodierten Fehlern pro Item)	Fehlerhäufigkeiten (prozentualer Anteil fehlerhafter Begründungen pro Item)	Vorläufige Itemklassifikation	Endgültige Itemklassifikation
Antwortzeitmessung (durchschnittliche Antwortzeit pro Item)		.59**	.59**	.55**	51**
Urteilerübereinstimmung (Prozentualer Anteil an Übereinstimmungen pro Item, dichotomisierte Skala)[69]	-.40*	-.78**	-.74**	-.60**	-.60**
		Pearson (r)		Spearmans Rho (r_s)	

*$p < .05$, **$p < .01$ (zweiseitig), $N = 36$, Itemklassifikation 1 = valide/2 = hinreichend valide/3 = eingeschränkt valide/4 = nicht valide

---

68 Zur Interpretation der Zusammenhänge wird auf die Abstufung nach Bühl (2008) zu-rückgegriffen. Sie ist im Vergleich zur Abstufung nach Cohen (1988) als etwas konser-vativer und deshalb für den Vergleich von Methoden als geeigneter zu bezeichnen.

69 Während bei der Auswertung der kognitiven Interviews in Bezug auf die Kategorie Be-urteilerübereinstimmung im Falle von Dissens zwischen Schüler- und Beobachterbias unterschieden wurde, um den Fehleranteil des Schülerurteils zu extrahieren, stellt die Beurteilerübereinstimmung hier lediglich den prozentualen Anteil an Übereinstimmun-gen im Verhältnis zu Dissens dar – unabhängig davon, ob der Fehler vom Beobachter oder vom Schüler verursacht wurde.

10.4 Diskussion

Mit Hauptstudie II sollte die itembezogene Urteilsfähigkeit von Grundschülern in Bezug auf die selektierten Items weiterführend, das heißt unter Einbezug aller Stufen des Antwortprozesses nach Tourangeau (1984), untersucht werden. Über die itembezogene Urteilsfähigkeit der Schüler – gemessen am Anteil fehlerhafter Begründungen – sollte die Validität der Items bestimmt werden. Die itembezogene Urteilsfähigkeit wurde erneut unter Verwendung kognitiver Interviews mit dem Schwerpunkt auf Process Probes erfasst. Anstelle von Vignetten wurde diesmal eine reale Unterrichtsstunde als Urteilsgegenstand ausgewählt.

In Kapitel 10.4.1 werden die Befunde in Bezug auf die grundlegenden Forschungsfragen und Hypothesen der Studie inhaltlich diskutiert. Anschließend erfolgt in Kapitel 10.4.2 eine methodische Diskussion der Ergebnisse. Hierbei wird auf Einschränkungen der Interpretierbarkeit der vorliegenden Resultate sowie die Eignung der gewählten Validierungsmethode eingegangen. Die Diskussion abschließend werden in Kapitel 10.4.3 Implikationen für die interne und externe Evaluation an Schulen sowie die Forschung abgeleitet.

10.4.1 Inhaltliche Diskussion

Wie bereits im Rahmen von Hauptstudie I diskutiert, werden Schülerratings zur Unterrichtsqualität in der Grundschule eingesetzt, obwohl noch wenig über die Urteilsfähigkeit von Grundschülern in Bezug auf die verwendeten Items bekannt ist (vgl. Kapitel 6). Hauptstudie I verdeutlichte, dass Grundschüler Items aus gängigen Feedbackinstrumentarien zum Teil nicht im intendierten Sinn interpretieren bzw. beantworten. Diese Erkenntnisse konnten unter Verwendung kognitiver Methoden aus dem Bereich CT gewonnen werden. Dem Aspekt der Veridikalität von fragebogenbasierten Urteilen wurde bislang selbst im Bereich von CT wenig Beachtung geschenkt: In den Studien von Woolley, Bowen und Kollegen (2004, 2006, 2008) konnte der Aspekt der Veridikalität beispielsweise gar nicht geprüft werden, da angesichts des Studiendesigns kein Außenkriterium zur Validierung verfügbar war. Ob ein Urteil der Realität entspricht oder nicht, ist jedoch ein entscheidender Aspekt, der bei der Beurteilung der Validität von Schülerurteilen unbedingt berücksichtigt werden sollte. Schließlich kann ein Urteil oder eine Urteilsbegründung logisch klingen, obwohl kein Bezug zur Realität vorhanden ist: (1) Wenn für das Urteil relevante Situationen nicht wahrgenommen, nicht erinnert oder nicht einbezogen werden. (2) Wenn Situationen herangezogen werden, die in der Realität gar nicht stattfanden. Um die Veridikalität von Schülerurteilen in Bezug auf die Unterrichtsqualität einer konkreten Stunde als einen zentralen Aspekt der Validität untersuchen zu können, wurde in der vorliegenden Studie ein neues methodisches Vorgehen zur Validierung von fragebogenbasierten Urteilen angewandt – *Cognitive Testing* in Kombination mit *Videoratings*. Die Videoratings dienten dabei als Außenkriterium zur Validierung. Die Ergebnisse der empirischen Analysen werden im Folgenden mit Fokus auf die Zielsetzungen, Forschungsfragen und Hypothesen der Studie diskutiert.

Verständliche Items als Bedingung für ein valides Urteil

Der Fragebogen beinhaltete 37 Items, davon 24 Items, die sich in Hauptstudie I als verständlich erwiesen, 12 optimierte Items und ein neu generiertes Item. Anhand von 21 Items konnten die teilnehmenden Schüler ein (hinreichend) valides Urteil über Aspekte der Unterrichtsqualität in Bezug auf die konkrete Stunde fällen, *ohne* dass die Items zuvor erklärt wurden (vgl. Tabelle 31). Die Bedeutung und Handhabung des Items *Die Lehrerin hat Wörter verwendet, die ich auch jetzt noch nicht verstehe* wurde bei der Fragebogeneinführung bereits mit den Schülern erarbeitet. Unter dieser Voraussetzung konnten die Schüler auch dieses Item und damit insgesamt 22 Items des Fragebogens hinreichend valide beantworten. Damit gilt ZFFvH1 (*Anhand der Mehrheit der Items fällen die Schüler ein hinreichend valides Urteil über eine konkrete Stunde*) als verifiziert. Dennoch kann nicht zuverlässig von der korrekten Iteminterpretation auf die itembezogene Urteilsfähigkeit geschlossen werden. Schließlich wiesen die Schülerurteile bei 15 Items einen Fehleranteil über dem Grenzwert auf[70] (darunter sieben in Hauptstudie I als verständlich klassifizierte Items, sieben optimierte Items und das neu generierte Item). Die Verständlichkeit der Items ist demnach eine wichtige, aber keineswegs hinreichende Bedingung für ein valides Urteil.

Replizierbarkeit der Befunde aus Hauptstudie I

Die Kodierungen *unlogisch* und *nach eigenen Angaben nicht verständlich* sind in dieser Studie als Anzeichen für eine nicht korrekte Iteminterpretation bzw. ein Mangel an Itemverständnis zu deuten. Die deskriptiven Statistiken auf Mikroebene verdeutlichen, dass bis auf eine Ausnahme alle Items, welche in Hauptstudie I als hinreichend valide im Sinn von verständlich eingestuft wurden, sich auch in Hauptstudie II als für die Schüler verständlich erwiesen

---

70 Bei zwei Items lässt sich das Schülerurteil dennoch als aussagekräftig bezeichnen, wenn der Mildeeffekt bei der Interpretation entsprechend berücksichtigt wird. Bei weiteren zwei Items sollte das Fehlerausmaß durch eine kurze Erläuterung des Items reduziert werden können.

(d. h. sie wiesen einen absoluten Fehleranteil in den Kategorien *unlogisch* und *nach eigenen Aussagen nicht verstanden* ≤ 2 auf). Die in Hauptstudie I durch CT ermittelten Resultate hinsichtlich der Verständlichkeit erweisen sich demnach trotz kleiner Stichprobe als zuverlässig. Dieser Befund bekräftigt die in der Literatur zu CT vertretene Annahme in Bezug auf die Aussagekraft kleiner Stichproben (z. B. Willis & Miller, 2011; Prüfer & Rexroth, 2005) – sofern die Verständlichkeit der Items im Fokus steht. Dennoch gilt aufgrund der Ausnahme ZFFvHII (*In Hauptstudie I als verständlich klassifizierte Items erweisen sich auch in Hauptstudie II als verständlich*) als falsifiziert.

Lokalisation der Fehler in Anlehnung an das Stufenmodell von Tourangeau (1984)

Schülerbias innerhalb der Kategorie Beurteilerübereinstimmung kann nur indirekt, d. h. über die Klassifikation des für die Abweichung verantwortlichen Fehlers anhand der weiteren Kategorien auf einer Stufe des Antwortprozesses verortet werden. Deshalb dienen der Lokalisierung der kodierten Fehler die Kategorien *Perspektive, Referenzrahmen, Logik, Veridikalität* und *Antwortformat* als Basis.

Auf der ersten Stufe des Antwortprozesses lassen sich die Fehler der Kategorie Logik verorten. Fehler in Bezug auf die zweite und dritte Antwortprozessstufe lassen sich im Rahmen dieser Studie nicht sauber trennen. Der Grund hierfür ist, dass auf Basis der Schülerbegründungen Rückschlüsse auf den Urteilsprozess gezogen wurden. Dabei war beispielsweise häufig nicht nachvollziehbar, ob erinnerte Aspekte im Zuge der Urteilsfällung (Stufe 3) ignoriert wurden oder bereits auf Stufe 2 Aspekte nicht erinnert wurden. Auf den Stufen 2 und 3 lassen sich die kodierten Fehler bezüglich der Kategorien Perspektive, Referenzrahmen und Veridikalität lokalisieren. Die Kategorie Antwortformat liefert Informationen bezüglich der Anzahl kodierter Fehler (Subkategorie *Widerspruch*) oder Verzerrungen (Subkategorie *Mäßig*) auf Stufe vier. Es ließen sich Fehler auf allen Stufen identifizieren:[71] Die absolute Anzahl kodierter Fehler auf der ersten und der vierten Stufe liegt jeweils bei etwa 80 Kodierungen (vgl. Abbildung 33). Ein ähnliches Ausmaß in der Summe an kodierten Fehlern ergibt sich für die Stufen zwei und drei mit insgesamt rund 170 Kodierungen.

Hinsichtlich der ZFFv (*Lassen sich bei der Einschätzung von Unterrichtsqualität Probleme im Urteils- bzw. Antwortprozess identifizieren?*) lassen sich die Studienergebnisse lediglich dahingehend interpretieren, dass Fehler auf allen Stufen nachweisbar waren und demnach bei Grundschülerurteilen zur

---

71 Zum Teil konnten Fehler auch exakt der Stufe 2 oder 3 zugeordnet werden. Das Fehlerausmaß lässt sich für die Stufen jedoch nicht immer trennscharf erfassen.

Unterrichtsqualität mit Fehlern auf allen Stufen zu rechnen ist. Über das Ausmaß und das Verhältnis der Fehler auf den verschiedenen Stufen lassen sich keine allgemein gültigen Aussagen ableiten, da anzunehmen ist, dass die Fehleranteile von der Auswahl der Items abhängen. Die zugrunde liegende Itemauswahl kann nicht als repräsentativ für sämtliche Fragebögen zur Unterrichtsqualität angenommen werden.

Urteilsfähigkeit der Schüler

Bevor die zentrale Forschungsfrage nach der allgemeinen, fragebogenbasierten Urteilsfähigkeit der Schüler in Bezug auf die Unterrichtsqualität einer konkreten Stunde beantwortet wird, wird Bezug auf die Fragestellungen zu einzelnen Aspekten der Validität genommen.

ZFF$_{V.I}$ (*Ziehen Grundschüler für ihr Urteil in Bezug auf das Item angemessene Indikatoren heran?*) bezieht sich auf die erste Stufe des Antwortprozesses – die Iteminterpretation. Die Analyse auf Mesoebene verdeutlicht, dass es den Schülern bei einem von 10 Urteilen nicht möglich war, angemessene Indikatoren für ihr Urteil heranzuziehen und die Items im intendierten Sinn zu interpretieren (vgl. Abbildung 33). Wie aus der Analyse auf Mikroebene hervorgeht, variiert der Fehleranteil recht deutlich zwischen den Items (zwischen 0 und 12 Kodierungen). Items, welche mehr als zwei Fehler im Bereich Logik aufwiesen, wurden mit einer Ausnahme als nicht valide klassifiziert.[72] Die als (hinreichend) valide klassifizierten Items wurden demnach in der Regel von höchstens zwei Schülern nicht im intendierten Sinn verstanden. Unter Annahme der Generalisierbarkeit der Ergebnisse ist davon auszugehen, dass jedes der als valide eingestuften Items von mindestens 90 % der Schüler einer dritten oder vierten Klasse im intendierten Sinn verstanden wird. Ein strengerer Cut-Off-Point würde die Anzahl an Items stark einschränken; verschiedene Facetten ließen sich dadurch nicht mehr abdecken.

Sofern die teilnehmenden Schüler das Item richtig verstanden haben, erinnerten sie für das Urteil relevante Situationen. Unter dieser Bedingung lässt sich ZFF$_{V.II}$ (*Erinnern Grundschüler für das Urteil relevante Situationen?*) in Bezug auf den vorliegenden Fragebogen bejahen. Allerdings weist der Fehleranteil innerhalb der Kategorie Veridikalität darauf hin, dass die Erinnerung der Schüler zum Teil fehlerbehaftet war bzw. nicht gänzlich der Realität entsprach, indem Schüler relevante Situationen vernachlässigten oder Situationen in die Stunde hineinprojizierten, die in der konkreten Stunde nicht

---

72 Eine Ausnahme bildet Item 18, welches unter der Bedingung der vorherigen Erklärung des Wortes *Lernhilfen* künftig als hinreichend valides Item angenommen wird. In der Studie lag der Fehleranteil insbesondere wegen der Doppeldeutigkeit des Items über dem Grenzwert.

vorkamen.[73] Aufgrund dieser Beeinträchtigung entsprechen 14 % der Schülerbegründungen trotz des Einbezugs relevanter Situationen nicht exakt der Realität (vgl. Abbildung 33). Des Weiteren verursachte eine *fehlerhafte Gewichtung oder Aggregation* in seltenen Fällen – mit einem Anteil von ca. 3 % – ein nicht der Realität entsprechendes Urteil. Aufgrund der vernachlässigbaren Anzahl an kodierten Problemen im Bereich Gewichten und Aggregieren lässt sich ZFFv.v (*Gelingt Grundschülern das Gewichten und Aggregieren?*) in Bezug auf den eingesetzten Fragebogen bejahen. ZFFvi (*Sind Grundschülerurteile über die Unterrichtsqualität einer konkreten Stunde veridikal [realitätsgetreu]?*) hingegen lässt sich nicht ohne weiteres bejahen, da innerhalb der Kategorie Veridikalität insgesamt ein Sechstel aller vorliegenden Begründungen als fehlerbehaftet gelten. Der Fehleranteil ließ sich bei der Verwendung der als hinreichend valide klassifizierten Items auf ein absolutes Fehlerausmaß zwischen 0 und 4 kodierten Fehlern pro Item verringern – was einem maximalen Fehleranteil von rund 20 % pro Item in Bezug auf die Kategorie Veridikalität entspricht. Auch hier würde eine weitere Senkung des normativ festgelegten maximalen Fehleranteils pro Item mit einer Reduktion an verfügbaren Items und damit einer Reduktion an Inhalten einhergehen.

Ein wiederum zu vernachlässigendes Fehlerausmaß zeigt sich hinsichtlich der Kategorien Perspektive und Referenzrahmen. Folglich können ZFFv.iii (*Beziehen sich Grundschüler in ihrem Urteil auf den vorgegebenen zeitlichen Referenzrahmen [eine konkrete Stunde]?*) und ZFFv.iv (*Urteilen Grundschüler aus der vom Item vorgegebenen Perspektive?*) in Bezug auf den eingesetzten Fragebogen bejaht werden.

Hinsichtlich der Kategorie Antwortformat zeigt sich bei liberaler Beurteilung, das heißt unter der Duldung mäßiger Übereinstimmungen, ebenfalls mit 3 % ein zu vernachlässigender Fehleranteil (vgl. Abbildung 33). Demnach war es den teilnehmenden Schülern möglich, ein Urteil auf einer zweistufigen Skala zu fällen. ZFFv.vi lautet jedoch *Können Grundschüler ihr Urteil auf einer vierstufigen Likert-Skala ausdrücken?* Um diese Frage zu beantworten, sind mäßige Übereinstimmungen bereits als Verzerrung zu werten. Damit erhöht sich der Fehleranteil auf ca. 11 %. Laut diesem Befund war den Schülern in der Mehrheit der Fälle die Adaption des Urteils an ein vierstufiges Antwortformat möglich. Der Fehleranteil reduziert sich durch die Verwendung der als hinreichend valide klassifizierten Items auf ein absolutes Fehlerausmaß zwischen 0 und 4 kodierten Fehlern pro Item und somit erneut auf einen maximalen Fehleranteil von rund 20 % pro Item in Bezug auf die Kategorie Antwortformat. Eine weitere Senkung des Fehleranteils würde eben-

---

73 Häufig gehen diese Fälle mit einem unzulässigen Referenzrahmen einher. In manchen Fällen ist jedoch der Bezug zur Stunde ersichtlich und es werden Situationen *erfunden*.

falls mit einer Reduktion an verfügbaren Items und einer Reduktion an Inhalten einhergehen.

In Bezug auf die Fehlerintensität gilt es Folgendes zu berücksichtigen: Während Fehler in der Kategorie Logik in Hauptstudie II häufig zu einem grundlegend falschen Urteil führten, resultierten aus Fehlern in den Kategorien Veridikalität und Antwortformat in der Regel Verzerrungen mit geringerem Ausmaß – in Form einer Einschränkung der Urteilsgenauigkeit. Deshalb sind hinsichtlich des Einflusses auf die Validität Fehler in den Bereichen Veridikalität und Antwortformat in der Regel geringer zu gewichten.

Es ist in der Literatur nicht eindeutig festgelegt, wie groß die Verzerrung eines Urteils sein darf, um in Forschungsprojekten oder im Rahmen der internen und externen Evaluation damit arbeiten zu können. Gänzlich fehlerfreie Urteile einzufordern, würde jegliches Forschungsprojekt, welches die Erfassung der Prozessqualität impliziert, zum Stillstand bringen. Schließlich weisen aktuelle Studienergebnisse zur Untersuchung des Raterbias von geschulten Ratern darauf hin, dass selbst deren Urteile teils fehlerbehaftet sind: (1) Geschulte Rater vernachlässigen Indikatoren, (2) ziehen Indikatoren heran, die nicht relevant sind, (3) nehmen fehlerhafte Gewichtungen vor oder (4) wählen eine unpassende Antwortkategorie (vgl. Praetorius, 2012). Studien zu Schülerfeedback im Sekundarstufenbereich verdeutlichen, dass Ratings älterer Schüler auch nicht fehlerfrei sind (vgl. Ditton, 2002a; Wagner, 2008). Insofern sollten die Urteile von Grundschülern nicht an strengeren Maßstäben gemessen werden. Unter Einbezug der als *hinreichend* sowie *eingeschränkt valide* klassifizierten Items kann durchaus von einem aussagekräftigen Schülerurteil gesprochen werden. Dabei gilt es jedoch zu beachten, dass bei drei teilnehmenden Schülern ein sehr geringes Urteilsvermögen diagnostiziert wurde (vgl. Abbildung 35). Nimmt man die beiden Klassen als repräsentative Klassen an, ist davon auszugehen, dass in jeder dritten und vierten Klasse mindestens ein Schüler vorhanden ist, der die Mehrheit der getesteten Items nicht valide beurteilen kann. Es ist demnach auf Individualebene mit mindestens einem stark fehlerbehafteten Urteil pro Klasse zu rechnen.

Die Ergebnisse resümierend und bilanzierend, lässt sich festhalten, dass fragebogenbasierte Urteile von Grundschülern zu einer konkreten Stunde im Hinblick auf Aspekte der Klassenführung, des lernförderlichen Klimas, der Motivierung, der Aktivierung, der Klarheit und Strukturierung durchaus eine aussagekräftige Datenbasis darstellen können – sowohl für die Forschung als auch für die interne und externe Evaluation. Grundschüler der dritten und vierten Klassenstufe lassen sich durchaus als kompetente Beurteiler ausgewählter Aspekte der Unterrichtsqualität einer konkreten Stunde bezeichnen – sofern verschiedene Voraussetzungen erfüllt sind. Insofern lässt sich die ZFF$_{VI}$ (*Sind Grundschülerratings über eine konkrete Unterrichtsstunde ve-*

ridikal?) unter Beachtung verschiedener Voraussetzungen bejahen. In Bezug auf die ZFFᵥₙ (*Können Grundschüler ausgewählte Qualitätsmerkmale der Unterrichtsqualität per Fragebogen hinreichend valide einschätzen?*) weisen die Ergebnisse darauf hin, dass Grundschüler ausgewählte Aspekte zu ausgewählten Qualitätsmerkmalen hinreichend valide einschätzen können, ihnen jedoch eine umfassende Einschätzung von Qualitätsmerkmalen, unter Einbezug sämtlicher Facetten, teils noch nicht möglich ist.

Voraussetzungen für ein aussagekräftiges Schülerfeedback

Zum einen ist die Verwendung hinreichend (bzw. eingeschränkt) valider Items notwendig. Wie die Studie verdeutlichte, haben sowohl die *Itemstruktur* als auch die Auswahl der zu *beurteilenden Aspekte* einen bedeutsamen Einfluss auf die Itemvalidität. Zum anderen sind *instruktionale und konzeptionelle Aspekte* zu berücksichtigen. Obwohl farbliche und symbolische Hilfen die Orientierung auf dem Fragebogen unterstützten und die Handhabung des Fragebogens vor dem Ausfüllen ausführlich besprochen und eingeübt wurde, kam es zu Fehlern beim Einkreisen der Antwort (vgl. Tabelle 33).

Spezifität der Perspektiven

Im Hinblick auf Aspekte des lernförderlichen Klimas sowie subjektiv geprägte, hochinferente Items, wie beispielsweise *Mir war es zu laut*, erwies sich das individuelle Schülerfeedback im Vergleich zum Beobachterurteil teils als valide Datenquelle. Das Beurteilen anderer Aspekte, die beispielsweise die permanente Selbst- oder Fremdbeobachtung oder didaktisch-methodisches Hintergrundwissen erforderten, war aus der Schülerperspektive nur bedingt bzw. mit Einschränkungen möglich (vgl. Tabelle 32). Die Resultate weisen auf unterschiedliche Stärken und Schwächen der beiden Perspektiven hin. Dieser Befund verdeutlicht die von Clausen (2002) bereits betonte Spezifität der Perspektiven.

Zusammenhänge zwischen den angewandten Methoden

Über die Zusammenhangsanalysen sollte erforscht werden, inwieweit die hier angewandte Analysemethode (qualitative Inhaltsanalyse), welche sich als sehr zeitaufwendig erwies, durch ökonomischere Methoden, die Antwortzeitmessung und die Beurteilerübereinstimmung, ersetzt werden kann. Das endgültige Resultat der qualitativen Inhaltsanalyse, die ermittelte Itemvalidität, steht sowohl mit den Resultaten der Antwortzeitmessung als auch mit denen der Beurteilerübereinstimmung lediglich in mittlerem Zusammenhang (vgl. Tabelle 34). Die Ergebnisse der Zusammenhangsanalysen lassen sich damit als hypothesenkonform zu FF₄H₁ (*Es besteht lediglich ein mittlerer Zusammen-*

hang zwischen Antwortzeitmessung und itembezogener Urteilsschwierigkeit)
und FF_4H_2 (*Es besteht lediglich ein mittlerer Zusammenhang zwischen Antwortzeitmessung und klassifizierter Itemvalidität*) beschreiben. Zur Vorhersage der itembezogenen Urteilsschwierigkeit eignete sich die Beurteilerübereinstimmung erwartungsgemäß recht gut, womit FF_5H_1 (*Es besteht ein hoher
Zusammenhang zwischen Beurteilerübereinstimmung und itembezogener Urteilsschwierigkeit*) als bestätigt gilt. Die klassifizierte Itemvalidität hingegen
ließ sich nicht zuverlässig vorhersagen, weshalb FF_5H_2 (*Es besteht ein hoher
Zusammenhang zwischen Beurteilerübereinstimmung und klassifizierter Itemvalidität*) als falsifiziert gilt. Die beiden zeiteffizienteren Methoden stehen darüber hinaus selbst nur in geringem Zusammenhang.

Die Ergebnisse schlussfolgernd, kann weder die Antwortzeitmessung
noch die Beurteilerübereinstimmung die qualitative Inhaltsanalyse gänzlich
ersetzen. Die zeitsparenderen Analysemethoden erlaubten in Bezug auf die
klassifizierte Itemvalidität lediglich eine vage Vorhersage. Eine endgültige
Itemklassifikation sollte demnach unter Rückgriff auf die qualitative Inhaltsanalyse erfolgen.

Zum Einfluss negativ gepolter Items auf die faktorielle Validität

Im Rahmen der konfirmatorischen Faktorenanalyse von Hauptstudie I ließ
sich nicht klären, ob die negative Polung oder die mangelnde Urteilsfähigkeit der Schüler ausschlaggebend für die unzureichenden Ladungen der beiden negativ gepolten Items sind (vgl. Kapitel 9.2, Hauptstudie I Teilstudie
II). Beide Items erwiesen sich in der vorliegenden Studie aufgrund des geringen Fehleranteils (4,72 % und 6,86 %) und keinerlei Anzeichen für systematische Verzerrungen als hinreichend valide. Unter Annahme der Vergleichbarkeit beider Stichproben kann die mangelnde Urteilsfähigkeit der Schüler als
Ursache ausgeschlossen werden. Damit steht zwar nicht eindeutig fest, dass
die negative Polung der Grund für die geringe Ladung ist, jedoch verstärkt
sich der Verdacht diesbezüglich. Schließlich zeigten sich auch in anderen Studien negative gepolte Items innerhalb von Fragebögen mit mehrfach positiv
gepolten Items als problematisch beim Nachweis struktureller Validität (z. B.
Rauch, Schweizer & Moosbrugger, 2007). Insofern sollte, wie in der Diskussion von Teilstudie II bereits angemerkt, unbedingt darüber nachgedacht werden, bei künftigen faktoriellen Validierungen einen Methodenfaktor zu modellieren, welcher die aus der Polung resultierenden Effekte bündelt.

10.4.2 Methodische Diskussion

Innerhalb der methodischen Diskussion wird zunächst auf mögliche Einschränkungen der Studie eingegangen. Im Anschluss wird die Eignung der angewandten Methoden erörtert.

10.4.2.1 Einschränkungen

Eingeschränkte Repräsentativität der Stichprobe (Schüler, Unterrichtsstunden)

Obwohl für Studien im Bereich von CT die vorliegende Stichprobe als groß zu bezeichnen ist, gilt wie üblich bei Untersuchungen mit qualitativem Schwerpunkt die Stichprobengröße in Bezug auf die Repräsentativität und somit auch in Bezug auf die Verallgemeinerbarkeit der Befunde als begrenzt. Das heißt, selbst wenn in der Regel davon ausgegangen werden kann, dass die Anzahl kleiner Stichproben ausreicht, um die häufigsten Urteilsprobleme zu identifizieren, ist unklar, inwieweit die Fehleranteile pro Item als repräsentativ für dritte und vierte Grundschulklassen unabhängig von der jeweiligen Stunde angenommen werden können. Wie die Untersuchung zeigte, sind die itembezogenen Urteilsschwierigkeiten in den teilnehmenden Klassen zum Teil nicht identisch: Bei vier Items liegen deutliche Unterschiede in Bezug auf die relativen Fehlerhäufigkeiten vor. Ursachen für diese Unterschiede könnten sowohl auf Unterschiede in der Urteilsfähigkeit der teilnehmenden Klassen als auch auf eine unterschiedlich schwere Beurteilbarkeit der ausgewählten Items innerhalb der jeweiligen Stunden zurückgeführt werden. Unter Einbezug der Ergebnisse aus Hauptstudie I, in welcher die Klassenstufe keinen Einfluss auf die itembezogene Urteilsfähigkeit hatte, scheint es naheliegender, eine unterschiedlich schwere Beurteilbarkeit der Items in Abhängigkeit der jeweiligen Stunde anzunehmen. Außerdem wurde ein Teil der besagten Items entweder von den Drittklässlern oder den Viertklässler wesentlich valider beantwortet. Die Ergebnisse der Feinanalyse sprechen ebenfalls für die Annahme einer unterschiedlich schweren Beurteilbarkeit in Abhängigkeit von der Stunde (siehe Anhang, Ergebnisse der Feinanalyse Kapitel 5.10). Anhand von zwei Beispielen soll dieser Sachverhalt verdeutlicht werden: (1) Während das Item *Wir durften sagen, was wir zum Thema schon wissen* in der dritten Klasse nahezu fehlerfrei beurteilt werden konnte, indem die Schüler den stummen Impuls der Lehrkraft zur Aktivierung des (Vor-)Wissens als Indikator erkannten und erinnerten, kam es in Klasse vier zu einem Fehleranteil über dem Cut-Off-Point. In Klasse vier blieb innerhalb der Stunde eine Abfrage oder

Aktivierung des (Vor-)Wissens aus. Die Schüler suchten dennoch nach Indikatoren und fingen teilweise an, das Erzählen über eigene Erfahrungen, welches zu Beginn stattfand, als vermeintlichen Indikator heranzuziehen. Des Weiteren kam es zu einer nicht dem intendierten Sinn entsprechenden Interpretation des Wortes *durfte*: Kinder stimmten dem Item zu, obwohl kein Impuls zur Aktivierung seitens der Lehrkraft stattfand und obwohl kein Vorwissen geäußert wurde. Grund für die Zustimmung war, dass es nicht verboten war, sein Vorwissen zu äußern. (2) Auch das Item *Ich habe mich über Lob gefreut* wies deutliche Unterschiede in der Schwierigkeit auf. Es zeigte sich, dass persönliches Lob in der Klasse, in der die Lehrkraft selten lobte, wesentlich besser erinnert werden konnte, als in der Klasse, in der die Lehrkraft häufig lobte. Dort fiel es den Schülern schwer, zu eruieren, ob sie in der konkreten Stunde gelobt wurden oder nicht. Regelmäßiges Lob könnte demnach das Erkennen von Lob in einer konkreten Stunde einschränken und somit die Erinnerung und ein veridikales Urteil erschweren.

Die itembezogene Urteilsfähigkeit eines Schülers ist demnach nicht nur vom Item, sondern auch von der jeweiligen Stunde bzw. der Anzahl und Eindeutigkeit der auftretenden Indikatoren abhängig. Folglich kann trotz der ausführlichen Validierung der Items die Validität der als hinreichend valide klassifizierten Items bzw. die Urteilsfähigkeit von Dritt- und Viertklässlern in Bezug auf diese Items nicht garantiert werden. Eine Replikation der Befunde wäre deshalb erstrebenswert.

Eingeschränkte Interpretierbarkeit aufgrund des querschnittlichen Designs

Es nahmen insgesamt nur sechs Schüler sowohl an Hauptstudie I und Hauptstudie II teil. Insofern lässt sich nichts über den Einfluss der optimierten Items auf die individuelle, itembezogene Urteilsfähigkeit aussagen.[74] Hierzu wäre ein längsschnittliches Design notwendig. Demnach lässt sich nicht gänzlich ausschließen, dass die verbesserte Urteilsfähigkeit stichprobenbedingt ist. Der Einfluss der Optimierung lässt sich folglich anhand der vorliegenden Daten nicht hinreichend bestimmen.

Eingeschränkte Interpretierbarkeit aufgrund der Erhebungsmethode

Unter Verwendung von Probing war es möglich, Fehler sowie Fehlerhäufigkeiten auf einzelnen Stufen des Antwortprozesses zu lokalisieren. Es ist jedoch unklar, ob die Probanden die einzelnen Stufen des Urteilsprozesses un-

---

74 In Bezug auf die sechs Schüler, die an beiden Erhebungen beteiligt waren, wurde überprüft, ob ein Übungseffekt vorliegt, der die Ergebnisse verfälschen könnte. Der durchschnittliche Anteil an fehlerhaften Kodierungen ist mit denen der jeweiligen Referenzgruppe vergleichbar, sodass nicht von einem Übungseffekt ausgegangen wird.

ter anderen Testbedingungen überhaupt durchlaufen hätten. Die Frage nach der Begründung (Process Probe) kann sich, wie in Kapitel 9.1.2 bereits beschrieben, auf den Urteilsprozess auswirken. Schließlich realisieren die Schüler während des Interviews, dass sie jeweils nach dem Markieren ihrer Antwort direkt nach einer Urteilsbegründung gefragt werden. Dies kann ein mehr kognitiv-basiertes und elaborierteres Urteil zur Folge haben. Es kann nicht ausgeschlossen werden, dass Grundschüler unter normalen Bedingungen mehr Urteile *aus dem Bauch heraus* fällen würden. Wie die Feinanalyse verdeutlichte (vgl. Tabelle 33), wurde das Urteil zum Teil von Schülern korrigiert. Diese Korrekturen wurden nicht als Fehler gewertet. Demnach ist ohne die spezielle Interviewsituation mit einem erhöhten Fehleranteil innerhalb der Kategorie Antwortformat zu rechnen. Dies ist als Indiz für den Einfluss der Methode zu bewerten. Wie stark die Methode insgesamt das Urteil beeinflusst, kann anhand des Studiendesigns nicht analysiert werden. Anhand der Befunde zeigt sich beispielsweise eine Tendenz zu Antwortformatfehlern bei einem Wechsel zwischen positiv und negativ gepolten Items. Um den Einfluss der Methode zu erfassen, bedarf es eines experimentellen Designs, in welchem Testbedingungen systematisch variiert werden.

Somit können die Befunde der vorliegenden Studie dahingehend interpretiert werden, dass die teilnehmenden Schüler unter den gegebenen Testbedingungen fähig waren, zu den als hinreichend valide klassifizierten Items in Bezug auf die jeweiligen Stunden ein logisches Urteil abzugeben. Die Befunde sind jedoch kein Beweis dafür, dass die Schüler unter anderen Testbedingungen und anderen Stunden vergleichbar logisch urteilen würden.

Eingeschränkte Interpretierbarkeit aufgrund des Designs

Um die Forschungsfragen beantworten zu können, wurde das vorliegende Studiendesign gewählt und ein entsprechend dazu passendes Kodiersystem entwickelt. Wie die Befunde verdeutlichen, konnte die itembezogene Urteilsfähigkeit der Grundschüler in Bezug auf die Forschungsfragen unter Verwendung des Designs und des Kodiersystems adäquat erforscht werden. Die Untersuchung typischer Urteilsfehler wie beispielsweise des Primacy- oder Recency-Effekts standen nicht im Fokus der Untersuchung. Insofern lassen die Ergebnisse auch keine Aussagen diesbezüglich zu. Das heißt, nur weil diese Fehler nicht gezielt untersucht und kodiert wurden, darf das Grundschülerurteil nicht als frei von typischen Urteilsverzerrungen angenommen werden. Um den Einfluss typischer Urteilsverzerrungen zu erfassen, ist ein experimentelles Design notwendig, in welchem Unterrichtssituationen systematisch manipuliert und variiert werden.

10.4.2.2 Eignung der Methoden

Die Anzahl an Interviewfehlern sowie an nicht beurteilbaren Fällen liegt jeweils im akzeptablen Bereich. Dies sind bereits erste Anzeichnen für eine angemessene Qualität der verbalen Daten, für die Anwendbarkeit des Kategoriensystems und für eine gute Passung zwischen Erhebungs- und Auswertungsmethode. Im Folgenden werden die Eignung der einzelnen Methoden sowie das gewählte Maß zur äußeren Validierung diskutiert.

Erhebungs- und Auswertungsmethoden

Wie bereits dargestellt, können aus der gewählten Erhebungsmethode Verzerrungen in Bezug auf den Urteilsprozess resultieren. Unter Anbetracht der Tatsache, dass bislang jedoch keine Methode existiert, welche den Urteilsprozess unverfälscht abbildet bzw. expliziert (vgl. Kapitel 9.1.2), ist zu erörtern, ob die Methode trotz möglicher Einschränkungen hilfreiche Erkenntnisse hinsichtlich der Zielsetzung lieferte. Es sollte erforscht werden, ob die teilnehmenden Grundschüler der dritten und vierten Klasse in der Lage sind, ein valides Urteil zu ausgewählten Aspekten der Unterrichtsqualität einer konkreten Stunde zu fällen. Wie die Ergebnisdarstellung in Kapitel 10.3 verdeutlicht, konnte die itembezogene Urteilsfähigkeit recht detailliert – das heißt unter Einbezug der einzelnen Stufen des Antwortprozesses nach Tourangeau (1984), erfasst bzw. analysiert werden. Es kann lediglich nicht dafür garantiert werden, dass die Schüler von dieser Fähigkeit stets Gebrauch machen, wenn sie einen Fragebogen ausfüllen. Demnach lässt sich die Erhebungsmethode als zielführend und geeignet beschreiben. Mittels der *skalierenden strukturierten Inhaltsanalyse* war es möglich, die verbalen Daten in eine Nominalskala zu transformieren und somit zu strukturieren. Über die Häufigkeiten kodierter Fehler konnte das Verzerrungsausmaß des jeweiligen Items in Bezug auf die einzelnen Kategorien bestimmt werden. Dies erwies sich als wichtiger Schritt, um die fünfte und sechste zentrale Forschungsfrage zu beantworten. Mittels der *zusammenfassenden Inhaltsanalyse* im Rahmen der Feinanalyse konnten die Verzerrungen pro Item konkretisiert werden. Dieser Schritt ermöglichte es, Möglichkeiten für die Itemoptimierung abzuleiten, Interpretationshinweise für das itembezogene Schülerfeedback zu formulieren und die endgültige Itemklassifikation vorzunehmen. Somit lassen sich auch die Auswertungsmethoden als zielführend und geeignet beschreiben.

Videoratings als Maß zur äußeren Validierung

Der Aspekt der Veridikalität sollte über den Abgleich mit Videoratings zur konkreten Stunde unter Fokus auf den jeweiligen Schüler untersucht werden.

Diese Methode erwies sich als sehr zeitintensiv. Deshalb ist zu eruieren, in-wieweit sich dieser Aufwand lohnte. Die Kategorie Veridikalität, welche nur über den Abgleich der Begründungen mit den Ratings (inklusive der Rater-notizen) kodiert werden konnte, weist den vergleichbar größten Fehleranteil im Verhältnis zu den anderen Kategorien auf. Ohne den Abgleich wären dem-nach zahlreiche Fehler unentdeckt geblieben. Konsequenz wäre eine erhebli-che Überschätzung der itembezogenen Urteilsfähigkeit gewesen. Folglich er-wies sich die Kombination aus kognitiven Interviews und Videoratings, selbst wenn die Erhebung- und Auswertungsmethoden sehr aufwendig waren, als sinnvoll und im Kontext dieser Forschungsarbeit als unverzichtbar.

10.4.3 Implikationen für die Praxis und die Forschung

Forschungsdesiderate

a) Weiterführende Studien zur Urteilsfähigkeit

Anhand der vorliegenden Studie wurde erforscht, ob Grundschüler der drit-ten und vierten Klassenstufe itembasiert Feedback zu einer konkreten Unter-richtsstunde geben können. Die Befunde deuten darauf hin, dass Grundschü-ler verschiedene Aspekte der Unterrichtsqualität hinreichend valide beurteilen können – zumindest unter den gegebenen Testbedingungen. Es könnte jedoch sein, dass die innerhalb der Studie beurteilte konkrete Stunde von den teil-nehmenden Schülern nur deshalb valide beurteilt werden konnte, weil sie kei-ne Abweichung im Lehrhandeln zu vorherigen Stunden beinhaltete. Ungeklärt ist also, inwieweit ein vom üblichen Lehrhandeln abweichendes Lehrhandeln innerhalb einer konkreten Stunde wahrgenommen und beurteilt wird. Hierzu sind weiterführende experimentelle Studien notwendig, in denen Lehrkräfte ihr Verhalten systematisch in Bezug auf ausgewählte Aspekte der Unterrichts-qualität manipulieren. Eine Prüfung der Sensibilität für typische Urteilsfehler steht ebenfalls noch aus. Um gezielt das Ausmaß typischer Urteilsfehler wie den Primacy-/Recency-Effekt oder den Akquieszenzbias zu untersuchen, sind hinreichend valide Items notwendig. Andernfalls können Urteilsfehler bereits Interpretationsfehlern geschuldet sein. Hierzu liefert die vorliegende Arbeit die Basis.

b) Weiterführende Studien zur Verbesserung der Urteilsfähigkeit

Schüler sind lernfähig und somit ist anzunehmen, dass auch die Fähigkeit, Aspekte der Unterrichtsqualität zu beurteilen und fragebogenbasiert rückzu-melden, gefördert und gesteigert werden kann. Allein die regelmäßige Durch-führung von Schülerfeedback und das anschließende Feedbackgespräch sollten Lernmöglichkeiten für die Schüler darstellen. Es wäre interessant zu prüfen, inwieweit es Lehrkräften möglich ist, sukzessive Items zu Aspekten der Unterrichtsqualität einzuführen, die zu Beginn für die Schüler nicht zu beurteilen waren (wie beispielsweise Aspekte der Differenzierung) bzw. inwieweit sich eine Verbesserung der Urteilsfähigkeit durch regelmäßige Durchführung von Schülerfeedback erzielen lässt. Anhand von Experimental- und Kontrollgruppen ließe sich dieser Aspekt erforschen.

c) Weiterführende Studien zur prognostischen Validität des Schülerurteils
Die Strukturierungsansätze bieten ein Fundament an bedeutsamen Qualitätskriterien und Facetten. Dennoch sollte künftig geprüft werden, ob die Aspekte, die von Grundschülern hinreichend valide beantwortet werden können, prognostische Validität in Bezug auf motivationale, emotionale, soziale und kognitive Lernzuwächse haben.

d) Weiterführende Studien zu konzeptionellen und instruktionalen Faktoren
Hauptstudie I deutete darauf hin, dass die Itemlänge einen Einfluss auf die itembezogene Urteilsfähigkeit hat. In Hauptstudie II konnte durch eine reduzierte Itemlänge zum Teil eine bessere Itemvalidität erzielt werden. Unklar ist jedoch weiterhin, welche Itemlänge generell als problematisch zu betrachten ist und welche weiteren Faktoren der Itemstruktur die Validität des Items beeinflussen. Hauptstudie II deutet in Bezug auf die vierte Stufe des Urteilsprozesses auf einen möglichen negativen Einfluss von Skalen hin, welche positiv und negativ gepolte Items mischen. Bezüglich der optischen Gestaltung der Fragebögen schien die farbliche Abgrenzung der Zellen sowie die symbolische Darstellung des Zustimmungsgrades für die Schüler eine Hilfe zu sein. Diese vagen Tendenzen sollten künftig anhand experimenteller Studien überprüft werden, um Regeln für eine altersadäquate Item- und Fragebogenkonzeption empirisch fundiert ableiten zu können. Auch hinsichtlich instruktionaler Faktoren ist der Forschungsstand rar. Die Studie verdeutlichte, dass verschiedene Items ohne vorherige Erklärung nicht für die Schüler beurteilbar sind. Inwieweit kurze Erklärungen bei der Fragebogeneinführung die Itemvalidität steigern können, gilt es ebenfalls zu prüfen.

Implikationen für das EMU-Projekt
Grundschüler der dritten und vierten Klasse waren in der Lage, Lehrkräften zu den in EMU ausgewählten Qualitätsbereichen ein aussagekräftiges Feedback zu geben. Dieses ist, wie Urteile der Unterrichtsqualität generell, nicht gänzlich fehlerfrei. Sofern ein Feedbackinstrumentarium zu den in EMU ausgewählten Bereichen auf Basis des vorliegenden Itempools konzipiert werden

soll, ist ein Fehleranteil in den Kategorien Veridikalität und Antwortformat bis zu 20 % pro Item und Kategorie sowie ein Fehleranteil bis zu 10 % innerhalb der Kategorie Logik pro Item in Kauf zu nehmen. Es gilt: Je umfassender das erwünschte Feedback, desto größer der zu tolerierende Fehleranteil. Anders als im Rahmen von Forschungsprojekten bietet EMU durch das abschließende Feedbackgespräch Raum, eventuelle Verständnis- oder Urteilsprobleme zu eruieren, indem über die Ergebnisse mit den Schülern gesprochen wird.

Gerade für das EMU-Projekt wäre es hilfreich, zu erfahren, inwieweit durch die regelmäßige Durchführung von Schülerfeedback die Urteilsfähigkeit der Schüler gesteigert werden kann. Möglich wäre ein Vergleich der Urteilsfähigkeit von Klassen, in welchen EMU regelmäßig eingesetzt wird, mit der Urteilsfähigkeit von Klassen, welche noch keine Erfahrung mit Feedback zur Unterrichtsqualität aufweisen. Wichtig ist bei der Einführung der EMU-Grundschulversion, die Lehrkräfte dazu anzuhalten, eine möglichst alltägliche Stunde zu zeigen. Denn inwieweit Abweichungen vom gewohnten Lehrverhalten von Grundschülern in ihrem Urteil berücksichtigt werden, ist noch nicht hinreichend geklärt. Sobald dieser Aspekt erforscht ist und abweichendes Verhalten hinreichend beachtet wird, kann Schülerfeedback in der Grundschule auch genutzt werden, um sich Rückmeldung zu neu angewandten Unterrichtsmethoden oder erprobten Verhaltensweisen einzuholen.

Lehrkräfte sollten bei der Verwendung der eingeschränkt validen Items auf die jeweilige Verzerrungsproblematik (z. B. Mildeeffekt) aufmerksam gemacht werden, um das Schülerurteil entsprechend zu gewichten bzw. interpretieren zu können. Neben den bislang beachteten Rahmenbedingungen sollte künftig nach dem Ausfüllen des Bogens den Schülern noch einmal Zeit gegeben werden, um die gewählten Antworten zu kontrollieren. Dabei sollten die Testleiter oder Lehrkräfte die Schüler auffordern zu prüfen, ob in jeder Zeile nur genau *ein* Kreis vorhanden ist bzw. ob exakt eine Antwortkategorie ausgewählt wurde.

Implikationen für die interne und externe Evaluation sowie die Forschung

Grundschüler gelten auf Basis der vorliegenden Befunde als kompetente Beurteiler ausgewählter Aspekte der Unterrichtsqualität. Aspekte des lernförderlichen Klimas können sie zum Teil sogar valider einschätzen als externe Beobachter. Insofern kann und sollte im Rahmen der internen und externen Evaluation auf Schülerratings rekurriert werden, um ein möglichst umfassendes Bild über die Unterrichtsqualität der Schule zu erhalten. Auch Forschungsprojekte, welche sich mit der Unterrichtsqualität in der Grundschule befassen, sollten Schüler, die Adressaten des Unterrichts, als Datenquelle einbeziehen. Erfreulicherweise wird dies in beiden Fällen – d.h. in der Praxis und der Forschung – bereits getan. Bedenklich scheint unter Einbezug der Resultate der vorliegenden Studie die bisherige Umsetzung. Die Validität von Schülerfeedback ist an zahlreiche Voraussetzungen geknüpft, denen künftig unbedingt mehr Beachtung geschenkt werden sollte. Bislang wurden Items in der Regel nicht hinreichend auf Verständlichkeit und Beurteilbarkeit geprüft und konzeptionelle sowie instruktionale Aspekte, wie zum Beispiel das Vorlesen der Items oder eine ausführliche Einführung des Fragebogens, vernachlässigt. Die Begriffe Evaluation und Forschung stehen beide für wissenschaftliche Vorgehensweisen, welche verschiedenen Standards, wie der Erfüllung des Gütekriteriums der Validität, genügen sollten. Um diesem Anspruch gerecht zu werden, ist bei der Erhebung von Ratings im Grundschulbereich ein Umdenken erforderlich: Die gängigen Validierungsmethoden sind nicht ausreichend. Deshalb sollten Methoden aus dem Bereich CT zusätzlich angewandt werden. Des Weiteren darf sich im Rahmen der Erhebung nicht auf das Austeilen und Einsammeln der Fragebögen beschränkt werden.

11 Pilotierung der EMU-Grundschulversion

Auf Basis des validierten Itempools und der Erfahrungen hinsichtlich konzeptioneller und instruktionaler Aspekte soll eine EMU-Grundschulversion entstehen und online geschaltet werden. Bevor die endgültige Version hochgeladen wird, sollen der Itempool, die gewählte Konzeption und die formulierten Instruktionen pilotiert werden. Die Pilotierung liefert in Bezug auf die Forschungsfragen der vorliegenden Forschungsarbeit keine weiteren Informationen. Dennoch rundet sie das Projekt ab, indem aus ihr das Endprodukt der Arbeit, die EMU-Grundschulversion, hervorgeht. Aus diesem Grund wird die Pilotierung zumindest kurz skizziert.

11.1 Zielsetzung

Ziel der Pilotierung war es, Rückmeldungen aus der Praxis a) zur Akzeptanz der Lehrkräfte gegenüber dem Feedback von Grundschülern, b) zur Akzeptanz der Lehrkräfte gegenüber negativ gepolten Items und c) zur Durchführbarkeit der vorläufigen Grundschulversion einzuholen.[75] Auf Basis der Resultate sollte die Version entsprechend überarbeitet und je nach Bedarf durch einführende sowie weiterführende Texte ergänzt werden.

11.2 Instrumente und Methoden

Aus dem Itempool wurden vier sehr ähnliche, aber dennoch leicht unterschiedliche Fragebogenversionen konzipiert, um möglichst alle Items des Pools zu pilotieren (positiv gepolte sowie negativ gepolte). Items, welche bislang nur in der negativ gepolten Version vorlagen wurden entsprechend umformuliert. Die Liste der verwendeten Items befindet sich im Anhang in Kapitel 6.1). Das bisherige Design (z.B. farbliche Hervorhebung der Zeilen, Nutzung von Symbolen) sowie das Antwortformat des Fragebogens wurden beibehalten (vgl. Anhang Kapitel 5.3), da es sich laut Schüleraussagen bewährt hatte.

---

75 Im Rahmen der Pilotierung wurden an Teilstichproben zusätzlich weiterführende Studien vorgenommen. Ein Ziel der weiterführenden Studien war beispielsweise mittels eines experimentellen Designs zu prüfen, inwieweit negativ gepolte Items die Aussagekraft des Schülerfeedbacks erhöhen. Die weiterführenden Studien sind trotz gleicher Teilstichproben kein Bestandteil der vorliegenden Forschungsarbeit und werden im Folgenden nicht berichtet. Die im Rahmen der Pilotierung eingesetzten Lehrerrückmeldebögen variieren je nach Studie; Fragen zu den Bereichen a, b und c waren jedoch in allen Rückmeldebögen enthalten.

Um Rückmeldung zu den ausgewählten Aspekten zu erhalten, wurde den Lehrkräften ein Rückmeldebogen ausgehändigt, mit der Bitte diesen nach der Durchführung anonym an die Universität zu schicken. Im Zuge der Pilotierung wurde auf sieben Items fokussiert (sechs mit geschlossenem und eines mit offenem Antwortformat; siehe Anhang Kapitel 6.3). Die Auswertung erfolgte über deskriptive Statistiken.

11.3 Stichprobe und Setting

An der Pilotierung nahmen insgesamt 48 Lehrkräfte mit ihren Klassen aus vier verschiedenen Bundesländern teil (Rheinland-Pfalz, Nordrhein-Westfalen, Hessen, Baden-Württemberg). Um viele Lehrkräfte für die Pilotierung zu gewinnen, wurde eine Fortbildung zum Thema evidenzbasierte Unterrichtsdiagnostik angeboten. 22 Lehrkräfte nahmen an der Fortbildung teil und erklärten sich im Zuge der Anmeldung zur Fortbildung dazu bereit, die Pilotierung durchzuführen. Weitere 26 Lehrkräfte konnten zusätzlich rekrutiert werden. Die Teilnahme an der Pilotierung war freiwillig. Die Gesamtstichprobe besteht aus Fachleitern, Multiplikatoren und Lehrkräften. Da die Teilnahme freiwillig war, ist davon auszugehen, dass die Teilnehmer gegenüber evidenzbasierter Unterrichtsdiagnostik aufgeschlossen sind. Demnach kann die Stichprobe nicht als repräsentativ für Lehrkräfte in Deutschland angesehen werden. Insgesamt nahmen fünf männliche Lehrkräfte teil (ca. 10 %), was dem in Deutschland generell geringen Anteil männlicher Grundschullehrkräfte geschuldet ist.

Die Lehrkräfte nahmen jeweils in der Rolle der hospitierenden und unterrichtenden Lehrkraft, das heißt im für EMU typischen Tandemprinzip, an der Pilotierung teil. Die Tandems führten die Unterrichtsdiagnostik an der eigenen Schule in den eigenen Klassen durch, indem sie sich gegenseitig hospitierten und Schülerfeedback einholten. Zur Erprobung der EMU-Grundschulversion(en) erhielten die Lehrkräfte eine schriftliche Einführung mit detaillierten Anweisungen und Hinweisen zur Vorbereitung, Durchführung und Nachbereitung (siehe Anhang Kapitel 6.2). Bei der Konzeption der Materialien wurde sich an den für notwendig erachteten Rahmenbedingungen und Voraussetzungen für ein aussagekräftiges Schülerfeedback orientiert (vgl. Kapitel 4, 10.3 und 10.4).

11.4 Resultate

Von den teilnehmenden Lehrkräften gingen 41 Rückmeldungen ein. Tabelle 35 informiert über die deskriptiven Statistiken. Das fragebogenbasierte Schülerfeedback wurde von 95 % der Teilnehmer, deren Rückmeldung vorliegt, als gewinnbringend erachtet. Die Schülereinschätzungen wurden von über 88 % als realitätsgetreu eingeschätzt. Negativ gepolten Items stehen insgesamt 28 % der teilnehmenden Lehrkräfte skeptisch gegenüber.

Tabelle 35: *Deskriptive Statistik zur Pilotierung*

				Prozentuale Häufigkeiten				
Item	N	Mean	SD	stimme voll zu	stimme eher zu	bin mir un-sicher	stimme eher nicht zu	stimme gar nicht zu
Schülerfragebögen im Rahmen der internen Evaluation sollten ausschließlich positiv gepolte Items beinhalten.	39	3.44	1.02	-	28 %	11 %	51 %	10 %
Die mir vorliegenden Schülereinschätzungen zur Unterrichtsqualität halte ich für realitätsgetreu.	41	2.02	0.47	10 %	78 %	12 %	-	-
Schülerfeedback in dieser Form halte ich für gewinnbringend.	41	1.37	0.58	68 %	27 %	5 %	-	-
Die Instruktion war verständlich.	40	1.58	0.50	43 %	57 %	-	-	-
Die Grundschulversion halte ich im Schulalltag für gut umsetzbar.	41	1.68	0.61	39 %	54 %	7 %	-	-

Anmerkung: stimme voll zu = 1, stimme gar nicht zu = 5, N = 41

Die Durchführbarkeit wurde mehrheitlich als gut umsetzbar bewertet: Die Instruktion wurde innerhalb aller vorliegenden Rückmeldungen als (eher) verständlich eingestuft und die Umsetzbarkeit der Grundschulversion im Alltag wird von 93 % positiv beurteilt (vgl. Tabelle 35). Darüber hinaus meldeten 38 Teilnehmer zurück, EMU auch künftig nutzen zu wollen. Drei Teilnehmer machten hierzu keine Angaben. Unabhängig von den durch die Fragebögen

erfassten Rückmeldungen der Lehrkräfte, meldeten drei Schulleitungen un-
aufgefordert zurück, die EMU-Grundschulversion künftig ins Schulprogramm
zu integrieren. Insgesamt wurden acht Anmerkungen (Hinweise, Optimierungsvorschläge oder Kommentare) formuliert. Diese sind im Anhang einzusehen (vgl. Anhang Kapitel 6.4).

11.5 Diskussion und Implikationen

Die Stichprobe wurde als nicht repräsentativ beschrieben. Deshalb können
die Werte hinsichtlich der Akzeptanz der Lehrkräfte gegenüber Schülerfeedback nicht verallgemeinert werden. Dennoch ist es als gutes Zeichen zu interpretieren, dass die in den Studien der vorliegenden Forschungsarbeit nachgewiesene Urteilskompetenz von Grundschülern sich im Gesamteindruck
der teilnehmenden Lehrkräfte hinsichtlich des Nutzens und der Veridikalität von Schülerfeedback unter Verwendung der EMU-Fragebögen bestätigte.
Eine Skepsis bezüglich Grundschülerfeedback kann bei Lehrkräften, die das
Instrument noch nicht ausprobiert haben, jedoch nicht ausgeschlossen werden. Insofern sollte auf der EMU-Homepage die Frage nach der Validität von
Schülerfeedback unbedingt thematisiert werden.

Fast ein Drittel der Teilnehmer sprach sich gegen die Verwendung negativer Items in Feedbackinstrumenten aus. Um möglichst allen an Unterrichtsdiagnostik und -evaluation interessierten Lehrkräften ein Instrument anbieten
zu können, sollte der Basisbogen der EMU-Grundschulversion ausschließlich
positiv gepolte Items beinhalten. Lehrkräften, die auf negativ gepolte Items
nicht verzichten möchten, bietet der Zusatzbereich entsprechenden Freiraum
zur Ergänzung des Basisbogens. Die weiterführenden Studien werden zeigen, inwieweit negativ gepolte Items eine erhöhte Aussagekraft bewirken. Im
Anschluss kann über ein explizites Angebot negativ gepolter Items auf der
Homepage nachgedacht werden.

Insgesamt erwiesen sich die Materialien als selbsterklärend. Die Hinweise und Verbesserungsvorschläge wurden bedacht und weitestgehend eingearbeitet. Das Resultat, die EMU-Grundschulversion, ist online verfügbar unter
www.unterrichtsdiagnostik.de und www.unterrichtsdiagnostik.info.

12 Gesamtdiskussion

Im Rahmen der Gesamtdiskussion werden zunächst die zentralen Befunde der Arbeit zusammengefasst (Kapitel 12.1). Basierend auf den Ergebnissen wird im Anschluss die Eignung von Grundschülerratings zur Erfassung von Unterrichtsqualität (Kapitel 12.2) und die Eignung der eingesetzten Validierungsmethoden reflektiert (Kapitel 12.3). Bevor die Arbeit mit einem Ausblick schließt (Kapitel 12.5), wird die Quintessenz der Forschungsarbeit in einem Fazit festgehalten (Kapitel 12.4).

12.1 Zusammenfassung der zentralen Ergebnisse

Schülerratings sind eine der zentralen Methoden zur Erfassung von Unterrichtsqualität – sowohl in der Forschung als auch im Rahmen interner und externer Schulevaluation. Zur Messung von Unterrichtsqualität wird auch auf Schülerratings von Grundschülern rekurriert. Bislang existieren in der Unterrichtsforschung nur wenige Arbeiten, die sich dezidiert und umfassend mit der Eignung, insbesondere der Validität von Grundschülerratings zur Unterrichtsqualität beschäftigen (vgl. Kapitel 6). Des Weiteren sind einige Instrumentarien, die Lehrkräften im Internet von verschiedenen Qualitätsagenturen zur internen Evaluation angeboten werden, auf Basis bisheriger Kenntnisse als nicht altersadäquat zu bezeichnen – obwohl sie als validiert gelten (vgl. Kapitel 6). Die vorliegende Arbeit thematisierte mittels eines Mixed-Method-Designs die Validität von Grundschülerratings in Bezug auf Unterrichtsqualität. Übergeordnetes Ziel war es, ein für das Modul EMU hinreichend valides Instrument zum Einsatz in der Grundschule zu entwickeln sowie für die Forschung einen Pool an Items bereitzustellen, die Grundschüler hinreichend valide beurteilen können. Die methodische Vorgehensweise sowie die zentralen Befunde lassen sich wie folgt zusammenfassen:

In *Vorstudie I* wurde anhand der Delphi-Methode mit anschließender Expertendiskussion eine inhaltliche Validierung von Items aus verfügbaren Instrumenten zur Messung der Unterrichtsqualität vorgenommen. Die Kriterien zur Itemauswahl waren die inhaltliche Relevanz und die Altersadäquatheit der Items. Insgesamt nahmen sieben Experten an der Studie teil. Es war ihnen erlaubt, Modifikationen vorzunehmen, um Items – aus ihrer Sicht – valider zu gestalten. Die insgesamt 58 Items, welche von den Experten für inhaltlich valide befunden wurden, stellten die Basis für die weiteren Validierungsstudien dar. Ein von den Experten als einstimmig invalide klassifiziertes Item wurde ebenfalls ausgewählt, um die Konformität verschiedener Validierungsmethoden umfassender vergleichen zu können.

Vorstudie 2 diente der Klassifikation des Verständlichkeitsgrades der von den Experten selektierten Items. Hierzu wurden ein Expertenrating und eine daran anschließende qualitative Schwierigkeitsanalyse durchgeführt. Auf Basis der Itemklassifikation durch die Experten sowie der erfassten Problemstellen im Zuge der Schwierigkeitsanalyse wurden die Items drei Schwierigkeitsstufen hinsichtlich der Itemverständlichkeit zugeteilt (*leicht verständlich, verständlich, schwer verständlich*). Für das als *nicht valide* kategorisierte Item aus Vorstudie I wurde zusätzlich die Stufe *nicht verständlich* gebildet.

Innerhalb von *Vorstudie 3* wurde der Interviewleitfaden, welcher in Hauptstudie I eingesetzt werden sollte, pilotiert. Des Weiteren wurde eruiert, wie viele Items pro Interview für Grundschüler ein machbares Maß darstellen und welche Grundschulklassen in Hauptstudie I einbezogen werden. Auf Basis der Erfahrungen der Pilotierung wurde entschieden, Hauptstudie I auf Schüler der dritten und vierten Klassen zu beschränken und die teilnehmenden Schüler jeweils zu 6 Items zu befragen (jeweils zwei aus den Schwierigkeitsstufen leicht verständlich und verständlich, sowie jeweils eins aus den Schwierigkeitsstufen schwer verständlich und nicht verständlich).

Hauptstudie I gliedert sich in zwei Teilstudien. In *Teilstudie I* wurde mittels qualitativer Methoden aus dem Bereich CT untersucht, ob Grundschüler anhand der von den Experten als (in)valide klassifizierten Items typische Unterrichtssituationen beurteilen können. Als Erhebungsmethode wurde sich für kognitive Interviews (Technik: Probing) unter Verwendung verbaler Vignetten entschieden. Analysiert wurde das verbale Datenmaterial mit der qualitativen Inhaltsanalyse nach Mayring (2010b) – insbesondere der skalierenden Strukturierung und der zusammenfassenden sowie typisierenden Inhaltsanalyse. Nachdem die verbalen Daten in ordinales Skalenniveau transformiert waren, wurden diese mittels deskriptiver Statistiken, Korrelations- und Regressionsanalysen weiterführend ausgewertet. Maxqda 10 und SPSS 16 dienten als Analysesoftware. Über die Hälfte der von den Experten als valide eingestuften Items konnten von den teilnehmenden Schülern nicht hinreichend valide beurteilt werden (ebenso auch das als invalide eingestufte Item). Bezüglich der itembezogenen Urteilsfähigkeit zeigten sich interindividuelle Unterschiede, welche sich nicht durch die Klassenstufe, den Migrationshintergrund oder das Geschlecht erklären ließen. Durch den Einfluss der durch die Lehrkräfte eingeschätzten Deutschleistung der Schüler konnten ca. 8 % der Varianz bezüglich der Urteilsfähigkeit aufgeklärt werden. Die Validität der Items wies mit $r_s = .4$ einen geringen Zusammenhang mit der Itemlänge auf. Als kritische Grenze ergab sich in dieser Studie eine Wortanzahl von 10. Auf Basis der Fehlertypisierung und der Ursachenanalyse wurden Itemoptimierungen durchgeführt. *Teilstudie II* diente der quantitativen Validierung. In Anlehnung an die Basisdimensionen nach Klieme und Kollegen (2001, 2006) wurden die von den Experten selektierten Items entsprechend der drei Dimensionen sortiert. Die Dimension *schülerorientiertes und unterstützendes Lernklima* wurde anschließend unter Verwendung konfirmatorischer Faktorenanalysen (Software Mplus) auf faktorielle Validität geprüft. Nachdem vier Items von insgesamt 15 aus dem Modell entfernt wurden, ließ sich die Basisdimension mit den von den Experten ausgewählten Items faktoriell abbilden. Der Chi-Quadrat-Differenzen-Test verdeutlicht jedoch, dass eine zweifaktorielle Struktur mit den Faktoren *Unterstützung* und *Schülerorientierung* die Daten besser beschreibt. Fünf der modell-immanenten und damit strukturvaliden Items erwiesen sich in Teilstudie I als unzureichend valide oder invalide, darunter auch das von den Experten bereits als invalide klassifizierte Item.

In *Hauptstudie II* wurde auf Basis der bislang als (hinreichend) valide klassifizierten und optimierten Items eine weitere qualitative Validierung vorgenommen. Erneut wurden kognitive Interviews (Technik: Probing) angewandt. Um den Aspekt der Veridikalität des Schülerurteils prüfen zu können, wurde eine konkrete Stunde als Urteilsgegenstand ausgewählt. Als Außenkriterium zur Validierung der Schüleraussagen wurden Videoratings herangezogen. Des Weiteren wurden die Antwortzeit und die Beurteilerübereinstimmung erfasst. Das verbale Datenmaterial wurde mit der qualitativen Inhaltsanalyse nach Mayring ausgewertet (2010b) – insbesondere der skalierenden Strukturierung und der zusammenfassenden Inhaltsanalyse. Nachdem die verbalen Daten in Skalenniveau transformiert worden sind, wurden weiterführende Analysen, deskriptive Statistiken sowie Korrelationsanalysen, mit Excel und SPSS durchgeführt. Die teilnehmenden Grundschüler konnten ausgewählte Aspekte der Klassenführung, des lernförderlichen Klimas, der Motivierung, der Klarheit und Strukturiertheit und der Aktivierung kompetent beurteilen. Von insgesamt 37 getesteten Items wurden 23 als hinreichend valide klassifiziert. Identifizierte Urteilsfehler wurden jeweils einer Stufe des Urteilsprozesses nach Tourangeau (1984) zugeordnet. Auf allen vier Stufen ließen sich (vergleichbare) Fehleranteile finden. Des Weiteren zeigte sich, dass die Itemstruktur, der zu beurteilende Aspekt sowie konzeptionelle und instruktionale Aspekte einen Einfluss auf die itembezogene Urteilsfähigkeit haben. Die Antwortzeit sowie die Beurteilerübereinstimmung erwiesen sich nur bedingt geeignet, um die Aussagekraft der Items vorauszusagen (mittlere Korrelationen).

Auf Basis der Erkenntnisse und Erfahrungen aus den vorherigen Studien wurde eine vorläufige Grundschulversion für das Modul EMU entwickelt. Im Rahmen der Pilotierung wurde diese auf Akzeptanz und Durchführbarkeit geprüft. Die Resultate wiesen darauf hin, dass die konzipierte Version von den Teilnehmern akzeptiert und als gut durchführbar eingestuft wurde. Verbesserungsvorschläge wurden soweit wie möglich eingearbeitet. Das Resultat ist online verfügbar (www.unterrichtsdiagnostik.de und www.unterrichtsdiagnos tik.info).

12.2 Eignung von Grundschülerratings zur Erfassung von Unterrichtsqualität

12.2.1 Wird Unterrichtsqualität oder werden Fragmente der Unterrichtsqualität erfasst?

Die Befunde der vorliegenden Arbeit verdeutlichen, dass Grundschüler verschiedene Aspekte der Unterrichtsqualität noch nicht hinreichend valide einschätzen können, da ihnen beispielsweise das notwendige Begriffswissen, Vergleichsmöglichkeiten oder methodisch-didaktisches Hintergrundwissen fehlt. Im Rahmen dieser Studie wurde die Urteilsfähigkeit von Grundschülern im Hinblick auf ausgewählte Merkmale guten Unterrichts untersucht. Deshalb ist keine umfassende oder vollständige Angabe zu beurteilbaren und nicht beurteilbaren Aspekten möglich. Fest steht jedoch, dass die teilnehmenden Grundschüler Facetten einzelner Merkmale nicht hinreichend valide beurteilen konnten und das Feedback von Grundschülern somit keine umfassende Rückmeldung der Unterrichtsqualität darstellt. Beispielsweise konnten die teilnehmenden Grundschüler einzelne Aspekte der Schülerorientierung (z. B. das Einbringen eigener Ideen), des Umgangs mit Heterogenität (z. B. das Zulassen eigener Lösungswege), der Aktivierung (z. B. permanente sinnvolle Beschäftigung), der Klarheit (z. B. die Verwendung guter Beispiele) oder der Strukturierung (z. B. reibungslose Übergänge) nicht adäquat beurteilen. In Bezug auf die im Theorieteil beschriebenen Merkmale und Facetten guter Unterrichtsqualität lässt sich argumentieren, dass Grundschüler dennoch wesentliche Indikatoren guter Unterrichtsqualität hinreichend valide beurteilen können. Dieser Argumentation zufolge ist das Feedback von Grundschülern als aussagekräftig zu bezeichnen. Inwieweit jedoch genau die Aspekte, die Schüler nicht beurteilen können, einen entscheidenden Einfluss auf die kognitive, soziale oder emotionale Entwicklung nehmen, kann auf Basis der bisherigen Befunde nicht gesagt werden. Künftig sollte deshalb erforscht werden, wie groß die Aussagekraft bzw. die Einschränkung der Aussagekraft von Grundschülerratings ist, indem die prognostische Validität des Urteils im Vergleich zur prognostischen Validität umfassenderer Einschätzungen aus anderen Perspektiven geprüft wird.

12.2.2 Perspektivenspezifische Validität oder perspektivenspezifische Verzerrung?

Unter Bezug auf Clausen (2002) sowie Kunter und Baumert (2006) werden geringe Übereinstimmungen zwischen Unterrichtseinschätzungen von Lehrkräften, Schülern und Beobachtern in der Literatur häufig als perspektivenspezifische Validitäten interpretiert. Es ist jedoch zu hinterfragen, ob die Begrifflichkeit *perspektivenspezifische Validität* nicht ein Widerspruch in sich selbst birgt. Woraus sollen die Unterschiede resultieren, wenn nicht aus messmethodischen Problemen und demnach aus Verzerrungen? Wenn die Unterschiede aus perspektivenspezifischen messmethodischen Problemen und infolgedessen aus perspektivenspezifischen Verzerrungen resultieren, scheint der Begriff Validität wenig geeignet. Auf Basis der vorliegenden Arbeit zeigte sich, dass Grundschüler beispielsweise Aspekte, welche die permanente Beobachtung der Lehrkraft erfordern, wenig reliabel einschätzen. Als Grund hierfür wird ihr aktives Involviertsein ins unterrichtliche Geschehen angenommen. Stark subjektiv geprägte, hochinferente Items konnten hingegen in der Regel die Beobachter weniger reliabel beurteilen. Hierbei wird als Ursache die mangelnde Beobachtbarkeit angenommen. In beiden Fällen geht die verminderte Messgenauigkeit mit einer Einschränkung der Validität einher. Insofern scheint der Begriff *perspektivenspezifische Verzerrung* für die sich daraus ergebenden Unterschiede treffender. In Bezug auf die Schülerperspektive scheint der Begriff perspektivenspezifische Validität auf der Individualebene, sofern die Items aus der Ich-Perspektive formuliert sind, also Selbsteinschätzungen darstellen, gerechtfertigt. Schließlich kann Unterricht auf unterschiedliche Schüler unterschiedlich wirken und demnach auch in seiner Passung auf die motivationalen oder kognitiven Voraussetzungen variieren. Auf Aggregatebene sollte jedoch noch einmal überdacht werden, ob Unterschiede in den Unterrichtseinschätzungen zur Beobachterperspektive oder zur Lehrerperspektive jeweils auf eine perspektivenspezifische Validität zurückgeführt werden können.

12.2.3 Nutzen von Grundschülerratings für die Praxis und die Forschung

Grundschülerratings sind zum Teil verzerrt und erlauben kein vollständiges Bild über Unterrichtsqualität. Dennoch stellen sie ein aussagekräftiges Feedback zu wesentlichen Indikatoren guten Unterrichts dar. Des Weiteren gelingt es Grundschülern zum Teil besser als externen Beobachtern Aspekte des lernförderlichen Klimas sowie stark subjektiv geprägte und hochinferente Items zu beurteilen. Demnach kann die Grundschülerperspektive sowohl für die interne und externe Schulevaluation als auch für Forschungsprojekte eine überaus gewinnbringende Datenquelle darstellen – sofern die notwendigen Voraussetzungen beachtet werden.[76] Zu warnen ist sowohl vor dem Einsatz von Instrumenten, welche nicht hinreichend validiert wurden, als auch vor Erhebungen, bei welchen die Fragebögen ohne jegliche Einführung lediglich ausgeteilt und wieder eingesammelt werden. In beiden Fällen ist mit erheblichen Verzerrungen zu rechnen, die jegliche Interpretation der Ergebnisse verbieten.

Für die interne Unterrichtsdiagnostik und -evaluation erwiesen sich Grundschülerratings im Rahmen der Pilotierung als gewinnbringend und praktikabel. Da es für Lehrkräfte ungemein wichtig ist, zu erfahren, wie ihr Unterricht bei ihren Schülern ankommt (vgl. Kapitel 3), sollte gerade dort nicht auf Schülerbefragungen verzichtet werden. Im Gegenteil, Lehrkräfte sollten ermutigt werden, Schüler in die Unterrichtsentwicklung einzubeziehen. Verzerrungen sind dort im Vergleich zu Forschungsprojekten außerdem weniger streng zu gewichten, da das Schülerurteil im Rahmen der Feedbackgespräche auf Stichhaltigkeit geprüft werden kann. Insofern lässt sich auf Basis der vorliegenden Arbeit – zumindest in der dritten und vierten Klassenstufe – dem anfänglich bereits aufgeführten Zitat von Hattie Nachdruck verleihen:

> The lack of use of student evaluations in elementary and high schools should be a major concern. The stakes are too high to depend on beliefs that quality is high, or that the students are too immature to have meaningful judgments about the effects of teachers on their learning. A key is not whether teachers are excellent, or even seen to be excellent by colleagues, but whether they are excellent as seen by students – the students sit in the classes; they know whether the teacher sees learning through their eyes, and they know the quality of relationship. The visibility of learning from the students' perspective needs to be known by teachers so that they can have a better understanding of what learning looks and feels like for the students. (Hattie, 2009, S. 116)

---

76 Hier wird bewusst die Formulierung *kann* gewählt, da ohne Replikationsstudien und weiterführende Studien keine allgemein gültigen Aussagen möglich sind.

12.3 Eignung der eingesetzten Validierungsmethoden

In dieser Studie wurden eine inhaltliche Validierung (Vorstudie I) sowie eine faktorielle Validierung (Hauptstudie I, Teilstudie II) durchgeführt. Des Weiteren wurden Methoden des CT angewandt (Hauptstudie I, Teilstudie I und Hauptstudie II) und es wurde die Beurteilerübereinstimmung zwischen Schüler und Beobachter berechnet (Hauptstudie II). Als die am häufigsten angewandten Validierungsmethoden in diesem Kontext gelten die inhaltliche sowie die faktorielle Validierung (vgl. Kapitel 6). Daran ist prinzipiell nichts zu bemängeln. Beide Methoden haben ihre Berechtigung. Äußerst kritisch zu betrachten ist jedoch, wenn die Validierung – zumindest bei neuen Instrumenten für junge Probanden – unter Verwendung dieser beider Methoden als ausreichend betrachtet wird. Wie die Befunde verdeutlichen, eignet sich weder die inhaltliche noch die faktorielle Validierung auf Individualebene, um altersadäquate Items in Bezug auf die Urteilsfähigkeit der Zielgruppe zu selektieren. Auch die Antwortzeitmessung und die Beurteilerübereinstimmung zeigten sich weniger zuverlässig in der Vorhersage (hinreichend) valider Items. Folglich ist es dringend ratsam, neben den üblichen Validierungsmethoden zusätzlich kognitive Prätests durchzuführen. Kognitive Interviews, insbesondere unter Verwendung von Process Probes, erwiesen sich als kindgerechte und in Kombination mit der qualitativen Inhaltsanalyse als erkenntnisreiche Validierungsmethode.

Die vorliegenden Befunde bekräftigen das in der Literatur empfohlene mehrschrittige Vorgehen bei kognitiven Prätests (vgl. 9.1.2). Darüber hinaus weisen die Ergebnisse darauf hin, dass anstelle eines identischen Vorgehens in den Testrunden die Anwendung unterschiedlicher Techniken ratsam ist: Auf eine konkrete Stunde fokussierte, kognitive Interviews ermöglichen es – über den Abgleich mit Videoratings – die Veridikalität der Urteile zu prüfen. Die Veridikalität als ein zentraler Aspekt der Validität sollte bei Validierungen zu fragebogenbasierte Urteilen über Merkmale der Unterrichtsqualität nicht vernachlässigt werden (vgl. Hauptstudie II Kapitel 10.3 und 10.4). Da die Schwierigkeit des itembezogenen Urteils auch von der zu beurteilenden Stunde abhängt, ist es ratsam, zusätzlich kognitive Prätests anhand standardisierter Unterrichtssituationen, zum Beispiel durch die Verwendung verbaler Vignetten, durchzuführen. Dabei können sowohl typische Unterrichtssituationen als auch speziell auf mögliche, itemspezifische Urteilsprobleme maßgeschneiderte Unterrichtssituationen einbezogen werden.

12.4 Fazit

Anhand der vorliegenden Arbeit wurden insbesondere zwei Aspekte deutlich:
1) Einer umfassenden Validierung von Feedbackinstrumenten zur Unterrichtsqualität unter Einbezug kognitiver Prätests kommt gerade bei der Arbeit mit jungen Probanden eine Schlüsselfunktion zu – sowohl in der Forschung als auch in der Praxis: Die Validität von Grundschülerratings zur Unterrichtsqualität steht und fällt mit dem jeweiligen Instrument.
2) Grundschülerratings zur Unterrichtsqualität können sowohl für die Unterrichtsforschung als auch für die interne und externe Unterrichtsdiagnostik und -evaluation eine gewinnbringende und aussagekräftige Datenbasis darstellen – sofern die notwendigen Voraussetzungen berücksichtigt werden.

Eine Replikation der Befunde ist aufgrund einiger methodischer Einschränkungen dieser Arbeit (vgl. die jeweiligen methodischen Diskussionen) wünschenswert. Insbesondere die Abhängigkeit der itembezogenen Urteilsfähigkeit von der jeweiligen Unterrichtsstunde, welche sich in Hauptstudie II zeigte, ist nicht unbedeutend und kann zu unzuverlässigen Ergebnissen führen. Darüber hinaus sind weiterführende Studien notwendig, um Grundschülerratings auf das Ausmaß typischer Urteilsfehler und auf prognostische Validität zu prüfen. Zur Untersuchung der strukturellen Validität ist es wichtig, dass sich innerhalb der Unterrichtsforschung zunächst auf einen Strukturierungsansatz geeinigt wird und die Frage, ob Unterrichtsqualität ein reflektives oder formatives Konstrukt darstellt, diskutiert und beantwortet wird. Außerdem sollte experimentell überprüft werden, ob die hier erfassten Urteile und Urteilsprozesse von Grundschülern von der verwendeten Methode abhängig sind. So steht eine Untersuchung, ob Grundschüler ohne die Verwendung kognitiver Methoden, das heißt unter gewöhnlichen Anforderungen beim Ausfüllen eines Fragebogens, zu einem vergleichbaren Urteil kommen, noch aus. Hauptstudie II verdeutlichte, dass in 10 Fällen die durch die Probe angestoßene Reflexion über das Urteil (Process Probe) zu einer Korrektur des Urteils führte. Dies deutet auf eine Verzerrung durch die Methode hin – wobei nicht ausgeschlossen ist, dass die Schüler auch ohne Probe eine Korrektur vorgenommen hätten.

12.5 Ausblick

Aus dieser Arbeit resultieren zum einen die *EMU-Grundschulversion* und zum anderen ein *Itempool* (vgl. Anhang Kapitel 6.1), der für weitere Forschungszwecke zur Verfügung steht. Inwieweit durch die EMU-Grundschulversion die interne Evaluation und damit auch die Kooperation in Schulen gefördert werden kann, bleibt abzuwarten. Im Hinblick auf die Forschung wurden bereits zahlreiche Forschungsdesiderata aus der Arbeit abgeleitet (siehe die Diskussion der beiden Hauptstudien sowie das Fazit der Gesamtdiskussion), für welche der Itempool als grundlegende Basis dienen kann. Da bislang nur marginal konkrete Kenntnisse zu problemgenerierenden sowie problemreduzierenden Faktoren in Bezug auf die Itemstruktur, die Fragebogenkonzeption und die Instruktion vorliegen, wäre weiterführende Forschung in diesem Bereich erstrebenswert. Wie die Anzahl der Vor-, Haupt- und Teilstudien dieser Forschungsarbeit verdeutlicht, ist eine Validierung von neuen Instrumenten für die Arbeit mit jungen Probanden sehr arbeits- und zeitintensiv – gerade wenn man bedenkt, dass weitere Validierungsstudien wie beispielsweise die kriteriale Validierung noch ausstehen. Insofern wäre es vorteilhaft, wenn künftig bei der Validierung von Instrumenten eine bessere Vernetzung und Kooperation sowohl innerhalb der Forschung als auch zwischen Forschungseinrichtungen und Qualitätsagenturen bestünde. Eine Arbeit mit wenigen, aber dafür umfangreich validierten Instrumenten würde zugleich zwei Vorteile mit sich bringen: a) aussagekräftigere und verlässlichere Ergebnisse und b) eine höhere Vergleichbarkeit der Ergebnisse. Deshalb soll diese Forschungsarbeit mit einem Appell zu mehr Vernetzung und Kooperation schließen.

Literatur

Ackermann, A. C. & Blair, J. (2006). *Efficient respondent selection for cognitive interviewing.* Paper presented at the 61st Annual Conference of the American Association for Public Opinion Research (S. 3997–4004). Zugriff am 12.11.2014. Verfügbar unter http://www.amstat.org/sections/srms/Proceedings/

Ackermann, H. (2001). Möglichkeiten und Grenzen einer Evaluation von Schule und Unterricht. *Salzburger Beiträge zur Erziehungswissenschaft, 5*(1), 87–95.

Adams, G. & Engelmann, S. (1996). *Research on direct instruction: 25 years beyond DISTAR.* Seattle, WA: Educational Achievement Systems.

Altrichter, H. (1998). Reflexion und Evaluation in Schulentwicklungsprozessen. In W. Schley, H. Altrichter & M. Schratz (Hrsg.), *Handbuch der Schulentwicklung* (Bd. 1, S. 263–335). Innsbruck: Österreichischer Schulbuch Verlag.

Altrichter, H. & Maag Merki, K. (2010). *Handbuch Neue Steuerung im Schulsystem.* Wiesbaden: VS Verlag für Sozialwissenschaften.

Anderson, G. J. & Walberg H. J. (1974). Learning environments. In H. J. Walberg (Hrsg.), *Evaluating Educational Performance: a sourcebook of methods, instruments, and examples* (S. 75–95). Berkeley, CA: McCutchan.

Arbuckle, J. L. (2005). *AMOS 4.01 [Software].* Chicago: Small Waters Corp.

Atkinson, R. & Shiffrin, R. (1968). Human memory: A proposed system and its control processes. In K. W. Spence & J. Taylor Spence (Hrsg.), *The psychology of learning and motivation. Advances in research and theory* (Bd. 2, S. 89–195). New York, NY: Academic Press.

Ayers, J. B. & Qualls, G. S. (1979). Concurrent and predictive validity of the national teacher examination. *Journal of Educational Research, 73*(2), 86–92.

Backhaus, K., B. Erichson, W. Plinke, R. Weiber (2006). *Multivariate Analysemethoden – Eine anwendungsorientierte Einführung* (11. Auflage). Berlin: Springer.

Balk, M. (2000). *Evaluation von Lehrveranstaltungen. Die Wirkung von Evaluationsrückmeldung.* Frankfurt am Main: Lang.

Bastian, J., Combe, A. & Langer, R. (2007). *Feedback-Methoden. Erprobte Konzepte, evaluierte Erfahrungen* [neu ausgestattete Sonderausg]. Weinheim: Beltz.

Baumert, J. & Köller, O. (1998). Nationale und internationale Schulleistungsstudien: Was können sie leisten, wo sind ihre Grenzen? *Pädagogik, 50*(6), 12–18.

Baumert, J. & Köller, O. (2000a). Motivation, Fachwahlen, selbstreguliertes Lernen und Fachleistungen im Mathematik- und Physikunterricht der gymnasialen Oberstufe. In J. Baumert, W. Bos & R. Lehmann (Hrsg.), *TIMSS/III. Dritte Internationale Mathematik- und Naturwissenschaftsstudie – Mathematische und Naturwissenschaftliche Bildung am Ende der Schullaufbahn* (S. 181–213). Opladen: Leske + Budrich.

Baumert, J. & Köller, O. (2000b). Unterrichtsgestaltung, verständnisvolles Lernen und multiple Zielerreichung im Mathematik- und Physikunterricht der gymnasialen Oberstufe. In J. Baumert, W. Bos & R. Lehmann (Hrsg.), *TIMSS/III. Dritte Internationale Mathematik- und Naturwissenschaftsstudie – Mathematische und Naturwissenschaftliche Bildung am Ende der Schullaufbahn* (S. 271–315). Opladen: Leske + Budrich.

Baumert, J., Roeder, P. M., Sang, F. & Schmitz, B. (1986). Leistungsentwicklung und Ausgleich von Leistungsunterschieden in Gymnasialklassen. *Zeitschrift für Pädagogik, 32*(5), 639–660.

Beatty, P. C. & Willis, G. B. (2007). Research synthesis: the practice of cognitive inter-viewing. *Public Opinion Quarterly, 71*(2), 287–311.

Berkic, J. & Schneewind, K. A. (2010). Besonderheiten bei der Befragung von Kindern und Jugendichen im Kontext der Familienberatung. In E. Walther, F. Preckel & S. Mecklenbräuker (Hrsg.), *Befragung von Kindern und Jugendlichen. Grundlagen, Methoden und Anwendungsfelder* (S. 319–339) . Göttingen: Hogrefe.

Berliner, D. C. (1987). Der Experte im Lehrberuf: Forschungsstrategien und Ergebnisse. *Unterrichtswissenschaft, 15*(3), 295–305.

Bessoth, R. & Weibel, W. (2000). *Unterrichtsqualität an Schweizer Schulen. Hilfen zur Steigerung und Sicherung der pädagogischen Wirksamkeit. Grundlagen, Instrumente, Praxis.* Zug: Klett.

Biemer, P. P., Groves, R. M., Lyberg, L. E., Mathiowetz, N. A. & Sudman, S. (Hrsg.). (1991). *Measurement error in surveys.* New York, NY: Wiley.

Biemer, P. P. & Lyberg, L. E. (2003). *Introduction to survey quality.* Hoboken, NJ: Wiley.

Bischof, L. M., Hochweber, J., Hartig, J. & Klieme, E. (2013). Schulentwicklung im Verlauf eines Jahrzehnts. Erste Ergebnisse des PISA-Schulpanels. *Zeitschrift für Pädagogik [Beiheft]*, 59, 172–199.

Blair, J. & Conrad. F. D. (2011). Sample size for cognitive interview pretesting. *Public Opinion Quarterly, 75*(4), 636–658.

Blaney, P. H. (1986). Affect and memory: A review. *Psychological Bulletin, 99*(2), 229–246.

Bloom, B. S. (1976). *Human characteristics and school learning.* New York, NY: McGraw-Hill.

Boller, S. (2009). *Kooperation in der Schulentwicklung: interdisziplinäre Zusammenarbeit in Evaluationsprojekten.* Wiesbaden: VS Verlag für Sozialwissenschaften.

Borich, G. D. & Klinzing, H. (1987). Paradigmen der Lehrereffektivitätsforschung und ihr Einfluss auf die Auffassung von effektivem Unterricht. *Unterrichtswissenschaft, 15*(1), 90–111.

Borich, G. D. & Martin, D. B. (2008). *Observation skills for effective teaching* (5. Aufl.). Upper Saddle River, NJ: Pearson Merrill Prentice Hall.

Bortz, J. & Döring, N. (2009). *Forschungsmethoden und Evaluation. Für Human- und Sozialwissenschaftler* (4. Aufl.). Heidelberg: Springer.

Bowen, N. K. (2008). Cognitive testing and the validity of child-report data from the Elementary School Success Profile. *Social Work Research, 32*(1), 18–28.

Bower, G. H. (1981). Mood and memory. *American Psychologist, 36*(2), 129–148.

Bredenkamp, J. & Wippich, W. (1977). *Lern- und Gedächtnispsychologie* (1. Aufl.). Stuttgart: Kohlhammer.

Bromme, R. (1997). Kompetenzen, Funktionen und unterrichtliches Handeln des Lehrers. In F. E. Weinert (Hrsg.), *Psychologie des Unterrichts und der Schule* (S. 177–212). Göttingen: Hogrefe.

Bromme, R. (2008). Lehrerexpertise. In W. Schneider (Hrsg.), *Handbuch der pädagogischen Psychologie* (S. 159–167). Göttingen: Hogrefe.

Brophy, J. & Good T. (1986). Teacher behavior and student achievement. In M. C. Wittrock (Hrsg.), *Handbook of research on teaching* (3. Aufl.). New York, NY: Macmillan.

Browne, M. W. & Cudeck, R. (1993). Alternative Ways of Assessing Equation Model Fit. In K. Bollen & J. S. Long (Hrsg.), *Testing Structural Equation Models* (S. 136–162). London: Sage Ltd.

Bühl, A. (2008). *SPSS 16. Einführung in die moderne Datenanalyse* (11. Aufl.). München: Pearson Studium.

Buhren, C. G. (2011). *Kollegiale Hospitation. Verfahren, Methoden und Beispiele aus der Praxis*. Köln: Link.

Büttner, G. (2008). Fragebögen und Ratingskalen. In W. Schneider (Hrsg.), *Handbuch der pädagogischen Psychologie* (S. 282–290). Göttingen: Hogrefe.

Büttner, G. & Schmidt-Atzert, L. (2004). Diagnostische Verfahren zur Erfassung von Aufmerksamkeit und Konzentration. In G. Büttner & L. Schmidt-Atzert (Hrsg.), *Diagnostik von Konzentration und Aufmerksamkeit. Jahrbuch der pädagogischen-psychologischen Diagnostik Tests und Trends* (Bd. 3, S. 23–62). Göttingen: Hogrefe.

Carless, D. (2006). Differing perceptions in the feedback process. *Studies in Higher Education, 31*(2), 219–233.

Carmines, E. G., & McIver, J. P. (1981). Analyzing models with unobserved variables: Analysis of covariance structures. In G. W. Bohrnstedt & E. F. Borgata (Hrsg.), *Social measurement: Current issues* (S. 65–115). Beverly Hills, CA: Sage.

Carroll, J. B. (1963). A model of school learning. *Teachers College Record, 64*(8), 723–733.

Case, R. & Bruchkowsky, M. (1992). *The mind's staircase. Exploring the conceptual underpinnings of children's thought and knowledge*. Hillsdale, NJ: Erlbaum.

Case, R. & Okamoto, Y. (1996). *The role of central conceptual structures in the development of children's thought*. Chicago, IL: University of Chicago Press.

Castillo Díaz M., Padilla García J.L., Gómez-Benito J. & Andrés Valle A. (2010). A productivity map of cognitive pretest methods for improving survey questions. *Piscothema, 22*(3), 475–481.

Champman, R. S. (2000). Children's language learning: an interactionist perspective. *Journal of Child Psychologie and Psychiatry, 41*(1), 33–54.

Clausen, M. (2002). *Unterrichtsqualität: eine Frage der Perspektive?* Münster: Waxmann.

Clausen, M., Schnabel, K. & Schröder, K. (2002). Konstrukte der Unterrichtsqualität im Expertenurteil. *Unterrichtswissenschaft, 30*, 122–141.

Cobb, P., Wood, T., Yackel, E., Nicholls, J., Wheatley, G., Trigatti, B. et al. (1991). Assessment of a problem-centered second-grade mathematics project. *Journal for Research in Mathematics Education, 22*, 3–29.

Cohen, J. (1988). *Statistical power analysis for the behavioral sciences* (2. Aufl.). Hillsdale, NJ: Erlbaum.

Coleman, J. S., Campbell, E. Q., Hobson, C. J., McPartland, J., Mood, A. M., Weinfeld, F. D. et al. (1966). *Equality of educational opportunity*. Washington, DC: U.S. Government Printing Office.

Conrad, F., Blair, J. & Tracy, E. (2000). Verbal reports are data! A theoretical approach to cognitive interviews. In *Proceedings of the 1999 Federal Committee on Statistical Methodology Research Conference* (S. 11–20). Washington, DC: U.S. Bureau of Labor Statistics Office of Survey Methods Research.

Cook-Sather, A. (2009). *Learning from the student's perspective. A sourcebook for effective teaching.* Boulder, CO: Paradigm Publishers.

Cooney, J. B. & Ladd, S. F. (1992). The influence of verbal protocol methods on children's mental computation. *Learning and Individual Differences, 4*(3), 237–257.

Cornelius-White, J. (2007). Learner-centered teacher-student relationships are effective: A meta-analysis. *Review of Educational Research, 77*(1), 113–143.

Cortis, G. & Grayson, A. (1978). Primary school pupils' perception of student teachers' performance. *Educational Review, 30*(2), 93–101.

Couper, M., Tourangeau, R., Conrad, F. & Crawford, S. (2004). What they see is what we get: response options for web surveys. *Social Science Computing Review, 22*(1), 111–127.

Creemers, B. (1994a). Effective instruction. An empirical basis for a theory of educational effectiveness. In D. Reynolds, B. Creemers, P. Nesselrodt, E. Schaffer, S. Stringfield & C. Teddlie (Hrsg.), *Advances in school effectiveness research and practice* (S. 189–205). Oxford, UK: Pergamon Press.

Creemers, B. (1994b). *The effective classroom.* London, UK: Cassell.

Cronbach, L. J. (1976). *Research on classrooms and schools: Formulations of questions, design and analysis.* Stanford, CA: Stanford Evaluation Consortium.

Cronbach, L. J. & Webb, N. (1975). Between-class and within-class effects in a reported aptitude * treatment interaction: Reanalysis of a study by G.L. Anderson. *Journal of Educational Psychology, 67*(6), 717–724.

Curtis, R. & Jackson, E. F. (1962). Multiple Indicators in Survey Research. *American Journal of Sociology, 68*(2), 195–204.

DeGEval – Gesellschaft für Evaluation e.V. (2008). *Standards für Evaluation* (4. Aufl.). Hamburg: Medienzirkus Schwank.

DESI-Konsortium (Hrsg.). (2008). *Unterricht und Kompetenzerwerb in Deutsch und Englisch. Ergebnisse der DESI-Studie.* Weinheim: Beltz.

Diamantopoulos, A. & Winklhofer, H. M. (2002). Index construction with formative indicators: An alternative to scale development. *Journal of Marketing Research, 38*(2), 269–277.

Diamantopoulus, A., Riefler, P. & Roth, K. P. (2008). Advancing formative measurement models. *Journal of Business Research, 61*(12), 1203–1218.

Ditton, H. (1998). *Mehrebenenanalyse. Grundlagen und Anwendungen des Hierarchisch Linearen Modells.* Weinheim: Juventa.

Ditton, H. (2002a). Lehrkräfte und Unterricht aus Schülersicht. Ergebnisse einer Untersuchung im Fach Mathematik. *Zeitschrift für Pädagogik, 48*(2), 262–286.

Ditton, H. (2002b). Unterrichtsqualität – Konzeptionen, methodische Überlegungen und Perspektiven. *Unterrichtswissenschaft, 30*(3), 197–212.

Ditton, H. & Arnoldt, B. (2004). Schülerbefragung zum Fachunterricht – Feedback an Lehrkräfte. *Empirische Pädagogik, 18*(1), 115–139.

Ditton, H. & Krecker, L. (1995). Qualität von Schule und Unterricht – Empirische Befunde zu Fragestellungen und Aufgaben der Forschung. *Zeitschrift für Pädagogik, 41*, 507–529.

Doll, J. & Prenzel, M. (Hrsg.). (2004). *Bildungsqualität von Schule: Lehrerprofessionalisierung, Unterrichtsentwicklung und Schülerförderung als Strategien der Qualitätsverbesserung.* Münster: Waxmann.

Dörnyei, Z. (2001). *Teaching and researching motivation.* New York, NY: Longman.

Doyle, W. (1986). Classroom organization and management. In M. C. Wittrock (Hrsg.), *Handbook of research on teaching* (3. Aufl., S. 392–431). New York, NY: Macmillan.

Dreesmann, H. (1980). *Unterrichtsklima als situative Komponente für kognitive Prozesse und das Leistungsverhalten von Schülern.* Dissertation, Universität Heidelberg. Wirtschafts- und Sozialwissenschaftliche Fakultät.

Dreesmann, H. (1982). *Unterrichtsklima. Wie Schüler den Unterricht wahrnehmen.* Weinheim: Beltz.

Dreesmann, H., Eder, F., Fend, H., Prekrun, R., Saldern, M. & Wolf, B. (1992). Schulklima. In K. Ingenkamp, R. S. Jäger, H. Petillon & B. Wolf (Hrsg.), *Empirische Pädagogik 1970–1990* (S. 655–682). Weinheim: Deutscher Studienverlag.

Driscoll, A., Peterson, K., Browning, M. & Stevens, D. (1990). Teacher evaluation in early childhood education: What information can young children provide? *Child Study Journal, 20,* 67–79.

Dutke, S. (1997). *Erinnern der Dauer. Zur zeitlichen Rekonstruktion von Handlungen und Ereignissen.* Lengerich: Pabst.

Eberl, M. (2004). Formative und refektive Indikatoren im Forschungsprozess: Entscheidungsregeln und die Dominanz des reflekiven Modells. *EFOplan – Schriften zur Empirischen Forschung und Quantitativen Unternehmensplanung, 19.*

Eberl, M. (2006). Formative und reflektive Konstrukte und die Wahl des Strukturgleichungsverfahrens: eine statistische Entscheidungshilfe. *Die Betriebswirtschaft, 66*(6), 651–668.

Ebmeier, H. & Good, T. L. (1979). The effects on instructing teachers about good teaching on the mathematics achievement of fourth grade students. *American Educational Research Journal, 16*(1), 1–16.

Eder, F. (1996). *Schul- und Klassenklima.* Innsbruck: Studienverlag.

Eder, F. (2001). Schul- und Klassenklima. In D. Rost (Hrsg.), *Handwörterbuch Pädagogische Psychologie* (S. 578–586). Weinheim: Beltz.

Eder, F. (2002). Unterrichtsklima und Unterrichtsqualität. *Unterrichtswissenschaft, 30*(3), 213–228.

Edlinger, H. & Hascher, T. (2008). Von der Stimmungs- zur Unterrichtsforschung: Überlegungen zur Wirkung von Emotionen auf schulisches Lernen und Leisten. *Unterrichtswissenschaft, 36*(1), 55–70.

Ehrlich, M. F., Remond M. & Tardieu, H. (1999). Processing of anaphoric devices in young skilled and less skilled comprehenders: Differences in metacognitive monitoring. *Reading and Writing, 11*(1), 29–63.

Eid, M., Gollwitzer, M. & Schmitt, M. (2010). *Statistik und Forschungsmethoden. Lehrbuch.* Weinheim: Beltz.

Einsiedler, W. (1997). Empirische Grundschulforschung im deutschsprachigen Raum – Trends und Defizite. *Unterrichtswissenschaft, 25*(4), 291–315.

Einsiedler, W. (2000). Von Erziehungs- und Unterrichtsstilen zur Unterrichtsqualität. In M. K. W. Schweer (Hrsg.), *Lehrer-Schüler-Interaktion. Pädagogisch-psychologische Aspekte des Lehrens und Lernens in der Schule* (S. 109–128). Opladen: Leske + Budrich.

Einsiedler, W. (2002). Das Konzept „Unterrichtsqualität". *Unterrichtswissenschaft, 30*(3), 194–196.

Einsiedler, W. (Hrsg.). (2011). *Unterrichtsentwicklung und Didaktische Entwicklungsforschung.* Bad Heilbrunn: Klinkhardt.

Eiser, C., Mohay, H. & Morse, R. (2000). The measurement of quality of life in young children. *Child: Care, Health and Development, 26*(5), 401–414.

Ericsson, K. A. & Simon, H. A. (1993). *Protocol analysis. Verbal reports as data.* Cambridge, MA: MIT Press.

Erzmann, T. (2004). Zum Verhältnis von Entwicklungs- und Erziehunsgprozessen. Die Aktualität der Kinder- und Entwicklungspsychologie von Lew S. Wygotsky für Kindergarten und Grundschule heute. In U. Carle & A. Unckel (Hrsg.), *Entwicklungszeiten. Forschungsperspektiven für die Grundschule.* Jahrbuch Grundschulforschung (Bd. 8, 1. Aufl., S. 60–66). Wiesbaden: VS Verlag für Sozialwissenschaften.

Esslinger, I. (2002). *Berufsverständnis und Schulentwicklung: ein Passungsverhältnis?* Bad Heilbrunn/Obb.: Klinkhardt.

Fauth, B., Decristan, J., Rieser, S., Klieme, E., & Büttner, G. (2014). Student ratings of teaching quality in primary school: dimensions and prediction of student outcomes. *Learning and Instruction, 29,* 1–9.

Fauth, B., Warwas, J., Klieme, E. & Büttner, G. (2011). Dimensions of students' perceived instructional quality in primary school [Abstract]. In Universität Erfurt (Hrsg.), *Abstractband PAEPS vom 14. bis 16. September 2011 in Erfurt.*

Fend, H. (1977). *Schulklima.* Weinheim: Beltz.

Fend, H. (1981). *Theorie der Schule* (2. Aufl.). München: Urban & Schwarzenberg.

Fichten, W. (1993). *Unterricht aus Schülersicht. Die Schülerwahrnehmung von Unterricht als erziehungswissenschaftlicher Gegenstand und ihre Verarbeitung im Unterricht.* Frankfurt am Main: Peter Lang.

Flanders, N. A. (1970). *Analyzing teaching behavior.* Reading: Addison-Wesley Educational Publishers Inc.

Foddy, W. (1998). An empirical evaluation of in-depth probes used to pretest survey questions. *Sociological Methods and Research, 27*(1), 103–133.

Follmann, J. (1995). Elementary public school pupil rating of teacher effectiveness. *Child Study Journal, 25*(1), 57–78.

Forsyth, B. H. & Lessler, J. T. (1991). Cognitive laboratory methods: A taxonomy. In P. P. Biemer, R. M. Groves, L. E. Lyberg, N. A. Mathiowetz & S. Sudman (Hrsg.), *Measurement error in surveys* (S. 393–418). New York, NY: Wiley.

Fowler, F. J. (1992). How unclear terms affect survey data. *Public Opinion Quarterly, 56*(2), 218–231.

Fraisse, P. (1985). *Psychologie der Zeit. Konditionierung, Wahrnehmung, Kontrolle, Zeitschätzung, Zeitbegriff.* München: Reinhardt.

Fraser, B. J., Walberg, H. J., Welch, W. W. & Hattie, J. A. (1987). Syntheses of educational productivity research. *International Journal of Educational Research, 11,* 147–252.

Friedman, W. J. (2007). The development of temporal metamemory. *Child Development, 78*(5), 1472–1491.

Fürstenau, P. (1969). *Zur Theorie in der Schule.* Weinheim: Beltz.

Gage, N. L. & Needels, M. C. (1989). Process-product research on teaching: A review of criticisms. *The Elementary School Journal, 89,* 253–300.

Galton, M. & Patrick, H. (1990). *Curriculum provision in small primary schools.* London, UK: Routledge.

Gärtner, H. (2010). Wie Schülerinnen und Schüler ihre Lernumwelt wahrnehmen. *Zeitschrift für Pädagogische Psychologie, 24*(2), 111–122.

Gerstenmaier, J. (1975). *Urteile von Schülern über Lehrer.* Weinheim: Belz.

Giacona, R. M. & Hedges, L. V. (1982). Identifying features of effective open education. *Review of Educational Research, 52,* 579–602.

Giest, H. (1995). *Kognition und Unterricht in der Grundschule* (Potsdamer Studien zur Grundschulforschung, Bd. 9). Potsdam: Universität Potsdam.

Giest, H. (2003). Zur Entwicklung des begrifflichen Denkens im Grundschulalter. *Psychologie in Erziehung und Unterricht, 50*(3), 235–249.

Gigerenzer, G., Hertwig, R. & Pachur, T. (2011). *Heuristics. The foundations of adaptive behavior.* New York, NY: Oxford University Press.

Ginsberg, H., Kossan, N., Schwartz, R. & Swanson, D. (1983). Protocol methods in research on mathematical thinking. In H. P. Ginsburg (Hrsg.), *The development of mathematical thinking* (S. 7–47). Orlando, FL: Academic Press.

Gioia, D. A. & Sims, H. P. (1985). On avoiding the influence of implicit leadership theories in leader behavior descriptions. *Educational and Psychological Measurement, 45*(2), 217–232.

Goldhaber, D. (2000). *Theories of human development. Integrative perspectives.* Mountain View, CA: Mayfield Pub.

Gollwitzer, M. & Jäger, R. S. (2009). *Evaluation kompakt* (1. Aufl.). Weinheim: Beltz.

Gordon, T. (2011). *Lehrer-Schüler-Konferenz. Wie man Konflikte in der Schule löst.* München: Heyne.

Goswami, U. C. (2011). *The Wiley-Blackwell handbook of childhood cognitive development* (2. Aufl.). Chichester: Wiley-Blackwell.

Gräsel, C. (1997). *Problemorientiertes Lernen. Strategieanwendung und Gestaltungsmöglichkeiten.* Göttingen: Hogrefe.

Gräsel, C., Fußangel, K. & Pröbstel, C. (2006). Lehrkräfte zur Kooperation anregen – eine Aufgabe für Sisyphos? *Zeitschrift für Pädagogik, 52*(2), 205–219.

Gräsel, C. & Mandel, H. (2005). Qualitätskriterien von Unterricht: Ein zentrales Thema der Unterrichts- und Lehr-Lern-Forschung. In H. J. Apel & W. Sacher (Hrsg.), *Studienbuch Schulpädagogik* (2. Aufl., S. 241–259). Bad Heilbrunn/ Obb.: Julius Klinkhardt.

Greve, W. & Wentura, D. (1997). *Wissenschaftliche Beobachtung. Eine Einführung* (2. Aufl.). Weinheim: Beltz.

Groß Ophoff, J., Hosenfeld, I. & Koch, U. (2007). Formen der Ergebnisrezeption und damit verbundene Schul- und Unterrichtsentwicklung. *Empirische Pädagogik, 21*(4), 411–427.

Gruehn, S. (1995). Vereinbarkeit kognitiver und nichtkognitiver Ziele im Unterricht. *Zeitschrift für Pädagogik, 41,* 531–553.

Gruehn, S. (2000). *Unterricht und schulisches Lernen. Schüler als Quelle der Unterrichtsbeobachtung.* Münster: Waxmann.

Gruschka, A. (2007). „Was ist guter Unterricht?" Über neue Allgemein-Modellierungen aus dem Geiste der empirischen Unterrichtsforschung. *Pädagogische Korrespondenz, 36,* 10–43.

Günther, H. (2008). *Sprache hören, Sprache verstehen. Sprachentwicklung und auditive Wahrnehmung.* Weinheim: Beltz.

Haak, R. A., Kleiber, D. A. & Peck, R. F. (1972). *Student Evaluation of Teacher Instrument, II: Manual.* Austin, TX: University of Texas at Austin, Research and Development Center for Teacher Education.

Hacker, D., Dunlosky, J. & Graesser, A. (Hrsg.). (1998). *Metacognition in educational theory and practice.* Mahwah, NJ: Erlbaum.

Haertel, G. D., Walberg, H. J. & Haertel, E. H. (1981). Socio-psychological environments and learning: A quantitative syntheses. *British Educational Research Journal, 7,* 27–36.

Hair, J. F. Jr, Black, W. C., Babin, B. J., Anderson, R. E. & Tatham, R. L. (2006). *Multivariate data analysis* (6. Aufl.). New Jersey: Pearson Prentice Hall.

Hardmann, F., Smith, F. & Wall, K. (2003). Interactive whole class teaching in the National Literacy Strategy. *Cambridge Journal of Education, 33*(2), 197–215.

Hargreaves, A. (2010). Presentism, individualism and conservatism: The legacy of Dan Lortie's 'Schoolteacher: A Sociological Study'. *Curriculum Inquiry, 40*(1), 143–154.

Hartig, J., Frey, A. & Jude, N. (2007). Validität. In H. Moosbrugger & A. Kelava (Hrsg.), *Testtheorie und Fragebogenkonstruktion* (S. 135–164). Heidelberg: Springer.

Hattie, J. (2009). *Visible learning. A synthesis of over 800 meta-analyses relating to achievement.* London, UK: Routledge.

Hattie, J. (2012). *Visible learning for teachers. Maximizing impact on learning.* New York, NY: Routledge.

Heinze, A. & Reiss, K. (2004). The teaching of proof at lower secondary level – a video study. *ZDM – International Journal on Mathematics Education, 36*(3), 98–104.

Helmke, A. (1988). Leistungssteigerung und Ausgleich von Leistungsunterschieden in Schulklassen: Unvereinbare Ziele? *Zeitschrift für Entwicklungspsychologie und Pädagogische Psychologie, 20,* 45–76.

Helmke, A. (2002). Kommentar: Unterrichtsqualität und Unterrichtsklima: Perspektiven und Sackgassen. *Unterrichtswissenschaft, 30*(3), 261–277.

Helmke, A. (2006). Was wissen wir über guten Unterricht? *Pädagogik, 58*(2), 42–45.

Helmke, A. (2007). Einblick in die Lehr-Lern-Situation. In T. Riecke-Baulecke (Hrsg.), *Schulleitung Plus: Schule und Unterricht erfolgreich gestalten* (S. 88–101). München: Oldenbourg.

Helmke, A. (2012). *Unterrichtsqualität und Lehrerprofessionalität. Diagnose, Evaluation und Verbesserung des Unterrichts* (4. Aufl.). Seelze: Klett-Kallmeyer.

Helmke, A., Helmke, T., Heyne, N., Hosenfeld, A., Kleinbub, I. Schrader, F.-W. &. Wagner W. (2007). Erfassung, Bewertung und Verbesserung des Grundschulunterrichts: Forschungsstand, Probleme, Perspektiven. In K. Möller, P. Hanke, C. Beinbrech, A. K. Hein, T. Kleickmann & R. Schlages (Hrsg.), *Qualität von Grundschulunterricht entwickeln, erfassen und bewerten* (Jahrbuch Grundschulforschung, Bd. 11, S. 17–34). Wiesbaden: VS Verlag für Sozialwissenschaften.

Helmke, A., Helmke, T., Heyne, N., Hosenfeld, A., Hosenfeld, I., Schrader, F.-W. & Wagner, W. (2008). Zeitnutzung im Grundschulunterricht: Ergebnisse der Unterrichtsstudie „VERA – Gute Unterrichtspraxis". *Zeitschrift für Grundschulforschung, 1,* 23–36.

Helmke, A., Helmke, T., Lenske, L., Pham, G. H., Praetorius, A.-K., Schrader, F.-W. & Ade-Thurow, M. (2011). Studienbrief Unterrichtsdiagnostik (Kultusminister-konferenz: Projekt EMU [Evidenzbasierte Methoden der Unterrichtsdiagnostik]). Landau: Universität Koblenz-Landau, Campus Landau.

Helmke, A., Helmke, T., Lenske, L., Pham, G. H., Praetorius, A.-K., Schrader, F.-W. & Ade-Thurow, M. (Version 3.3). *Evidenzbasierte Methoden der Unterrichts-diagnostik und -entwicklung.* Zugriff am 05.07.2013. Verfügbar unter www.un terrichtsdiagnostik.de

Helmke, A., Helmke, T., Lenske, G., Pham Hong, G., Praetorius, A.-K., Schrader, F.-W. & Ade-Thurow, M. (2012). Unterrichtsdiagnostik – Voraussetzung für die Verbesserung der Unterrichtsqualität. In S. G. Huber (Hrsg.), *Jahrbuch Schulleitung 2012. Befunde und Impulse zu den Handlungsfeldern des Schul-managements* (S. 133–144). Köln: Carl Link.

Helmke, T., Helmke, A., Schrader, F.-W., Wagner, W., Nold, G. & Schröder, K. (2008). Die Videostudie des Englischunterrichts. In DESI-Konsortium (Hrsg.), *Unterricht und Kompetenzerwerb in Deutsch und Englisch. Ergebnisse der DESI-Studie* (S. 345–363). Weinheim: Beltz.

Helmke, A. & Lenske, G. (2013). Unterrichtsdiagnostik als Voraussetzung für Un-terrichtsentwicklung. *Beiträge zur Lehrerbildung, 31*(2), 214–233.

Helmke, A. & Lenske, G. (2014). Selbstreflexion und kollegialer Austausch. Ele-mente der Lehrerprofessionalität. *Die Grundschulzeitschrift, 278/279,* 5–7.

Helmke, A., Piskol, K., Pikowsky, B. & Wagner, W. (2009). Unterrichtsqualität aus Schülerperspektive. *Lernende Schule, 46*(47), 98–102.

Helmke, A. & Schrader, F.-W. (1990). Zur Kompatibilität kognitiver, affektiver und motivationaler Zielkriterien im Schulunterricht – clusteranalytische Studien. In M. Knopf & W. Schneider (Hrsg.), *Entwicklung*. Festschrift zum 60. Geburts-tag von Franz Emanuel Weinert (S. 180–200). Göttingen: Hogrefe.

Helmke, A. & Schrader, F.-W. (2001). Von der Leistungsevaluation zur Unterrichts-entwicklung – Neue Herausforderungen für die pädagogische Psychologie. In R. K. Silbereisen & M. Reitzle (Hrsg.), *Psychologie 2000: Bericht über den 42. Kongress der Deutschen Gesellschaft für Psychologie in Jena.* (S. 594–606). Lengerich: Pabst Science Publishers.

Helmke, A. & Schrader, F.-W. (2008). Merkmale der Unterrichtsqualität: Potenzial, Reichweite und Grenzen. *SEMINAR – Lehrerbildung und Schule, 3,* 17–47.

Heinzel, F. (Hrsg.). (2012). *Methoden der Kindheitsforschung. Ein Überblick über Forschungszugänge zur kindlichen Perspektive* (Kindheiten, rev. Ausg.). Wein-heim: Juventa.

Helfferich, C. (2011). *Die Qualität qualitativer Daten. Manual für die Durchfüh-rung qualitativer Interviews* (Lehrbuch, 4. Aufl.). Wiesbaden: VS Verlag für Sozialwissenschaften.

Hildebrandt, L. & Temme, D. (2006). Probleme der Validierung mit Strukturglei-chungsmodellen. *Die Betriebswirtschaft, 66*(6), 618–639.

Hofer, M. (1981). Lehrerverhalten aus der Sicht der Schüler. *Pädagogische Welt, 35*(1), 49–56.

Holodynski, M. & Friedlmeier, W. (2006). *Emotionen – Entwicklung und Regulati-on.* Heidelberg: Springer.

Holtappels, H. G. (1999). Neue Lernkultur – veränderte Lehrerarbeit. Forschungs-ergebnisse über pädagogische Tätigkeit, Arbeitsbelastung und Arbeitszeit in Grundschulen. In U. Carle & S. Buchen (Hrsg.), *Jahrbuch für Lehrerforschung* (Bd. 2, S. 137–151). Weinheim: Juventa.

Homburg, Ch. & H. Baumgartner (1995). Beurteilung von Kausalmodellen – Be-standsaufnahme und Anwendungsempfehlungen, *Marketing ZfP, 17*(3), 162–176.

Hook, C. M. & Rosenshine, B. V. (1979). Accuracy of teacher reports of their class-room behavior. *Review of Educational Research, 49*(1), 1–12.

Horster, L. & Rolff, H.-G. (2006). *Unterrichtsentwicklung. Grundlagen einer reflek-torischen Praxis* (2. Aufl.). Weinheim: Beltz.

Hox, J. J. (2002). *Multilevel analysis: Techniques and applications.* Mahwah, NJ: Erlbaum.

Hoyt, W. T. & Kerns, M.-D. (1999). Magnitude and moderators of bias in observer ratings: A meta-analysis. *Psychological Methods, 4*(4), 403–424.

Hu, L.-T. & Bentler, P. M. (1995). Evaluating model fit. In R. H. Hoyle (Hrsg.), *Structural Equation Modeling: Concepts, Issues, and Applictions* (S. 76–99). Thousand Oaks, CA: Sage.

Hu, L.-T. & Bentler, P. M. (1998). Fit Indices in Covariance Structure Modeling – Sensitivity to underparameterized model missspecification. *Psychological Me-thods, 3*(4), 424–453.

Hu, L.-T. & Bentler, P. M. (1999). Cutoff criteria for fit indexes in covariance struc-ture analysis – conventional criteria versus new alternatives. *Structural Equati-on Modeling, 6*(1), 1–55.

Huber, A. (1999). *Bedingungen effektiven Lernens in Kleingruppen unter besonderer Berücksichtigung der Rolle von Lernskripten.* Schwangau: Huber.

Hugener, I., Pauli, C. & Klieme, E. (2006). *Videoanalysen.* In E. Klieme, C. Pauli & K. Reusser (Hrsg.), *Dokumentation der Erhebungs- und Auswertungsinstru-mente zur schweizerisch-deutschen Videostudie „Unterrichtsqualität, Lernver-halten und mathematisches Verständnis". Materialien zur Bildungsforschung.* Frankfurt am Main: GFPF.

Irving, S. E. (2004). *The development and validation of a student evaluation instru-ment to identify highly accomplished mathematics teachers.* Unveröffentlichte Dissertation, University of Auckland.

Janke, B. (2005). Emotionale Kompetenz. In T. Guldimann & B. Hauser (Hrsg.), *Bildung 4- bis 8-jähriger Kinder* (S. 189–208). Münster: Waxmann.

Jencks, C., Smith, M., Acland, H., Jo Bane, M., Cohen, D., Gintis, H. et al. (1972). *Inequality. A reassessment of the effect of family and Schooling in America.* New York, NY: Basic Books.

Johnston, A. M., Barnes, M. A. & Desrochers, A. (2008). Reading Comprehensi-on: Developmental Processes, Individual Differences, and Interventions. *Cana-dian Psychology, 49*(2), 125–132.

Jong, R. de & Westerhof, K. J. (2001) The quality of student ratings of teacher be-havior. *Learning Environments Research, 4*(1), 51–85.

Jonkisz, E. & Moosbrugger, H. (2007). Planung und Entwicklung von psychologi-schen Tests und Fragebogen. In H. Moosbrugger & A. Kelava (Hrsg.), *Testthe-orie und Fragebogenkonstruktion* (S. 27–72). Heidelberg: Springer.

Jürgens, E. (2008). *Taschenbuch Grundschule* (5. Aufl.). Baltmannsweiler: Schnei-der Verlag Hohengehren.

Kanders, M. & Rösner, E. (2006). Das Bild der Schule im Spiegel der Lehrermeinung. In W. Bos, H. G. Holtappels, H. Pfeiffer, H.-G. Rolff & R. Schulz-Zander (Hrsg.), *Jahrbuch der Schulentwicklung* (Bd. 14, S. 13–50). Weinheim: Beltz.

Kasten, H. (2001). *Wie die Zeit vergeht. Unser Zeitbewusstsein in Alltag und Lebenslauf.* Darmstadt: Primus.

Kempfert, G. & Ludwig, M. (2010). *Kollegiale Unterrichtsbesuche. Besser und leichter unterrichten durch Kollegen-Feedback* (2. Aufl.). Weinheim: Beltz.

Kenny, D. (2004). PERSON: A general model of interpersonal perception. *Personality an Social Psychologie Review, 8*(3), 265–280.

Kenny, D. & Bergmann, J. S. (1980). Statistical approaches to the correction of correlation bias. *Psychological Bulletin, 88*(2), 288–295.

Klaas, M. (2007). Die Perspektive von Schülerinnen im Diskurs um Unterrichtsqualität. In K. Möller, P. Hanke, C. Beinbrech, A. K. Hein, T. Kleickmann & R. Schlages (Hrsg.), *Qualität von Grundschulunterricht entwickeln, erfassen und bewerten* (Jahrbuch Grundschulforschung, Bd. 11, S. 213–216). Wiesbaden: VS Verlag für Sozialwissenschaften.

Klieme, E. (2002). Was ist guter Unterricht? Ergebnisse der TIMSS-Videostudie im Fach Mathematik. In W. Bergsdorf (Hrsg.), *Herausforderungen der Bildungsgesellschaft.* (S. 89–113). Weimar: RhinoVerlag.

Klieme, E. (2006). Empirische Unterrichtsforschung: aktuelle Entwicklungen, theoretische Grundlagen und fachspezifische Befunde. *Zeitschrift für Pädagogik, 52*(6), 765–773.

Klieme, E., Lipowsky, F. & Rakoczy, K. (2006). Qualitätsdimensionen und Wirksamkeit von Mathematikunterricht. Theoretische Grundlagen und ausgewählte Ergebnisse des Projekts „Pythagoras". In M. Prenzel & L. Allolio-Näcke (Hrsg.), *Untersuchungen zur Bildungsqualität von Schule. Abschlussbericht des DFG-Schwerpunktprogramms* (S. 127–146). Münster: Waxmann.

Klieme, E., Pauli, C. & Reusser, K. (2009). The Pythagoras Study. In T. Janik & T. Seidel (Hrsg.), *The power of video studies* (S. 137–160). Münster: Waxmann.

Klieme, E., Schümer, G. & Knoll, S. (2001). Mathematikunterricht in der Sekundarstufe I: „Aufgabenkultur" und Unterrichtsgestaltung im internationalen Vergleich. In E. Klieme & J. Baumert (Hrsg.), *TIMSS – Impulse für Schule und Unterricht* (S. 43–57). Bonn: Bundesministerium für Bildung und Forschung.

Kline, P. (1998). *The New psychometrics. Science, psychology and measurement.* New York, NY: Routledge.

Kline, T. J. B., Sulsky, L. M. & Rever-Moriyama, S. D. (2000). Common method variance and specification errors: A practical approach to detection. *The Journal of Psychology: Interdisciplinary and Applied, 134*(4), 401–421.

Kluger, A. N. & DeNisi, A. (1996). The effects of feedback interventions on performance . A historical review, a meta-analysis and a preliminary feedback intervention theory. *Psychological Bulletin, 119*(2), 254–284.

Kohler, B. (2002). Zur Rezeption von TIMSS durch Lehrerinnen und Lehrer. *Unterrichtswissenschaft, 30*(2), 158–188.

Köller, O. (2008). Bildungsstandards in Deutschland: Implikationen für die Qualitätssicherung und Unterrichtsqualität. *Zeitschrift für Erziehungswissenschaft, 10*(9), 47–59.

Köller, O. (2012). What works best in school? Hatties Befunde zu Effekten von Schul- und Unterrichtsvariablen auf Schulleistungen. *Psychologie in Erziehung und Unterricht, 59*, 72–78.

Konrad, K. (2010). Lautes Denken. In G. Mey & K. Mruck (Hrsg.), *Handbuch Qualitative Forschung in der Psychologie* (1. Aufl., S. 476–490). Wiesbaden: VS Verlag für Sozialwissenschaften.

Konstantopoulos, S. (2005). Trends of school effects on student achievement: Evidence from NLS:72, HSB:82 and NELS:92, *Teacher College Record, 108*(12), 2250–2581.

Kounin, J. (2006). *Techniken der Klassenführung. Standardwerke aus Psychologie und Pädagogik* (Bd. 3). Münster: Waxmann.

Kounin, J. S. (1976). *Techniken der Klassenführung.* Stuttgart: Huber und Klett.

Koziol, S. M. & Burns, P. (1986). Teachers' accuracy in self-reporting about instructional practices using a focused self-report inventory. *Journal of Educational Research, 79*(4), 205–209.

Kränzl-Nagl, R. & Wilk L. (2012). Möglichkeiten und Grenzen standardisierter Befragungen unter besonderer Berücksichtigung der Faktoren soziale und personale Wünschbarkeit. In F. Heinzl (Hrsg.), *Methoden der Kindheitsforschung. Ein Überblick über Forschungszugänge zur kindlichen Perspektive* (S. 59–76). Weinheim: Juventa.

Krapp, A. & Weidenmann, B. (2006). *Pädagogische Psychologie* (5. Aufl.). Weinheim: Beltz.

Kuckartz, U. (2010). *Einführung in die computergestützte Analyse qualitativer Daten* (3. Aufl.). Wiesbaden: VS, Verlag für Sozialwissenschaften.

Kunter, M. (2005). *Multiple Ziele im Mathematikunterricht.* Münster: Waxmann.

Kunter, M., Baumert, J., Blum, W., Klusmann, U., Krauss, S. & Neubrand, M. (Hrsg.). (2011). *Professionelle Kompetenz von Lehrkräften. Ergebnisse des Forschungsprogramms COACTIV.* Münster: Waxmann.

Lance, C. E., LaPointe, J. A. & Stewart, H. M. (1994). A test of the context dependency of three causal models of halo rater error. *Journal of Applied Psychology, 79*(3), 332–340.

Landesamt und Lehrkräfteakademie der Qualitätsentwicklung und Evaluation (n.d.). *Fragebogen zur Unterrichtsqualität.* Zugriff am 16.06.2013. Verfügbar unter www.iq.hessen.de/irj/IQ_Internet?cid=1596b60f0c0549f462b1a3dbea2c1cb4

Lapka, C., Jupka, K., Wray, R. J. & Jacobsen, H. (2008). Applying cognitive response testing in message development and pre-testing. *Health Education Research, 23*(3), 467–476.

Leeuw, E. de, Borgers, N. & Smits, A. (2004). Pretesting questionnaires for children and adolescents. In S. Presser, J. M. Rothgeb, M. P. Couper, J. T. Lessler, E. Martin, J. Martin & E. Singer (Hrsg.), *Methods for testing and evaluating survey questionnaires* (S. 409–429). Hoboken, NJ: Wiley.

Lenske, G. & Helmke, A. (2015). Child respondents – do they really answer what scientific questionnaires ask for? In A. Kauertz, H. Ludwig, A. Müller, J. Pretsch & W. Schnotz (Hrsg.), *Multiple Perspectives on Teaching and Learning*, (S. 146–166). Basingstoke: Palgrave Macmillan.

Lenske, G. & Mayr, J. (2015). Eigene Wege finden – Das Linzer Konzept zur Klassenführung. In C. Bietz, T. Klaffke, G. Lohmann & R. Werning (Hrsg.), *Friedrich Jahresheft 2015 „Unterrichtsstörungen"* (S. 60-63). Seelze: Friedrich Verlag.

Lenske, G., Wagner, W., Wirth, J., Thillmann, H., Cauet, E., Liepertz, S. et al. (2015). Die Bedeutung des pädagogisch-psychologischen Wissens für die Qualität der Klassenführung und den Lernzuwachs der Schüler/innen im Physikunterricht. *Zeitschrift für Erziehungswissenschaft, 1-23*. (Online First Artikel. doi: 10.1007/s11618-015-0659-x

Lenske, G., Wingert, M. & Helmke A. (2011). Schülerfeedback zum Unterricht aus der Wir-Perspektive und der Ich-Perspektive: ein Vergleich [Abstract]. In *Abstractband der 76. Tagung der Arbeitsgruppe für Empirische Pädagogische Forschung (AEPF)*.

Levin, B. (2008). *How to change 5000 schools: A practical and positive approach for leading change at every level*. Cambridge, MA: Harvard Education Press.

Lipowsky, F. (2003). *Wege von der Hochschule in den Beruf. Eine empirische Studie zum beruflichen Erfolg von Lehramtsabsolventen in der Berufseinstiegsphase*. Bad Heilbrunn: Klinkhardt.

Lipowsky, F. (2007). Unterrichtsqualität in der Grundschule – Ansätze und Befunde der nationalen und internationalen Forschung. In K. Möller, P. Hanke, C. Beinbrech, A. K. Hein, T. Kleickmann & R. Schlages (Hrsg.), *Qualität von Grundschulunterricht entwickeln, erfassen und bewerten* (Jahrbuch Grundschulforschung, Bd. 8, S. 35–49). Wiesbaden: VS Verlag für Sozialwissenschaften.

Löhr, F.-J. & Angleitner, A. (1980). Eine Untersuchung zur sprachlichen Formulierung der Items in den deutschen Persönlichkeitsfragebogen. *Zeitschrift für Differenzielle und Diagnostische Psychologie, 1*(3), 217–235.

Lortie, D. C. (1975). *Schoolteacher. A sociological study*. Chicago, Il: University of Chicago Press.

Lüdtke, O., Trautwein, U., Kunter, M. & Baumert, J. (2006). Analyse von Lernumwelten. Ansätze zur Bestimmung der Reliabilität und Übereinstimmung von Schülerwahrnehmungen. *Zeitschrift für Pädagogische Psychologie, 20*(1), 85–96.

Lüdtke, O., Trautwein, U., Schnyder, I. & Niggli, A. (2007). Simultane Analysen auf Schüler- und Klassenebene. *Zeitschrift für Entwicklungspsychologie und Pädagogische Psychologie, 39*(1), 1–11.

Luyten, H. (2003). The size of school effects compared to teacher effects: An overview of the research literature. *School Effectiveness and School Improvement, 14*, 31–51.

Marsh, H. (2007). Students' evaluations of university teaching: Dimensionality, reliability, validity, potential biases and usefulness. In R. Perry & J. S. Smart (Hrsg.), *The scholarship of teaching and learning in higher education: An evidence-based perspective* (S. 319–383). Netherlands: Springer.

Marsh, H. W., Balla, J. R. & Hau, K. T. (1996). An evaluation of incremental fit indexes: A clarification of mathematical and empirical properties. In G. A. Marcoulides & R. E. Schumacker (Hrsg.), *Advanced structural equation modeling techniques* (S. 315–353). Mahwah , NJ: Erlbaum.

Mayer, H. O. (2013). *Interview und schriftliche Befragung. Grundlagen und Methoden empirischer Sozialforschung* (6. Aufl.). München: Oldenbourg.

Mayring, P. (2010a). *Mixed Methods – ein Plädoyer für gemeinsame Forschungsstandards qualitativer und quantitativer Analyse*. Vortrag auf der 74. Tagung der Arbeitsgruppe für Empirische Pädagogische Forschung, Jena.

Mayring, P. (2010b). *Qualitative Inhaltsanalyse. Grundlagen und Techniken* (11. Aufl.). Weinheim: Beltz.

Mayr, J. (2002). Mitarbeit und Störung im Unterricht: Klassenführung an HASCH und HAK. In P. Baumgartner & H. Welte (Hrsg.), *Reflektierendes Lernen. Beiträge zur Wirtschaftspädagogik* (S. 35–50). Innsbruck: Studien-Verlag.

Mayr, J. (2006). Klassenführung auf der Sekundarstufe II: Strategien und Muster erfolgreichen Lehrerhandelns. *Schweizerische Zeitschrift für Bildungswissenschaften, 28*(2), 227–242.

Mayr, J. (2009). Klassen stimmig führen. Ergebnisse der Forschung, Erfahrungen aus der Fortbildung und Anregungen für die Praxis. *Pädagogik, 61*(2), 34–37.

Mayr, J. (2011). Klassen führen lernen – mithilfe des Linzer Diagnosebogens zur Klassenführung. *Unterricht Pflege, 16*(4), 2–8.

Mayr, J. (2012). Klassen kompetent führen: Do it your way! *Lehren und Lernen, 38*(2), 20–24.

Meyer, H. (2004). *Was ist guter Unterricht?* (2. Aufl.). Berlin: Cornelsen Scriptor.

Miller, S. A. (2009). Children's understanding of second-order mental states. *Psychological Bulletin, 135*(5), 749–773.

Ministerium für Bildung, Wissenschaft, Jugend u. Kultur (Hrsg.). (2008). *Orientierungsrahmen Schulqualität für Rheinland-Pfalz* (2. Aufl.). Kaiserslautern: Printec.

Mohr, P. (2008). *Zielsetzung und Umsetzung des Programms zur Steigerung der Effizienz des mathematisch-naturwissenschaftlichen Unterrichts in Baden-Württemberg.* München, Ravensburg: GRIN Verlag.

Moosbrugger, H. & Kelava, A. (2012). *Testtheorie und Fragebogenkonstruktion* (2. Aufl.). Berlin, Heidelberg: Springer.

Moos, R. H. (1979). Educational Climates. In H. J. Walberg (Hrsg.), *Educational environments and effects. Evaluation, policy and productivity* (S. 79–100). Berkeley, CA: McCutchan.

Mortimore, P., Sammons, P., Stoll, L., Lewis, D. & Ecob, R. (1988). *School matters: The junior years.* Somerset, UK: Open Books.

Mortimore, P., Sammons, P., Stoll, L., Lewis, D. & Ecob, R. (1989). A study of effective junior schools. *International Journal of Educational Research, 13*(7), 753–768.

Moseley, D., Baumfield, V., Higgins, S., Lin, M., Miller, J., Newton, D. et al. (2004). *Thinking skill frameworks for post-16 learners: An evaluation.* London, UK: Learning and Skills Research Centre.

Murphy, P. K. & Mason, L. (2006). Changing knowledge and beliefs. In P. A. Alexander & P. Winne (Hrsg.), *Handbook of educational psychology* (S. 305–324). New York, NY: Erlbaum.

Muthén, L. & Muthén, B.O. (1998–2012). *Mplus User's Guide. Seventh Edition.* Los Angeles, CA: Muthén & Muthén.

Naftulin, D. H., Ware, J. E. & Donnelly, F. A. (1973). The doctor Fox lecture: A paradigm of educational seduction. *Journal of Medical Education, 48*, 630–635.

Niegemann, H. (2001). Lehr-Lern-Forschung. In D. Rost (Hrsg.), *Handwörterbuch Pädagogische Psychologie* (S. 387–393). Weinheim: Belz.

Nisbett, R. & Wilson, T. D. (1977). Telling more than we can know: verbal reports on mental processes. *Psychological Review, 84*(3), 231–259.

Nuthall, G. (2005). The cultural myths and realities of classroom teaching and learning: A personal journey. *Teachers College Record, 107*(5), 895–934.

Opdenakker, M.-C. & Van Damme, J. (2000). Effects of schools, teaching staff and classes on achievement and well-being in secondary education: Similarities and differences between school outcomes. *School Effectiveness and School Improvement, 11*(2), 165–196.

Ornstein, P., Coffman, J., McCall, L., Grammer, J. & San Souci, P. (2010). Linking the classroom context and the development of children's memory skills. In J. Meece & J. Eccles (Hrsg.), *Handbook on research on schools, schooling and human development* (S. 42–59). New York, NY: Routledge.

Over, U. (2012). *Die interkulturell kompetente Schule. Eine empirische Studie zur sozialen Konstruktion eines Entwicklungsziels.* Göttingen: Waxmann.

Parrot, W. G. & Sabini, J. (1990). Mood and memory under natural conditions: Evidence for mood incongruent recall. *Journal of Personality and Social Psychologie, 59*(2), 321–336.

Peek, R. (2004). Qualitätsuntersuchung an Schulen zum Unterricht in Mathematik (QUASUM) – Klassenbezogene Ergebnisrückmeldungen und ihre Rezeption in Brandenburger Schulen. *Empirische Pädagogik. 18*(1), 82–114.

Peek, R. & Dobbelstein, P. (2006). Benchmarks als Input für die Schulentwicklung – das Beispiel der Lernstandserhebungen in Nordrhein-Westfalen. In H. Kuper (Hrsg.), *Rückmeldung und Rezeption von Forschungsergebnissen. Zur Verwendung wissenschaftlichen Wissens im Bildungssystem* (S. 41–58). Münster: Waxmann.

Pekrul, S. & Levin, B. (2007). Building student voice for school improvement. In D. Thiessen & A. Cook-Sather (Hrsg.), *International handbook of student experience of elementary and secondary school.* Dordrecht: Springer.

Pekrun, R. (1985). Schulklima. In W. Twellmann (Hrsg.), *Handbuch Schule und Unterricht* (S. 524–547). Düsseldorf: Schwann.

Pekrun, R. (2002).Vergleichende Evaluationsstudien zu Schülerleistungen: Konsequenzen für die Bildungsforschung. *Zeitschrift für Pädagogik, 48*(6), 111–121.

Peterson, R. A. (2000). *Constructing effective questionnaires.* Thousand Oaks, CA: Sage.

Piaget, J. (1982). *Sprechen und Denken des Kindes* (Bd. 1). Düsseldorf: Schwann.

Pianta, R. C. & Hamre, B. K. (2009). Conceptualization, measurement, and improvement of classroom processes: Standardized observation can leverage capacity. *Educational Researcher, 2*, 109–119.

Pianta, R. C., La Paro, K. M. & Hamre, B. K. (2012). *Classroom assessment scoring system (CLASS) manual, pre-K, Spanish.* Baltimore, MD: Paul H. Brookes Publishing Co.

Pianta, R. & Hamre, B. K. (2009). Conceptualization, measurement, and improvement of classroom processes. *Educational Researcher, 38*(2), 109–119.

Pietsch, M. (2010). Evaluation von Unterrichtsstandards. *Zeitschrift für Erziehungswissenschaft, 13*(1), 121–148.

Pietsch, M. & Tosana, S. (2008). Beurteilereffekte bei der Messung von Unterrichtsqualität. Das Multifacetten-Rasch-Modell und die Generalisierbarkeitstheorie als Methoden der Qualitätssicherung in der externen Evaluation von Schulen. *Zeitschrift für Erziehungswissenschaft, 38*(2), 430–452.

Piskol, K. (2008). *Unterrichtsqualität aus der Schülerperspektive. Ein Verfahren zur Unterrichtsentwicklung.* Diplomarbeit, Universität Mannheim.

Pitton, A. (1997). *Sprachliche Kommunikation im Chemieunterricht. Eine Untersuchung ihrer Bedeutung für Lern- und Problemlöseprozesse.* Münster: LIT.

Porst, R. (2009). *Fragebogen. Ein Arbeitsbuch* (2. Aufl.). Wiesbaden: VS Verlag für Sozialwissenschaften.

Posner, G. J., Strike, K. A., Hewson, P. W. & Gertzog, W. A. (1982). Accommodation of a scientific conception: Toward a theory of conceptual change. *Science Education, 66*(2), 221–227.

Praetorius, A.-K. (2012). *Eignung von hoch-inferenten Beobachterratings zur Einschätzung von Unterrichtsqualität.* Unveröffentlichte Dissertation, Universität Koblenz-Landau. Campus Landau.

Praetorius, A.-K., Lenske, G. & Helmke, A. (2012). Observer ratings of instructional quality: Do they fulfill what they promise? *Learning and Instruction, 22*(6), 387–400.

Prenzel, M. & Doll, J. (Hrsg.). (2002). Bildungsqualität von Schule: Schulische und außerschulische Bedingungen, mathematischer, naturwissenschaftlicher und überfachlicher Kompetenzen. *Zeitschrift für Pädagogik [Beiheft]*, 45.

Presser, S., Rothgeb, J. M., Couper, M. P., Lessler, J. T., Martin, E., Martin, J. et al. (Hrsg.). (2004). *Methods for testing and evaluating survey questionnaires.* Hoboken, NJ: Wiley. Verfügbar unter http://www.worldcat.org/oclc/53325055

Preston, C. C. & Colman, A. M. (2000). Optimal number of response categories in rating scales: Reliability, validity, discriminating power, and respondent preferences. *Acta Psychologica, 104*(2), 1–15.

Prüfer, P. & Rexroth, M. (2005). *Kognitive Interviews* (ZUMA How-to-Reihe, Bd. 15). Mannheim: ZUMA.

Rakoczy, K. (2006). *Motivationsunterstützung im Mathematikunterricht. Unterricht aus der Perspektive von Lernenden und Beobachtern.* Münster: Waxmann.

Rauch, W. A., Schweizer, K. & Moosbrugger, H. (2007). Method effects due to social desirability as a parsimonious explanation of the deviation from unidimensionality in LOT-R scores. *Personality and Individual Differences, 42*(8), 1597–1607.

Reckase, M. D., Ackerman, T. A. & Carlson, J. E. (1988). Building a unidimensional test using multidimensional items. *Journal of Educational Measurement, 25*(3), 193–203.

Renkl, A. (1997). *Lernen durch Lehren. Zentrale Wirkmechanismen beim kooperativen Lernen.* Wiesbaden: Deutscher Universitäts-Verlag.

Robinson, K. M. (2001). The validity of verbal reports in children's subtraction. *Journal of Educational Psychology, 93*(1), 211–222.

Rolff, H.-G. (2001). Was bringt die vergleichende Leistungsmessung für die pädagogische Arbeit in Schulen? In F. E. Weinert (Hrsg.), *Leistungsmessungen in Schulen* (S. 337–352). Weinheim: Belz.

Rolff, H.-G. (2011). *Manual Schulentwicklung. Handlungskonzept zur pädagogischen Schulentwicklungsberatung (SchuB)* (4. Aufl.). Weinheim: Beltz.

Rosenshine, B. (1979). Content, time, and direct instruction. In P. L. Peterson & H. J. Walberg (Hrsg.), *Research on teaching: Concepts, findings, and implications* (S. 28–56). Berkeley, CA: McCutchan.

Rosenstolz, S. J. (1989). *Teachers' workplace. The social organization of schools.* New York, NY: Longman.

Russo, J. E., Johnson, E. J. & Stephens, D. L. (1989). The validity of verbal protocols. *Memory and Cognition, 17*(6), 759–769.

Saldern, M. von (1999). *Schulleistung in Diskussion.* Baltmannsweiler: Schneider-Verlag Hohengehren.

Salisch, M. von (2000). *Wenn Kinder sich ärgern. Emotionsregulierung in der Entwicklung.* Göttingen: Hogrefe.

Salisch, M. von (2002). *Emotionale Kompetenz entwickeln. Grundlagen in Kindheit und Jugend* (1. Aufl.). Stuttgart: Kohlhammer.

Scheerens, J. (1992). *Effective Schooling: Research, theory and practice.* London, UK: Cassell.

Scheerens, J. & Bosker, R. (1997). *The foundation of educational effectiveness.* Oxford: Elsevier.

Schiefele, U. (2009). Motivation. In E. Wild & J. Möller (Hrsg.), *Pädagogische Psychologie* (1. Aufl., S. 151–178). Berlin: Springer.

Schlee, N. (2007). *Qualitative Interviews mit Kindern.* München: GRIN Verlag GmbH.

Schneider, C. & Bodensohn R. (2008). Lehrerhandeln aus Schülersicht. Eine Analyse der Wahrnehmungsstruktur von Schülern bei der Bewertung von angehenden Lehrkräften in Schulpraktika. *Lehrerbildung auf dem Prüfstand (LbP), 1*(2), 699–718.

Schneider, K. (2011). Mit gelungenem Unterricht Störungen vorbeugen. *Unterricht Pflege, 16*(4), 9–15.

Schnell, R., Hill, P. B. & Esser, E. (2011). *Methoden der empirischen Sozialforschung* (9. Aufl.). München: Oldenbourg.

Schöler, W. (1977). *Strukturen und Modelle des Unterrichts.* Paderborn: Schöningh.

Schön, D. A. (1983). *The reflective practitioner: How professionals think in action.* New York, NY: Basic Books.

Schrader, F.-W. & Helmke, A. (2001). Alltägliche Leistungsbeurteilung durch Lehrer. In F. E. Weinert (Hrsg.), *Leistungsmessungen in Schulen* (S. 45–58). Weinheim: Belz.

Schrader, F.-W. & Helmke, A. (2003). Evaluation – und was danach? Ergebnisse der Schulleiterbefragung im Rahmen der Rezeptionsstudie WALZER. *Schweizerische Zeitschrift für Bildungswissenschaften, 25*(1), 79–110.

Schulz Thun, F. von. (2008). *Miteinander reden* (46. Aufl.). Reinbek bei Hamburg: Rowohlt Taschenbuch-Verlag.

Schwarz, N. & Sudman, S. (Hrsg.). (1996). *Answering questions. Methodology for determining cognitive and communicative processes in survey research* (1. Aufl.). San Francisco: Jossey-Bass Publishers.

Seidel, T., Prenzel, M., Rimmele, R. & Dalehefte, I. M. (2006). Blicke auf den Physikunterricht. *Zeitschrift für Pädagogik, 52*(6), 798–821.

Seidel, T. & Shavelson, R. (2007). Teaching effectiveness research in the past decade: The role of theory and research design in disentangling meta-analysis results. *Review of Educational Research, 77*(4), 454–499.

SEIS Deutschland. Entstehung. Zugriff am 16.06.2013 unter http://www.seis-deutschland.de/seis-instrument/qualitaetsverstaendnis/entstehung.html

SEIS Deutschland. Fragebogen für Schüler/innen bis zur 6. Klasse (2012). Zugriff am 16.06.2013 unter http://www.seis-deutschland.de/fileadmin/user_upload/raw_material/documents/Musterbogen_ZfA_S6_de.pdf

Sekretariat der ständigen Konferenz der Kultusminister der Länder in der Bundesrepublik Deutschland [KMK] (Hrsg.). (2004). *Standards für die Lehrerbildung: Bildungswissenschaften. Beschluss der KMK vom 16.12.2004,* KMK. Zugriff am 05.06.2012. Verfügbar unter http://www.kmk.org/bildung-schule/allgemeine-bildung/lehrer/lehrerbildung.html

Shulman, L. S. (1986). Paradigms and research programs in the study of teaching. A contemporary perspective. In M. C. Wittrock (Hrsg.), *Handbook of research on teaching* (3. Aufl.). New York, NY: Macmillan.

Shulman, L. S. (1987). The wisdom of practice: Managing complexity in medicine and teaching. In D. C. Berliner & B. V. Rosenshine (Hrsg.), *Talks to teachers.* New York, NY: Random House.

Siegler, R. S. & Alibali, M. W. (2005). *Children's thinking* (4. Aufl.). Upper Saddle River, NJ: Pearson Education/Prentice Hall.

Simon, H. A. (1956). Rational choice and the structure of the environment. *Psychological Review, 63*(2), 129–138.

Simon, H. A. (1990). Invariants of human behavior. *Annual Review of Psychology,* 41, 1–19.

Sirken, M. G., Herrmann, D. J., Schlechter, S., Schwarz, N., Tanur, J. M. & Tourangeau, R. (Hrsg.). (1999). *Cognition and survey research.* New York, NY: Wiley.

Slavin, R. E. (1994). Quality, appropriateness, incentive, and time: A model of instructional effectiveness. *International Journal of Educational Research,* 21, 141–157.

Slavin, R. E. (1995). *Cooperative learning. Theory, research, and practice* (2. Aufl.). Boston, MA: Allyn & Bacon.

Snow, E. R. & Swanson, J. (1992). Instructional psychologie: Aptitude, adaption, and assessment. *Annual Review of Psychology,* 43, 583–626.

Spector, P. E. (1992). A consideration of the validity and meaning of self-report measures of job conditions. In C. L. Cooper & I. T. Robertson (Hrsg.), *International review of industrial and organizational psychology* (7. Aufl., S. 123–151). New York, NY: Wiley.

Spector, P. E. (2006). Method variance in organizational research: truth or urban legend? *Organizational Research Methods, 9*(2), 221–232.

Steffens, U. &. Höfer, D. (2011a). Zentrale Befunde aus der Schul- und Unterrichtsforschung – Eine Bilanz aus über 50.000 Studien. *SchulVerwaltung, 16*(10), 267–271.

Steffens, U. & Höfer, D. (2011b). Was ist das Wichtigste beim Lernen? Die pädagogisch-konzeptionellen Grundlinien der Hattieschen Forschungsbilanz aus über 50.000 Studien. *SchulVerwaltung, 16*(11), 294–298.

Steinert, B., Klieme, E., Maag Merki, K., Döbrich, P., Halbheer, U. & Kunz, A. (2006). Lehrerkooperation in der Schule: Konzeption, Erfassung, Ergebnisse. *Zeitschrift für Pädagogik, 52*(2), 185–204.

Steltmann, K. (1992a). *Lehrer im Urteil ihrer Schüler.* Habilitationsschrift, Institut für Erziehungswissenschaft der Universität Bonn. Universität Bonn.

Steltmann, K. (1992b). Lehrerbeurteilung und Lehrereffektivität. In K. Ingenkamp, R. S. Jäger, H. Petillon & B. Wolf (Hrsg.), *Empirische Pädagogik 1970–1990. Eine Bestandsaufnahme der Forschung in der Bundesrepublik Deutschland* (Bd. 2, S. 565–589). Weinheim: Deutscher Studienverlag.

Stolz, G. E. (1997). Der schlechte Lehrer aus der Sicht von Schülern. In B. Schwarz & K. Prange (Hrsg.), *Schlechte Lehrer/innen. Zu einem vernachlässigten Aspekt des Lehrerberufs* (S. 124–178). Weinheim: Beltz.

Stralla, M (2009). *Die Unterrichtsbeobachtungen im Rahmen der deutschen Schulinspektion. Analyse des Kerninstruments zur Beurteilung der Schulqualität.* Unveröffentlichte Diplomarbeit, Freie Universität Berlin.

Stringfield, S. (1994). A model of elementary school effects. In D. Reynolds, B. Creemers, P. Nesselrodt, E. Schaffer, S. Stringfield & C. Teddlie (Hrsg.), *Advances in school effectiveness research and practice* (S. 153–187). Oxford: Pergamon Press.

Strittmatter, A. (1997). Mythen und Machbares in der Qualitätsevaluation. *Journal für Schulentwicklung, 1*(3), 22–29.

Sudman, S., Bradburn, N. M. & Schwarz, N. (1996a). *Thinking about answers. The application of cognitive processes to survey methodology* (1. Aufl.). San Francisco: Jossey-Bass.

Sudman, S., Bradburn, N. M. & Schwarz, N. (1996b). *Thinking about answers: The appli-cation of cognitive processes to survey methodology.* San Francisco: Jossey-Bass.

Sumfleth, E., Rumann, S. & Nicolai, N. (2004). Schulische und häusliche Kooperation im Chemieanfangsunterricht. In J. Doll & M. Prenzel (Hrsg.), *Bildungsqualität von Schule: Lehrerprofessionalisierung, Unterrichtsentwicklung und Schülerförderung als Strategien der Qualitätsverbesserung.* Münster: Waxmann.

Tausch, R. & Tausch, A.-M. (1965). *Erziehungspsychologie. Psychologische Vorgänge in Erziehung und Unterricht* (2. Aufl.). Göttingen: Hogrefe.

Teddlie, C. & Reynolds, D. (2000). *The international handbook of school effectiveness research.* London, UK: Falmer Press.

Tepner, M., Roeder, B. & Melle, I. (2009). Effektivität des Gruppenpuzzles im Chemieunterricht der Sekundarstufe I. *Zeitschrift für Didaktik der Naturwissenschaften, 15,* 31–45.

Terhart, E. (2000). Qualität und Qualitätssicherung im Schulsystem. Hintergründe – Konzepte – Probleme. *Zeitschrift für Pädagogik, 46,* 809–829.

Terhart, E. & Klieme, E. (2006). Kooperation im Lehrberuf: Forschungsproblem und Gestaltungsaufgabe. *Zeitschrift für Pädagogik, 52*(2), 163–166.

Thorndike, E. L. (1920). A constant error in psychological ratings. *Journal of Applied Psychology, 4*(1), 25–29.

Thyer, B. A. (Hrsg.). (2001). *The handbook of social work research methods.* Thousand Oaks, CA: Sage.

Tippelt, R. (Hrsg.). (2010). *Handbuch Bildungsforschung* (3. Aufl.). Wiesbaden: VS, Verlag für Sozialwissenschaften.

Tourangeau, R. (1984). Cognitive science and survey methods: A cognitive perspective. In T. Jabine, M. Straf, J. Tanur & R. Tourangeau (Hrsg.), *Cognitive aspects of survey design: Building a bridge between disciplines* (S. 73–100). Washington DC: National Academy Press.

Tourangeau, R. (2003). Cognitive aspects of survey measurement and mismeasurement. *International Journal of Public Opinion Research, 15*(1), 3–7.

Tourangeau, R. (2004). Design Considerations for Questionnaire Development. In S. Presser, J. M. Rothgeb, M. P. Couper, J. T. Lessler, E. Martin, J. Martin et al. (Hrsg.), *Methods for testing and evaluating survey questionnaires* (S. 209–224). Hoboken, NJ: Wiley.

Tourangeau, R., Rasinski K., Bradburn N. & D'Andrade R. (1989). Carryover Effects in Attitude Surveys. *Public Opinion Quarterly, 53*(4), 495–524.

Tourangeau, R. & Bradburn N. M. (2010). The psychology of survey response. In P. V. Marsden & J. D. Wright (Hrsg.), *Handbook of survey research* (2. Aufl., S. 315–346). Bingley, UK: Emerald.

Tourangeau, R., Rips, L. J. & Rasinski, K. A. (2000). *The psychology of survey response*. Cambridge, UK: Cambridge University Press.

Treagust, D. F. & Duit, R. (2008). Conceptual change: A discussion of theoretical, methodological and practical challenges for science education. *Cultural Studies of Science Education, 3*, 297–328.

Treiber, B. & Weinert, F. E. (1982). *Lehr-Lern-Forschung. Ein Überblick in Einzeldarstellungen*. München: Urban & Schwarzenberg.

Treiber, B., Weinert, F. E. & Groeben, N. (1982). Unterrichtsqualität, Leistungsniveau von Schulklassen und individueller Fortschritt. *Zeitschrift für Pädagogik, 28*(4), 563–576.

Treinies, G. & Einsiedler, W. (1996). Zur Vereinbarkeit von Steigerung des Lernleistungsniveaus und Verringerung von Leistungsunterschieden in Grundschulklassen. *Unterrichtswissenschaft, 24*(4), 290–311.

Utman, C. H. (1997). Performance effects of motivational state: a meta-analysis. *Personality and Social Psychologie Review, 1*(2), 170–182.

Vogl, S. (2012). *Alter und Methode. Ein Vergleich telefonischer und persönlicher Leitfadeninterviews mit Kindern* (1. Aufl.). Wiesbaden: VS Verlag für Sozialwissenschaften.

Ophuysen, S. van (2009). Komponenten der Schulfreude am Ende der Grundschulzeit. In C. Röhner, C. Henrichwark & M. Hopf (Hrsg.), *Europäisierung der Bildung. Konsequenzen und Herausforderungen für die Grundschulpädagogik.* Jahrbuch Grundschulforschung (Bd. 13, 1. Aufl., S. 301–305). Wiesbaden: VS Verlag für Sozialwissenschaften.

Oudenhoven, J. van (1993). Kooperatives Lernen und Leistung: Eine konditionale Beziehung. In G. L. Huber (Hrsg.), *Neue Perspektiven der Kooperation. Ausgewählte Beiträge der Internationalen Konferenz 1992 über Kooperatives Lernen* (S. 180–189). Hohengehren: Schneider.

Wagner, W. (2008). *Methodenprobleme bei der Analyse der Unterrichtswahrnehmung aus Schülersicht – am Beispiel der Studie DESI (Deutsch Englisch Schülerleistungen International) der Kultusministerkonferenz.* Dissertation, Universität Koblenz-Landau. Campus Landau.

Walberg, H. (1981). A psychological theory of educational productivity. In F. Farley & N. Gordon (Hrsg.), *Psychology and Education* (S. 81–108). Berkeley, CA: McCutchan.

Walberg, H. J. & Haertel, G. D. (1980). Validity and use of educational environment assessments. *Studies in Educational Evaluation, 6*(3), 225–238.

Wang, M. C., Haertel, G. D. & Walberg, H. J. (1993). What influences learning? A content analysis of review literature. *Journal of Educational Research, 84*(1), 30–43.

Weinert, F. E. (1989). Psychologische Orientierungen in Pädagogik. In H. Röhrs & H. Scheuerl (Hrsg.), *Richtungsstreit in der Erziehungswissenschaft und pädagogische Verständigung* (S. 203–214). Frankfurt am Main: Lang.

Weinert, F. E. (Hrsg.). (1997). *Psychologie des Unterrichts und der Schule* (3 Bände). Göttingen: Hogrefe.

Weinert, F. E., Schrader, F. W. & Helmke, A (1989). Quality of instruction and achievement outcomes. *International Journal of Educational Research. 13*, 895–914.

Weinert, F. E. & Helmke, A. (Hrsg.). (1997). *Entwicklung im Grundschulalter*. Weinheim: Beltz.

Wellmann, H. M., Cross, D. & Watson, J. (2001). Meta-analysis of theory-of-mind development: The truth about false belief. *Child Development, 72*(3), 655–684.

Wellmann, H. M. & Liu, D. (2004). Scaling of theory-of-mind tasks. *Child Development, 75*(2), 523–541.

Wertfein, M. (2006). *Emotionale Entwicklung im Vor- und Grundschulalter im Spiegel der Eltern-Kind-Interaktion.* Dissertation, Ludwig-Maximilians-Universität. München.

Wheaton, B., Muthén, B., Alwin, D. & Summers, G. (1977). Assessing reliability and stability in panel models. In D. R. Heise (Hrsg.), *Sociological Methodology* (S. 84–136). San Francisco: Jossey-Bass.

Willingham, D. (2009). *Why don't students like school? A cognitive scientist answers questions about how the mind works and what it means for the classroom.* San Francisco, CA: Wiley.

Willis, G. B. (1994). *Cognitive interviewing and questionnaire design: A training manual* (working paper series, Bd. 7). Hyattsville, MD: National Center for Health Statistics.

Willis, G. B. (2004). Cognitive interviewing revisited: a useful technique, in theory? In S. Presser, J. M. Rothgeb, M. P. Couper, J. T. Lessler, E. Martin, J. Martin et al. (Hrsg.), *Methods for testing and evaluating survey questionnaires* (S. 23–44). Hoboken, NJ: Wiley.

Willis, G. B. (2005a). *Cognitive interviewing. A tool for improving questionnaire design.* Thousand Oaks, CA: Sage.

Willis, G. B., DeMaio, T. J. & Harris-Kojetin, B. (1999). Is the bandwagon headed to the methodological promised land? Evaluating the validity of cognitive survey techniques. In M. G. Sirken, D. J. Herrmann, S. Schlechter, N. Schwarz, J. M. Tanur & R. Tourangeau (Hrsg.), *Cognition and survey research* (S. 133–154). New York, NY: Wiley.

Willis, G. B. & Miller, K. (2011). Cross-cultural cognitive interviewing: Seeking comparability and enhancing understanding. *Field Methods, 23*(4), 331–341.

Wilson, J. & Clarke, D. (2004). Towards the modelling of mathematical metacognition. *Mathematics Education Research Journal, 16*(2), 25–48.

Wimmer, H. & Perner, J. (1983). Beliefs about beliefs: Representation and constraining function of wrong beliefs in young children's understanding of deception. *Cognition, 13*(1), 103–128.

Winne, P. & Hadwin, A. (2008). The weave of motivation and self-regulated learning. In D. Schunk & B. Zimmerman (Hrsg.), *Motivation and self-regulated learning: Theory, research and applications.* Hillsdale, NJ: Erlbaum.

Woolley, M. E., Bowen, G. L. & Bowen, N. K. (2004). Cognitive pretesting and the developmental validity of child self-report instruments: Theory and applications. *Research on Social Work Practice, 14*(3), 191–200.

Woolley, M. E., Bowen, G. L. & Bowen, N. (2006). The development and evaluation of procedures to assess child self-report item validity. *Journal of Educational Psychology, 66*(4), 687–700.

Yair, G. (2000). Educational battlefields in America: The tug-of-war over students' engagement with instruction. *Sociology of Education, 73*(4), 247–269.

Yuill, N. & Oakhill, J. (1991). *Children's problems in text comprehension. An experimental investigation.* Cambridge: Cambridge University Press.

Zabrucky, K. & Moore, D. (1989). Children's ability to use three standards to evaluate their comprehension of text. *Reading Research Quarterly, 24*(3), 336–352.

Abkürzungen

AQS	Agentur für Qualitätssicherung der Schulen in Rheinland-Pfalz
BIQUA	Bildungsqualität von Schule, Schwerpunktprogramm der Deutschen Forschungsgemeinschaft
BMBF	Bundesministerium für Bildung und Forschung
CI	Cognitive Interviewing
COACTIV	Professional Competence of Teachers, Cognitively Activating Instruction, and Development of Students' Mathematical Literacy
CRT	Cognitive Response Testing
CT	Cognitive (Pre)Testing
DESI	Deutsch Englisch Schülerleistungen International, KMK-Studie
DeGEval	Gesellschaft für Evaluation
DFG	Deutsche Forschungsgemeinschaft
DIPF	Deutsches Institut für Internationale Pädagogische Forschung, Frankfurt am Main
EMU	Evidenzbasierte Methoden der Unterrichtsdiagnostik und -entwicklung, Modul des KMK-Projekts UDiKom
FF	Forschungsfrage, welche zusätzlich zu den zentralen Forschungsfragen gestellt wird.
FF1H1	Hypothese 1 der Forschungsfrage 1
H	Hypothese
IDEA	Individual Development and Adaptive Education of Children at Risk, Forschungszentrum in Frankfurt am Main
IGEL	Individuelle Förderung und adaptive Lern-Gelegenheiten in der Grundschule, Projekt
IGLU	deutsche Abkürzung für die Internationale Grundschul-Lese-Untersuchung. Die internationale Bezeichnung ist PIRLS
KMK	Kultusminister Konferenz
MARKUS	Mathematik-Gesamterhebung Rheinland-Pfalz: Kompetenzen, Unterrichtsmerkmale, Schulkontext
ML	Maximum Likelihood
OECD	Organisation for Economic Co-operation and Development
PERLE	Persönlichkeits- und Lernentwicklung von Grundschulkindern, BMBF-Projekt
PIRLS	Progress in International Reading Literacy Study
PISA	Programme for International Student Assessment (PISA), internationale Schulleistungsstudie der OECD
QuaSSu	Qualitätssicherung in Schule und Unterricht
SINUS	Programm zur Steigerung der Effizienz des mathematisch-naturwissenschaftlichen Unterrichts

TIMSS	Trends in International Mathematics and Science Study (Teilprojekt: TIMS-Videostudie zur Prozessqualität)
TIMSS-R	Trends in International Mathematics and Science Study Repeat (Teilprojekt: TIMS-Videostudie zur Prozessqualität)
UDiKom	Aus- und Fortbildung der Lehrkräfte in Hinblick auf Verbesserung der Diagnosefähigkeit, Umgang mit Heterogenität, Individuelle Förderung, Projekt der KMK
UFO	Videostudie des Deutsch- und Mathematikunterrichts in der Grundschule mit dem Forschungsschwerpunkt *Unterrichtsforschung* im Rahmen des Hochschulprogramms *Wissen schafft Zukunft* des Landes Rheinland-Pfalz unter der Leitung von Andreas Helmke, Universität Koblenz-Landau
VERA	Vergleichsarbeiten, Schulleistungsstudie (Teilprojekt: VERA – Gute Unterrichtspraxis: Videostudie zur Erfassung der Prozessqualität)
ZFF	Zentrale Forschungsfrage
ZFFIHI	Hypothese I der zentralen Forschungsfrage I

Tabellen

Abbildungen